Excel을 이용한

실용통계분석

배현웅 지음

KYOWOOSA 敎友社

머리말

필자가 Excel 2003을 바탕으로 한 "엑셀을 이용한 통계학의 기초와 활용기법"을 집필한 지도 벌써 10년이 지나버렸다. 그사이 시대의 변화와 더불어 편리성과 효용성, 그리고 다양성을 겸비한 새로운 모습의 Excel 2007이 출시되었으며, 필자는 이에 맞추어 새로운 내용의 통계학 책이 필요하다고 판단되어 지난 몇 개월 동안 연구실에서 무더위와 싸워가면서 노력한 결과 드디어 새로운 한권의 책을 완성하게 되었다.

이 책은 총 12개장으로 구성되어 있으며, 제1장은 통계학의 역사와 정의, 그리고 통계학을 배우기 위한 기본 용어에 대한 소개를, 제2장은 자료를 효율적으로 정리하고 요약하는 방법을, 제3장부터 제5장까지는 통계적 추론을 위한 기초 지식인 확률, 확률분포, 표본분포에 대한 설명을, 그리고 제6장과 제7장은 이를 기초로 한 모수에 대한 추정과 검정방법을, 그리고 제8장에서는 두 모집단의 비교와 관련된 내용을 다루었다. 제9장부터 제12장까지는 통계학의 활용기법과 관련된 부분으로 여기서는 상관분석, 회귀분석, 분산분석, 범주형 자료분석 등에 대하여 다루었다.

이 책의 특징은 우리 주변에서 널리 사용되고 있는 Excel 2007을 이용하여 통계 이론을 쉽게 이해할 수 있도록 하는 한편, 실무에서 Excel 2007을 이용하여 자료를 통계적으로 직접 처리하고 분석할 수 있도록 내용이 집필되어 있다는 것이다. 따라서 이 책에 포함된 내용을 이해하고 습득하여 실생활에서 보다 유용하게 통계학을 활용할 수 있다면 필자에게는 이보다 더 기쁠 일이 없다고 여겨질 것이다.

끝으로 이 책의 출판을 위하여 애써주신 오판구 사장님과 바쁜 속에서도 항상 웃음을 잃지 않고 아름다운 한권의 책을 만들기 위하여 최선을 다해주신 백지선 편집장님께 감사드린다.

2011년 11월

화랑대에서 저자 씀

차 례

제1장 통계학이란? / 1

1-1 통계학의 역사 ···· 3
1-2 통계학의 정의 ···· 4
1-3 기본 용어 ···· 6
연습문제 ···· 11

제2장 자료의 정리와 요약 / 13

2-1 변수와 자료 ···· 15
2-2 표를 이용한 자료의 정리 ···· 18
2-3 그림을 이용한 자료의 정리 ···· 22
2-4 숫자를 이용한 자료의 표현 ···· 30
2-5 상자그림을 이용한 자료의 표현 ···· 38
2-6 수학적 모형을 이용한 자료의 표현 ···· 40
2-7 Excel실습 ···· 44
연습문제 ···· 60

제3장 확률 / 63

3-1 서 론 ······ 65
3-2 표본공간과 사건 ······ 67
3-3 확률의 부여 ······ 70
3-4 확률의 계산 규칙 ······ 73
3-5 조건부 확률 ······ 74
3-6 사건의 독립성 ······ 76
3-7 조건부 확률의 응용 ······ 78
연습문제 ······ 82

제4장 확률분포 / 85

4-1 확률변수와 확률분포 ······ 87
4-2 이산형 확률분포 ······ 90
4-3 연속형 확률분포 ······ 103
4-4 이항분포의 정규분포 근사 ······ 118
4-5 Excel 실습 ······ 120
연습문제 ······ 126

제5장 표본분포 / 131

5-1 기본용어 ······ 133
5-2 표본평균의 분포 ······ 136
5-3 표본분산의 분포 ······ 139

5-4 표본비율의 분포 ······ 143
5-5 t-분포 ······ 145
5-6 Excel 실습 ······ 150
연습문제 ······ 161

제6장 추정 / 163

6-1 점추정 ······ 165
6-2 구간추정 ······ 173
6-3 Excel 실습 ······ 182
연습문제 ······ 185

제7장 통계적 검정 / 189

7-1 검정의 기본 원리 ······ 191
7-2 기본 용어 ······ 192
7-3 전통적 가설 검정법 ······ 202
7-4 가설검정 절차 ······ 204
7-5 모평균의 검정 ······ 206
7-6 모분산의 검정 ······ 211
7-7 모비율의 검정 ······ 213
7-8 Excel 실습 ······ 215
연습문제 ······ 221

제8장 두 모집단의 비교 / 225

8-1 두 모평균의 비교 227
8-2 대응비교 236
8-3 두 모분산의 비교 239
8-4 두 모비율의 비교 241
8-5 Excel 실습 245
연습문제 255

제9장 상관분석 / 257

9-1 산점도 259
9-2 상관계수 261
9-3 상관계수의 검정 265
9-4 특수한 형태의 상관계수 266
연습문제 270

제10장 회귀분석 / 273

10-1 단순선형 회귀분석 276
10-2 Excel 실습 296
10-3 중선형 회귀분석 301
10-4 Excel 실습 322
연습문제 334

제11장 분산분석 / 339

11-1 서론 ··· 341
11-2 일원분산분석 ··· 342
11-3 이원분산분석 ··· 364
11-4 Excel 실습 ··· 377
연습문제 ··· 384

제12장 범주형 자료 분석 / 387

12-1 서론 ··· 389
12-2 적합도 검정 ··· 389
12-3 독립성 검정 ··· 392
12-4 동질성 검정 ··· 398
12-5 Excel 실습 ··· 401
연습문제 ··· 405

참고문헌 / 407
부록 / 409
연습문제 해답 / 433
찾아보기 / 457

Chapter 1

통계학이란?

1-1 통계학의 역사

1-2 통계학의 정의

1-3 기본 용어

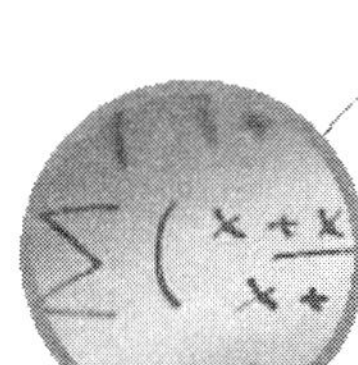

제 1 장 통계학이란?

1-1 통계학의 역사

통계학(statistics)이란 용어는 국가를 의미하는 라틴어 “status”에서 유래되었다. 여기서 통계학을 국가와 관련지운 이유는 경제라든지 인구, 재산 등에 관한 자료가 국가 차원에서 수집되고, 수집된 자료를 국가가 활용하였기 때문이라고 할 수 있다.

근세에 있어서의 통계학은 주로 정치적인 필요에 따라 인구와 종교, 산업에 대한 많은 정보를 수집하는 형태로 시작되었으며, 그 기원은 17세기 중엽 독일과 영국으로부터 찾을 수 있다. 1660년 독일에서 C. Corning이 Hermstadt 대학에서 강의를 하면서 “장차 정치가가 되고자 하는 사람들은 국가의 중요사항인 국토, 군사, 인구 및 행정 등에 관하여 올바르게 아는 것이 가장 중요하다”고 주장하였으며, G. Achenwall은 오늘날의 통계학(statistics)의 어원이 된 “statistik”이란 용어를 처음으로 사용하면서 “statistik”을 “국가의 중요사항을 기술하는 학문”이라고 정의하였다.

같은 시기에 영국에서는 흑사병으로 사망한 기록과 전쟁에 의한 사망 기록 등을 근거로 출생과 사망에 관한 통계가 발표되었으며, 1662년 J. Grant는 출생과 사망에 관한 통계를 근거로 원인별 사망자수, 연령대별 인구수 등을 분석하여 출생과 사망 등의 인구 변화에는 일종의 법칙이 존재하고 있다고 주장하였다. 1690년 W. Petty는 영국의 국력을 토지, 인구, 재정, 경제 등으로 각각 구분하여 인접 국가인 프랑스, 네덜란드, 이탈리아 등의 여러 나라와 비교, 분석하였다. 그 후 통계학은 오랫동안 국가의 행정, 재정, 인구, 군사 등과 관련된 자료를 요약, 정리하거나, 정리된 자료를 그림이나 도표로 표현하기 위하여 이용되는 학문으로 인식되어 왔다.

19세기에 들어와서 통계학은 단순히 자료를 나열하고 도표를 그려 필요한 사항을 비교, 분석하는 것에 한정되지 않고 과학적인 의사결정을 하는데 있어서 필요한 학문으로서 그 중요성이 인식되기 시작하였다. 즉, 통계학은 수집된 자료를 이용하여 불확실한 사실에 대한 과학적인 의사결정을 하고, 사회 및 자연현상에 대한 어떤 규칙성을 찾아내고, 부분적으로 얻어진 정보를 이용하여 전체에 대한 어떤 특성을 도출해 내는 추론의 학문으로서 발전을 해왔다.

추론의 학문으로서 통계학이 발달하게 된 시초는 아일랜드의 맥주회사 기사였던 W. S. Gosset에 의해서라고 할 수 있다. 그는 재료의 품질과 온도의 변화에 따라 맥주의 품질이 어떻게 변하는가를 실험을 통하여 과학적으로 분석하고자 하였다. 그러나 실험으로부터 얻을 수 있는 자료의 수는 소규모로 한정되었기 때문에 그 당시 사용되었던 z-검정법이라는 통계 이론으로는 문제를 해결할 수가 없었다. 이에 그는 표본의 크기가 작을 경우에 사용할 수 있는 t-분포를 발견하였다.

추측통계학을 더욱 발전시킨 사람은 R. A. Fisher라고 할 수 있다. 그는 농업시험장에서 십여 년간의 실험에서 얻은 자료를 근거로 획기적인 농사실험 설계방법을 고안하였으며, 동시에 분산분석법, 실험계획법 등을 창안하여 추측통계학에 있어서 중추적인 역할을 하는 통계적 방법을 새로이 개발하였다. 그 후 통계적 추론을 위하여 J. Neyman이 신뢰구간의 개념을 도입하였으며, K. Pearson은 χ^2-검정법이라는 새로운 검정방법을 개발하여 새로운 관점에서 가설검정이 정립되었다. 그 후 E. S. Pearson, G. M. Cox, G. W. Brown, W. Dixon, S. S. Wilks, W. G. Cochran, J. W. Tukey 등 수많은 통계학자들의 노력에 의하여 추정과 검정 이론은 수학적으로 완전히 체계화되었다.

오늘날 통계학은 컴퓨터의 급속한 발달과 더불어 여러 현상들의 연구에 유용하게 사용되고 있을 뿐만 아니라, 경제학, 경영학, 사회학, 교육학, 심리학, 공학, 농학, 생물학, 의학 등 거의 모든 학문분야에서 약방의 감초처럼 널리 이용되고 있다.

1-2 통계학의 정의

통계학(statistics)이란 관심의 대상에 대한 방대한 자료를 효율적으로 수집, 정리, 요약하며, 또한 일부 자료에 포함된 정보를 바탕으로 조사 대상 전체의 특성을 추론

할 수 있는 방법을 제공하는 학문이라고 할 수 있다. 예를 들어, 우리나라 직종별 월 임금 수준을 모든 직장인에 대하여 조사한 자료가 있다고 하자. 이때 자료는 워낙 방대하기 때문에 자료 그 자체만으로 직종별 인원이나 임금 수준 등을 상호 비교, 분석하기가 어렵다. 이러한 경우 전체 자료를 직종별 또는 임금 수준별로 정리, 요약하는 것이 필요하며, 이렇게 하기 위한 효율적인 방법을 제공해주는 것이 통계학이다. 또 다른 예로서, 우리나라에서 한 해 생산되는 쌀의 수확량을 조사한다고 하자. 이때 전국 논에서 생산되는 쌀 한톨 한톨을 세어 전체 쌀의 수확량을 계산한다는 것은 불가능할 뿐만 아니라 좋은 방법이 아니다. 통계학은 이와 같은 조사가 과학적이고 효율적으로 실행되도록 그 방법을 제공하는 학문이라고 할 수 있다.

Tip

통계학의 정의

관심의 대상에 대한 자료를 효율적으로 수집하고 정리, 요약하며, 또한 일부 자료에 포함된 정보를 토대로 조사 대상 전체의 특성에 관한 추론 및 불확실한 사실에 대하여 과학적인 판단을 내릴 수 있도록 그 방법을 제시하여 주는 학문이다.

통계학은 일반적으로 크게 기술통계학(descriptive statistics)과 추측통계학(inferential statistics)으로 나눌 수 있다. 기술통계학이란 방대한 자료를 평균, 표준편차 등과 같은 몇 개의 숫자나 도수분포표, 막대그림, 줄기-잎 그림 등과 같은 표 또는 그림으로 요약, 정리하여 전체 자료의 특징을 쉽게 파악, 비교하는 방법을 다루는 분야를 말한다. 예를 들어, 올해 대학수학능력 시험을 치른 학생들의 성적 자료가 있다고 하자. 이때 이 자료를 보유하고 있는 것만으로 올해의 대학수학능력 시험이 작년도의 시험보다 쉬웠는지 또는 어려웠는지 알 수 없다. 이러한 경우에는 대학수학능력 시험을 치른 전체 학생들의 평균과 분산을 안다면 전년도의 결과와 비교하여 올해의 시험이 쉬웠는지 어려웠는지를 비교할 수 있을 것이다.

추측통계학이란 관심의 대상이 되는 전체 집단(모집단) 중에서 그 일부(표본)를 뽑아 여기에 포함된 정보를 분석하여 전체 집단의 어떤 특성에 대하여 과학적으로 추론하는 방법을 다루는 분야를 말한다. 예를 들어, 대통령 선거 시 언론기관들은 각 후보자들에 대한 지지율을 조사하게 된다. 이때의 조사는 우리나라 전체 유권자(모집단)를 대상으로 하는 것이 아니라 그 중 일부의 유권자(표본)를 대상으로 조사를 실시한 후, 그 결과로부터 각 후보자들에 대한 지지율을 추정함에 있는 것이다.

> Tip
>
> **기술통계학과 추측통계학**
>
> 기술통계학이란 자료를 표나 그림 또는 숫자로 요약하여 전체 자료의 특징을 쉽게 파악할 수 있는 방법을 제공하는 분야를, 추측통계학이란 관심의 대상이 되는 전체 중에서 일부분을 추출하여 그 속에 포함된 정보를 분석하여 전체가 가지고 있는 특성들에 대하여 추론하는 방법을 다루는 분야를 말한다.

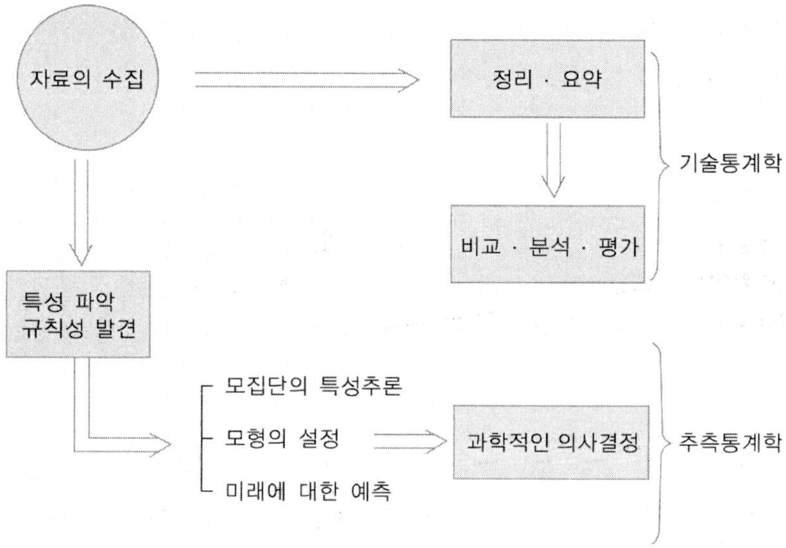

〈그림 1.1〉 통계학의 구분

1-3 기본 용어

1.3.1 모집단과 표본

통계학은 자료를 분석하는 학문이다. 따라서 통계적 분석을 위해서는 먼저 자료를 수집하게 되며, 수집된 자료를 이용하여 표나 그래프, 또는 숫자 등을 사용하여 자료의 특성을 분석하게 된다.

자료를 수집하기 위해서는 대상이 되는 집단 전체를 모두 조사하거나 또는 시간과 비용의 문제를 고려하여 전체 중 일부를 뽑아 조사하게 된다. 이때 대상이 되는 집단 전체를 모집단(population)이라 하고, 이 모집단을 하나도 빠짐없이 조사하는 것을 전수조사(complete survey)라 한다. 그리고 조사하기 위해 뽑힌 모집단의 일부분을 표본(sample)이라 하며, 이 표본만을 조사하는 것을 표본조사(sample survey)라고 한다. 전수조사는 국가 통계의 중요한 기초가 되는 인구 및 주택 총 조사와 같은 특별한 경우에 실시하며, 대부분의 경우 표본조사를 통하여 필요한 사료를 수집하게 된다.

Tip

모집단과 표본

조사 대상이 되는 전체 집단을 모집단, 모집단에서 뽑힌 일부분을 표본이라 한다.

모집단의 특성은 전수조사를 하게 되면 정확히 알 수 있다. 하지만 모집단 전체를 조사하는 것이 불가능하거나 또는 가능하다 하더라도 엄청난 비용과 시간을 필요로 하는 경우가 대부분이다. 따라서 우리는 모집단의 일부인 표본을 추출한 후 그것을 이용하여 관심있는 변수에 대한 모집단의 특성을 추측하게 되는 것이다. 표본조사가 이루어지는 대표적인 예로 다음과 같은 경우를 들 수 있다.

(1) 전구의 수명조사와 같이 조사 대상이 파괴될 경우

(2) 농사와 관련된 실험과 같이 시간, 경비, 노력 등을 절약하고자 할 경우

(3) 새로이 개발된 암치료법의 효과를 판단한다고 할 때 조사 대상이 현재 암에 걸린 환자뿐만 아니라 미래에 암에 걸릴 환자까지 되어야 하는 것처럼 그 조사 대상이 무한대일 경우

1.3.2 모수와 통계량

실험이나 조사의 목적은 모집단에 대한 정보를 알아보려고 하는 것이다. 여기서 정보란 대개 중심위치를 나타내는 평균, 평균을 중심으로 값들이 흩어져 있는 정도를 나타내는 분산, 그리고 특정한 개체의 상대도수를 의미하는 비율 등의 값을 말하며, 이러한 모집단의 특성을 나타내는 값을 모수(parameter)라고 한다. 모수는 일반적으로 표본을 추출하여 추정하게 되는데, 표본으로부터 계산되는 평균, 분산, 비율 등과 같은 값을 통계량(statistic)이라 한다.

통계학에서 모집단 전체를 대상으로 한 것과 표본을 대상으로 계산된 특성값을 구

분하는 것은 중요하다. 모집단의 평균, 분산, 비율은 각각 μ, σ^2, p로, 표본으로부터 계산된 평균, 분산, 비율은 각각 $\overline{X}$, S^2, $\hat{p}$으로 표기한다.

1.3.3 랜덤추출

표본은 모집단의 일부이다. 따라서 표본으로부터 조사된 결과는 모집단 전체를 조사한 결과와 차이가 있기 마련이며, 이러한 차이를 줄이기 위하여 모집단을 잘 대표하는 표본을 뽑는 것은 매우 중요하다. 표본추출(sampling)이란 관심의 대상인 모집단으로부터 그것을 잘 대표할 수 있는 표본을 뽑아내는 것을 말한다.

모집단에서 표본을 추출하는 방법은 크게 확률추출법(probability sampling)과 비확률추출법(non-probability sampling)로 나누어진다. 확률추출법은 뽑히는 표본 하나하나가 확률법칙을 따르도록 즉, 구성원 각각이 표본으로 뽑힐 확률이 동일하도록 표본을 추출하는 방법을 말한다. 확률추출법에 의해서 추출된 표본으로부터 자료를 분석할 경우 추정값에 대한 신뢰 정도를 확률적으로 나타낼 수 있다. 확률추출법에는 랜덤추출, 층화추출, 집락추출, 계통추출 등의 방법이 있다.

비확률추출법은 표본을 추출하는 사람의 주관적인 판단에 의해서 표본을 뽑는 방법을 말하며, 이러한 방법은 표본을 추출하는 사람이 그 분야의 전문가이고 풍부한 경험을 가지고 있을 경우에 실시하게 된다. 하지만 비확률추출법에 의해서 추출된 표본은 모집단을 잘 대표한다고 할 수 없으므로 이러한 표본 자료로부터 얻은 결론을 일반화함에 있어서는 많은 주의가 필요하다. 비확률추출방법에는 우연적 추출, 판단추출, 할당추출, 의도추출 등의 방법이 있다. 여기서는 추출방법에 있어 가장 기본이 되는 랜덤추출에 대해서만 설명하도록 한다.

랜덤추출이란 모집단을 구성하고 있는 원소가 표본으로 뽑힐 확률이 같도록 표본을 추출하는 방법을 말한다.

Tip

랜덤추출

모집단을 구성하고 있는 원소가 표본으로 뽑힐 확률이 같도록 표본을 추출하는 방법을 말한다.

랜덤추출에 의한 표본추출은 두 가지 과정으로 이루어질 수 있다. 먼저 모집단에서 한 개의 원소를 뽑은 다음, 두 번째 원소를 뽑기 전에 첫 번째 뽑힌 원소를 모집단에 다시 포함시켜 추출하는 과정을 생각할 수 있는데 이러한 방법을 복원추출(random sampling with replacement)이라 한다. 복원추출의 경우 첫 번째 원소가 뽑힐 확률과 두 번째 원소가 뽑힐 확률은 같으며, 두 번째 뽑히는 원소는 앞에서 뽑힌 결과에 영향을 받지 않게 된다. 다음으로는 첫 번째 뽑힌 원소를 다시 모집단에 넣지 않고 두번째 원소를 뽑는 방법을 생각할 수 있는데 이러한 방법을 비복원추출(random sampling without replacement)이라 한다. 비복원추출의 경우 첫 번째 원소가 뽑힐 확률은 두 번째 원소가 뽑힐 확률과 다르고 두 번째 뽑히는 원소는 첫 번째 뽑힌 결과에 영향을 받게 된다.

모집단으로부터 표본이 랜덤추출이 되도록 하기 위해서 난수표(random number table)를 이용하거나 또는 컴퓨터를 이용하여 난수를 만들어 사용한다. 난수(random numbers)란 0, 1, 2, …, 9 등 10개의 수가 뽑힐 가능성이 동일하고, 반복하여 뽑을 경우 나중에 뽑히는 수가 앞에서 뽑힌 수와는 아무런 관련성이 없도록 만들어진 과정을 통해서 생성된 수를 말한다. 그리고 이러한 과정을 통해서 생성된 수를 표로 정리하여 놓은 것을 난수표(table of random numbers)라 하며 부록의 <표 1>에 그 예가 주어져 있다.[1)]

난수표 사용 예

300명의 직원이 근무하고 있는 어느 전자회사에서 10명의 직원을 난수표를 이용하여 뽑는다고 하자. 이때의 표본추출은 다음과 같은 요령으로 하면 된다.

(단계 1) 전체 직원에게 1에서 300까지 번호를 부여한다.

(단계 2) 부록의 난수표 <표 1>에서 임의의 한 열을 선택한다. 예를 들어 두 번째 열을 선택하였을 경우, 전체 직원의 수가 300명이므로 앞에서 세 자리수를 읽어 내려가면 다음과 같이 될 것이다.

168	003	478	509	064	183	142	386	466
527	278	669	947	157	655	146	716	127

1) TV의 주택복권 추첨에서 0에서 9까지가 적힌 원판을 회전시켜 화살이 명중한 곳의 숫자를 읽는 과정은 난수를 생성하는 과정과 동일하다고 할 수 있다. 즉, 여기서 0에서 9까지의 숫자가 뽑힐 가능성이 동일하며, 원판을 반복하여 돌리는 시행은 서로 독립적이라고 할 수가 있다.

(단계 3) 난수가 301 이상 되거나 반복적으로 나타난 숫자는 버리고 나머지 중에서 차례로 10개를 선택한다.

168	003	064	183	142	278	157	146	127	226

(단계 4) 선택된 10개의 번호에 해당하는 직원이 표본에 해당된다.

연습문제

1. 한국의 20대 남성들의 평균 신장을 알아보기 위하여 전국에서 500명의 남성을 랜덤으로 뽑았다고 하자. 이때 모집단과 표본이 무엇인지 설명하여라.

2. L전자 휴대폰의 배터리 수명을 측정하기 위하여 36개의 표본을 랜덤으로 추출한다고 할 때 모집단이 무엇이며, 표본추출은 어떻게 하는 것이 좋은지를 설명하여라.

3. 확률추출법과 비확률추출법의 차이점에 대하여 설명하여라.

4. 다음 통계조사 중에서 표본조사가 아닌 것은?
   (1) 입대하기 전에 실시하는 신체검사
   (2) K방송에서 실시하는 여론조사
   (3) M 방송국의 월요 연속사극 "동이" 시청률 조사
   (4) 공장에서 생산되는 컴퓨터 모니터의 품질조사

5. A, B, C 3장의 카드 중에서 2장의 카드를 추출한다고 하자(순서를 고려하지 않음).
   (1) 복원으로 추출시 뽑는 방법수와 각각이 뽑힐 확률을 구하여라.
   (2) 비복원으로 추출시 뽑는 방법수와 각각이 뽑힐 확률을 구하여라.
   (3) 비복원추출시 A, B, C 각 카드가 뽑힐 확률을 계산하여라.

6. 동전을 10번 던진 결과를 부록의 <표 1>에 주어진 난수표를 이용하여 시뮬레이션하여라.

7. 주사위를 13번 던졌을 때 나타나는 결과를 부록의 <표 1>에 주어진 난수표를 이용하여 시뮬레이션하여라.

Chapter

2 자료의 정리와 요약

2-1 변수와 자료
2-2 표를 이용한 자료의 정리
2-3 그림을 이용한 자료의 정리
2-4 숫자를 이용한 자료의 표현
2-5 상자그림을 이용한 자료의 표현
2-6 수학적 모형을 이용한 자료의 표현
2-7 Excel실습

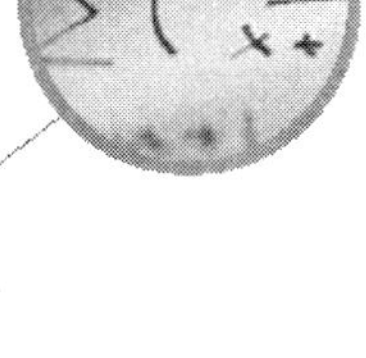

제2장 자료의 정리와 요약

2-1 변수와 자료

2.1.1 변수

사회, 경제, 경영, 행정, 의학, 공학 등 통계학이 적용되지 않는 분야는 거의 없다. 그렇다면 왜 이렇게 모든 분야에서 통계학이 사용되고 있는 것일까? 그 이유는 통계학은 자료(data)를 다루는 학문 분야이기 때문이라고 할 수 있다. 자료란 조사하고자 하는 대상에 대해서 관측된 값들을 의미하며, 이때의 관측은 하나의 변수 또는 둘 이상의 변수에 대해서 이루어진다. 여기서 변수(variable)란 조사하고자 하는 대상에 따라 서로 다른 값을 가지게 되는 하나의 속성으로 정의된다. 예를 들어, 어느 대학교 학생들의 IQ와 대학수학능력시험 성적에 대한 자료가 있다고 하자. 이때 IQ와 대학수학능력시험 성적은 학생 개개인에 따라 서로 다른 것이며, 여기서 서로 다른 값을 가지는 속성들 즉, IQ와 대학수학능력시험 성적은 각각 하나의 변수가 되는 것이다.

변수는 그 값이 가지는 형태에 따라 질적 변수와 양적 변수로 나눌 수 있으며, 양적 변수는 또다시 값의 연속성 여부에 따라 연속형 변수와 이산형 변수로 구분되어진다. 예를 들어, 성별(남, 여), 인종(백인종, 황인종, 흑인종), 학력(초졸, 중졸, 고졸, 대졸) 등은 관측된 값들이 문자로 표시되어 그 범주에 따라 분류되어지기 때문에 이러한 변수들을 질적 변수(qualitative variable) 또는 범주형 변수(categorical variable)라고 부른다. 반면에 키, 몸무게, 성적 등과 같은 변수들은 관측된 값이 양으로 표시되어지기 때문에 이러한 변수들을 양적 변수(quantitative variable)라고 한다.

질적 변수는 필요에 따라 숫자로 나타낼 수 있다. 예를 들어, 질적 변수인 학력수준을 국졸은 1, 중졸은 2, 고졸은 3, 대졸은 4와 같이 숫자화 할 수 있다. 하지만 이때의 숫자 크기는 그것이 나타내는 값의 크기와는 무관하며, 단지 편의상 정한 약속에 불과하다.

양적 변수는 관측값 자체가 크고 작음 또는 많고 적음을 나타내는 숫자로 표현되어 있으며, 이때 숫자는 관측된 값이 가지고 있는 속성을 그대로 반영한다. 양적 변수도 경우에 따라 질적 변수의 형태로 변환될 수 있다. 예를 들어 시험 성적의 경우, 90에서 100점을 A, 80에서 89점을 B, 70에서 79점을 C, 60에서 69점을 D, 60점 미만을 F로 바꾸면 질적 변수의 형태로 된다. 변수를 질적 변수와 양적 변수로 구분하는 이유는 관측된 자료를 정리하고 분석하는데 있어 다소 차이가 있기 때문이다.

양적 변수는 관측값이 소수점 아래로 무한히 이어지는 연속형 변수(continuous variable)와 관측값들을 하나하나 셀 수 있는 이산형 변수(discrete variable)로 나누어진다. 연속형 변수의 예로서는 키, 몸무게, 시간 등을 들 수 있으며,[1] 이산형 변수의 예로는 일일 교통사고수, 휴가 일수, 대학교 합격자수 등을 들 수 있다. 일반적으로 이산형 변수는 정수값을 가지는 경우가 대부분이다. 양적 변수를 이산형과 연속형으로 구분하는 이유는 변수로부터 얻은 자료를 정리하고 분석하는데 있어 차이가 있을 뿐만 아니라, 확률모형을 설정하고, 그 개념을 정의하는데 있어 차이가 있기 때문이다.

Tip

변수

변수란 조사하고자 하는 대상에 따라 서로 다른 값을 가지게 되는 하나의 속성을 말한다. 변수는 그 값이 가지는 형태에 따라 질적 변수와 양적 변수로 나누어지고, 양적변수는 값의 연속성 여부에 따라 또다시 이산형 변수와 연속형 변수로 나누어진다.

예제 2-1

다음은 어느 공장에서 보관하고 있는 직원들의 신상에 관한 자료의 일부이다. 자료 속에 어떠한 변수들이 포함되어 있는지를 설명하여라.

1) 예를 들어, 어떤 사람의 키가 170.5cm라 하자. 이때 이 사람의 키는 측정도구의 한계 때문에 근사치로서 170.5㎝이지 정밀하게 측정할 수 있는 도구만 있다면 실제로는 소수점 아래로 무한히 이어지는 값이 된다.

〈표 2.1〉 공장 직원들의 신상자료

직급	이름	나이	신장	체중	학력
반원	김기열	20	177	77	고졸
반장	박민수	32	168	69	대재
반장	이재윤	28	180	85	대재
반원	민재열	22	173	75	고졸

풀이 <표 2.1>에는 6개의 변수 즉 직급, 이름, 나이, 신장, 체중, 학력 등이 있으며, 이들 중 직급, 이름, 학력은 질적 변수이고, 나이, 신장, 체중은 양적 변수이다. ❀

2.1.2 자료

자료는 관측된 값이 질을 나타내는지 또는 양을 나타내는지에 따라 질적 자료(또는 범주형 자료)와 양적 자료로 구분된다. 예를 들어 성별은 남·여 등과 같이 문자로 표시되어 두 개의 범주로 나타나므로 질적 자료(qualitative data)가 되며, 나이, 키, 몸무게 등은 숫자로 나타나므로 양적 자료(quantitative data)가 된다. 변수와 관련지어 자료를 구분한다면 질적 변수들의 자료를 질적 자료 (또는 범주형 자료), 양적 변수들의 자료를 양적 자료라고 보면 된다. 자료를 구분하는 이유는 표나 그림을 이용하여 자료를 정리하고자 할 경우, 질적 자료와 양적 자료에 따라 다소 차이가 있기 때문이다.

통계분석을 위해서는 먼저 자료를 수집하게 되며, 이렇게 수집된 자료를 원자료(raw data)라고 한다. 그러나 이들 원자료는 다양한 값을 가지면서 그 분량도 방대하다. 따라서 이러한 원자료를 요약, 정리하지 않고 그 특성을 파악한다는 것은 매우 어렵다. 이때 원자료를 표나 그림, 또는 숫자 등을 이용하면 자료값의 중심위치, 흩어진 상태, 분포 모양 등 자료가 가지고 있는 특성을 보다 쉽게 파악할 수 있을 것이다.

2-2 표를 이용한 자료의 정리

2.2.1 도수분포표

어떤 통계학 교수가 25명의 학생들에게 동전을 4번씩 던지도록 한 후 앞면이 나온 횟수를 조사한 결과, 다음과 같은 자료를 얻었다고 하자.

2	2	0	1	1	1	2	3	1	2	2	3	3
4	1	3	2	3	3	1	2	2	1	2	2	

여기서 주어진 자료는 원자료이다. 하지만 이 상태로는 앞면이 나온 횟수에 대한 전체 특성이 어떠한지를 파악하기는 쉽지가 않다. 그러나 관측된 값 모두는 0, 1, 2, 3, 4 등 5개의 값으로 구성되어 있으며, 이 5개의 값을 이용하여 원자료가 포함하고 있는 정보를 잃어버리지 않고 표를 이용하여 간단하게 요약하여 나타낼 수 있다.

동전을 4번 던지는 실험에서 관측된 결과는 <표 2.2>와 같이 요약할 수 있으며, 이렇게 작성된 표를 도수분포표(frequency distribution table)라 한다.

Tip

도수분포표

관측값을 범주에 따라 구분한 후, 각 범주에 속하는 도수, 상대도수, 누적상대도수 등을 계산하여 정리한 표를 말한다.

예제 2-2

위에 주어진 동전 실험 결과를 도수분포표로 작성하여라.

풀이 5개의 값 0, 1, 2, 3, 4를 범주로 한 후, 각 범주에 속하는 도수, 상대도수(=해당 범주의 도수/전체 도수), 누적상대도수를 포함하여 작성된 도수분포표는 <표 2.2>와 같다.

〈표 2.2〉 동전을 4번 던졌을 때 앞면이 나타난 횟수에 대한 도수분포표

횟수	도수	상대도수	누적상대도수
0	1	0.04	0.04
1	7	0.28	0.32
2	10	0.40	0.72
3	6	0.24	0.96
4	1	0.04	1.00
전체	25	1.0	

앞면이 2번 나온 경우가 전체의 40%로 가장 많았고, 반면에 앞면이 1번도 나오지 않았거나 4번 모두 앞면이 나온 경우는 각 4%씩 전체의 8%를 차지하고 있는 것으로 나타났다. ❀

<표 2.2>는 이산형 자료에 대한 도수분포표이다. 그렇다면 연속형 자료에 대한 도수분포표는 어떻게 작성하여야 할까? 예를 들어 통계학 과목을 수강한 2학년 학생 30명의 기말시험 점수가 다음과 같다고 하자.

71	84	68	75	91	87	63	77	81	98	57	73	74	85	50
62	66	78	65	59	75	89	94	93	86	61	87	74	70	67

이때 도수분포표를 작성하기 위해서 위에서처럼 기말시험 점수를 점수별로 모두 나열한 후 각각의 도수를 세어 작성해야만 할까? 그렇지는 않다. 통계학 기말시험 성적은 모두 27개 값으로 이루어져 있으며, 이 27개의 값을 모두 사용하여 도수분포표를 작성하게 되면 자료가 효율적으로 정리되지 못하여 한 눈에 전체 자료의 특성을 파악하기가 쉽지 않게 된다. 이러한 경우 도수분포표는 전체 자료를 동일한 간격을 가지면서 서로 중복되지 않도록 몇 개의 구간으로 나눈 후, 각 구간에 속하는 자료의 개수를 세어 작성하게 된다.[2)]

2) 실제로 도수분포표를 작성할 때, 전체 자료값들을 몇 개의 구간으로 나누는 것이 적절한 지를 판단하기는 쉽지가 않다. 왜냐하면 구간수가 너무 적으면 관측값들의 분포 경향을 파악하기가 쉽지 않고, 반대로 구간수가 너무 많으면 분포 모양이 제대로 나타나지 않는다. 일반적으로 구간수는 전체 자료수를 고려하여 5개에서 10개 사이로 정하는 것이 보통이다.

Tip

연속형 자료를 이용한 도수분포표의 작성 요령

(단계 1) 범위(=최대값−최소값)를 계산한다.
(단계 2) 적당한 구간의 개수를 결정한다.
(단계 3) 구간의 폭(=범위/구간의 개수)을 계산한다.
(단계 4) 계산된 구간의 폭에 따라 구간을 설정한다.
(단계 5) 각 구간에 속하는 자료의 개수를 세어 표를 작성한다.

예제 2-3

위에 주어진 통계학 기말시험 점수를 구간의 수가 6인 도수분포표로 작성하여라.

풀이 구간의 수를 6으로 할 때 각 구간의 폭은

$$\frac{\text{최대값} - \text{최소값}}{\text{구간의 개수}} = \frac{98-50}{6} = 8$$

이 된다. 따라서 구간의 폭이 8이 되도록 각 구간을 설정하면, 첫 번째 구간은 50이상 ~58미만, 두 번째 구간은 58이상 ~66미만, … 등이 될 것이다(이때 각 구간의 경계값은 중복되지 않도록 하여야 함). 각 구간에 속하는 자료의 개수를 세어 작성된 도수분포표는 다음과 같다.

〈표 2.3〉 양적 자료에 대한 도수분포표

계급구간	도수	상대도수	누적상대도수
50이상 ~ 58미만	2	0.07	0.07
58이상 ~ 66미만	5	0.17	0.24
66이상 ~ 74미만	6	0.20	0.44
74이상 ~ 82미만	7	0.23	0.67
82이상 ~ 90미만	6	0.20	0.87
90이상	4	0.13	1.00
계	30	1.00	

통계학 기말 시험에서 74점부터 81점 사이의 점수를 받은 학생은 전체 30명 중 7명으로 가장 많았고, 66점부터 73점 사이, 그리고 82점부터 89점 사이의 점수를 받은 학생도 각각 6명으로 나타났다. 66점부터 89점 사이의 점수를 받은 학생은 전체의 63%로 절반 이상의 학생들이 이 점수대에 속하는 것으로 나타났다. 전체 점수의 분포는 78점을 중심으로 봉우리가 하나이면서 거의 좌우 대칭인 형태를 띠고 있다고 볼 수 있다. ❀

2.2.2 분할표

2.2.1절에서는 변수가 하나일 때 자료를 표로 정리하는 방법에 대하여 배웠다. 그렇다면 변수가 두 개일 경우 어떻게 자료를 표의 형태로 정리할까? 변수가 두 개일 때 도수분포표의 형태로 정리한 것을 분할표(contingency table)라 한다. 분할표는 한 변수를 행, 다른 한 변수를 열로 하여 작성된 직사각형 형태의 표로써 이때에는 행과 열이 교차하여 만들어지는 셀 하나하나가 바로 하나의 범주가 된다.

Tip

분할표

행과 열로 구성된 직사각형 형태의 표를 말한다.

작성 요령

(단계 1) 한 변수를 열, 다른 한 변수를 행으로 한 직사각형의 표를 만든다.

(단계 2) 행과 열이 교차하여 만들어지는 셀에 해당 도수를 세어 기록 한다.

※ 필요시 각 셀의 도수 아래에 해당 백분율을 표시하기도 함

예제 2-4

K대학교 학생들 중에서 24명을 랜덤으로 추출하여 체력장을 실시한 결과, <표 2.4>와 같은 자료를 얻었다. 학년과 체력등급에 대한 분할표를 작성하고, 두 변수간의 관련성을 설명하여라.

〈표 2.4〉 학년과 체력등급 조사 결과

학 년	체력등급	학 년	체력등급	학 년	체력등급
4학년	특급	3학년	1급	2학년	2급
3학년	1급	3학년	1급	3학년	1급
2학년	2급	3학년	특급	2학년	2급
3학년	2급	4학년	특급	4학년	1급
2학년	1급	3학년	특급	2학년	2급
3학년	1급	4학년	1급	4학년	특급
4학년	특급	3학년	특급	3학년	1급
2학년	2급	2학년	2급	4학년	특급

풀이 학년을 행, 체력등급을 열로 하여 작성한 분할표는 다음과 같다(괄호 안은 %).

〈표 2.5〉 학년과 체력등급에 대한 분할표

학년 \ 등급	2급	1급	특급	계
2학년	6 (25.0)	1 (4.2)	0 (0.0)	7 (29.2)
3학년	1 (4.2)	6 (25.0)	3 (12.5)	10 (41.6)
4학년	0 (0.0)	2 (4.2)	5 (25.0)	7 (29.2)
계	7 (29.2)	9 (37.5)	8 (33.3)	24 (100)

체력측정 결과 2급인 학생은 24명 중 7명으로 전체의 29.2%를 차지하고 있으며, 이들 대부분은 2학년인 것으로 나타났다. 1급을 받은 학생은 24명 중 9명으로서 전체의 37.5%를 차지하고 있으며, 여기에는 3학년이 가장 많은 것으로 나타났다. 특급을 받은 학생은 전체의 33.3%로서 4학년이 가장 많았으며, 2학년은 한명도 없는 것으로 나타났다. 전체적으로 볼 때 학년이 오를수록 체력등급도 높아간다고 할 수 있다. ❀

2-3 그림을 이용한 자료의 정리

수집된 자료를 그림으로 표현하는 것은 표로 작성하여 자료의 특성을 파악하는 것 못지않게 매우 중요하다. 왜냐하면 그림은 표보다 자료의 전체적인 형태를 시각적으로 보다 쉽게 파악할 수 있도록 해주는 장점을 가지고 있기 때문이다.

2.3.1 막대그림

막대그림(bar chart)은 질적 자료일 경우 각 범주가 가지는 도수 또는 상대도수를 같은 폭의 직사각형 막대모양의 그림으로 나타낸 것을 말하며, 이때 막대간에는 서로 떨어져 있게 그려져야 한다. 막대그림은 각 범주의 도수 또는 상대도수를 막대의 길이로서 쉽게 비교할 수 있다는 장점을 가지고 있다.

Tip

통계학의 정의

각 범주가 가지는 도수 또는 상대도수를 같은 폭의 막대모양으로 나타낸 그림을 말한다.

예제 2-5

예제 2.2에서 앞면이 나온 횟수에 대한 막대그림표를 그려라.

풀이

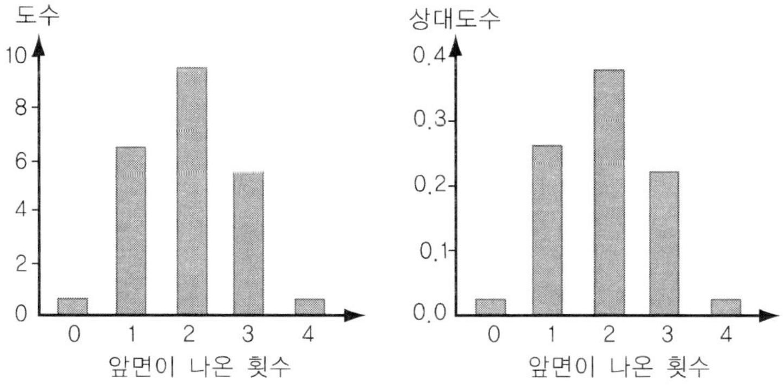

〈그림 2.1〉 앞면이 나온 횟수에 대한 막대그림표 ❀

막대그림을 이용하여 두 집단간의 비교도 가능하다. 즉, 동일한 좌표축 위에 막대그림을 나란히 그려 두 집단간의 차이를 쉽게 비교할 수 있다. 단, 표본의 크기가 서로 다를 경우에는 상대도수를 이용하여 막대그림을 그려야만 두 집단간의 차이에 대한 정확한 비교가 가능하다.

예제 2-6

직업군인이 되기를 희망하는 남학생 1,598(명)과 여학생 2,000(명)을 대상으로 되기를 설문조사한 결과, <표 2.6>과 같은 자료를 얻었다고 하자. 막대그림을 이용하여 남학생과 여학생 두 집단을 비교하여라.

〈표 2.6〉 직업군인이 되기를 희망하는 학생에 대한 설문 결과

범 주 \ 구 분	남학생		여학생	
	도 수	상대도수	도 수	상대도수
어머니가 군인	594	0.372	712	0.356
아버지가 군인	504	0.190	350	0.175
부모 모두 군인	734	0.334	824	0.412
부모 모두 군인이 아님	166	0.104	114	0.057
전체	1598	1.000	2000	1.000

풀이 x 축을 부모직업, y 축을 도수와 상대도수로 놓고 범주별로 막대그림을 작성한 결과는 <그림 2.2>와 같다.

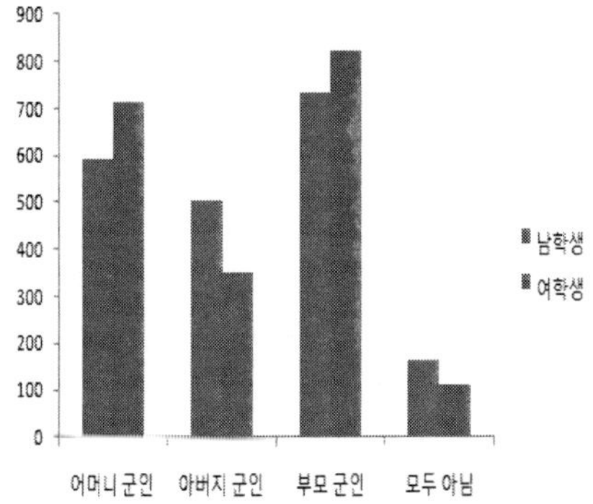

(a) 도수

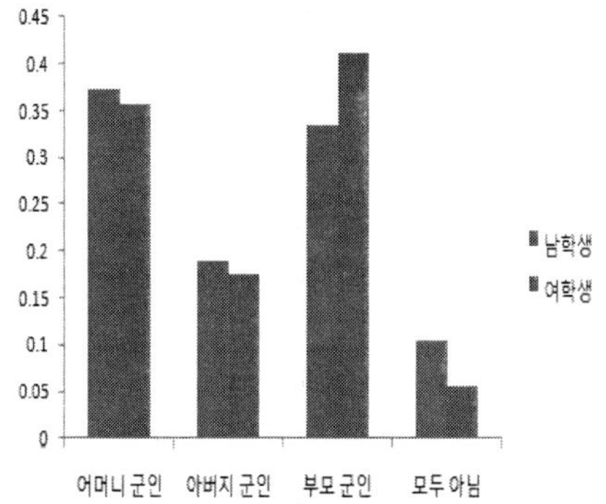

(b) 상대도수

〈그림 2.2〉 직업군인이 되기를 희망하는 학생에 대한 막대그림

<그림 2.2>의 (a)를 보면, 남녀 학생 모두에서 부모가 군인일 경우에 장래 군인이 되기를 가장 많이 희망하는 것으로 나타났다. 하지만 (b)를 보면 남학생의 경우 어머니가 군인일 때 가장 많이 희망하고 있는 것으로, 여학생의 경우에는 부모가 군인일 때 희망을 가장 많이 하고 있는 것으로 나타났다. (a)와 (b)에서 서로 다른 결과가 나타나는 이유는 남학생과 여학생간에 전체 도수가 같지 않다는 데 있다. 집단들을 비교함에 있어서는 도수보다는 상대도수를 이용하여야만 집단들 간의 차이에 대한 정확한 비교가 가능하다. 따라서 (b)의 막대그림에서 나타난 결과 즉, 어머니가 군인일 경우에는 여학생보다는 남학생이, 부모가 군인일 경우에는 남학생보다 여학생이 장차 군인이 되기를 더 희망하고 있다고 결론을 내리는 것이 옳은 것이다. ❀

2.3.2 히스토그램

양적 자료일 때의 막대그림을 히스토그램(histogram)이라 한다. 즉, 히스토그램은 주어진 자료가 연속형일 때 변수값을 몇 개의 구간으로 나눈 후, 각 구간에 속하는 자료수의 도수 또는 상대도수를 막대그림으로 나타낸 것을 말한다. 히스토그램은 막대그림표와는 달리 막대와 막대 사이가 이어지도록 그려야 한다.

Tip

히스토그램

양적 자료일 때의 막대그림을 히스토그램이라 한다.

예제 2-7

학사 및 ROTC 장교들의 전역 후 재취업에 따른 임금 수준을 알아보기 위하여 전체 재취업인원들 중 90명을 랜덤으로 추출하여 월 평균 임금을 조사한 결과, <표 2.7>과 같은 자료를 얻었다. 히스토그램을 작성한 후, 재취업 인원들이 받고 있는 임금 상태를 설명하여라.

〈표 2.7〉 전역 장교들의 재취업 임금

(단위: 만원)

207	300	101	212	185	423	278	283	258	225	171	549
193	205	252	186	254	256	279	276	128	352	415	242
199	195	367	400	361	251	357	221	236	235	274	176
452	157	345	450	201	247	353	179	250	366	190	175
342	171	124	223	269	249	182	390	178	100	502	170
191	360	254	205	145	344	418	146	300	272	210	227
227	368	100	257	153	374	418	280	229	229	274	203
141	316	255	241	422	204						

풀이 히스토그램을 작성하기 위해서는 먼저 전체 자료를 몇 개의 구간으로 나눈 후, 각 구간에 속하는 자료의 개수를 세어야 한다. <표 2.7>에서 재취업 전역장교들이 받는 임금은 100만원에서 549만원 사이에 있으며, 여기서 구간의 개수를 8개로 한다면 구간의 폭은 (최대값−최소값)/8=(549−100)/8=56.125만원이 된다. 계산을 간편하게 하기 위하여 구간의 폭을 60만원으로 하면, 첫 번째 구간은 100만원에서 159

만원, 두 번째 구간은 160만원에서 219만원, … 동일한 요령으로 나머지 구간들을 만든 후 각 구간에 속하는 도수 또는 상대도수를 계산하여 히스토그램을 작성하면 <그림 2.3>과 같게 된다.

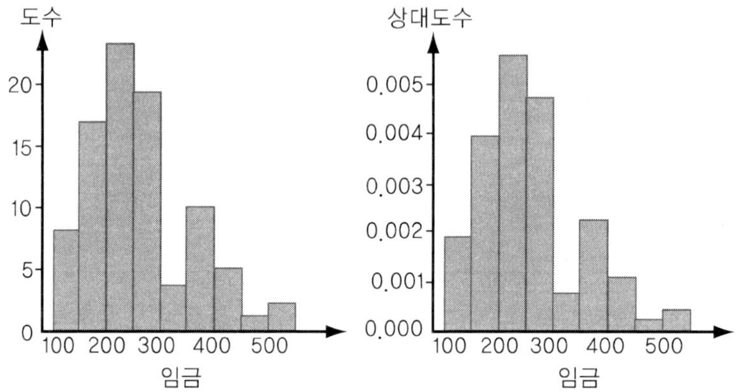

(a) 도수　　　　(b) 상대도수

〈그림 2.3〉 전역 장교들의 재취업 후 월 임금에 대한 히스토그램

<그림 2.3>으로부터 재취업 후에는 월 220만원에서 280만원을 받는 인원이 가장 많았으며, 전체 인원의 약 60%는 160만원에서 280만원을 받고 있음을 알 수 있다. 그리고 월 460만원 이상을 받고 있는 인원은 극히 적은 것으로 볼 때 이들은 고위직일 것이라는 예상이 가능하다. ❀

참고

표나 그림으로 자료를 정리하고 요약하는 목적은 전체 자료의 특성을 이해하고자 함에 있다. 따라서 주어진 자료를 표나 그림으로 작성한 후, 그 특성을 파악하기 위해서는 다음과 같은 사항을 살펴보아야 한다.

(1) 자료의 전체적인 경향 즉, 분포는 어떤 모양을 하고 있는가?
(2) 중심 위치와 흩어진 정도는 어떠한가?
(3) 다른 값들로부터 아주 떨어져 있는 극단값은 없는가?

2.3.2 원형그림

원형그림(pie chart)은 신문이나 잡지에서 많이 볼 수 있는데, 질적 자료인 경우 각 범주의 상대도수에 비례하도록 몇 개의 조각으로 나눈 후, 각 조각에 해당 범주의 이름과 비율을 기입한다. 양적 자료인 경우에는 도수분포표를 만드는 경우와 동일한

요령으로 구간을 적절히 나눈 후 원형그림을 그리면 된다.

Tip

원형그림

원을 범주의 상대도수에 비례하도록 조각으로 나누어 그린 그림을 말한다.

예제 2-8

S대 식품공학과 4학년 학생 40명에게 졸업 후의 진로에 대하여 설문조사한 결과, <표 2.8>과 같은 자료를 얻었다고 한다. 원형그림을 작성하여라.

〈표 2.8〉 졸업후 진로에 대한 설문 결과

진로	응답수	상대도수
취업	12	0.30
개인사업	14	0.35
대학원 진학	8	0.20
기 타	6	0.15

풀이 각 범주에 해당하는 조각의 크기는 다음과 같이 계산된다.

취업 : $0.30 \times 360° = 108°$

개인사업 : $0.35 \times 360° = 126°$

대학원 진학 : $0.20 \times 360° = 72°$

기 타 : $0.15 \times 360° = 54°$

이 값들을 이용하여 그린 원형그림은 다음과 같다

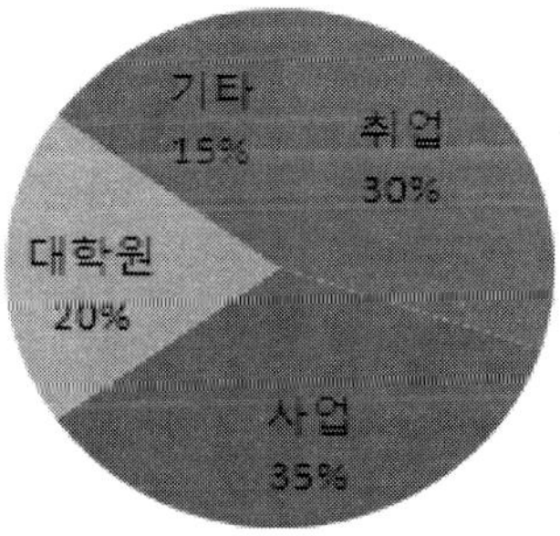

〈그림 2.4〉 졸업 후 진로에 대한 원형그림

2.3.4 줄기-잎 그림

줄기-잎 그림(stem-and-leaf plot)이란 말 그대로 식물의 줄기와 잎의 형태를 이용한 그림으로써, 각 관측값을 줄기와 잎이라는 두 부분으로 나누어 표현한 그림을 말한다. 이때 관측값의 앞부분은 줄기로, 뒷부분은 잎으로 표시된다. 예를 들어 관측값이 213일 경우 2를 줄기, 13을 잎으로 한다든지 또는 21을 줄기, 3을 잎으로 하여 그릴 수 있다.

줄기-잎 그림은 자료의 분포 모양을 나타내어 주기 때문에 양적자료를 정리하고, 분석함에 있어 매우 효과적이다. 즉, 작성된 줄기-잎 그림을 통하여 자료의 분포 모양과 흩어진 정도, 봉우리의 위치와 대칭 여부, 그리고 극단값(outlier)[3]의 존재 여부 등을 쉽게 파악할 수 있다. 줄기-잎 그림의 단점으로는 자료의 개수가 많을 때 제한된 공간에 많은 관측값을 기입하여야한다는 것을 들 수 있다. 이러한 경우에는 히스토그램을 사용하는 것이 바람직하다.

Tip

줄기-잎 그림

관측값을 줄기와 잎 두 부분으로 나누어 그린 그림을 말한다.

작성 요령

(단계 1) 처음 몇 개의 자리수를 줄기, 나머지 자리수를 잎으로 결정한다.
(단계 2) 줄기값을 크기순으로 세로로 나열한 후, 오른쪽에 수직선을 긋는다.
(단계 3) 관측값의 잎에 해당하는 숫자를 해당 줄기 오른쪽에 기입한다.
(단계 4) 각 줄기에서 잎의 값들을 오름차 순으로 다시 배열한다.

예제 2-9

예제 2.3의 자료를 줄기의 크기를 10단위로 한 줄기-잎 그림으로 작성하여라.

풀이 줄기-잎 그림을 작성하기 위하여 먼저 시험점수의 첫째 자리수(10단위)를 줄기, 둘째 자리수(1단위)를 잎으로 결정한다. 그런 다음 <그림 2.5>의 (a)와 같이 줄기를 크기순으로 세로로 적은 후, 줄기의 오른쪽에 세로로 줄을 긋는다. 그리고 <그림 2.5>의 (b)와 같이 관측값을 하나하나 차례대로 읽어가면서 해당 줄기의 오른쪽에

3) 조사의 대상이 되는 집단에 속하지 않는다고 의심이 될 정도로 다른 값들에 비하여 아주 멀리 떨어진 값을 말한다.

잎의 숫자를 기입하면 줄기-잎 그림이 완성된다. 그리고 잎의 값을 반드시 크기순으로 정리를 할 필요는 없지만 <그림 2.5>의 (c)는 잎을 오름차순으로 정리한 결과이다.

(a)		(b)		(c)	
5		5	7 0 9	5	0 7 9
6		6	8 3 2 6 5 1 7	6	1 2 3 5 6 7 8
7		7	1 5 7 3 4 8 5 4 0	7	0 1 3 4 4 5 5 7 8
8		8	4 7 1 5 9 6 7	8	1 4 5 6 7 7 9
9		9	1 8 4 3	9	1 3 4 8

〈그림 2.5〉 기말시험 성적의 줄기-잎 그림

(설명) 줄기-잎 그림에서 성적의 개략적인 분포를 살펴보면, 학생들의 점수는 70점대에 가장 많이 몰려 있고, 70점대를 중심으로 거의 좌우대칭인 형태로 점수가 흩어져 있다는 사실을 알 수 있다. ❀

2.3.5 산점도

변수가 두 개일 때 한 변수를 x축, 다른 변수를 y축으로 하여 관측값들을 xy-평면상의 점으로 나타낸 그림을 산점도(scatter diagram)라고 한다. 산점도를 보면 두 변수 사이의 관계를 시각적으로 파악할 수 있다. 즉, 산점도는 두 변수가 직선적인 관계 또는 곡선적인 관계를 가지고 있는지, 그리고 그 관련성의 정도가 어떠한지를 개략적으로 판단할 수 있게 해준다.

산점도에서 두 변수가 직선 또는 곡선관계를 가지고 있을 경우 관측값들 모두가 정확히 하나의 선위에 놓이게 되는 경우는 거의 없으며, 대부분 그 선을 중심으로 흩어져 나타나게 된다. 이때 두 변수의 관련성에 대한 정도는 관측값들이 그 선을 중심으로 흩어져 있는 상태에 따라 결정된다. 즉 관측값들이 하나의 선을 중심으로 밀집되어 나타난다면 '두 변수간의 관계는 강하다'는 것을, 반면에 선으로부터 넓게 흩어져 나타난다면 '두 변수간의 관계는 약하다'는 것을 의미하게 된다.

예제 2-10

운전학원을 통하여 면허를 취득한 사람 15명을 대상으로 운전 실습시간과 주행코스에서 획득한 점수를 조사하여 <표 2.9>와 같은 자료를 얻었다. 산점도를 그린 후,

이를 이용하여 운전 실습시간과 획득점수 사이의 관계를 개략적으로 설명하여라.

〈표 2.9〉 운전실습시간과 주행코스 획득 점수 결과

실습시간	3	4	6	8	10	11	13	15	16	17	18	20	21	22	23
획득점수	20	15	30	35	30	30	35	30	40	50	45	30	50	60	55

풀이 실습시간과 획득점수간의 산점도는 다음과 같다.

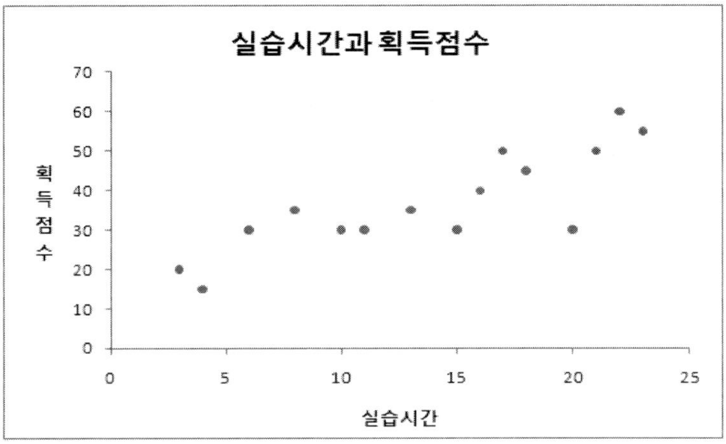

〈그림 2.6〉 실습시간과 획득점수간의 산점도

(설명) <그림 2.6>에서 보는 바와 같이 실습시간이 증가할수록 획득점수 또한 증가하는 경향을 나타내는 직선적인 관계를 가지고 있다고 할 수 있다. ❀

2-4 숫자를 이용한 자료의 표현

자료의 전체적인 특성에 관해서는 표나 그림을 이용하여 개략적으로 파악할 수 있다. 하지만 보다 구체적이고 정확하게 자료의 특성을 탐색하기 위해서는 하나의 숫자로 전체 자료의 특징을 표현하는 방법에 대해서 알아야 한다. 이 절에서는 자료의 중심위치와 변화량을 하나의 실수값으로 표현하는 방법에 대해서 배우도록 할 것이다.

2.4.1 중심위치의 표현

(1) 평 균

중심위치를 나타내는 도구로서 가장 널리 사용되는 것은 평균과 중앙값이다. 평균(mean)이란 관측값들을 모두 더한 후, 그 더한 개수로 나눈 값으로 정의된다.

Tip

평균

관측된 자료값들을 모두 더한 후 그 개수로 나눈 값으로서 계산 요령은 다음과 같다.
자료값을 $x_1, \cdots, x_n$ 이라 할 때,

$$\text{평균} = \frac{x_1 + x_2 + \cdots + x_n}{n} = \frac{1}{n}\sum_{i=1}^{n} x_i$$

이때 자료가 모집단 전체를 나타내면 모평균(population mean)이라 하고 표기는 μ로, 표본을 나타내면 표본평균(sample mean)이라 하고 표기는 $\overline{x}$로 한다.

(2) 중앙값

중앙값(median)이란 자료를 크기순으로 나열하였을 때 가장 중앙에 놓이는 자료의 값 또는 이에 해당하는 값을 말한다.

Tip

중앙값

자료를 크기순으로 나열하였을 때 가장 중앙에 놓이는 값으로서 계산 요령은 다음과 같다.
관측값의 개수가 n 일 때

$$\text{홀수이면 } \frac{(n+1)}{2} \text{ 번째값,}$$

$$\text{짝수이면 } \left\{\frac{n}{2}\text{번째값} + \left(\frac{n}{2}+1\right)\text{번째값}\right\}/2$$

중심위치를 나타내는 측도로서 평균이 가지는 단점은 자료속에 포함된 극단값[4)]

4) 극단값(outlier)은 다른 값들에 비하여 아주 크거나 아주 작은 값으로서 통계 분석 시 잘못된 결론을 이끌 수 있다. 극단값이 측정방법상의 문제로 인하여 발생하였을 경우 자료에서 그 값을 제거한 후 분석하면 되고, 기록 과정에서의 오류로 인하여 발생하였을 경우에는 원자료를 확인하여 수정하여

즉, 매우 큰 값 또는 작은 값에 영향을 받아 그 위치가 쉽게 변한다는 것이다. 이에 비하여 중앙값은 평균과는 달리 크기 순서가 변하지 않으면 다른 값들이 변하여도 영향을 받지 않는다는 장점을 가지고 있다.

예제 2-11

심장이식 수술을 받은 환자 6명에 대하여 수술 후 생존기간을 조사한 결과, 생존일은 15, 3, 46, 623, 126, 64(일)이었다. 평균과 중앙값을 구하여 비교하여라.

풀이 평균 생존일은 $\bar{x} = (15 + 3 + \cdots + 64)/6 = 146.2$ (일)이다. 그러나 전체 환자 6명 중 5명의 생존일이 평균 생존일보다 작다. 평균이 이렇게 커지게 된 원인은 바로 극단값 623에 있다. 623(일)을 생존한 환자를 제외한 나머지 환자들의 생존일이 평균보다 작기 때문에 이때의 평균은 중심위치를 나타내는 값으로서 적합하지 않다. 이러한 경우에는 중앙값이 중심위치를 나타내는 측도로서 보다 더 바람직하다.
중앙값을 구하기 위하여 자료를 크기순으로 나열하면

3	15	46	64	126	623

이고, $n = 6$ 은 짝수이므로, 중앙값은 3번째값과 4번째값의 평균인
$(46 + 64)/2 = 55$ (일)이 된다. ❀

참고

자료값들의 중심위치를 나타내는 측도로서 일반적으로 가장 많이 사용되는 것은 평균과 중앙값이다. 자료값들이 완전히 대칭인 경우에는 평균과 중앙값은 일치한다. 하지만 자료값들이 왼쪽으로 집중되어 있으면서 오른쪽으로 꼬리가 긴 분포를 나타낼 경우 평균은 중앙값보다 오른쪽(꼬리가 긴쪽)에 있게 되며, 반대로 자료값들이 오른쪽으로 집중되어 있으면서 왼쪽으로 꼬리가 긴 모양을 나타낼 경우 평균은 중앙값보다 왼쪽(꼬리가 긴쪽)에 위치하게 된다. 대표값으로서 평균과 중앙값은 모두 자료의 중심 위치를 나타내는 값들로서 특성을 가지고 있지만 모두 동일한 성질을 가지고 있는 것은 아니다. 따라서 주어진 상황을 고려하여 적절히 선택하여 사용하여야만 한다. 일반적으로 소득과 관련된 자료에서는 중심위치를 나타내는 값으로서 평균보다는 중앙값을 사용하는 것이 바람직하다.

야 한다. 그러나 자료값이 정확하게 측정, 기록되었음에도 불구하고 극단값이 발생하였을 경우, 그 값을 제거할 것인지 아니면 자료에 포함하여 분석할 것인지의 여부를 판단하기는 매우 어렵다. 왜냐하면, 이때의 값은 예외적이지만 실제로 아주 드물게 발생하여 자료에 대한 어떤 특징을 나타내어 줄 수 있을지 모르기 때문이다. 이러한 경우에는 연구자의 직관적인 판단에 맡길 수 밖에 없다.

2.4.2 변화량의 표현

주어진 자료의 중심 위치는 평균 또는 중앙값을 사용하여 표현한다. 그러나 자료의 중심 위치를 안다는 것은 주어진 자료에 대한 부분적인 정보만을 알고 있는 것 밖에 되지 않는다. 전체 자료에 대한 특성을 보다 정확하게 알기 위해서는 중심으로부터 관측값들이 변화하고 있는 정도에 대한 추가 정보가 필요하다.

예를 들어, 알래스카 앵커리지의 연평균 기온은 13℃이고, 하와이 호노룰루의 연평균기온은 17℃라고 알려져 있다. 만약 연평균 기온이 이들 두 도시를 비교할 수 있는 유일한 정보라고 한다면, 누구라도 두 도시의 기온은 거의 비슷할 것이라고 생각하게 된다. 하지만 실제로 호노룰루에서 기온이 28℃ 이상 올라가거나 또는 10℃ 이하인 경우는 극히 드물다. 반면에 앵커리지는 여름에는 37℃ 이상 올라가기도 하고 겨울에는 -40℃까지 내려가기도 하며, 더욱이 앵커리지에서 연평균 기온과 일치하는 기온인 13℃가 되는 경우는 1년에 몇 번밖에 되지 않는다. 따라서 두 지역의 연중 온도 변화를 알게 된다면, 평균만을 가지고 생각한 것이 얼마나 잘못된 것인지를 깨달을 수 있다. 이러한 사실은 주어진 자료를 올바르게 이해하기 위해서는 자료의 중심 위치뿐만 아니라 그 변화 정도와 관련된 정보도 함께 알아야 한다는 것을 이야기하는 것이다.

(1) 범위

관측값들의 변화량을 나타내는 측도로서 가장 간단한 것은 범위이다. 범위(range)는 최대값과 최소값의 차이로서 전체 자료가 포함되어 있는 구간의 폭을 나타낸다. 범위는 계산과 해석이 매우 간편하지만 최대값과 최소값을 제외한 나머지 값들에 대한 정보를 무시하기 때문에 관측값들의 변화량을 나타내는 측도로서는 정밀성이 없다.

Tip

범위
최대값에서 최소값을 뺀 값을 범위라 한다.

(2) 사분위수 범위

관측값들의 변화량은 백분위수(percentile)를 이용하여 나타낼 수 있다. 제 p백분위수(pth percentile)는 자료를 크기순으로 놓았을 때 전체 자료들 중 p%가 그 값보다 작거나 같게 되는 값으로 정의된다. 따라서 중앙값은 제50 백분위수에 해당되며, 이것은 전체 자료들 중 50%가 중앙값보다 작거나 같다는 것을 의미한다. 중앙값으로 중심위치를 나타낼 경우에는 변화량을 나타내는 측도로서 백분위수를 사용하는 것이 바람직하다. 이러한 경우 많이 사용되는 백분위수는 사분위수(quartile)이며, 그 중 일사분위수(Q_1)는 제25 백분위수, 삼사분위수(Q_3)는 제75 백분위수가 된다.

사분위수 범위(interquartile range: IQR)란 삼사분위수에서 일사분위수를 뺀 값으로서, 중앙값을 기준으로 전체 자료의 50%가 포함되어 있는 구간을 나타낸다. 만약 계산된 사분위수 범위값이 크면 관측값들이 중앙값을 중심으로 보다 넓게 흩어져 있음을, 반대로 사분위수 범위값이 작으면 중앙값을 중심으로 보다 밀집되어 있음을 나타낸다. 사분위수 범위는 범위에 비하여 관측값들의 변화 상태를 설명하는데 있어 더 많은 정보를 제공하고 있다. 하지만 사분위수 범위 역시 자료 전체의 변화에 대해서 충분한 정보를 제공하지 못한다.

Tip

사분위수 범위

삼사분위수(Q_3)에서 일사분위수(Q_1)를 뺀 값 즉, $IQR = Q_3 - Q_1$을 말한다.

계산 요령

(단계 1) 자료값을 작은 값으로부터 큰 값으로 크기순으로 배열한다.
(단계 2) 중앙값을 중심으로 전체 자료를 반으로 나눈다.
(단계 3) 오른쪽 부분의 중앙값 Q_3에서 왼쪽 부분의 중앙값 Q_1을 뺀다.

(3) 분산

변화량을 나타내는 측도로는 관측값들이 중심으로부터 멀리 떨어져 있으면 값이 커지고, 가까이 있으면 값이 작아지는 것이 바람직하다. 이러한 관점에서 평균으로부터의 떨어져 있는 거리를 표시하는 편차(deviation), 예를 들어 표본자료일 경우 $x_i - \bar{x}$가 좋은 측도가 될 수 있다. 하지만 변화량이란 것은 전체 자료가 흩어져 있는 정도를 의미하므로 관측값 하나하나가 이 변화량에 기여를 해야 한다. 따라서 관측값 전체의 변화량을 나타내는 도구로서 편차의 합 $\sum (x_i - \bar{x})$을 사용하는 것이 바람직하다. 그러나 편차는 관측값이 그 평균보다 클 경우에는 +의 값을, 평균보다 작을 경우에는 -의 값을 가지게 되므로 전체 편차의 합은 항상 0이 되는 성질을 가지고 있다. 따라서 편차의 합이 0이 되지 않도록 하기 위하여 각 편차를 제곱하여 합한 $\sum(x_i-\overline{x})^2$ 을 변화량을 나타내는 도구로 사용한다. 하지만 $\sum(x_i-\overline{x})^2$ 의 값은 너무 크므로 평균에서와 동일한 개념으로 $\sum(x_i-\overline{x})^2$ 을 전체 자료의 개수 n 으로 나눈 값을 변화량을 나타내는 측도로 사용하며, 이것을 분산(variance)이라고 한다. 일반적으로 표본자료를 이용하여 분산을 계산할 경우에는 n에서 1을 뺀 $n-1$을 많이 사용한다. 그 이유는 제6장을 참고하기 바란다.

Tip

분산

주어진 자료가 N개의 모집단 전체일 경우

$$\text{모분산} \quad \sigma^2=\frac{(x_1-\mu)^2+\cdots+(x_n-\mu)^2}{N}=\frac{1}{N}\sum(x_i-\mu)^2$$

주어진 자료가 n개의 표본일 경우

$$\text{표본분산} \quad s^2=\frac{(x_1-\overline{x})^2+\cdots+(x_n-\overline{x})^2}{n-1}=\frac{1}{n-1}\sum(x_i-\overline{x})^2$$

예제 2-12

A, B, C 세 대학교로부터 각각 6명의 남학생을 랜덤으로 추출하여 몸무게(단위: kg)를 측정한 결과가 <표 2.10>에 주어져 있다. 주어진 자료를 이용하여 변화량의 측도로서 분산이 가장 바람직함을 설명하여라.

〈표 2.10〉 A, B, C 세 대학교 학생들의 몸무게

대학교	몸무게						평균
A	60	63	66	74	77	80	70
B	60	65	68	72	75	80	70
C	63	65	69	71	75	77	70

풀이 <표 2.10>에서 A, B, C 세 대학교 학생들의 몸무게는 평균값이 70kg으로 동일하다. 그러나 관측값들의 변화폭을 보면 A대학교가 가장 크고, 그 다음은 B대학교이며, C대학교의 변화폭이 가장 작다.

(1) 범위의 계산

A와 B대학교 학생들 몸무게의 범위는 둘 다 80−60=20으로 동일하다. 하지만 양쪽 끝 두 학생만 제외하면 A보다는 B 대학교 학생들의 몸무게는 평균을 중심으로 더 밀집되어 있다. 따라서 범위는 계산이 매우 간편하지만 가운데 있는 값들에 대한 정보를 무시하기 때문에 변화량의 측도로서는 정밀성이 없다고 할 수 있다.

(2) 사분위수 범위 계산

A대학교 학생들의 몸무게를 크기순으로 나열하면 60 63 66 74 77 80이 되고, 이때의 중앙값은 (66+74)/2=70이 된다. 이 값을 중심으로 전체 자료를 반으로 나누면 (60 63 66)과 (74 77 80)이 되고, 이때 일사분위수(Q_1)는 앞부분의 중앙값인 63, 삼사분위수(Q_3)는 뒷부분의 중앙값인 77이 된다. 따라서 A 대학교 학생들 몸무게의 사분위수 범위는

$$IQR = Q_3 - Q_1 = 77 - 63 = 14$$

가 된다. 동일한 요령으로 B대학교 학생들의 몸무게에 대한 일사분위수와 삼사분위수를 구하면 각각 75와 65이 되어 사분위수 범위는

$$IQR = Q_3 - Q_1 = 75 - 65 = 10$$

이 된다. C대학교 학생들의 몸무게에 대한 사분위수 범위는 다음과 같게 된다.

$$IQR = Q_3 - Q_1 = 75 - 65 = 10$$

여기서 우리는 B와 C대학교 학생들 몸무게의 사분위수 범위가 10으로 동일함을 알 수 있다. 하지만 실제적으로 C대학교 학생들의 몸무게는 B대학교 학생들의 몸무게 보다 더 밀집되어 있기 때문에 사분위수 범위도 전체 관측값들의 변화를 정확하게 나타내고 있지 못한다고 할 수 있다.

(3) 분산의 계산

A, B, C 세 대학교 학생들의 몸무게에 대한 분산은 다음과 같이 각각 계산된다.

$$s_A^2 = \frac{1}{5}[(60-70)^2 + (63-70)^2 + \cdots + (80-70)^2)] = 66$$

$$s_B^2 = \frac{1}{5}[(60-70)^2 + (65-70)^2 + \cdots + (80-70)^2)] = 51.6$$

$$s_C^2 = \frac{1}{5}[(63-70)^2 + (65-70)^2 + \cdots + (77-70)^2)] = 31.2$$

<표 2.10>에서 학생들의 몸무게는 A> B> C대학교 순으로 변화폭이 크다. 그리고 계산된 분산을 비교하면 그 값의 크기도 A> B> C대학교로 동일한 순으

로 나타나고 있음을 알 수 있다. 이러한 사실은 분산이 변화량을 측정하는 도구로서 가장 적합하다는 것을 의미하고 있는 것이다. ❀

(4) 표준편차

분산을 계산할 때 측정값의 단위까지 고려하면 어떠한 결과가 나타날까? 예를 들어, A대학교 학생들의 몸무게에 대한 평균과 분산을 계산해 보면

$$\bar{x} = \frac{60\text{kg} + 62\text{kg} + 68\text{kg} + 73\text{kg} + 77\text{kg} + 80\text{kg}}{6} = 70\,\text{kg}$$

$$s^2 = \frac{1}{5}[(60-70)^2 + (62-70)^2 + \cdots + (80-70)^2)] = 54.3\,\text{kg}^2$$

이 된다. 여기서 평균은 70kg, 분산은 54.3kg^2이 되어 두 측도의 단위가 일치하지 않는다. 몸무게의 단위는 kg이지 kg^2이 아니다. 그렇다면 kg^2을 kg으로 바꾸기 위해서 어떻게 해야 할까? 그 방법은 아주 간단하다. 즉 분산의 제곱근을 구하면 kg^2은 kg으로 바뀌게 되는 것이다.

통계학에서는 자료값들이 그 평균으로부터 얼마나 변화하고 있는지를 나타내는 측도로서 분산의 양의 제곱근을 사용하며, 이것을 표준편차(standard deviation)라고 부른다. 분산과 표준편차는 동일한 개념이다. 단지 그 차이는 제곱근이냐 아니냐 하는 차이일 뿐이다. 따라서 분산과 마찬가지로 표준편차도 그 값이 크면 클수록 자료의 값들은 평균으로부터 많이 흩어져 있으며, 그 값이 작으면 작을수록 평균주위에 집중되어 있다는 것을 나타내게 된다. 일반적으로 분산보다는 표준편차가 그 값이 작기 때문에 표준편차를 사용하여 변화량을 나타내는 것이 보통이다.

Tip

표준편차

$$s = \sqrt{\frac{1}{n-1}\sum(x_i - \bar{x})^2}$$

2-5 상자그림을 이용한 자료의 표현

최대값과 최소값을 이용한 범위는 전체 자료가 포함되어 있는 구간의 폭을 이야기해 주지만 두 값을 제외한 나머지 값들을 무시하기 때문에 관측값들의 분포에 대해서는 별다른 정보를 제공하지 못한다. 이에 비하여 사분위수 범위는 중앙값을 중심으로 가운데 50%에 해당하는 구간의 범위가 어떠한 지를 설명해준다. 이런 의미에서 사분위수 범위가 범위보다 관측값들의 변화 상태에 대한 정보를 조금 더 제공한다고 할 수 있다. 하지만 사분위수 범위 역시 자료 전체의 변화에 대해서 충분한 정보를 제공하지 못하고 있다. 그렇다면 이 두 가지의 측도로부터 얻을 수 있는 5가지의 값[5] 즉, 최대값, 최소값, 일사분위수, 중앙값, 그리고 삼사분위수를 모두 결합하여 하나의 그림으로 표현한다면 어떻게 될까? 이러한 개념으로 만들어진 그래프가 바로 상자그림(box plot)이다. 상자그림을 이용하면 분포의 대칭성, 중심의 위치, 흩어진 정도, 극단값 등을 파악하기가 용이하다는 이점이 있다.

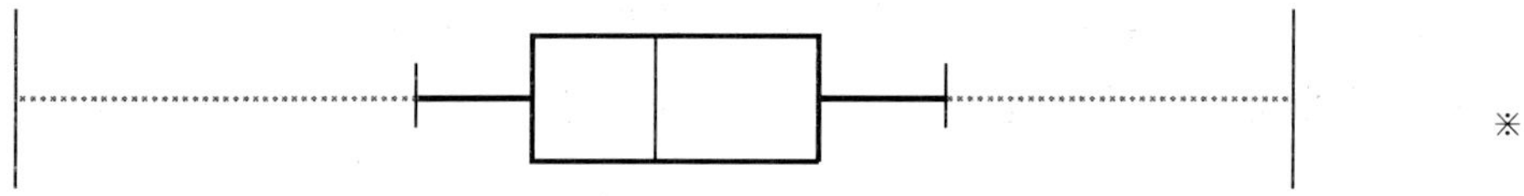

〈그림 2.7〉 상자그림

Tip

통계학의 정의

일사분위수와 삼사분위수, 그리고 중앙값, 최대값, 최소값 등을 이용하여 관측값들의 분포를 나타낸 그림.

작성 요령

(단계 1) 일사분위수(Q_1)와 삼사분위수(Q_3)를 네모상자로 연결한다.
(단계 2) 상자안에 수직선으로 중앙값을 표시한다.
(단계 3) 상자의 양끝으로부터 최소값과 최대값까지 선으로 연결한다.
(단계 4) $Q_1 \pm 1.5\times IQR$을 계산하여 최소값과 최대값까지 점선으로 연결한다(경계 바깥의 관측값은 극단값으로 간주함).

5) 최대값, 최소값, 일사분위수, 중앙값, 삼사분위수 등 5가지 값을 다섯숫자 요약(five-number summary)값이라고 한다.

상자그림에서 중앙값은 분포의 중심위치를, 사분위수는 전체 자료 중 가운데 50%에 해당하는 자료가 흩어져 있는 구간을 각각 나타낸다. 따라서 상자그림에서 상자의 크기가 작으면 작을수록 중앙 50%의 자료값들이 중심부분에 밀집되어 있음을 나타내고, 중앙값이 상자의 한가운데 있으면 자료의 중심부분은 대칭에 가깝다는 것을 의미한다.

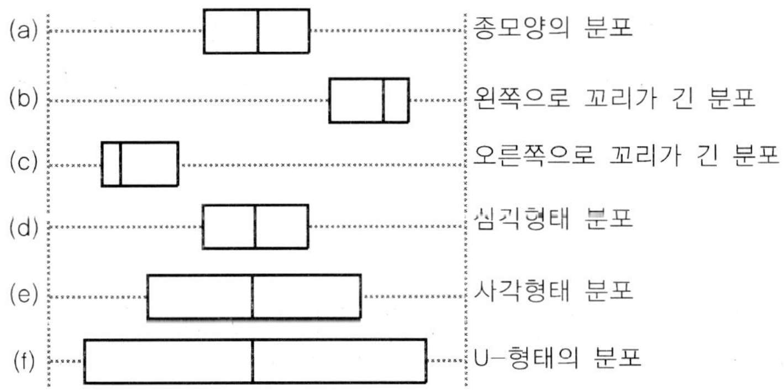

〈그림 2.8〉 여러 형태의 상자그림

예제 2-13

모대학교 체육학과 학생들 중 19명을 랜덤으로 추출하여 5월 한 달 동안의 운동거리(km)를 조사한 결과 다음과 같은 자료를 얻었다고 한다. 상자그림을 작성하여라.

46	51	44	50	33	46	60	41	55	46
53	53	42	44	50	54	46	41	48	

풀이 상자그림을 작성하기 위해서 최소값, 일사분위수, 중앙값, 삼사분위수, 그리고 최대값을 구하여야 한다. 먼저, 관측값들을 크기 순서대로 나열하면

33	41	41	42	44	44	46	46	46	46	48	50	50	51	53	53	54	55	60

이 되고, 여기서 최소값=33, Q_1=44, 중앙값=46, Q_3=53, 최대값=60이므로 사분위수범위는 $IQR = Q_3 - Q_1 = 53 - 44 = 9$가 된다. 따라서 위와 아래의 경계값은

$$\text{위쪽 경계점:} \quad Q_3 + 1.5 \times IQR = 53 + 1.5 \times 9 = 66.5$$

$$\text{아래쪽 경계점:} \quad Q_1 - 1.5 \times IQR = 44 - 1.5 \times 9 = 30.5$$

이며, 이때 관측값이 66.5보다 크거나 30.5보다 작은 값은 극단값으로 간주된다. 위에서 구한 값들을 이용하여 작성된 상자그림은 <그림 2.9>와 같다.

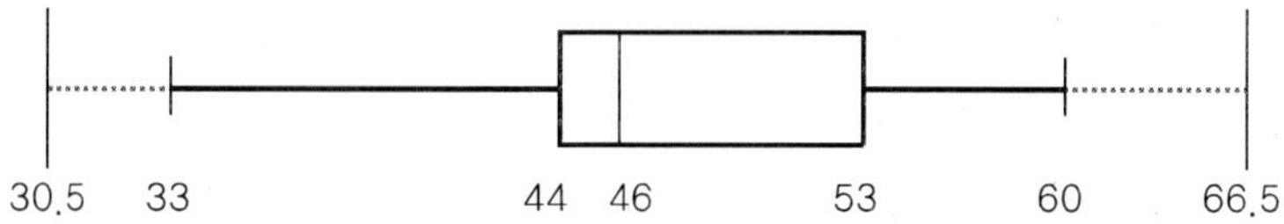

〈그림 2.9〉 5월 중 개인 뜀걸음 거리에 대한 상자그림

상자그림에서 중앙값은 상자의 중심부분에서 왼쪽에 있으며, 이는 전체 자료중에서 중간의 50%에 해당하는 관측값들이 중앙에서 약간 왼쪽 부분에 밀집되어 있는 비대칭인 형태를 띠고 있다는 것을 의미한다. 여기서 위쪽 경계점 66.5보다 크거나 아래쪽 경계점 30.5보다 작은 값은 없으므로, 극단값은 존재하지 않는다고 할 수 있다. ❀

2-6 수학적 모형을 이용한 자료의 표현

지금까지 표나 그림, 또는 숫자를 이용하여 자료를 정리하고 요약하는 여러 가지 방법들에 대하여 알아보았다. 이러한 방법들을 사용하여 관측된 자료의 특성은 일반적으로 다음과 같은 절차를 거쳐 탐색하게 된다.

Tip

자료의 특성 탐색 절차

(단계 1) 자료를 히스토그램 또는 줄기-잎 그림을 이용하여 그림으로 표현한다.

(단계 2) 작성된 그림으로부터 전체적인 형태(자료의 중심위치, 흩어짐, 분포모양 등)와 극단값이 존재하는 지를 확인한다.

(단계 3) 중심위치와 변화량을 나타내기 위한 평균과 표준편차 등의 값을 구한다.

하지만 주어진 자료가 연속형일 경우에는 위의 절차외에 자료의 전체적인 특성을 수학적으로 묘사하는 단계를 추가하게 된다.

2.6.1 밀도곡선

<그림 2.10>은 서울 A고등학교 3학년 학생 315명의 대학수학능력시험에서 획득

한 언어영역 점수에 대한 상대도수 히스토그램이다. <그림 2.10>에서 보는 바와 같이 히스토그램은 거의 대칭이면서 양쪽 꼬리쪽으로 갈수록 상대도수는 줄어들고 있음을 알 수 있다. 여기서 히스토그램의 막대 윗부분을 연결하여 하나의 부드러운 곡선(smooth curve)형태로 나타내면, 이때의 곡선이 바로 자료의 전체적인 형태를 묘사해 주는 수학적 모형(mathematical model)이 되는 것이다.[6] 수학적 모형이란 자료가 가지고 있는 분포 모양을 하나의 수식 형태로 나타내어 주는 것으로서, 이때 불규칙적으로 관측되는 극단값들은 곡선으로 나타내는데 있어 제외한다. <그림 2.10>에서 막대위에 그려진 곡선이 바로 A고등학교 3학년 학생들의 언어영역 점수 분포를 나타내는 수학적인 모형이 되는 것이다.

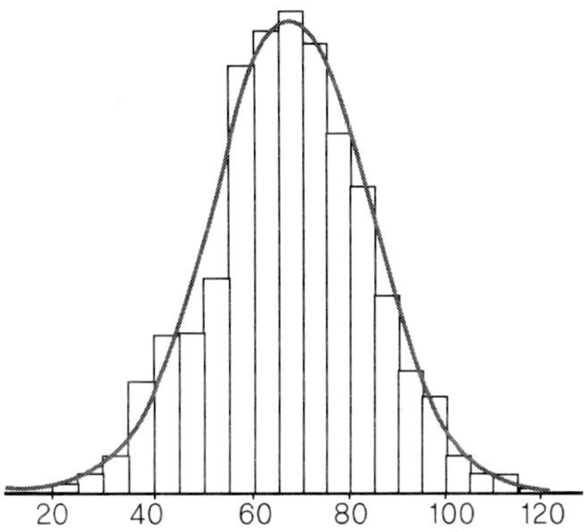

〈그림 2.10〉 A 고등학교 3학년 학생의 언어영역 점수의 히스토그램

일반적으로 히스토그램에서의 막대 면적은 해당 도수 또는 상대도수(=비율)의 크기를 나타낸다. <그림 2.11>에서의 막대 면적은 A고등학교 3학년 학생 315명 중에서 해당 점수를 받은 학생들의 상대도수를 나타내며, 따라서 전체 막대의 면적을 모두 더하면 1이 된다. <그림 2.11>의 (a)에서 음영 부분의 막대 면적은 전체 학생들 중 언어영역 점수가 60점 이하인 학생들의 상대도수를 나타내며, 여기서 60점 이하인 학생이 95명이라면 이때의 상대도수는 95/315=0.302가 된다.

<그림 2.11>의 (b)에서 만약 x축과 곡선 사이의 전체 면적이 정확히 1이라고 한다면 곡선 아래 음영부분의 면적은 언어영역 점수가 60점 이하인 학생들의 상대도수

6) 일반적으로 수학적 모형은 자연 또는 사회과학분야에서 나타나는 많은 현상들과 관련된 문제를 설명하기 위한 도구로 사용되어진다. 마찬가지로 통계학에서도 주어진 하나의 변수에 대한 관측값들의 분포 형태를 수학적 모형으로 바꾼 후, 이를 이용하여 많은 문제를 통계적으로 해결하게 된다.

를 나타내게 되고, 이때 "곡선 아래의 면적=상대도수"의 관계가 성립하게 될 것이다. 통계학에서는 이와 같은 관계가 성립되도록 만드는 곡선을 밀도곡선(density curve)이라 부른다.[7)]

Tip

밀도곡선

밀도곡선은 변수로부터 관측되는 자료의 분포를 수학적으로 표현한 것으로서 이때 x 축과 곡선 사이의 면적은 정확히 1이 되어야 한다.

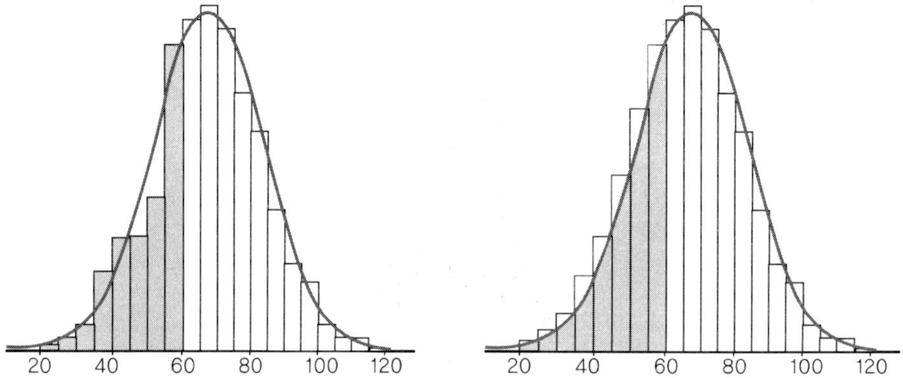

(a) 상대도수=0.302　　　　(b) 밀도곡선 아래의 면적=0.292

〈그림2.11〉 A 고등학교 3학년 학생 중 언어영역에서 60점 이하를 받은 학생의 비율

2.6.2 중심위치와 변화량

하나의 변수에 대한 분포 모양은 <그림 2.12>의 (a)~(c)에서 보는 바와 같이 대칭이거나 또는 어느 한쪽으로 찌그러져 있는 경우가 대부분이다. 여기서 (b)와 같이 관측값들이 왼쪽에 밀집되어 있으면서 오른쪽으로 꼬리가 길게 뻗어 있을 경우를 오른쪽으로 꼬리가 긴(right-skewed) 분포라 하고, 반대로 관측값들이 오른쪽에 밀집되어 있으면서 왼쪽으로 꼬리가 길게 뻗어 있을 경우를 왼쪽으로 꼬리가 긴(left-skewed) 분포라고 한다. 예를 들어 어떤 과목의 기말시험이 매우 어려웠다고 할 경우에는 오른쪽으로 꼬리가 긴 분포의 형태가, 반대로 시험이 쉬웠을 경우에는 왼쪽으로 꼬리가 긴 분포의 형태가 나타나게 된다.

---

7) A고등학교 3학년 학생들의 언어영역 점수가 평균이 70, 표준편차가 18.36인 정규분포를 따른다고 할 때 음영부분의 면적은 0.293이 되어 막대의 면적과는 0.01이라는 근소한 차이가 존재하게 된다.

관측값들로부터 중앙값, 평균, 사분위수범위, 분산 등의 값을 구할 수 있는 것처럼 밀도곡선에서도 그러한 값들을 구할 수 있다. 즉 밀도곡선에서 중앙값은 곡선의 면적을 이등분하는 점이 되고, 사분위수는 곡선의 면적을 4등분하는 점이 되기 때문에 사분위수로부터 사분위수 범위도 구할 수 있다. 밀도곡선에서의 평균은 기하학적으로 무게 중심을 의미하는데 이때의 평균값은 수학적으로 계산이 가능하다. 분산 역시 밀도곡선을 이용하여 수학적으로 계산이 가능하다.

<그림 2.12>에서 (b)와 같이 분포 모양이 대칭일 경우, 평균과 중앙값은 정확히 일치한다. 하지만 (a)와 같이 분포의 모양이 오른쪽으로 꼬리가 길게 뻗은 있을 경우, 오른쪽으로 길게 뻗어있는 부분의 면적이 곡선을 오른쪽으로 기울게 하므로 무게 중심 즉, 평균은 중앙값보다 더 오른쪽에 있게 된다. 이와는 반대로 (c)와 같이 분포 모양이 왼쪽으로 꼬리가 길게 뻗어 있을 경우, 왼쪽으로 길게 뻗어있는 부분의 면적이 곡선을 오른쪽으로 기울게 하므로 평균은 중앙값보다 더 왼쪽에 있게 된다.

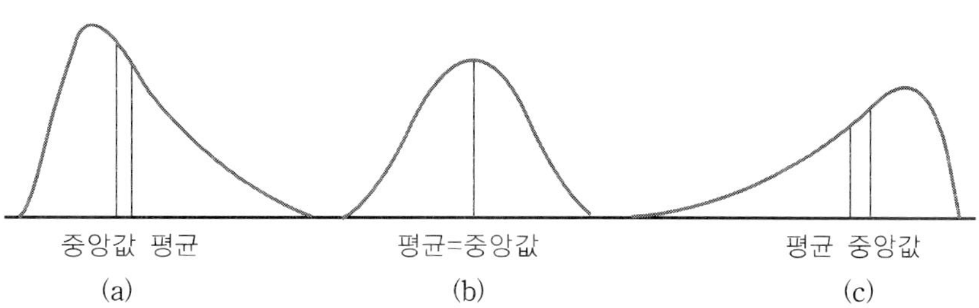

〈그림 2.12〉 분포의 형태에 따른 평균과 중앙값의 위치

참고

밀도곡선이란 관측된 자료를 이용하여 그 변수가 가지는 모든 관측값들의 분포를 이상적으로 표시한 하나의 수학적인 모형이다. 예를 들어 〈그림 2.11〉에서 언어영역 점수에 대한 히스토그램은 정확하게 대칭이 아니라 대칭에 거의 가깝다. 하지만 히스토그램으로부터 그려진 밀도곡선은 정확히 대칭인 곡선이라고 할 수 있다. 따라서 밀도곡선에서의 평균 및 분산과 관측된 자료로부터 계산되는 평균 및 분산과는 다소 차이가 있다. 일반적으로 이론적인 분포를 의미하는 밀도곡선의 평균과 분산은 그리스 문자인 μ와 σ^2으로 표기하며, 관측된 자료로부터 계산되는 평균과 분산은 $\bar{x}$와 s^2으로 표기한다.

일반적으로 우리가 얻게 되는 자료는 모집단으로부터 얻어지는 것이 아니라 대부분 표본으로부터 얻어지는 것들이다. 이러한 관점에서 볼 때 밀도곡선은 모집단 전부를 조사한 자료로부터 얻어지는 곡선이라고 볼 수 있다. 모집단에서의 평균과 분산, 그리고 밀도곡선에서의 평균과 분산의 표기가 일치하는 이유는 바로 여기에 있는 것이다.

2-7 Excel 실습

2.7.1 통계 분석을 위한 [데이터 분석] 기능의 활성화

(단계 1) Excel에서 통계 분석을 하기 위해서는 먼저 [데이터 분석] 기능을 활성화시켜야 한다. 이를 위해서 왼쪽 상단에 있는 리본 메뉴 를 누른 후, "Excel 옵션"을 선택한다(그림 2.13 참조).

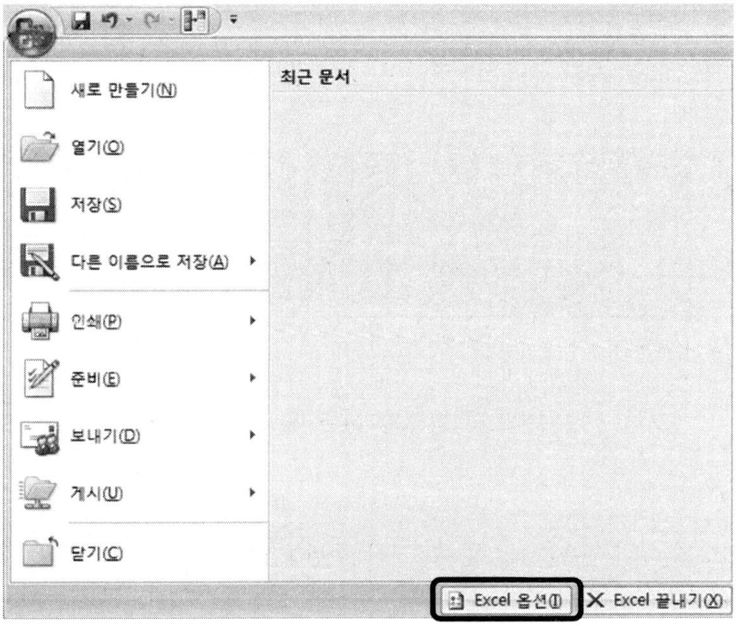

〈그림 2.13〉 Excel 옵션 메뉴 선택

(단계 2) "Excel 옵션" 화면의 왼쪽 부분에서 "추가 기능"을 선택한 후, 화면 아래 부분의 "관리"에 "Excel 추가 기능"이 나타나도록 한 후 "이동" 버튼을 누른다(그림 2.14 참조).

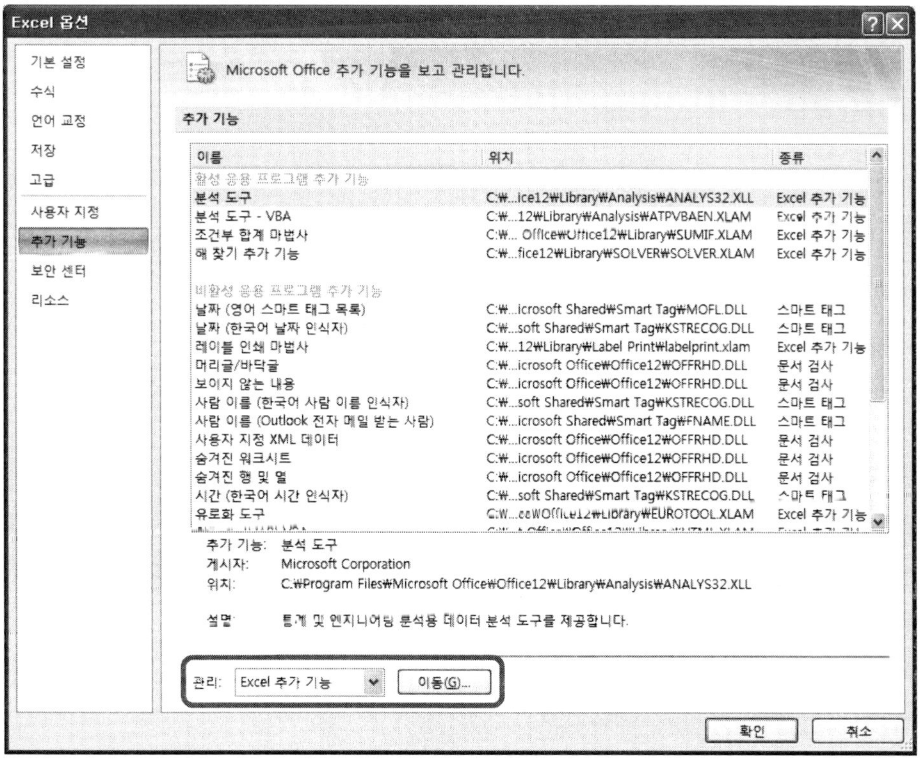

〈그림 2.14〉 Excel 추가 기능 선택

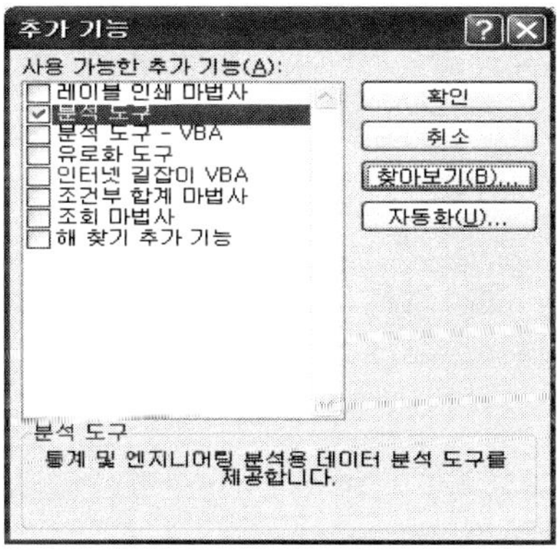

〈그림 2.15〉 [추가 기능] 대화상자

〈그림 2.16〉 [데이터 분석]이 설치되고 난 후의 [데이터] 메뉴 화면

2.7.2 표의 작성

(1) 도수분포표

Excel에서 양적 자료에 대한 도수분포표의 작성은 두 가지 방법 즉, [함수마법사]의 [FREQUENCY]와 [데이터] 메뉴에서 [데이터 분석] 기능을 이용하는 방법이 있다. 함수 마법사보다는 [데이터 분석]의 "히스토그램" 도구를 이용하는 것이 도수분포표를 보다 쉽게 작성할 수 있기 때문에 여기서는 이 방법을 사용하는 절차에 대해서 설명하도록 하겠다.

실습 1 **예제 2-2)의 도수분포표 작성:**

(단계 1) <그림 2.17>과 같이 셀 A1에서부터 E6까지 자료를 입력한 후, 임의의 셀(여기서는 G1에서 G6)에 계급구간을 입력한다.

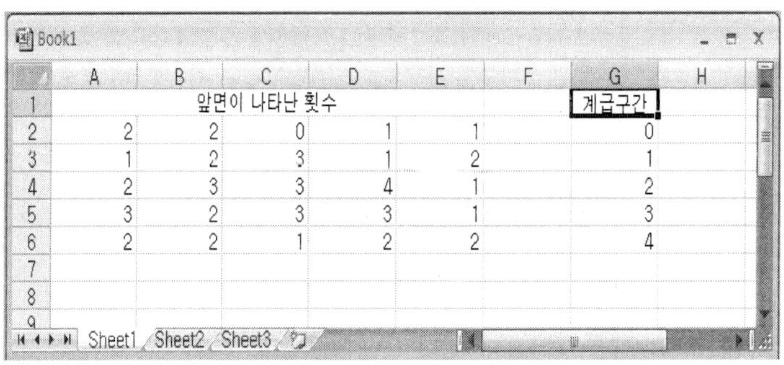

Book1

	A	B	C	D	E	F	G	H
1		앞면이 나타난 횟수					계급구간	
2	2	2	0	1	1		0	
3	1	2	3	1	2		1	
4	2	3	3	4	1		2	
5	3	2	3	3	1		3	
6	2	2	1	2	2		4	
7								
8								

Sheet1 Sheet2 Sheet3

〈그림 2.17〉 도수분포표를 작성하기 위한 자료의 입력

(단계 2) [데이터] 메뉴에서 [데이터 분석]-[히스토그램]을 차례로 선택한다.

(단계 3) [히스토그램] 대화상자에서 "입력범위"에는 자료가 입력되어 있는 범위(여기서는 $A$1:$E$6)를, "계급구간"에는 계급구간이 입력되어 있는 범위(여기서는 $G$1:$G$6)를 입력한다. 이때 계급구간에 자료의 이름이 포함되어 있으므로 "이름표"를 선택해 주어야 한다. 출력 옵션의 "출력범위"에는 출력 결과가 시작될 셀(여기서는 $I$1)을 지정하면 된다.[8] 새로운 워크시트에 출력하고자 할 경우에는 "새로운 워크시트"를 선택해 주면 된다(그림 2.18 참조)

8) 계급구간을 지정해 주지 않으면 Excel이 자동으로 계급구간을 지정하여 결과를 출력해 준다.

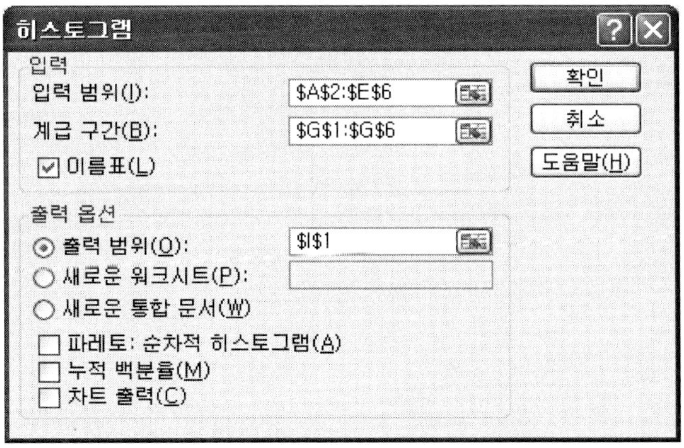

〈그림 2.18〉 [히스토그램] 대화상자

(단계 4) 마지막으로 "확인"을 누르면 <그림 2.19>와 같은 결과가 출력된다.

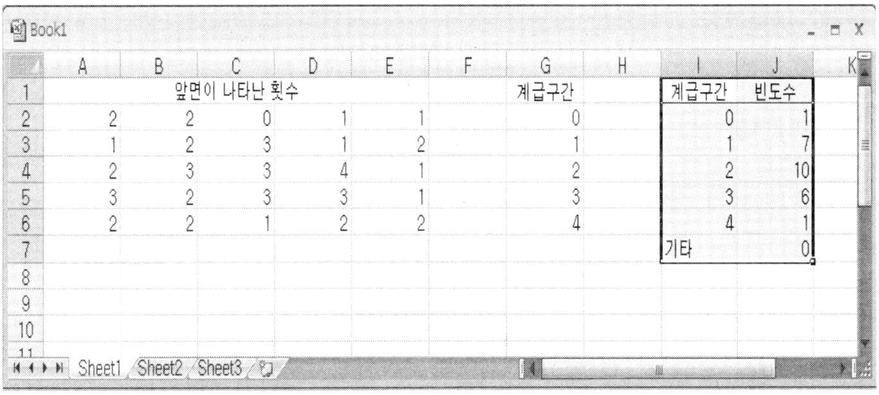

	A	B	C	D	E	F	G	H	I	J
1		앞면이 나타난 횟수					계급구간		계급구간	빈도수
2	2	2	0	1	1		0		0	1
3	1	2	3	1	2		1		1	7
4	2	3	3	4	1		2		2	10
5	3	2	3	3	1		3		3	6
6	2	2	1	2	2		4		4	1
7									기타	0

〈그림 2.10〉 도수분포표 작성 결과

실습 2 **예제 2-3)의 도수분포표 작성:**

(단계 1) <그림 2.20>과 같이 셀 A2에서부터 C11까지 자료를 입력한 후, 임의의 셀에 계급구간을 입력한다. 이때 입력되는 계급구간의 값은 <표 2.3>에서 각 구간의 상한값이며(각 구간이 xx이상~yy미만이기 때문에 yy보다 1이 작은 값을 입력함), 단 마지막 구간에는 최대값(여기서는 98)을 입력한다.

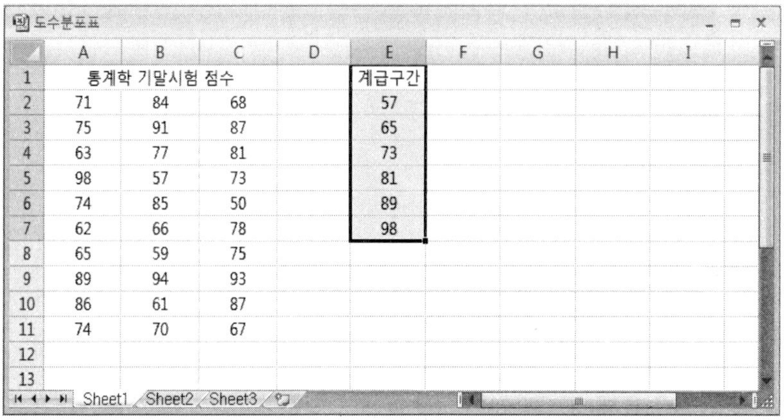

〈그림 2.20〉 도수분포표를 작성하기 위한 자료의 입력

(단계 2) [데이터] 메뉴에서 [데이터 분석]-[히스토그램]을 차례로 선택한다.

(단계 3) [히스토그램] 대화상자에서 “입력범위”에는 자료가 입력되어 있는 범위(여기서는 $A$2:$C$11)를, “계급구간”에는 계급구간이 입력되어 있는 범위(여기서는 $E$2:$E$8)를 입력한다. 출력 옵션의 “출력범위”에는 출력 결과가 시작될 셀(여기서는 $G$2)을 지정하면 된다. 새로운 워크시트에 출력하고자 할 경우에는 “새로운 워크시트”를 선택해 주면 된다(그림 2.21 참조).

(단계 4) 마지막으로 “확인”을 누르면 <그림 2.22>와 같은 결과가 출력된다.

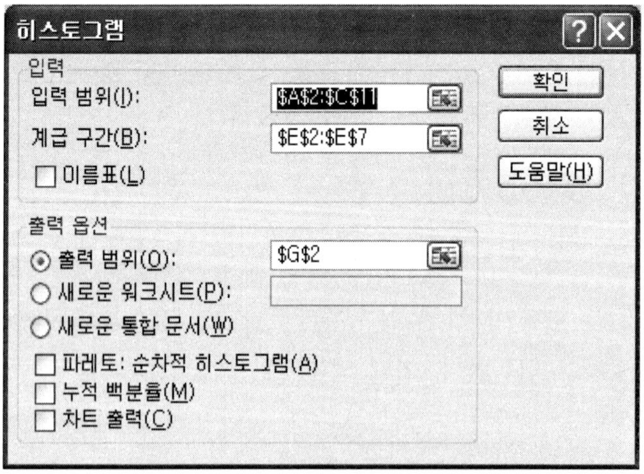

〈그림 2.21〉 [히스토그램] 대화상자

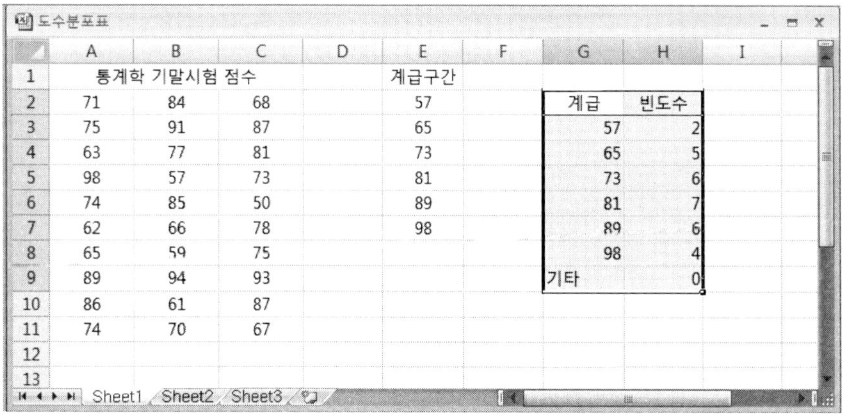

〈그림 2.22〉 도수분포표 작성 결과

(2) 분할표

실습 3 **예제 2-4)의 분할표 작성:**

(단계 1) 자료를 입력한 후, [삽입] 메뉴에서 [피벗 테이블]을 선택하면 <그림 2.23>과 같은 [피벗 테이블 만들기] 대화상자가 나타난다. 여기에서 분석할 자료의 범위(데이터 범위를 사전에 선택하면 자동으로 표시됨)와 피벗 테이블 작성 결과가 나타날 위치를 지정한 후, "확인"을 누르면 <그림 2.24>와 같은 [피벗 테이블 필드 목록] 대화상자가 나타난다.

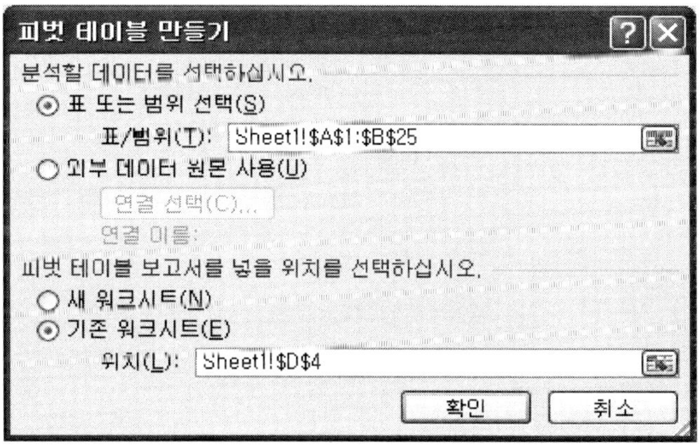

〈그림 2.23〉 [피벗 테이블] 대화상자

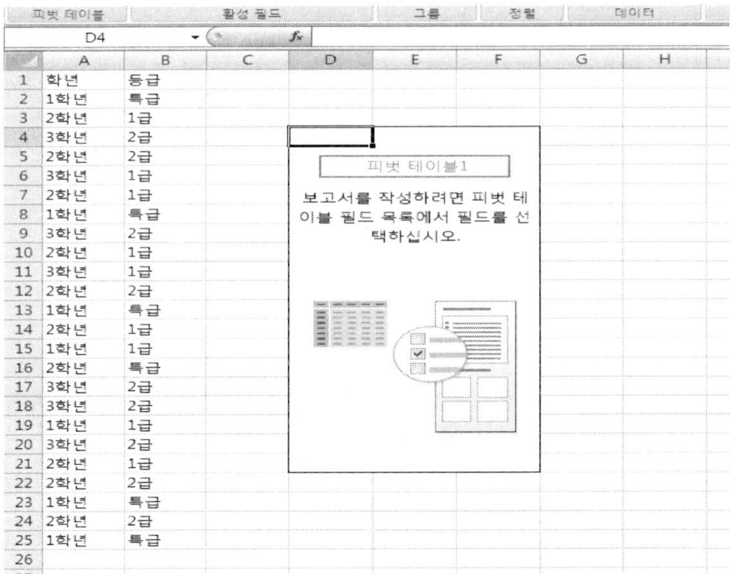

〈그림 2.24〉 [피벗 테이블 필드 목록] 대화상자

(단계 2) [피벗 테이블 필드 목록] 대화상자에서 오른쪽 아래에 있는 “행 레이블”과 “열 레이블” 영역에 해당 변수(여기서는 행에 학년, 열에 등급)를, “Σ 값” 영역에 열의 변수(여기서는 등급)를 마우스로 끌어 삽입하면 <그림 2.25>와 같은 결과가 출력된다.

〈그림 2.25〉 [피벗 테이블]을 이용한 분할표의 작성 결과

2.7.3 그림의 작성

(1) 막대그림

실습 4 **예제 2-5)의 막대그림 작성:**

막대그림의 작성은 도수분포표 작성 시 사용한 [데이터 분석]의 "히스토그램" 도구를 이용하게 되는데, 이때 [히스토그램] 대화상자에서 "차트 출력"을 선택해 주면 된다. 즉, [데이터 분석]-[히스토그램]을 차례로 선택한 후, <그림 2.26>과 같이 [히스토그램] 대화상자에서 차트 출력을 선택해 주면 <그림 2.27>과 같이 도수분포표와 막대그림이 동시에 출력된다.

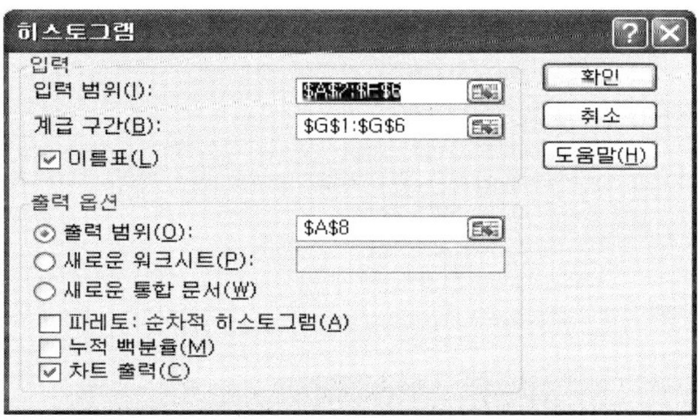

〈그림 2.26〉 [히스토그램] 대화상자

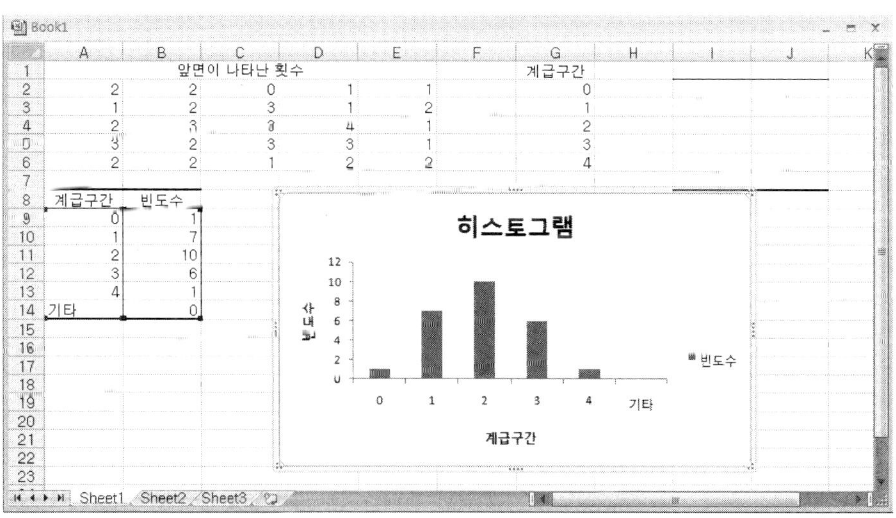

〈그림 2.27〉 막대그림 작성 결과

실습 5 예제 2-6)의 막대그림 작성:

(단계 1) <그림 2.28>과 같이 셀 A1부터 E7까지 자료를 입력한다.

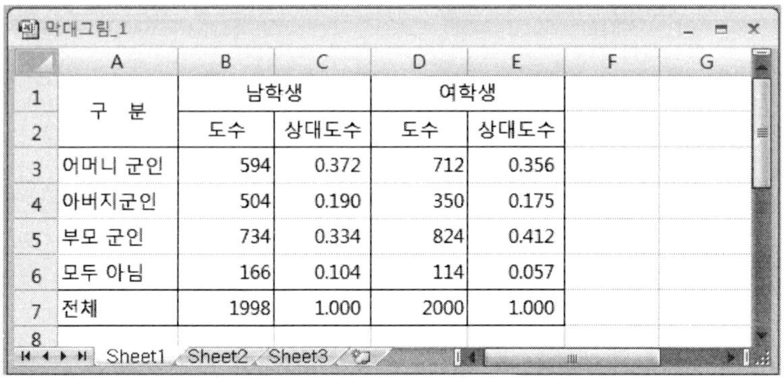

구 분	남학생		여학생	
	도수	상대도수	도수	상대도수
어머니 군인	594	0.372	712	0.356
아버지군인	504	0.190	350	0.175
부모 군인	734	0.334	824	0.412
모두 아님	166	0.104	114	0.057
전체	1998	1.000	2000	1.000

〈그림 2.28〉 막대그림을 작성하기 위한 자료의 입력

(단계 2) [삽입] 메뉴의 [차트]에서 “세로 막대형” 차트, “2차원 세로 막대형”, “묶은 세로 막대형” 차트를 차례로 선택한다.

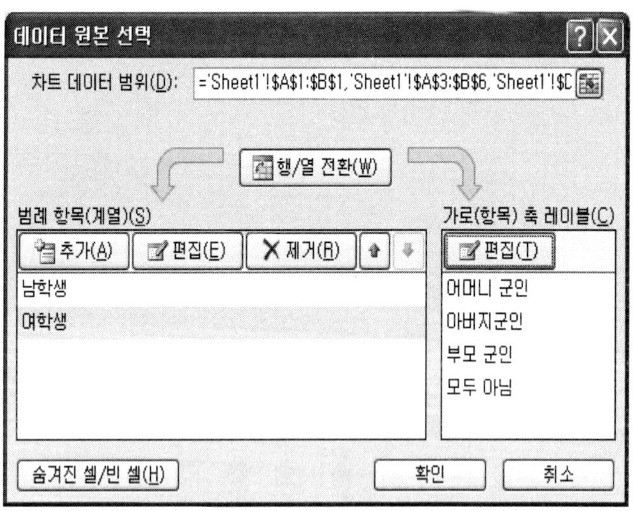

〈그림 2.29〉 [데이터 원본 선택] 대화상자

(단계 3) [차트도구]의 [디자인] 메뉴에서 [데이터 선택]을 누르면 <그림 2.29>와 같이 [데이터 원본 선택] 대화상자가 나타난다. 이 대화상자의 “범례항목(계

열)"란에서 차트로 작성할 자료를 추가하거나 기존의 입력된 자료 중에서 원하는 내용을 삭제할 수 있는데 여기서는 "추가"버튼을 눌러 <그림 2.30>과 같이 "계열이름"에는 추가할 항목의 이름(여기서는 남학생)이 주어진 셀의 위치(여기서는 =$B$1)를, "계열 값"에는 추가할 항목의 자료값의 범위(세로축을 도수로 할 경우에는 =$B$3:$B$6, 상대도수로 할 경우에는 =$C$3:$C$6)를 입력하여 "확인" 버튼을 누른다. 여학생의 경우도 동일한 방법으로 하면 된다. 범례속에 포함되는 남학생과 여학생외의 다른 항목은 모두 제거한다.

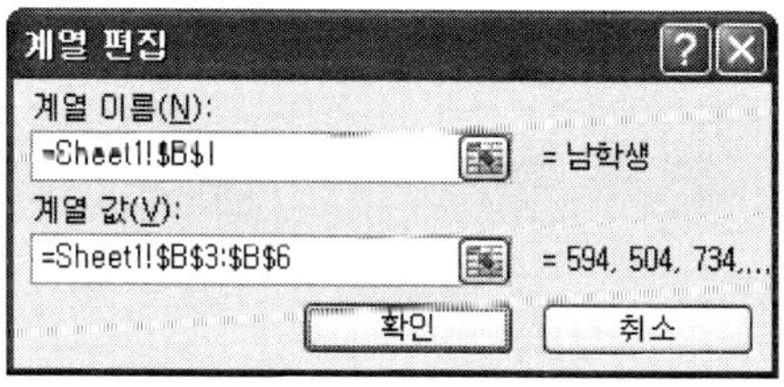

〈그림 2.30〉 [계열 편집] 대화상자

(단계 4) 모든 항목의 자료를 추가한 후 "가로(항목) 축 레이블"의 "편집"을 눌러 범주가 입력된 범위(여기서는 =$A$3:$A$6)를 입력하고, "확인"을 누르면 <그림 2.31>과 같이 완성된 차트가 출력된다.

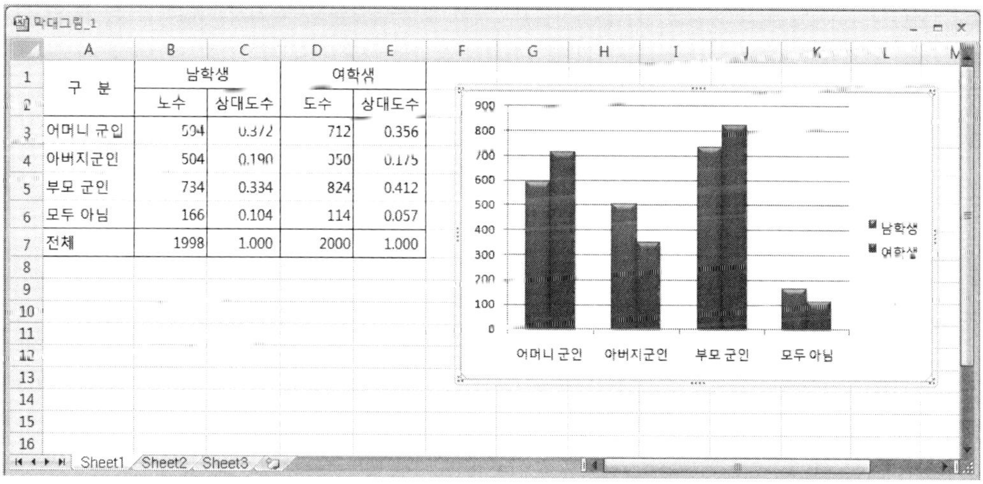

〈그림 2.31〉 막대그림 작성 결과

(2) 히스토그램

실습 6 **예제 2-7)의 히스토그램 작성:**

(단계 1) 자료와 계급구간을 입력한다.

(단계 2) [데이터] 메뉴에서 [데이터 분석]-[히스토그램]을 차례로 선택한다.

(단계 3) [히스토그램] 대화상자에서 자료가 입력되어 있는 범위와 계급구간이 입력되어 있는 범위를 입력한다. 출력 옵션에서 "출력범위"를 지정하고 "차트 출력"을 선택해 주면(그림 2.32 참조) <그림 2.33>과 같이 도수분포표와 막대그림 형태의 히스토그램이 출력된다.

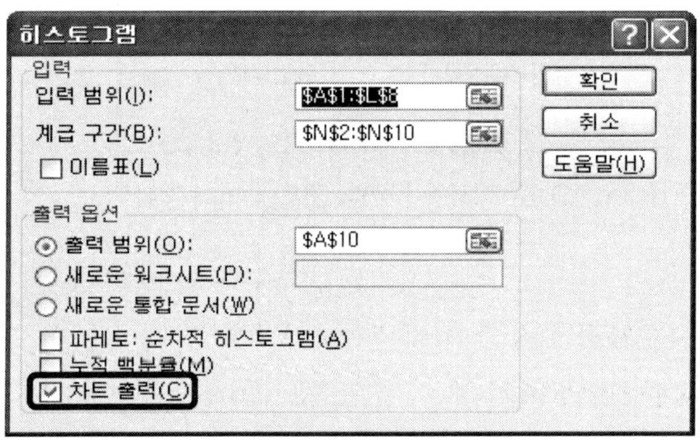

〈그림 2.32〉 [히스토그램] 대화상자

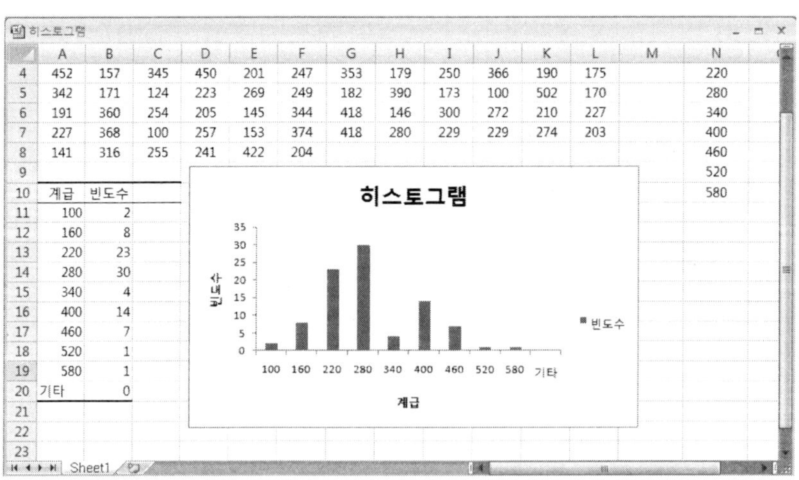

〈그림 2.33〉 출력 결과

(단계 4) 막대그림을 히스토그램으로 바꾸기 위해서는 다음과 같은 절차를 거쳐야 한다.

① 막대와 막대 사이의 간격 삭제: 먼저, 막대 부분을 활성화한 후 마우스 오른쪽 버튼을 눌러 “데이터 계열 서식”을 선택한다. 그런 후에 [데이터 계열 서식] 대화상자의 “계열 옵션”에서 “간격 너비”를 0으로 지정한다.

② x축과 y축의 표시 형식 변경: “x축 영역” 또는 “y축 영역”을 선택하여 마우스 오른쪽 버튼을 눌러 “축 서식”을 선택한다. 그런 후에 [축 서식] 대화상자에서 원하는 형태로 조정한다.

③ 출력된 도수분포표와 히스토그램에서 맨 마지막 부분에 “기타 0”이라는 항목 삭제: 해당 행을 선택한 후(여기서는 행번호 20을 선택), 마우스 오른쪽 버튼을 눌러 “삭제”를 선택하면 도수분포표의 “기타 0”부분이 없어지면서 <그림 2.34>와 같은 히스토그램이 출력된다.

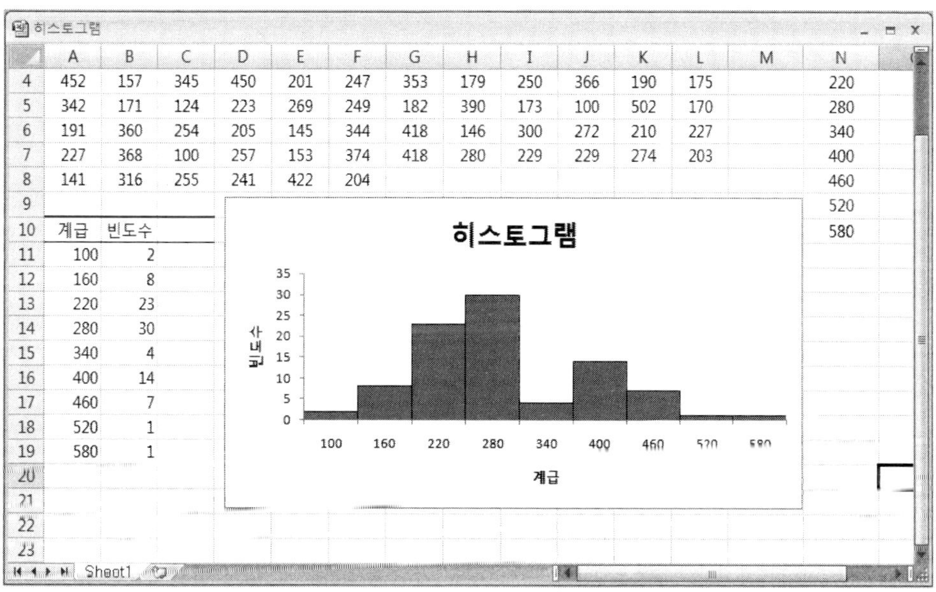

〈그림 2.31〉 완성된 히스토그램

(3) 원형그림

실습 7 **예제 2-8)의 원형그림 작성:**

(단계 1) 셀 A1부터 E7까지 자료를 입력한다(그림 2.35 참조).

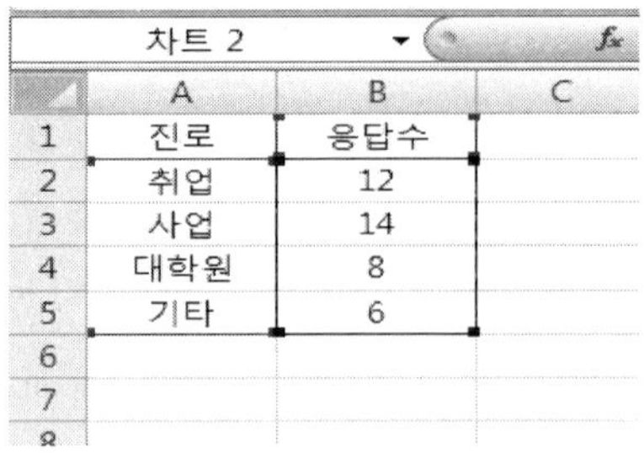

〈그림 2.32〉 원형그림 작성을 위한 자료의 입력

(단계 2) [삽입] 메뉴의 [차트]에서 "원형"과 "2차원 원형" 차트를 차례로 선택한다.

※ 차트의 데이터 범위를 변경하고자 할 경우: [차트도구]의 [디자인] 메뉴에서 "데이터 선택"을 누르면 "데이터 원본 선택" 대화상자가 나타난다. 이 대화상자의 "범례항목(계열)"란에서 "추가" 버튼을 눌러 "계열이름"에는 추가할 항목의 이름이 주어진 셀의 위치를, "계열 값"에는 추가할 항목의 자료값의 범위를 입력하면 된다.

(단계 3) 원형그림 위에 각 항목의 이름과 상대도수를 표시하고자 할 때는 [차트도구]-[레이아웃] 메뉴에서 "데이터 레이블"과 "기타 데이터 레이블 옵션"을 차례로 선택하여 [데이터 레이블 서식] 대화상자가 나타나도록 한다. [데이터 레이블 서식] 대화상자(그림 2.36 참조)에서 "항목이름"과 "백분율"을 선택한 후 "닫기"를 누르면 <그림 2.37>과 같은 원형그림을 출력할 수 있다.

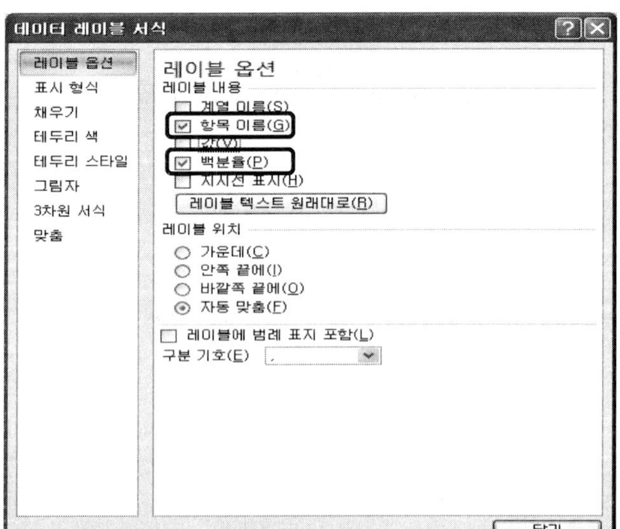

〈그림 2.36〉 [데이터 레이블 서식] 대화상자

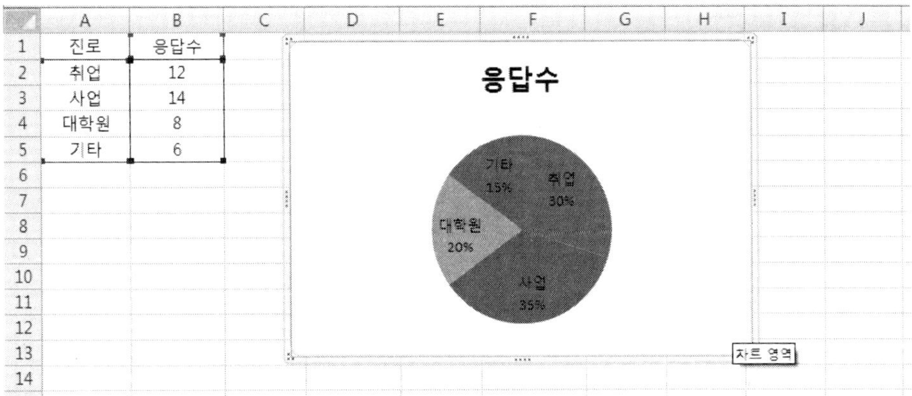

〈그림 2.37〉 원형그림 작성 결과

(4) 산점도

실습 8 **예제 2-10)의 산점도 작성:**

(단계 1) 자료를 셀 A1~P1과 셀 A2~P2에 각각 입력한 후, [삽입] 메뉴의 [차트]에서 "분산형"과 "표식만 있는 분산형"을 차례로 선택하면 <그림 2.38>이 출력된다.

(단계 2) 필요시 [차트도구]의 "레이아웃"에서 차트 제목, 축 제목을 적절하게 변경한다. 산점도의 x축과 y축의 범위를 조절하고자 원할 경우 [차트도구]의 "레이아웃"에서 "축"과 "기본 가로축", 그리고 "기타 기본 가로축 옵션"을 차례로 선택하여 x축과 y축의 범위를 조절한다.

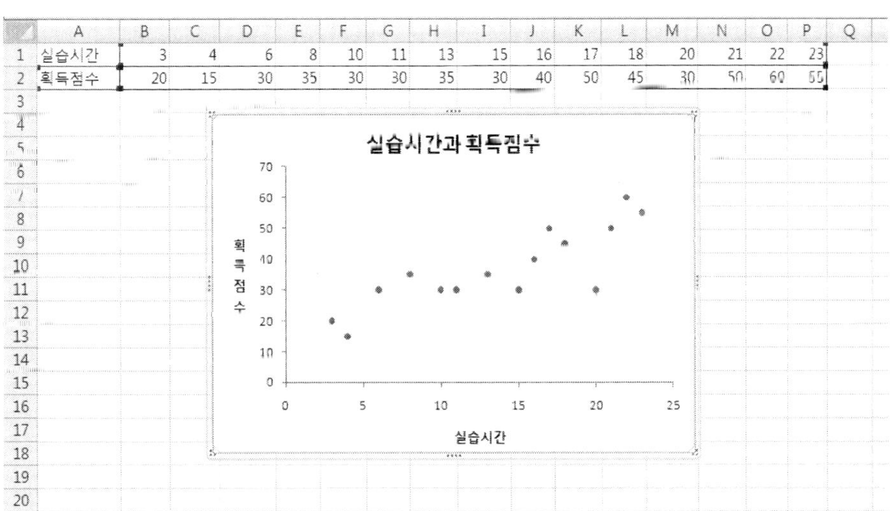

〈그림 2.38〉 산점도 작성 결과

2.7.4 통계량값의 계산

실습 9 **예제 2-12)의 통계량값의 계산:**

(단계 1) 자료를 입력한 후, [데이터] 메뉴에서 [데이터 분석]-[기술통계법]을 차례로 선택한 후, "확인" 버튼을 누르면 [기술통계법] 대화상자가 나타난다.

(단계 2) [기술통계법] 대화상자(그림 2.39 참조)에서 "입력범위"란에 자료의 범위를 입력한다. 이때 "입력범위"에 자료의 이름(여기서는 A, B, C)이 포함되어 있는 경우에는 "첫째 행 이름표 사용"을 선택해 주어야 하며, "데이터 방향"은 <그림 2.40>에서 보는 바와 같이 자료가 열방향으로 입력되어 있기 때문에 "열"을 선택해 주면 된다. "출력 범위"란에 결과가 출력될 위치(여기서는 $A$9)를 입력하고, "요약 통계량"을 선택한 후 "확인" 버튼을 누르면 <그림 2.40>과 같은 여러 가지 통계량값들이 출력된다.

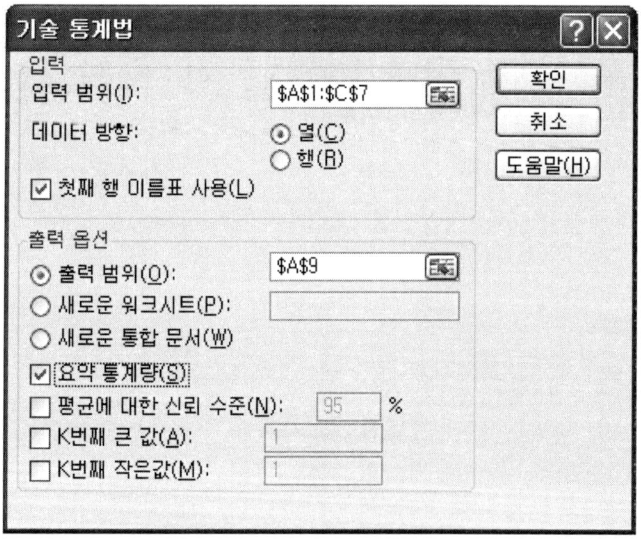

〈그림 2.39〉 [기술통계법] 대화상자

	A	B	C	D	E	F	G
1	A	B	C				
2	60	60	63				
3	63	65	65				
4	66	68	69				
5	74	72	71				
6	77	75	75				
7	80	80	77				
8							
9	A		B		C		
10							
11	평균	70	평균	70	평균	70	
12	표준 오차	3.31662479	표준 오차	2.93257566	표준 오차	2.236068	
13	중앙값	70	중앙값	70	중앙값	70	
14	최빈값	#N/A	최빈값	#N/A	최빈값	#N/A	
15	표준 편차	8.1240384	표준 편차	7.183314	표준 편차	5.4772256	
16	분산	66	분산	51.6	분산	30	
17	첨도	-2.1820937	첨도	-0.6548585	첨도	-1.541333	
18	왜도	-6.661E-17	왜도	0	왜도	0	
19	범위	20	범위	20	범위	14	
20	최소값	60	최소값	60	최소값	63	
21	최대값	80	최대값	80	최대값	77	
22	합	420	합	420	합	420	
23	관측수	6	관측수	6	관측수	6	
24							
25							
26							

〈그림 2.40〉 기술통계량 출력 결과

연습문제

1. 모 대학병원에서 관리하고 있는 환자들에 대한 기록에 다음과 같은 항목들이 포함되어 있다고 한다. 질적변수와 양적변수로 구분하여라.

(1) 성별　(2) 나이　(3) 학년
(4) 혈압　(5) 키　(6) 몸무게

2. 어떤 동아리에 가입되어 있는 1학년 학생들에 대한 자료가 다음과 같다고 할 때

이름	전공	수능점수	학점
김종훈	전산	397	B
강민정	역사	323	C
김기찬	생물	446	A
방승희	심리	405	B
임수빈	심리	461	A

(1) 자료속에 포함된 변수를 모두 쓰라.
(2) 1)의 변수를 질적변수와 양적변수로 구분하여라.

3. K회사 전산실에서 30일 동안 컴퓨터의 고장횟수를 조사한 결과 다음과 같은 자료를 얻었다. 도수분포표를 작성하여라.

1	3	1	1	0	1	0	1	1	0	2	2	0	0	0
1	2	1	2	0	0	1	6	4	3	3	1	2	4	0

4. 미국의 홈런왕 베이비 루드(Babe Ruth)가 1920년부터 1934년까지 양키스팀에 있으면서 매년 기록한 홈런수가 다음과 같을 때 줄기-잎 그림을 작성하여라.

54	59	35	41	46	25	47	60	54	46	49	46	41	34	22

5. 어떤 회사에 근무하고 있는 사원들 중에서 30명을 랜덤으로 뽑아 혈액 중의 콜레스테롤 수치를 조사한 결과 다음과 같은 자료를 얻었다.

239	212	249	227	218	310	281	330	233	223
284	245	174	154	256	196	299	210	301	199
227	244	355	234	195	179	367	282	265	286

(1) 도수분포표를 작성하여라(단, 구간의 개수는 6개로 할 것).

(2) 히스토그램을 그리고, 분포의 특징에 대하여 설명하여라.

6. S대를 지원한 학생들의 심리검사 점수가 다음과 같다고 할 때

남학생	154	109	137	115	152	140	154	178	101	
	103	126	126	137	165	165	129	200	148	
여학생	108	140	114	91	180	115	126	92	169	146
	109	132	75	88	113	151	70	115	187	104

(1) 줄기-잎 그림을 그려 남학생과 여학생의 검사 점수를 비교하여라.

(2) 두 집단의 중앙값, 범위, 사분위수 범위를 구하여 비교하여라.

(3) 상자그림을 그려 극단값이라고 의심될만한 값이 존재하는지를 확인하여라.

7. 다음은 세계 주요 도시의 연 평균 기온을 측정한 자료이다.

도 시	기 온	도 시	기 온
서 울	11.1	런 던	10.5
동 경	15.0	베를린	9.5
북 경	12.0	워싱턴	13.9
상 해	16.1	뉴 욕	12.6
홍 콩	28.4	시카고	10.5
마닐라	27.3	모스크바	4.4
사이공	27.0	스톡홀름	6.6
방 콕	28.0	호놀룰루	24.4
싱가폴	27.1	멕시코시티	15.1
뉴델리	25.3	시드니	21.9

(1) 줄기-잎 그림을 작성하여라.

(2) 상자그림을 그려라.

8. 모 대학 수학과 교수 10명의 월 교통비 지출액(단위: 만원)을 조사한 결과 다음과 같은 자료를 얻었다.

22	18	25	21	12	16	18	12	25	68

(1) 평균과 중앙값을 구하여라.

(2) 평균과 중앙값 중 어느 것을 중심위치를 나타내는 통계량으로 쓰는 것이 바람직한지를 설명하여라.

9. 다음 자료는 모 대학 컴퓨터공학과에 재학중인 3, 4학년 학생들의 키를 조사한 결과이다.

176	174	160	161	163	182	178	176	163	167	170	173	167	166
172	165	162	158	172	169	170	171	168	165	162	170	177	171
175	161	160	175	172	172	165	164	172	172	170	177	180	171
165	166	160	168	167	173								

(1) 평균과 표준편차를 구하여라.

(2) 줄기-잎 그림을 그려 분포의 특징을 개략적으로 설명하여라.

Chapter 3

확률

3-1 서 론
3-2 표본공간과 사건
3-3 확률의 부여
3-4 확률의 계산 규칙
3-5 조건부 확률
3-6 사건의 독립성
3-7 조건부 확률의 응용

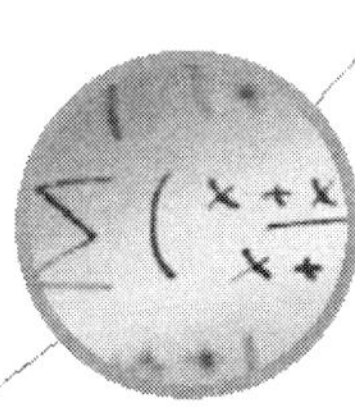

제3장 확률

3-1 서론

추측통계학은 표본에 포함된 정보를 이용하여 모집단의 특성에 대한 과학적인 추론을 하는 방법을 다루는 분야이다. 이때 중요한 것은 표본을 이용한 모집단에 대한 추론이 얼마나 믿을 수 있는가 하는 문제이다. 이장에서 배우게 되는 확률은 이와 같은 모집단에 대한 추론이 얼마나 믿을 수 있는지를 이야기해줄 수 있는 논리적인 근거를 제공해 준다.

우리는 반복된 실험이나 관측을 통하여 어떤 사건이 발생할 가능성을 예측할 수 있으며, 이러한 예측을 수학적으로 표현하기 위하여 확률을 사용한다. 확률은 우리들에게 전혀 생소한 것이 아니라 일상생활의 대화에서 자주 접하게 된다. 예를 들면, "의사가 환자 수술에 성공할 확률이 50%이다"라든지 "주말에 비가 올 확률이 60%이다"라든지 하는 것이다.

확률(probability)의 개념은 어떤 현상이 랜덤하게 일어난다는 사실로부터 시작된다. 여기서 랜덤(random)이란 어떤 결과가 일어날지 사전에 발할 수는 없지만 그 발생 가능성이 어느 정도인지는 수많은 시행을 통하여 예측할 수 있다는 의미이다. 예를 들어, 한 개의 동전을 던진다고 할 때 실제 동전을 던지기 전까지는 앞면 또는 뒷면 중 어느 것이 나타날지 알 수는 없다. 하지만 앞면 또는 뒷면이 나타날 가능성은 동전을 수없이 반복하여 던졌을 때 나타나게 될 어떤 규칙에 따를 것이며, 확률의 개념은 바로 이러한 사실에 근거를 두고 있는 것이다.

Tip

랜덤현상과 확률

랜덤현상이란 어떤 결과가 일어날지 사전에 이야기할 수는 없지만 그 발생 가능성이 어느 정도인지는 수많은 시행을 통하여 예측할 수 있는 현상을 말하며, 이러한 랜덤현상에서 어떤 결과가 일어나는 비율 즉, 상대도수를 확률이라 한다.

예제 3-1

한 개의 동전을 던질 때 나타날 수 있는 결과는 2가지 즉, 앞면과 뒷면이 있다. <그림 3.1>은 한 개의 동전을 5,000번씩 2회 반복하여 던졌을 때 앞면이 나타난 상대도수를 그림으로 나타낸 것이다. 그림에서 굵은 선은 5,000번을 던졌을 때 뒷면, 앞면, 뒷면, 뒷면 … 순으로 나타난 결과이고(첫 번째는 뒷면이므로 상대도수는 0, 두 번째는 앞면이므로 상대도수는 1/2=0.5, 세 번째는 뒷면이므로 상대도수는 1/3=0.33, …), 반면에 점선은 처음부터 5번째까지는 계속하여 앞면이, 6번째에 처음으로 뒷면이 나타난 결과를 표현한 것이다.

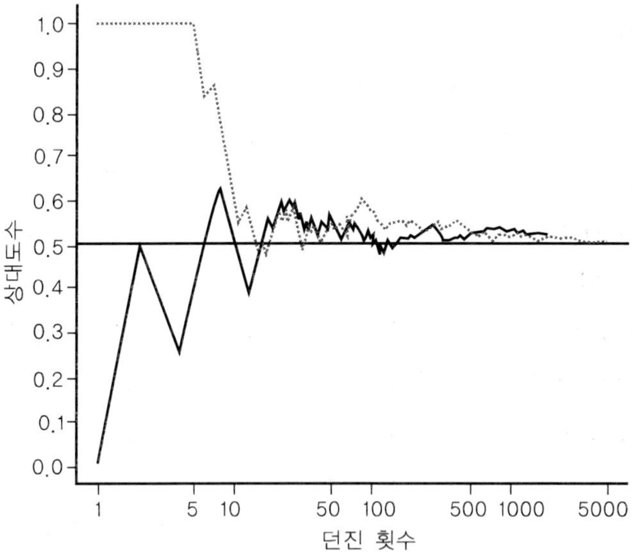

〈그림 3.1〉 한 개의 동전을 5,000번 던졌을 때 앞면이 나타나는 상대도수의 변화

풀이 <그림 3.1>에서 앞면이 나타나는 상대도수는 처음에는 그 변화가 매우 심하지만 던지는 횟수가 많아질수록 그 상대도수는 점점 0.5로 접근하고 있음을 알 수 있다. 이때의 0.5가 바로 동전을 무수히 많이 던졌을 때 앞면이 나타날 확률이 되는 것이다.❀

참고

한 개의 동전을 여러번 던졌을 때 나타나는 결과가 어떠한지를 알아보기 위하여 프랑스 자연주의자 C.Buffon은 4040번의 동전을 던져 2048번의 앞면을 얻어 상대도수는 2048/4040=0.5069가 됨을 알았으며, 1900년 경 영국의 통계학자 K.Pearson은 24,000번의 동전을 던져 12,102번의 앞면 즉, 0.5005라는 상대도수를 얻었다. 2차 대전중 독일군에 의해서 포로가 된 남아프리카 통계학자 J.Kerrich는 수용소에서 생활을 하면서 10,000번의 동전을 던져 5067번의 앞면 즉, 0.5067이라는 상대도수를 얻었다.

3-2 표본공간과 사건

일상생활 속에서 일어나는 랜덤현상들을 수학적인 도구를 사용하여 모형화할 수 있다면 그 현상을 이해하고 관련된 문제를 해결하는데 있어 매우 편리할 것이다. 확률모형(probability model)이란 바로 이러한 랜덤현상을 하나의 수식 형태로 표현한 것을 말한다.

확률모형은 주어진 랜덤현상에서 발생할 수 있는 모든 가능한 결과와 이들 각 결과가 일어날 확률을 이용하여 표현되어진다. 예를 들어, 동전을 두 번 던졌을 때 앞면이 나타나는 횟수를 X라고 하자. 이때 X는 0, 1, 2 중의 하나가 될 것이고, 각각이 일어날 확률은 1/4, 1/2, 1/4이기 때문에 확률모형은 다음과 같이 표현되어진다.[1)]

$$f(x)=\begin{cases}1/4, & x=0,2\text{일 때}\\ 1/2, & x=1\text{일 때}\end{cases}$$

랜덤현상을 설명하기 위해서 알아야할 기본 용어로는 표본공간과 사건이 있다. 여기서 표본공간(sample space)은 랜덤현상에서 일어날 수 있는 모두 가능한 결과들을 모아놓은 집합을 말하며, 사건(event)은 표본공간내에서 관심이 있는 특정한 일부 결과들의 집합을 말한다. 일반적으로 표본공간은 영문 대문자 S로, 사건은 A, B, C 등과 같은 영문 대문자로 표기한다. 수학적으로 사건은 표본공간의 부분집합이 된다.

1) 모든 확률모형에서 어떤 결과가 일어날 확률은 0과 1사이의 수이어야 하고, 모든 결과에 대한 확률을 전부 더하였을 때 그 합은 1이 되어야 한다.

Tip

표본공간과 사건

표본공간이란 하나의 랜덤 현상에서 나타날 수 있는 모든 가능한 결과들의 집합을, 사건이란 관심을 가지는 표본공간의 부분집합을 말한다.

예제 3-2

식품공학과와 환경공학과가 축구시합을 하여 동점으로 비겼다고 하자. 이때 동전을 두 번 던져 두 번 모두 뒷면이 나오면 식품공학과에서 막걸리 값을 지불하고, 그렇지 않으면 환경공학과에서 막걸리값의 50%를 지불하기로 결정하였다. 표본공간과 식품공학과에서 막걸리 값을 지불할 사건을 정의하여라.

풀이 한 개의 동전을 두 번 던지는 실험에서 나타날 수 있는 가능한 모든 결과는 (앞, 앞), (앞, 뒤), (뒤, 앞), (뒤, 뒤)이므로 표본공간은 다음과 같이 구성된다.

$$S = \{(앞,\ 앞),\ (앞,\ 뒤),\ (뒤,\ 앞),\ (뒤,\ 뒤)\}$$

그리고 식품공학과에서 막걸리 값을 지불할 사건은 두 번 모두 뒷면이 나타나는 것이므로 이때의 사건을 A라 하면

$$A = \{(뒤,\ 뒤)\}$$

가 된다. ❀

예제 3-3

식품공학과와 정밀화학학과가 토요일과 일요일에 각각 1번씩 2회에 걸쳐 농구 시합을 한다고 한다. 식품공학과가 한 번 이기는 사건을 E_1, 두 번 모두 이기는 사건을 E_2라 할 때 표본공간과 사건을 각각 정의하여라.

풀이 시합에서 식품공학과가 이기는 경우를 W, 비기는 경우를 T, 지는 경우를 L로 표시하면 두 번의 시합에서 일어날 수 있는 모든 가능한 결과의 집합 즉, 표본공간은 다음과 같게 된다.

$$S = \{WW,\ WT,\ WL,\ TW,\ TT,\ TL,\ LW,\ LT,\ LL\}\}$$

그리고 식품공학과가 한번 이기는 사건을 E_1이라 하면

$$E_1 = \{WT,\ WL,\ TW,\ LW\},$$

두 번 모두 이기는 사건을 E_2라 하면

$$E_2 = \{WW\}$$

가 된다. ❀

사건에는 여러 종류가 있다. 먼저 표본공간 S의 결과 중에서 어떤 사건 A에 속하지 않는 모든 결과들로 이루어진 사건으로서 이러한 사건을 A의 여사건(complement event)이라 하며, A^c로 표기한다. 다음으로 표본공간 S내에 있는 결과를 하나도 포함하고 있지 않은 사건으로서 이러한 사건을 공사건(empty event)이라 하며, $\varnothing$로 표기한다.

표본공간 내에 사건이 여러 개 있다고 할 경우, 이들 사건의 결합 형태로 나타나는 새로운 사선이 부여될 수 있다. 먼저 표본공간내에 두 개의 사건 A와 B가 존재한다고 할 때 사건 A와 B중 적어도 어느 하나에 속하는 모든 결과를 포함하는 사건을 A와 B의 합사건(union event)이라 하고, $A \cup B$로 표기한다. 다음으로 두 사건 A와 B에 동시에 속하는 모든 결과를 포함하는 사건을 A와 B의 적사건(intersection event)이라 하고, $A \cap B$ 또는 AB로 표기 한다. 그리고 두 사건 A와 B가 서로 공통된 결과를 가지고 있지 않을 경우 즉, $A \cap B = \varnothing$일 때 A와 B를 서로 배반인 사건(disjoint event)이라 부른다.

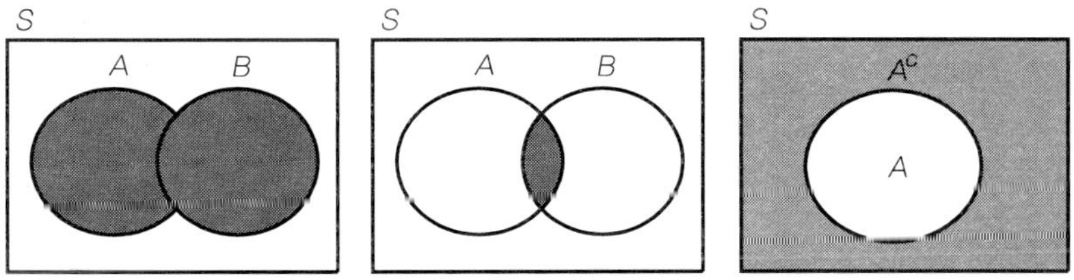

(a) $A \cup B$ (b) $A \cap B$ (c) A^c

〈그림 3.2〉 사건의 종류

예제 3-1

체육 농구수업 중 학생 1명에게 세 번의 자유투를 던지라고 하였을 때, A를 적어도 하나의 자유투를 성공시키는 사건, B를 두 번째 자유투를 성공시키는 사건, C를 세 번째 자유투를 실패하는 사건, 그리고 D를 세 번의 자유투를 모두 실패하는 사건이라 하자. 이때

(1) A^c (2) BD (3) $A \cup C$ (4) $(B \cup C)^c$
를 각각 구하여라.

풀이 자유투 성공을 S, 실패를 F라고 할 때, 세 번의 자유투를 던질 때의 표본공간 및 각 사건은 다음과 같다.

$$S = \{SSS, SSF, SFS, FSS, SFF, FSF, FFS, FFF\}$$
$$A = \{SSS, SSF, SFS, FSS, SFF, FSF, FFS\}$$
$$B = \{SSS, SSF, FSS, FSF\}$$
$$C = \{SSF, SFF, FSF, FFF\}$$
$$D = \{FFF\}$$

따라서,

(1) $A^c = \{FFF\} = D$,

(2) $BD = \varnothing$,

(3) $A \cup C = S$,

(4) $(B \cup C)^c = \{SFS, FFS\}$

가 된다. ❀

3-3 확률의 부여

랜덤현상에 대한 확률모형을 만들기 위해서는 하나의 사건에 대한 확률이 어떠한 개념하에서 부여되는지를 알아야 한다. 확률을 부여하는 방법은 크게 객관적인 방법과 주관적인 방법으로 나눌 수 있으며, 객관적인 방법은 고전적인 정의와 상대도수적인 정의로 구분되어진다.

3.3.1 객관적 정의

(1) 고전적 정의

고전적 관점에 따르면 어떤 사건에 대한 확률은 표본공간내에 있는 모든 결과들이 발생할 가능성이 동일하다고 보는 것에서부터 시작된다. 즉 랜덤현상에서 발생 가능한 결과가 모두 N개 있고 각 결과들이 일어날 가능성이 똑같다고 한다면, 이때 각각이 일어날 확률은 $1/N$이 된다. 그리고 어느 한 사건이 n개의 결과를 포함하고 있다면 이 사건이 발생할 확률은 n/N이 되는 것이다. 예를 들어, 주사위를 한 번 던지는 실험에서 1에서 6까지의 숫자가 나올 가능성은 동일하기 때문에 각 면이 나타날 확률은 1/6이 된다. 이때 사건 A를 짝수가 나타날 사건이라 할 때 사건 A속에는 2, 4, 6이라는 3개의 결과를 포함하고 있기 때문에 사건 A가 일어날 확률은 $3/6=1/2$이 되는 것이다.

Tip

고전적 정의

N개의 결과를 포함하는 표본공간 $S=\{s_1, s_2, \cdots, s_N\}$에서 각 결과가 일어날 가능성이 동일할 때, n개의 결과를 포함하는 사건 A의 확률은 다음과 같이 정의된다.

$$P(A)=\frac{n}{N}$$

(2) 상대도수적 정의

확률에 대한 고전적 정의는 표본공간속의 결과가 유한개이면서, 각 결과가 일어날 가능성이 동일한 경우에만 적용될 수 있다. 그러나 모든 결과가 발생할 가능성이 동일하다고 할 수 없을 경우 고전적 정의에 의한 확률부여는 적합하지가 않다. 이러한 경우에는 동일한 조건하에서 실험을 n번 반복하여 어떤 사건이 f번 일어났다고 하면, 실험의 횟수 n을 충분히 크게 할 때 f/n가 어떤 하나의 값으로 수렴하게 되는 값을 바로 그 사건이 일어날 확률로 부여하는 것이 타당할 것이다. 이러한 관점에서 학자들은 고전적 정의가 가지고 있는 문제점을 피하기 위하여 확률을 상대도수의 의미로 설명하고자 하였다.

Tip

상대도수적 정의

동일한 조건하에서 실험을 n번 반복 시행하였을 때 사건 A가 f번 일어났다면, 사건 A의 확률은 n을 충분히 크게 할 때 상대도수 f/n가 수렴하는 값으로 정의된다.

3.3.2 주관적 정의

고전적 또는 상대도수적 정의에 따라 확률을 부여하는 방법과는 달리, 사람들은 개인이 가지고 있는 정보를 이용하여 동일한 사건에 대해서 확률을 서로 다르게 부여할 수 있다. 예를 들어 프로골퍼 박세리가 금년도 LPGA에서 적어도 3번 이상 우승할 확률이라든지, 민사재판에서 원고가 승소할 확률, 또는 A라는 사람이 앞으로 2년 이내에 결혼할 확률 등은 개인적인 평가나 지식, 그리고 개인이 가지고 있는 정보 상태에 따라 달라진다. 이와 같이 개인이 가지고 있는 지식과 경험, 그리고 정보에 따라 결정되는 확률을 주관적 확률이라 한다.

Tip

주관적 정의

개인이 가지고 있는 지식, 경험, 정보 등에 따라 부여되는 확률을 말한다.

3.3.3 공리적 정의

확률에 대한 개념을 수학적이고 논리적으로 정의하기 위하여 A. N. Kolmogorov는 확률이 만족하여야 할 세 가지 기본 성질을 정의하였으며, 이것을 확률의 공리라고 한다.

Tip

확률의 공리

(공리 1) 임의의 사건 A_i에 대하여, $P(A_i) \geq 0$

(공리 2) $P(S) = 1$

(공리 3) 서로 배반인 사건 A_1, A_2, $\cdots$ 에 대하여

$$P(A_1 \cup A_2 \cup \cdots) = P(A_1) + P(A_2) + \cdots$$

3-4 확률의 계산 규칙

복잡한 사건에 대한 확률 계산을 간편하게 할 수 있는 규칙들이 있으며, 이러한 규칙들은 확률의 공리로부터 유도되어진다.

(규칙 1) $P(\varnothing) = 0$

(규칙 2) 임의의 사건 A에 대하여 $P(A^c) = 1 - P(A)$

(규칙 3) 두 사건 A와 B에 대하여 $P(A \cup B) = P(A) + P(B) - P(AB)$

예제 3-5

52장의 카드 중에 에이스가 뽑히는 사건을 A, 킹이 뽑히는 사건을 B, 스페이드가 뽑히는 사건을 C라고 하자. 이때 52장의 카드 중 한 장을 뽑았을 때 에이스 또는 스페이드가 뽑힐 확률과 에이스 또는 킹이 뽑힐 확률을 각각 구하여라.

풀이 (1) 에이스 또는 스페이드가 뽑힐 확률은 다음과 같이 계산된다.

$$P(A \cup C) = P(A) + P(C) - P(AC)$$
$$= \frac{4}{52} + \frac{13}{52} - \frac{1}{52} = \frac{4}{13}$$

가 된다.

(2) 두 사건 A와 B는 서로 배반 즉, $A \cap B = \varnothing$이므로 $P(A \cap B) = 0$이다.
따라서 에이스 또는 킹이 뽑힐 확률은

$$P(A \cup B) = P(A) + P(B) = \frac{4}{52} + \frac{4}{52} = \frac{2}{13}$$

가 된다. ❀

3-5 조건부 확률

주사위를 한 번 던질 때 홀수가 나올 확률은 1/2이다. 하지만 주사위를 던졌을 때 나온 수가 3보다 크다는 사실을 알고 있다고 할 때 홀수가 나올 확률은 더 이상 1/2이 되지 않는다. 그 이유는 나타난 눈의 수가 3보다 크다는 상황하에서 나타날 수 있는 가능한 결과 즉, 표본공간은 {1, 2, 3, 4, 5, 6}에서 {4, 5, 6}으로 바뀌기 때문이다. 이와 같은 문제를 해결하기 위해서 필요한 것이 바로 조건부 확률(conditional probability)이다.

Tip

조건부 확률

한 사건 A가 일어난 후 어떤 사건 B가 일어날 확률을 사건 A에 대한 사건 B의 조건부 확률(conditional probability)이라 하며, 다음과 같이 정의한다.[2)]

$$P(B \mid A) = \frac{P(A \cap B)}{P(A)} \quad \text{단, } P(A > 0)$$

<그림 3.3>에서 조건부 확률은 사건 A중에서 사건 B가 차지하는 비율을 의미한다는 것을 설명하고 있다. 따라서 조건부 확률에서는 표본공간이 최초의 상태에서 주어진 조건에 맞는 공간으로 표본공간이 축소되어 나타나게 되는 것이다.

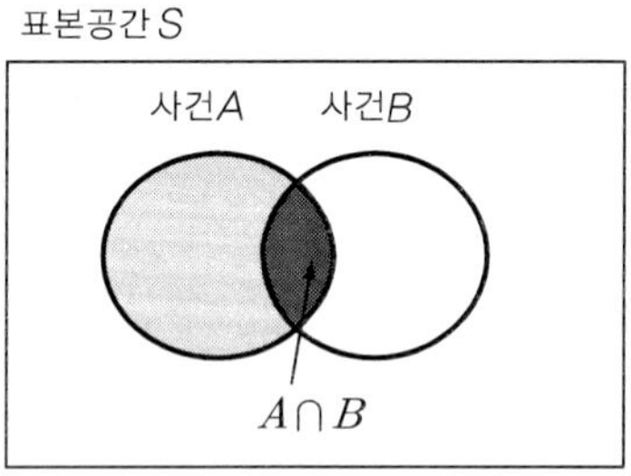

〈그림 3.3〉 조건부 확률 $P(B \mid A)$의 의미

2) 조건부 확률은 $P(B \mid A)$로 표기하며, $P(B \mid A)$에서 '|'의 오른쪽에 나타나는 사건은 이미 발생한 사건이기 때문에 사전에 주어진 하나의 정보로 간주할 수 있다.

예제 3-6

잘 섞은 52장의 카드 중에서 한 장을 뽑았을 때 뽑힌 카드가 그림이었다고 하자. 이때 뽑힌 카드가 퀸일 확률을 구하여라.

풀이 52장의 카드 중에서 한 장을 뽑았을 때 A를 퀸이 뽑히는 사건, B를 그림카드가 뽑히는 사건이라 할 때

$$P(A)=\frac{4}{52}=\frac{1}{13},\quad P(B)=\frac{12}{52}=\frac{3}{13},$$

그리고 $P(A\cap B)=\frac{4}{52}=\frac{1}{13}$

이 된다. 따라서 뽑힌 카드가 그림이라는 조건이 주어지고 난 후 그것이 퀸일 확률 $P(A|B)$는 조건부 확률의 정의에 의하여

$$P(A|B)=\frac{P(A\cap B)}{P(B)}=\frac{1/13}{3/13}=\frac{1}{3}$$

이 된다. 여기서 $P(A)$와 $P(A|B)$이 차이점은, $P(A)$는 카드 52장 전체에서 퀸이 뽑힐 확률을 나타내며, 조건부 확률 $P(A|B)$은 그림이 그려진 카드로 그 범위가 제한된 가운데서 퀸이 뽑힐 확률이라는 것이다. ❀

조건부 확률의 정의로부터 다음과 같은 곱셈 법칙이 성립하게 된다.

Tip

통계학의 정의

$$P(AB)=P(A)\cdot P(B\mid A)\ \text{또는}\ P(AB)=P(B)\cdot P(A\mid B)$$

예제 3-7

10개의 빨강공과 6개의 파란공이 함께 들어있는 상자로부터 2개의 공을 비복원으로 랜덤추출한다고 할 때, 첫 번째 공이 빨강공이고 두 번째 공이 파란공일 확률을 구하여라.

풀이 A를 첫 번째 공이 빨강공인 사건, B를 두 번째 공이 파란공인 사건이라 할 때

$$P(A)=\frac{10}{10+6}=\frac{5}{8},\quad P(B\mid A)=\frac{6}{10+6-1}=\frac{2}{5}$$

가 된다. 따라서 첫 번째 공이 빨강공이고 두 번째 공이 파란공일 확률은 다음과

같다.

$$P(AB) = P(A) \cdot P(B \mid A) = \frac{5}{8} \cdot \frac{2}{5} = \frac{2}{8} = \frac{1}{4}$$

가 된다. ❀

3-6 사건의 독립성

동전을 두 번 던질 경우, 첫 번째 나온 결과는 두 번째 나오는 결과에 아무런 영향을 미치지 못한다. 왜냐 하면, 처음에 앞면 또는 뒷면 중 어떤 것이 나오던 두 번째 던지는 동전에서 앞면이 나올 확률은 언제나 1/2이 되기 때문이다.[3] 이와 같이 조건부 확률에서 어떤 사건이 일어난 것이 다음 사건이 일어나는 것에 아무런 영향을 미치지 않을 때 두 사건 A와 B는 서로 독립(mutually independent)이라 하며, 그렇지 않을 경우 A와 B는 서로 종속(mutually dependent)이라 한다.

Tip

두 사건의 독립

A와 B가 서로 독립이면 $P(AB) = P(A) \cdot P(B)$ 이다.

예제 3-8

A의학연구소에서는 흡연이 폐암과 관련성이 있는지를 연구하기 위하여 <표 3.1>과 같은 자료를 얻었다고 한다. <표 3.1>의 자료를 이용하여 흡연과 폐암간에 서로 관련성이 있는지의 여부를 판단하여라.

〈표 3.1〉 흡연과 폐암에 관한 자료

구 분	폐암에 걸림	폐암에 안걸림	계
흡연	0.37	0.13	0.5
비흡연	0.15	0.35	0.5
계	0.52	0.48	1.0

3) 표본공간 $S = \{HH, HT, TH, TT\}$이고, 첫 번째 동전에서 앞면이 나오는 사건을 $A = \{HH, HT\}$, 두 번째 동전에서 앞면이 나오는 사건을 $B = \{HH, TH\}$ 라 할 때 $P(B \mid A) = 1/2 = P(B)$ 이다.

풀이 폐암에 걸린 사건을 A, 흡연을 하는 사건을 B라고 할 때
$P(A)=0.52,\quad P(B)=0.5,\quad P(AB)=0.37$이므로

$$P(AB)=0.37 \neq P(A)\cdot P(B)=0.26$$

이다. 따라서 두 사건 A와 B는 서로 종속이다. 즉, 주어진 자료로부터 흡연은 폐암에 영향을 미친다고 할 수 있다. ❀

두 사건의 독립성에 대한 개념은 여러 사건들에 대해서도 확장할 수 있다.

Tip

여러 사건의 독립

k개의 사건 $A_1,\ A_2,\ \cdots\ ,\ A_n$이 서로 독립이면

$$P(A_iA_j)=P(A_i)P(A_j)$$
$$P(A_iA_jA_k)=P(A_i)P(A_j)P(A_k)$$
$$\vdots$$
$$P(A_1\cap A_2\cap\cdots\cap A_{k)})=P(A_1)\,P(A_2)\cdots\,P(A_k)$$

예제 3-9

통계학 수업 중 교수가 학생 1명을 랜덤으로 뽑아 동전을 세 번 던지도록 한 후, 만약 세 번 모두 앞면이 나오면 야외수업을 실시하겠다고 제안하였다. 야외에서 통계학 수업을 할 확률을 구하여라.

풀이 동전을 세 번 던지는 시행에서 앞에 나타나는 결과는 뒤에 나타나는 결과에 영향을 미치지 않으므로 서로 독립이다. 따라서 세 번 모두 앞면이 나올 확률은 다음과 같다.

$$P(HHH)=P(H)P(H)P(H)=\left(\frac{1}{2}\right)\times\left(\frac{1}{2}\right)\times\left(\frac{1}{2}\right)=\left(\frac{1}{2}\right)^3$$ ❀

여러 사건들의 독립성에 대한 문제는 두 개 이상의 부품으로 구성된 시스템의 신뢰도[4]와 관련된 문제에서 중요하게 사용된다.

4) 공학분야에서 신뢰도(reliability)는 기계가 고장나지 않을 확률을 의미한다.

예제 3-10

컴퓨터는 크게 모니터, 키보드, 드라이브, CPU(중앙처리장치)로 구성되어 있다. B 회사에서는 품목별 고장률이 <표 3.2>와 같은 부품으로 노트북을 생산하고 있다고 한다. 이 회사에서 생산된 노트북 한 대를 랜덤으로 추출하였을 때 이 노트북이 고장없이 작동할 확률을 구하여라.

〈표 3.2〉 컴퓨터 부품 고장률

부분품	모니터	키보드	드라이브	CPU
고장률	0.02	0.02	0.02	0.02

풀이 모니터, 키보드, 드라이브, CPU가 고장없이 작동할 사건을 각각 A_1, A_2, A_3, A_4 라 할 때 각 사건이 일어날 확률은 다음과 같다.

$$P(A_1)=0.98,\quad P(A_2)=0.99,\quad P(A_3)=0.98,\quad P(A_1)=0.99$$

컴퓨터가 정상적으로 작동하기 위해서는 이들 부품 모두가 정상적으로 작동하여야 하므로 구하고자 하는 확률은 다음과 같이 계산된다.

$$\begin{aligned} P(A_1 \cap A_2 \cap A_3 \cap A_4) &= P(A_1)P(A_2)P(A_3)P(A_4) \\ &= (0.98)(0.99)(0.98)(0.99) \\ &\approx 0.94 \end{aligned}$$

여기서 확률이 0.94라는 것은 B회사에서 생산되는 노트북 중에서 94%가 고장없이 작동될 것이라는 것을 의미한다. ❀

3-7 조건부 확률의 응용

표본공간 S가 서로 배반인 두 사건 A_1, A_2로 이루어져 있고 임의의 사건 B가 <그림 3.4>와 같이 주어져 있다고 하자. 이때 사건 B가 일어났다는 사실을 알고 난 후 사건 A_1과 A_2가 일어난 확률 $P(A_i|B)$ $i=1,\ 2$을 계산해보도록 하자. 사건 B는 서로 배반인 두 사건 AB와 A^cB로 분할될 수 있고, 이때 $B=AB \cup A^cB$가 된다. 여기서 공리 3)과 확률의 곱셈법칙을 이용하면 사건 B의 확률 $P(B)$는 다음과 같게 된다.

$$P(B) = P(A_1 B \cup A_2 B) = P(A_1 B) + P(A_2 B)$$
$$= P(A_1) \cdot P(B \mid A_1) + P(A_2) \cdot P(B \mid A_2)$$

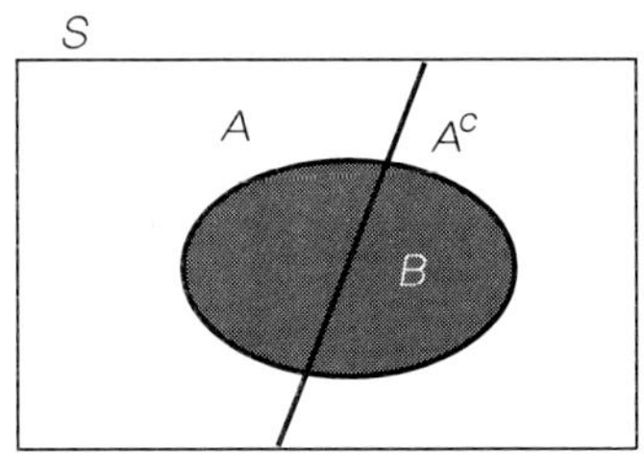

〈그림 3.4〉 표본공간 S의 분할

따라서 사건 B가 일어난 후 사건 A_1과 A_2가 일어날 확률은

$$P(A_1 \mid B) = \frac{P(A_1 B)}{P(B)}$$
$$= \frac{P(A_1) \cdot P(B \mid A_1)}{P(A_1) \cdot P(B \mid A_1) + P(A_2) \cdot P(B \mid A_2)} \quad (1)$$

$$P(A_2 \mid B) = \frac{P(A_2 B)}{P(B)}$$
$$= \frac{P(A_2) \cdot P(B \mid A_2)}{P(A_1) \cdot P(B \mid A_1) + P(A_2) \cdot P(B \mid A_2)} \quad (2)$$

예제 3-11

어느 공장에서 두 대의 기계를 사용하여 제품을 생산하고 있다. 기계 1에서는 전체 생산량의 40%, 기계 2에서는 전체 생산량의 60%가 생산되고 있으며, 이때 각각의 기계에서 불량품이 발생할 확률은 2%와 3%라고 한다. 이 공장에서 생산된 제품 중 한 개를 랜덤으로 뽑아 조사한 결과, 그것이 불량품이었다고 할 때 이 제품이 기계 2에서 생산된 제품일 확률을 계산하여라.

풀이 기계 1에서 제품이 생산되는 사건을 A_1, 기계 2에서 제품이 생산되는 사건을 A_2라고 할 때 $A_1 \cap A_2 = \varnothing$ 이고, $P(A_1) = 0.4$, $P(A_2) = 0.6$이다. 그리고 기계 1에서 불량품이 발생할 확률은 $P(B|A_1) = 0.02$, 기계 2에서 불량품이 발생할 확률

은 $P(B|A_2)=0.03$이다. 따라서 뽑힌 제품이 불량품이라고 할 때 그것이 기계 2로부터 생산되었을 확률 $P(A_2|B)$는 다음과 같이 계산된다.

$$P(A_2|B)=\frac{P(A_2)\cdot P(B|A_2)}{P(A_1)\cdot P(B|A_1)+P(A_2)\cdot P(B|A_2)}$$

$$=\frac{0.6\times 0.03}{0.4\times 0.02+0.6\times 0.03}$$

$$=0.692$$

❀

식(1)과 (2)는 표본공간이 서로 배반인 두 개의 사건으로 이루어져 있을 때 확률을 계산하는 공식이다. 이러한 개념을 확장하여 표본공간이 <그림 3.5>와 같이 서로 배반인 k개의 사건으로 구성되어 있다고 할 경우, 이로부터 얻어지는 정리가 바로 베이즈 정리인 것이다.[5)]

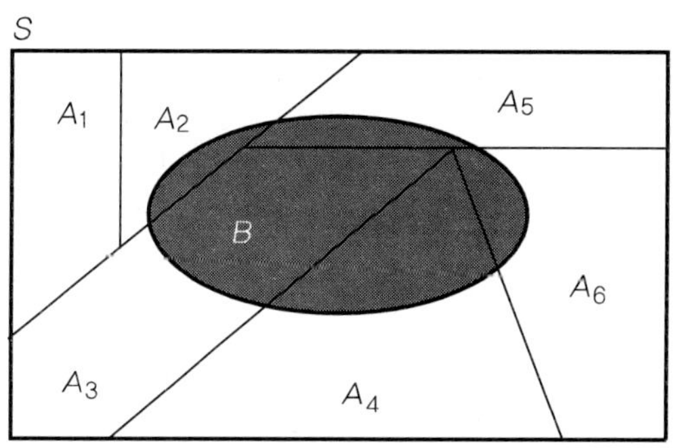

〈그림 3.5〉 표본공간 S의 분할

Tip

베이즈 정리

사건 $A_1, \cdots, A_n$ 이 서로 배반이고 표본공간 $S=A_1\cup \cdots \cup A_n$ 이라고 할 때, 임의의 사건 B가 일어난 조건하에서 사건 $A_i\ (i=1, ..., n)$가 일어날 확률은 다음과 같다.

$$P(A_i \mid B)=\frac{P(A_iB)}{P(B)}=\frac{P(A_i)\cdot P(B\mid A_i)}{P(A_1)\cdot P(B\mid A_1)+\cdots+P(A_n)\cdot P(B\mid A_n)}$$

5) $P(A_i)$는 정보 B가 알려지기 전의 확률이므로 사전확률(prior probability), $P(A_i \mid B)$는 정보B를 알고 난 후의 확률이므로 사후확률(posterior probability)이라 한다.

베이즈 정리는 영국 교회의 목사인 T. Bayes에 의하여 발견된 정리로서 조건부확률 $P(B|A)$ 에서 주어진 상황이 반대로 되었을 때 즉, 주어진 조건과 알고자하는 사건의 위치를 서로 바꾸었을 때 생겨나는 새로운 조건부확률 $P(A|B)$ 이라고 할 수 있다. 베이즈 정리는 진단과 관련된 문제에서 중요하게 사용되어진다. 예를 들어 의사들이 환자의 건강상태를 진단할 때 각종 검사 결과 등을 종합하여 그 정보에 근거하여 환자의 병명을 진단한다던지, 자동차 정비사가 오실로스코프를 이용하여 엔진과 연결된 여러 부분에 대한 파장을 확인하여 차량에 이상이 있는 곳을 진단한다든지 또는 기상학자가 온도, 기압, 풍향과 풍속 등을 이용하여 기후를 예측한다든지 할 경우에 사용된다.

예제 3-12

국토해양부에서 영산강 개발계획안에 대한 전남, 경남, 전북 주민들의 여론을 조사한 결과 전남에서는 75%, 경남에서는 21%, 전북에서는 45%의 주민들이 찬성하고 있는 것으로 나타났다.

(1) 경남, 전북, 전남 중에서 1개 지역을 랜덤으로 뽑은 후, 뽑힌 지역에서 주민 한 명을 뽑는다고 하자. 이때 뽑힌 주민이 개발계획안에 찬성하는 주민일 확률을 구하여라.

(2) 3개 지역에서 랜덤으로 뽑힌 한명의 주민이 개발계획안에 찬성한다고 할 때 이 주민이 경남주민일 확률을 구하여라.

풀이 A_1, A_2, A_3를 전남, 경남, 전북이 각각 뽑힐 사건이라 하고, B를 개발계획안에 찬성하는 사건이라 하자. 이때

$$P(A_1) = P(A_2) = P(A_3) = \frac{1}{3}$$

$$P(B|A_1) = 0.75,\ P(B|A_2) = 0.21,\ P(B|A_3) = 0.45$$

이다. 따라서

(1) 구하고자 하는 확률 $P(B)$는

$$\begin{aligned} P(B) &= P(A_1)P(B|A_1) + P(A_2)P(B|A_2) + P(A_3)P(B|A_3) \\ &= \frac{1}{3}(0.75) + \frac{1}{3}(0.21) + \frac{1}{3}(0.45) = 0.47 \end{aligned}$$

(2) 구하고자 하는 확률 $P(A_2|B)$는 베이즈 정리로부터 다음과 같이 계산된다.

$$P(A_2|B) = \frac{P(A_2)P(B|A_2)}{\sum_{j=1}^{3} P(A_j)P(B|A_j)} = \frac{(1/3)(0.21)}{0.47} = 0.15$$

❀

연습문제

1. 1개의 동전을 3번 던질 때, 앞면의 수가 뒷면의 수보다 적게 나타날 확률을 구하여라.

2. 주사위를 두 번 던지는 실험에서
   (1) 두 눈의 합이 7 또는 11이 될 확률을 구하여라.
   (2) 두 눈의 합이 3 이상일 확률을 구하여라.

3. 두 개의 주사위를 던져 나오는 눈의 수의 합 T를 홀수라고 할 때, T가 8보다 작을 확률을 구하여라.

4. 올해 S대학에 입학한 1학년 학생 가운데 40%는 재수 경험이 없고 나머지 60%는 재수 경험이 있다고 한다. 재수 경험이 없는 학생들의 20%, 재수 경험이 있는 학생들의 30%가 교양수학에서 A를 받았다고 하자. 랜덤으로 뽑은 한 학생의 성적이 A이었다고 할 때, 이 학생이 재수 경험이 있는 학생일 확률을 구하여라.

5. 어떤 마을에서 가구별 신문 구독률을 조사한 결과, 전체 가구의 50%가 A신문을, 20%는 B신문을 구독하고 있다고 응답하였다. 그리고 A신문과 B신문 모두 구독하는 가구는 10%가 된다고 하였다. A신문과 B신문 중 어느 한 가지라도 구독하는 가구의 비율은 얼마인가?

6. L회사를 다니고 있는 K과장은 회사에 출근 시 70%는 대중교통을, 30%는 자가용을 이용한다고 한다. 과거의 경험에 의하면 지하철로 출근할 경우 지각할 확률은 0.1이고, 자가용으로 출근할 경우 지각할 확률은 0.3이라고 한다. 어느 날 K과장이 지각을 했다고 하였을 때 그가 자가용을 타고 출근하였을 확률은 구하여라.

7. 주머니 속에 500원짜리 동전 2개, 100원짜리 동전 3개, 50원짜리 동전 5개, 10원짜리 동전 5개가 들어 있다.
   (1) 주머니 속에서 1개의 동전을 랜덤으로 끄집어 낸다고 할 때, 적어도 100원짜리 이상이 나올 확률을 구하여라.
   (2) 주머니 속에서 3개의 동전을 하나씩 비복원으로 랜덤추출한다고 할 때, 첫 번째 동전이 10원짜리, 두 번째 동전이 100원짜리, 세 번째 동전이 500원짜리일 확률을 구하여라.
   (3) 주머니 속에서 2개의 동전을 복원으로 랜덤추출한다고 할 때, 10원짜리와 100원짜리가 나올 확률을 구하여라.

8. KAL에서 최근 구입한 비행기에는 1,000시간 비행에 고상률이 1%인 추진 엔진이 4개가 부착되어 있으며, 이 4개의 엔진은 서로 독립적으로 작동된다고 한다. 4개 중 어느 한 개만 작동하여도 비행은 가능하다고 할 때 1,000시간 동안 고장 없이 비행할 확률을 구하여라.

9. 한 개의 주사위를 던지는 실험에서 A를 짝수가 나오는 사건, B를 3, 4, 5 중에서 하나가 나오는 사건이라 하자. 이때 두 사건 A와 B는 서로 독립인지를 조사하여라.

10. 극비문서를 보관하고 있는 모그룹의 회장실 금고에는 외관상 모양이 똑같은 열쇠구멍이 5개 있는데 잘못된 열쇠를 꽂으면 자동적으로 폭발하도록 설계되어 있다고 한다. 산업스파이가 금고 열쇠 5개를 훔쳐 회장실에 잠입하였다고 할 때 금고를 이상없이 열수 있을 확률을 구하여라.

11. 김일성 궁전은 입구에서 침실까지 아래 그림과 같은 통로를 지나야 도달할 수 있도록 설계되어 있다고 하자. 아군 특수요원이 입구에서부터 통로를 랜덤으로 택하여 침실로 침투한다고 할 때 한 번만에 도달할 수 있을 확률을 구하여라.

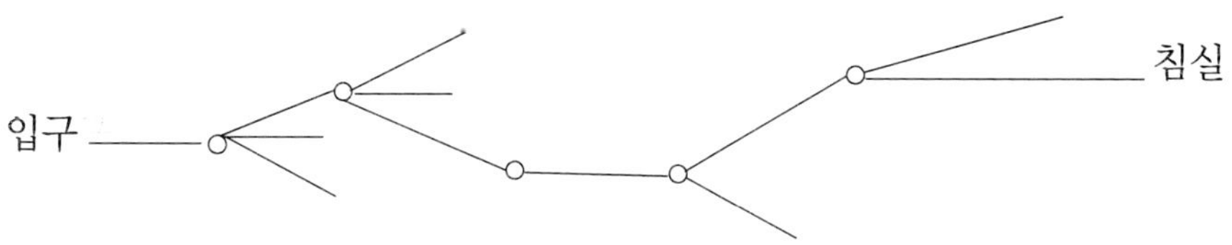

12. K대학 2학년 학생들 중에서 랜덤으로 추출된 30명에 대하여 성별과 출신 지역별 현황을 조사한 결과 다음과 같은 자료를 얻었다. 여학생이 뽑히는 사건 A와 서울 출신이 뽑히는 사건을 B라 할 때 두 사건 A와 B사이의 독립성 여부를 조사하여라.

구 분	서울 출신	지방 출신	계
여학생	5	5	10
남학생	10	10	20
계	15	15	30

13. 공학분야에서 신뢰도(reliability)는 기계가 고장나지 않을 확률을 의미한다. 어떤 기계가 서로 독립적으로 작동하는 두 가지 부품으로 구성되어 있으며, 부품 1의 신뢰도는 0.98, 부품 2의 신뢰도는 0.95임이 알려져 있다고 하자.
   (1) 두 가지 부품이 모두 작동할 때만 기계가 작동한다고 할 때, 이 기계의 신뢰도는 얼마인가?
   (2) 두 개의 부품 중 1개만 작동하여도 기계가 작동한다고 할 때, 이 기계의 신뢰도는 얼마인가?

14. 첫 번째 가방에는 3개의 흰 공과 4개의 빨간 공이 들어 있고, 두 번째 가방에는 4개의 흰 공과 5개의 빨간 공이 들어 있다. 첫 번째 가방에서 공 한 개를 꺼내어 색깔을 확인하지 않고 그것을 두 번 째 가방에 넣은 다음, 두 번째 가방에서 하나의 공을 꺼낼 때 그 공이 빨간 공일 확률을 구하여라.

15. 어느 마을에서 전체 주민의 10%가 어떤 질병에 감염되었으나, 그 질병의 감염 여부는 겉으로는 식별이 되지 않는다고 한다. K의학 연구소에서는 이 질병의 감염여부를 알아내는 검사방법을 개발하여 실험을 한 결과, 그 질병에 걸린 사람의 90%가 양성반응을 보였고, 질병에 걸리지 않은 사람의 5%가 양성반응을 보였다고 한다. 주민들 중에서 랜덤으로 뽑은 한 사람이 검사에서 양성반응을 보였다고 할 때, 이 사람이 질병에 걸려있을 확률을 구하여라.

Chapter 4

확률분포

4-1 확률변수와 확률분포

4-2 이산형 확률분포

4-3 연속형 확률분포

4-4 이항분포의 정규분포 근사

4-5 Excel 실습

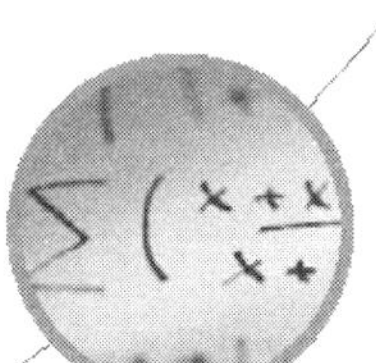

제 4 장 확률분포

4-1 확률변수와 확률분포

확률이란 개념은 어떤 현상이 랜덤하게 일어난다는 사실로부터 시작되고, 확률을 사용하여 랜덤한 현상을 묘사한다는 것은 바로 확률모형(probability model)을 만든다는 것을 의미한다. 확률모형은 랜덤한 현상에서 나타날 수 있는 모든 결과들의 집합인 표본공간과 표본공간 내의 결과가 일어날 확률로 표현된다.

표본공간은 항상 숫자로만 이루어져 있는 것은 아니다. 왜냐하면 랜덤현상과 관련된 실험이나 관측, 또는 조사 결과는 문자 또는 숫자 등의 형태로 나타날 수 있기 때문이다. 예를 들어 한 개의 동전을 3번 던지는 실험에서 앞면을 H, 뒷면을 T로 나타낼 때, 표본공간 $S=\{\text{HHH, HHT}, \cdots, \text{TTH, TTT}\}$는 문자로 이루어지게 된다. 그러나 랜덤현상을 수학적인 모형으로 표현하기 위해서는 표본공간내의 결과들은 숫자로 이루어져 있어야 한다. 여기서 앞면이 나타나는 횟수를 X라고 하자. 이때 표본공간을 이루고 있는 각 결과들은 숫자 즉, HHH는 3, HHT는 2, TTH는 1, ⋯, TTT는 0으로 변하게 되고, 결과적으로 표본공간은 문자에서 0, 1, 2, 3의 숫자로 바뀌게 된다. 이와 같이 문자로 이루어진 표본공간을 숫자로 이루어진 표본공간으로 바꾸어주는 역할을 하는 것을 확률변수(random variable)라 한다.

Tip

확률변수

표본공간내의 각 결과를 하나의 실수값으로 대응시켜주는 함수이다.

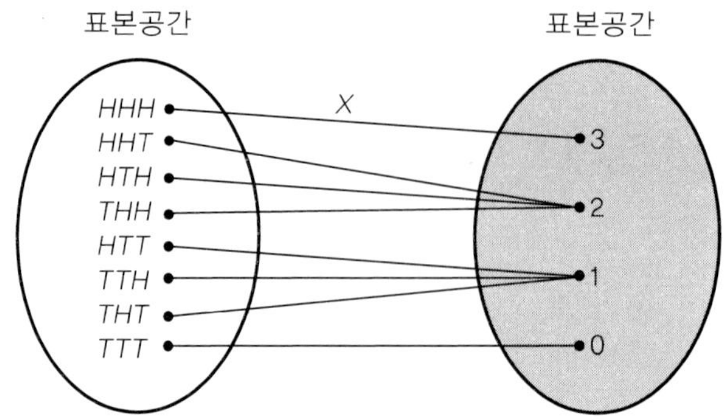

〈그림 4.1〉 동전을 3번 던지는 실험에서 확률변수 X의 표본공간

확률변수는 그 값이 가지는 형태에 따라 이산형 확률변수와 연속형 확률변수로 나누어진다. 이산형 확률변수(discrete random variable)는 확률변수가 유한개 또는 무한개의 셀 수 있는 값들로 구성되어 있을 경우로, 그 예로는 어떤 자동차 회사 영업사원이 한달 동안에 판매하는 자동차의 수 또는 서울시에서 발생하는 일일 교통사고 사망자 수 등을 들 수 있다. 반면에 연속형 확률변수(continuous random variable)는 확률변수가 가질 수 있는 값들이 무한으로 이어져 있어 하나의 값으로 분리해 낼 수 없는 경우를 말한다. 예를 들어 X를 0과 1사이에 있는 임의의 값이라 하고, 이 구간에서 하나의 값 x를 뽑는다고 하자. 이때 우리는 정확하게 하나의 x값을 뽑을 수가 없게 된다. 그 이유는 0과 1 사이는 무한히 많은 실수값이 존재하므로 이 사이에서 어느 특정한 하나의 값을 뽑는다는 것은 불가능하기 때문이다. 따라서 이러한 경우에는 하나의 값보다는 구간으로 이야기할 수 밖에 없게 된다. 이와 같이 확률변수가 가질 수 있는 값을 구간으로 밖에 나타날 수 없을 경우의 확률변수를 연속형 확률변수(continuous random variable)라 한다. 연속형 확률변수의 예로서는 20세 이상의 성인 남자의 키라든지 고장난 자동차의 수리시간 또는 고등학교 3학년 학생들의 IQ 등을 들 수 있다.[6)] 일반적으로 확률변수는 영문 대문자(예: X 또는 Y)로, 확률변수가 실제로 가지는 어떤 특정한 값들은 영문 소문자(예: $x_1, x_2, \cdots, x_n$ 또는 $y_1, y_2, \cdots, y_n$)로 표기한다.

6) 일상생활에서 사용되고 있는 키, 몸무게, 시간 등 연속형 확률변수에 대한 측정값들은 마치 이산형 확률변수의 값처럼 보인다. 그 이유는 측정도구의 한계 때문이며, 따라서 우리가 실제 사용하고 있는 값은 정확한 값이 아니라 근사값인 것이다.

Tip

이산형 확률변수와 연속형 확률변수

이산형 확률변수는 확률변수가 유한개 또는 무한개의 셀 수 있는 값들로 구성되어 있을 경우를, 연속형 확률변수는 확률변수가 가지는 값들이 무한으로 이어져 있어 하나의 값으로 분리해 낼 수 없는 경우를 말한다.

예제 4-1

20문항의 객관식 시험에서 어떤 학생이 맞히는 정답수를 X라고 하자. 이때 X가 가질 수 있는 가능한 값 x는 0, 1, ⋯, 20으로 이 값들은 하나하나 셀 수 있기 때문에 X는 이산형 확률변수가 된다. 반면에 어떤 회사원이 집에서 직장까지 출근하는 데 걸리는 시간 Y가 30분에서 50분 사이라고 할 때 Y가 가질 수 있는 가능한 값 y의 범위는 $30 < y < 50$이 된다. 여기서 출근하는 데 걸리는 시간 Y는 어떤 하나의 특정한 값으로 분리해낼 수 없기 때문에 Y는 연속형 확률변수가 된다. ❀

어떤 랜덤현상을 하나의 확률변수를 이용하여 표현할 때 랜덤현상에서 발생하는 모든 결과는 실수값으로 나타나게 된다. 이때 확률변수가 가질 수 있는 모든 값들과 이에 대응하는 확률을 함수식이나 표 또는 그림으로 나타낸 것을 확률분포(probability distribution)라 한다. 확률분포는 확률변수의 형태에 따라 이산형 확률분포와 연속형 확률분포로 나누어진다.

Tip

확률분포

확률변수가 가질 수 있는 모든 값들과 이에 대응하는 확률을 함수식이나 표 또는 그림으로 나타낸 것을 말한다.

예제 4-2

한 개의 동전을 3번 던지는 실험에서 앞면이 나오는 횟수를 X라 하자. 이때 확률변수 X의 확률분포를 구하여라.

풀이 동전을 3번 던지는 실험에서 앞면을 H, 뒷면을 T라고 하면 표본공간은 $S=\{HHH, HHT, HTH, THH, HTT, TTH, THT, TTT\}$가 된다. 이때 앞면이 나오는 횟수 X에 대한 표본공간은 $S=\{0, 1, 2, 3\}$으로 바뀌게 되고, 각 값이 일어날 확률은 다음과 같이 구해진다.

$X=0$는 TTT일 때이므로 $P(X=0)=f(0)=1/8$

$X=1$은 HTT, THT, TTH일 때이므로 $P(X=1)=f(1)=3/8$

$X=2$는 HHT, HTH, THH일 때이므로 $P(X=2)=f(2)=3/8$

$X=3$는 HHH일 때이므로 $P(X=3)=f(3)=1/8$

따라서 X의 확률분포는 다음과 같게 된다.

a) 함수로 표현 $f(x)=\begin{cases}1/8, & x=0,\ 3\text{일 때}\\ 3/8, & x=1,\ 2\text{일 때}\\ 0, & \text{기타에서}\end{cases}$

b) 표로 표현

x	0	1	2	3
$f(x)$	1/8	3/8	3/8	1/8

c) 그림으로 표현

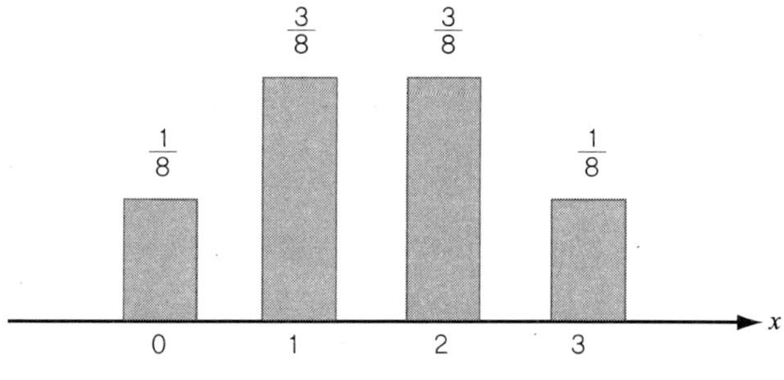

4-2 이산형 확률분포

4.2.1 확률질량함수와 기대값

(1) 확률질량함수

이산형 확률분포를 수학적으로 표기하는 요령은 비교적 간단하다. 즉, 이산형 확률변수 X가 가질 수 있는 가능한 값 $x_1, x_2, \cdots, x_n$과 이에 대응하는 확률을 함수 $f(x_i)$를 사용하여 나타내면 되는 것이다. 이때 함수 $f(x_i)$를 확률질량함수(probability mass function)라고 부르며, 여기서 $f(x_i)$는 확률변수 X가 가질 수 있는 값들 중에서 임의의 값 $X=x_i$일 때의 확률 $P(X=x_i)$를 의미하게 되는 것이다.

Tip

확률질량함수

확률변수 X가 이산형일 때 임의의 값 x_i에 대하여 $f(x_i)=P(X=x_i)$를 만족하는 $f(x_i)$를 확률질량함수라 한다. 확률질량함수 $f(x_i)$는 다음의 두 조건을 만족해야만 한다.

① 주어진 모든 값 x_i에 대하여, $f(x_i) \geq 0$

② $\sum_{i=1}^{n} f(x_i)=1$

확률분포를 알면 확률변수가 어떤 구간 사이에 있을 확률을 계산할 수 있다. 예를 들어 확률변수 X가 구간 $[a, b]$ 사이에 속할 확률은 $X=a$에서 $X=b$까지의 확률을 모두 더하여 구할 수 있다. 즉,

$$P(a \leq X \leq b) = \sum_{x=a}^{b} f(x)$$

예제 4-3

예제 4.2)에서 앞면이 두 번 이상 나올 확률 $P(X \geq 2)$를 구하여라.

풀이 확률변수 X의 확률질량함수가

$$f(x)=\begin{cases} 1/8, & x=0,\ 3\text{일 때} \\ 3/8, & x=1,\ 2\text{일 때} \\ 0, & \text{기타에서} \end{cases}$$

이므로 $P(X \geq 2)=f(2)+f(3)=\frac{3}{8}+\frac{1}{8}=\frac{4}{8}=\frac{1}{2}$ ❀

(2) 기대값

당첨금이 5만원, 10만원, 100만원이고, 각각의 확률이 다음과 같은 복권이 있다고

할 때 복권 한 장 구매시 기대할 수 있는 당첨금을 구해보도록 하자. 이때 계산은 두 가지 방법 즉, 당첨금만을 이용하는 것과 당첨금 및 각각의 당첨 확률을 동시에 고려하여 계산하는 방법이 있다.

당첨금	0	5만	10만	100만
확 률	980/1000	15/1000	4/1000	1/1000

먼저 당첨금만을 고려한 기대금액을 계산하면

$$\frac{0\text{원} + 5\text{만원} + 10\text{만원} + 100\text{만원}}{4} = 28.75\text{만원}$$

이 된다. 하지만 이때의 계산은 잘못되었다.[7] 왜냐하면 기대금액을 계산할 때 각 당첨금을 획득할 확률이 서로 다르다는 것을 전혀 고려하지 않았기 때문이다. 따라서 이러한 경우에는 당첨될 확률까지 고려하여 다음과 같이 계산되어져야 하는 것이다.

$$0\text{원} \times \frac{980}{1000} + 5\text{만원} \times \frac{15}{1000} + 10\text{만원} \times \frac{4}{1000} + 100\text{만원} \times \frac{1}{1000} = 2150\text{원}$$

확률변수 X가 이산형일 경우 기대값(expected value)은 X가 가질 수 있는 모든 값과 이에 대응하는 확률 $f(x)$를 곱한 후 모두 더한 값으로 정의되며, $E(X)$ 또는 모집단의 평균을 의미하는 μ로 표기한다.

Tip

기대값

이산형 확률변수 X가 가질 수 있는 값이 $x_1, x_2, \cdots, x_n$이고, 각각의 확률을 $f(x_1), f(x_2), \cdots f(x_n)$이라 할 때

$$E(X) = x_1 f(x_1) + x_2 f(x_2) + \cdots + x_n f(x_n) \text{ 또는 간략하게 } \sum_{i=1}^{n} x_i f(x_i)$$

확률변수의 기대값은 그 분포에서의 무게중심으로 간주될 수가 있다. 예를 들어, 확률변수 X가 이산형일 경우 <그림 4.2>에 주어진 확률질량함수에서 x 축을 추가 달린 무게 없는 긴 막대로 보고 각 점 x에 무게가 $f(x)$인 추가 달린다면, 이때 이 막대의 무게중심은 점 $E(X)$에 있게 되는 것이다.

7) 이때의 계산은 각 당첨금을 받을 확률이 동일하다고 간주하고서 계산된 것과 동일하다.

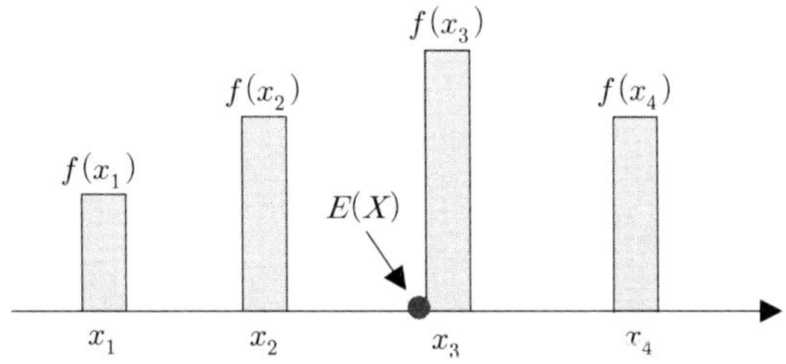

〈그림 4.2〉 이산형 분포에서 기대값의 의미

Tip

기대값의 성질

a, b를 상수라고 할 때

(1) $E(a) = a$[8]

(2) $E(aX) = aE(X)$

(3) $E(aX+b) = aE(X)+b$

두 확률변수 X, Y에 대하여

(4) $E(X+Y) = E(X)+E(Y)$

참고

※ 동전을 2번 던지는 실험에서 앞면이 나오는 횟수 X의 확률분포는

$$f(x) = \begin{cases} 1/4, & x = 0,\ 2 \text{일 때} \\ 1/2, & x = 1 \text{일 때} \end{cases}$$

이고, 이때의 기대값은

$$E(X) = \sum_{x=0}^{2} x f(x) = 0\times\frac{1}{4} + 1\times\frac{2}{4} + 2\times\frac{1}{4} = 1.0$$

이 된다. 그런데 실제 동전을 20회 반복하여 던졌을 때 $x = 0$인 경우가 4번, $x = 1$인 경우가 8번, $x = 2$인 경우가 8번 나타났다고 하자. 이때 X의 상대도수분포는 다음과 같게 되고, 이때의 기대도수는 $0\times\left(\frac{4}{20}\right) + 1\times\left(\frac{8}{20}\right) + 2\times\left(\frac{8}{20}\right) = 1.2$로서 $E(X) = 1.0$과 다소 차이가 있다. 그 이유는 무엇일까?

X	0	1	2
상대도수	$\frac{4}{20}$	$\frac{8}{20}$	$\frac{8}{20}$

8) 이산형일 경우 $E(a) = \sum af(x_i) = a\sum f(x_i) = a$, $E(aX) = \sum ax_i f(x_i) = a\sum x_i f(x_i) = aE(X)$

확률의 상대도수적 정의에 의하면 어떤 사건이 발생할 확률 $P(A)=\lim_{n\to\infty}\frac{f(n)}{n}$ 이다. 따라서 만약 실험의 횟수를 100번, 1,000번, 10,000번 … 등과 같이 점점 늘려간다면 $x=0,\ 1,\ 2,$일 때의 상대도수는 이론적인 확률값 $\frac{1}{4},\ \frac{2}{4},\ \frac{1}{4}$에 가까이 가게 되고, 결과적으로 X의 상대도수분포는 이론적인 확률모형인 확률분포와 일치하게 되어 두 값 즉, 기대도수와 기대값은 같게 될 것이다. 따라서 $E(X)$는 실험을 무한히 반복하였을 때 얻을 수 있을 것이라고 기대될 수 있는 값이기 때문에 우리는 이를 기대값(expected value)이라 부른다.

(3) 분산

확률변수 X의 분산 $V(X)$는 확률변수의 값들이 평균 μ로부터의 떨어진 거리의 제곱 $(X-\mu)^2$에 대한 기대값 $E[(X-\mu)^2]$으로 정의되며, 표기는 $V(X)$ 또는 σ^2으로 한다.

Tip

분산

이산형 확률변수 X가 가질 수 있는 값이 $x_1, x_2, \cdots, x_n$이고, 각각의 확률을 $f(x_1), f(x_2), \cdots, f(x_n)$이라 할 때

$$V(X)=E[(X-\mu)^2]=(x_1-\mu)^2 f(x_1)+(x_2-\mu)^2 f(x_2)+\cdots+(x_n-\mu)^2 f(x_n)$$

또는 간략하게 $\sum_{i=1}^{n}(x_i-\mu)^2 f(x_i)$

분산은 기대값의 성질에 의하여 다음과 같은 관계가 성립한다.

$$\begin{aligned} V(X)=E[(X-\mu)^2] &= E[X^2-2X\mu+\mu^2] \\ &= E(X^2)-2\mu E(X)+\mu^2 \\ &= E(X^2)-\mu^2 \end{aligned}$$

따라서 분산의 계산은 공식 $E(X^2)-\mu^2$을 사용하면 보다 간편하게 계산할 수 있다.

분산 $V(X)$은 평균 μ를 중심으로 관측값들이 어떻게 흩어져 있는지를 나타내는 측도가 되며, 만약 관측값들이 평균 주위에 집중되어 있다면 분산의 값은 작고, 반대

로 평균으로부터 넓게 흩어져 있다면 분산의 값은 크게 된다.[9)]

Tip

분산의 성질

a, b를 상수라고 할 때

(1) $V(a) = 0$

(2) $V(aX) = a^2 V(X)$

(3) $V(aX+b) = a^2 V(X)$

두 확률변수 X, Y가 서로 독립일 때

(4) $V(X+Y) = V(X) + V(Y)$

예제 4-4

동전을 3번 던졌을 때 앞면이 나오는 횟수 X의 분포는 다음과 같다. X의 평균과 표준편차를 각각 구하여라.

X	0	1	2	3
$f(x)$	1/8	3/8	3/8	1/8

풀이 평균 $\mu = E(X) = \sum_{x=0}^{3} x f(x) = 0 \times \frac{1}{8} + 1 \times \frac{3}{8} + 2 \times \frac{3}{8} + 3 \times \frac{1}{8} = 1.5$

그리고 $E(X^2) = \sum_{0}^{3} x^2 f(x) = 0^2 \times \frac{1}{8} + 1^2 \times \frac{3}{8} + 2^2 \times \frac{3}{8} + 3^2 \times \frac{1}{8} = 3.0$

이므로 분산

$$\sigma^2 = E(X^2) - \mu^2 = 3.0 - (1.5)^2 = 0.75$$

이다. 따라서 표준편차 $\sigma = \sqrt{0.75}$ 가 된다.

4.2.2 이항분포

어떤 실험 또는 조사를 반복해서 시행하는 경우 매 시행마다 오직 두 가지의 가능한 결과만 일어난다고 할 때, 이러한 시행을 베르누이 시행(Bernoulli trial)이라 한다.

9) 표준편차는 분산의 제곱근 즉, $\sqrt{V(X)}$ 이며, σ 로 표기한다.

여기서 두 가지의 가능한 결과를 편의상 "성공"과 "실패"라고 할 때, 베르누이 시행의 결과는 "성공"과 "실패" 중의 어느 하나로 나타난다.

Tip

베르누이 과정

(1) 베르누이 시행이 n번 서로 독립적으로 이루어지고,

(2) 각 시행에서 일어날 수 있는 결과는 "성공" 또는 "실패"와 같이 둘 중 하나이고,

(3) 성공할 확률 p는 매 시행마다 동일하다.

베르누이 과정의 전형적인 예로 동전을 반복하여 던지는 실험을 들 수 있다. 즉 한 개의 동전을 n번 반복하여 던진다고 할 때 매번 동전을 던지는 것은 독립적으로 이루어지고, 각 시행에서 일어나는 결과는 앞면과 뒷면 중 어느 하나가 될 것이며, 동전을 계속하여 던질 때마다 앞면이 나타날 확률 1/2은 변하지 않고 항상 동일하다.

성공률이 p 인 베르누이 시행을 n 번 독립적으로 반복하는 실험에서 성공이 x 번 일어나는 확률을 구해보자. 먼저, 처음부터 x 번째까지 계속해서 성공(S)이 나오고 나머지 $n-x$ 번이 모두 실패(F)로 나올 경우의 확률을 구해보면

$$P(S,\cdots,S,F,\cdots,F)=\underbrace{p\cdots p}_{x\text{개}}\underbrace{(1-p)\cdots(1-p)}_{n\quad x\text{개}}$$
$$=p^x(1-p)^{n-x}$$

이 된다. 다음으로 처음부터 $n-x$ 번째까지 모두 실패로 나오고 그 나머지 x 번은 모두 성공으로 나올 확률을 구해보면

$$P(F,\cdots,F,S,\cdots,S)=\underbrace{(1-p)\cdots(1-p)}_{n-x\text{개}}\underbrace{p\cdots p}_{x\text{개}}$$
$$=p^x(1-p)^{n-x}$$

이 된다. 그러므로 n 번의 시행에서 성공이 x 번, 실패가 $n-x$ 번 나올 확률은 성공 또는 실패의 순서와는 무관하게 모두 $p^x(1-p)^{n-x}$로 동일하게 될 것이며, 이러한 확률이 나오는 경우는 모두 $\binom{n}{x}$번이 있다.[10] 따라서 n 번의 시행에서 x 번 성공이 일어날 확률은 이들 모두를 더하여야 하므로 결국 다음과 같게 된다.

---

10) 서로 다른 n 개 중에서 r 개를 뽑아 순서를 고려하지 않고 배열하는 것을 조합이라 하며, 기호

$$P(X=x)=\binom{n}{x}p^x(1-p)^{n-x}$$

Tip

이항분포

성공률이 p 인 베르누이 시행을 n 번 반복할 때 성공하는 횟수를 X 라 하자. 이때 "확률변수 X는 모수 n과 p 인 이항분포(binomial distribution)를 따른다" 라고 하며, 그 확률질량함수는 다음과 같다.

$$f(x)=\begin{cases}\binom{n}{x}p^x(1-p)^{n-x}, & x=0, 1, \cdots, n\\ 0, & \text{기타}\end{cases}$$

확률변수 X 가 모수 n과 p인 이항분포를 따른다면, 그 평균과 분산은 다음과 같다.

$$\mu=E(X)=\sum_{x=0}^{n} x f(x)=np$$

$$\sigma^2=V(X)=E(X^2)-\{E(X)\}^2=np(1-p)$$

이항분포표의 사용 방법

확률변수 X가 이항분포를 따를 때 여러 가지의 n 과 p 값에 대하여 임의의 한 점 $X=x$ 에서의 확률값 $f(x)$가 부록 <표 2>에 주어져 있다. 부록 <표 2>에서 왼쪽의 세로줄은 n과 x 의 값이고, 맨 위의 가로줄은 모수 p 값을 나타낸다. 따라서 부록 <표 2>를 사용하기 위해서는 먼저 n과 x 를 찾은 다음, 맨 위줄에서 해당 모수 p와 교차하는 값을 구하면 그 값이 확률 $P(X=x)$의 값이 된다. 예를 들어, 동전을 세 번 던지는 실험에서 앞면이 2번 나타날 확률

$$P(X=2)=f(2)=\binom{3}{2}(0.5)^2(0.5)^1$$

의 값은 왼쪽의 세로줄에서 n이 3인 곳에서 x 가 2가 되는 가로줄과 맨 위의 p가 0.5인 세로줄과 교차하는 값 0.3750이 된다.

${}_nC_r$ 또는 $\binom{n}{r}$ 로 나타낸다. 계산공식은 ${}_nC_r=\dfrac{n!}{r!(n-r)!}$ 이다.

예제 4-5

5지 선다형 객관식 문제가 20문항인 어떤 시험에서 찍기로 답을 맞힌다고 할 때 20문항 중 10문항을 맞힐 확률을 구하여라.

풀이 정답을 맞히는 개수 X는 이항분포 $B(20,\ 0.2)$를 따른다. 따라서 10문항을 맞힐 확률은

$$P(X=10)=f(10)=\binom{20}{10}(0.2)^{10}(0.8)^{10}=0.0020$$

이 된다. ❀

일반적으로 우리 주위에서 일어나는 현상에서 정확히 이항분포를 따르는 경우는 드물다. 하지만 모집단의 크기 N이 표본의 크기 n에 비하여 매우 클 때 나중의 시행에서 성공할 확률과 처음 시행에서 성공할 확률은 앞의 시행에서 일어난 결과에 관계없이 거의 변화가 없다고 볼 수 있기 때문에 이러한 경우 성공이 일어나는 횟수 X는 근사적으로 이항분포를 따른다고 할 수 있다.

예제 4-6

서울시에서는 야간집회법 개정안에 대하여 시민들의 60%가 이 개정안을 지지하고 있다고 발표하였다. 이러한 사실을 확인하기 위하여 서울 시민 20명을 랜덤으로 뽑아 지지여부를 조사하였을 때

(1) 지지한다는 시민수가 18명 이상일 확률을 구하여라.

(2) 지지하는 시민수의 평균과 분산을 각각 구하여라.

풀이 전체 서울시민 중에서 20명은 극히 적은 수에 해당되기 때문에 시민을 한명씩 랜덤으로 비복원으로 뽑는다고 하더라도 지지율의 변화는 거의 없다고 볼 수 있다. 따라서 확률변수 X를 새로운 야간집회법에 대해서 지지하는 시민수라고 할 때, X는 모수 $n=20,\ p=0.6$인 이항분포를 근사적으로 따른다고 할 수 있다. 따라서,

$$\begin{aligned}(1)\ P(X\geq 18) &= f(18)+f(19)+f(20)\\ &= \binom{20}{18}(0.6)^{18}(0.4)^{2}+\binom{20}{19}(0.6)^{19}(0.4)^{1}+\binom{20}{20}(0.6)^{20}(0.4)^{0}\\ &= 0.0031+0.0005+0.0000=0.0036\end{aligned}$$

※ 부록 <표 2>에서 $n=20$, $p=0.4$일 때 $x=2,\ 1,\ 0$일 때의 값을 찾으면 됨.

(2) 평균 $\mu = np = 20 \times 0.6 = 12$

분산 $\sigma^2 = npq = 20 \times 0.6 \times 0.4 = 4.8$ ❀

4.2.3 초기하분포

일반적으로 표본조사시 복원보다는 비복원추출법에 의하여 표본이 추출되는 경우가 대부분이다. 따라서 모집단의 크기가 작을 경우 표본이 비복원추출로 이루어진다면 모비율 p는 표본이 추출될 때마다 변하게 되므로 그 실험은 더 이상 베르누이 과정으로 볼 수 없게 된다. 이러한 경우 표본으로부터 관측된 성공의 횟수는 이항분포를 따르는 것이 아니라 초기하분포(hypergeometric distribution)라고 불리는 새로운 형태의 분포를 따르게 된다.

Tip

초기하분포

성공률이 p, 크기가 N인 모집단으로부터 n개의 표본을 비복원으로 추출할 때 성공이 일어나는 횟수를 X라고 하자. 이때 X는 "모수 N, n, p인 초기하분포를 따른다" 고 하며, 그 확률질량함수는 다음과 같다.

$$f(x) = \begin{cases} \dfrac{\binom{Np}{x}\binom{N-Np}{n-x}}{\binom{N}{n}}, & x = \max\{0,\ n-(N-Np)\},\ \cdots,\ \min\{n,\ Np\} \\ 0, & \text{기타} \end{cases}$$

확률변수 X가 모수 $N,\ n,\ p$인 초기하분포를 따를 때, 평균과 분산은 다음과 같다.

$$\mu = E(X) = np$$

$$\sigma^2 = V(X) = npq \cdot \frac{N-n}{N-1}$$

크기가 N이고 양호율 p인 모집단으로부터 크기가 n인 표본을 복원추출하면, 양호품의 수 X는 이항분포 $B(n,\ p)$를 따르게 된다. 이론적으로 초기하분포에서 p를 일정하게 두고 N를 무한히 크게 하면 초기하분포는 이항분포로 근사하게 되며, 따라서 모집단의 크기 N이 표본의 크기 n에 비하여 충분히 크면 복원추출과 비복원추출 사이에 거의 차이가 없다고 할 수 있다.

예제 4-7

빨간색 4장, 흰색 16장으로 이루어진 20장의 카드를 잘 섞은 후 테이블 위에 뒷면만 보이게 모두 펼쳐놓은 다음, 손가락으로 색깔을 감지할 수 있는 초능력을 가졌다고 주장하는 사람에게 빨간색이 표시되어 있는 4장의 카드를 알아맞히도록 한다고 하자. 이때 이 사람이 뽑은 4장의 카드 중에서 3장을 알아맞힐 확률을 계산하여라.

풀이 뽑힌 4장의 카드 중에서 빨간색의 카드 수 X는 모집단의 크기 $N=20$, 표본의 크기 $n=4$, 빨간색일 확률 $p=4/20=0.2$ 인 초기하분포를 따른다. 따라서 구하고자 하는 확률은

$$P(X=3)=\frac{\binom{4}{3}\binom{16}{1}}{\binom{20}{4}}=\frac{64}{4845}\approx 0.01$$

이 된다. 여기서 확률이 0.01이라는 것은 100번에 1번꼴로 일어난다는 것을 의미하기 때문에 4장 중에서 3장의 빨간색 카드를 알아맞히는 것도 매우 힘든 일이라는 것을 알 수 있다. 따라서 4장 중에서 3장의 빨간색 카드를 알아맞히는 경우, 통계학적으로는 그 사람이 초능력을 가지고 있다고 인정해도 무방하다고 할 수 있다. ❀

예제 4-8

어느 마트의 냉장고 속에 신선한 우유가 20개, 유통기간이 지난 우유가 5개 들어있다. 5개를 랜덤으로 비복원추출할 때 유통기간이 지난 우유가 2개 포함되어 있을 확률을 구하여라.

풀이 뽑힌 5개 중에 포함되어 있는 유통기간이 지난 우유의 수를 X 라고 하면, X 는 모수 $N=25$, $n=5$, $p=0.2$ 인 초기하분포를 따른다. 따라서 구하는 확률은

$$P(X=2)=f(2)=\frac{\binom{5}{2}\binom{20}{3}}{\binom{25}{5}}=0.2145$$

가 된다. ❀

4.3.4 푸아송분포

17세기 프랑스의 유명한 수학자이며 물리학자인 S. D. Poisson은 그 당시 이항확률을 계산하는 것이 여간 어려운 일이 아니라는 점에 착안하여 이항확률의 근사값을 계산하기 위한 지수식을 발표하였다. 즉, Poisson은 확률변수 X가 이항분포 $B(n,\ p)$를 따를 때 $np=\lambda$로 일정하게 두고, n이 충분히 크고 p가 0에 가까울 경우

$$f(x)=\binom{n}{x}p^x(1-p)^{n-x} \simeq \frac{e^{-\lambda}\lambda^x}{x\,!}, \qquad x=0,\ 1,\ 2,\ \ldots$$

의 근사 관계가 성립한다는 사실을 보였다. 이항분포의 근사 분포인 푸아송분포(Poisson distribution)는 다음과 같이 정의된다.

Tip

푸아송분포

확률변수 X가 음이 아닌 정수값을 취하며, 그 확률질량함수가

$$f(x)=\begin{cases}\dfrac{e^{-\lambda}\lambda^x}{x!}, & x=0,\ 1,\ 2.\cdots \\ 0, & \text{기타}\end{cases}$$

일 때, X는 "모수 $\lambda(\lambda>0)$인 푸아송분포를 따른다"고 한다.

푸아송분포는 일정한 단위시간 또는 단위공간 내에서 어떤 사건이 랜덤하게 일어나는 현상에 적용된다. 즉, 단위시간(분 또는 시간) 동안 교환대에 걸려오는 전화의 횟수, 일일교통사고 사망자의 수, 1년 동안 추락한 비행기의 수, 어떤 보고서의 페이지당 오자의 수 등과 같이 단위시간 또는 단위공간내에 일어나는 사건의 횟수는 일반적으로 푸아송분포를 따르게 된다. 푸아송분포의 확률질량함수 $f(x)$에서 λ는 일정한 단위시간 또는 공간내에서 발생하는 사건의 평균횟수이고, e는 자연대수의 밑으로 그 값은 2.71828$\cdots$이다.

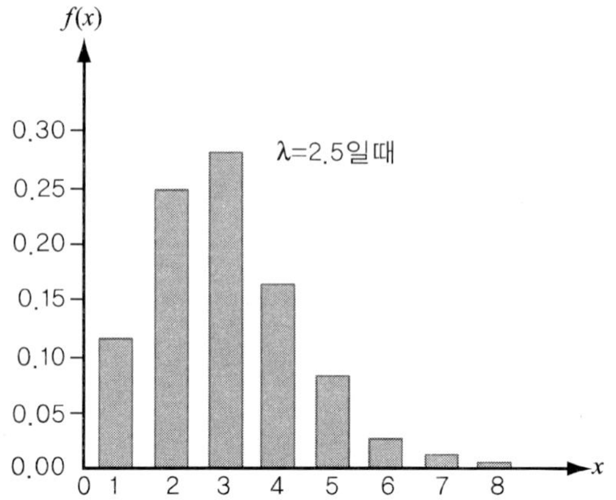

〈그림 4.3〉 푸아송분포의 예

확률변수 X가 모수 λ인 푸아송분포를 따른다면, 그 평균과 분산은 다음과 같다.

$$\mu = E(X) = \lambda, \quad \sigma^2 = V(X) = \lambda$$

푸아송분포표의 사용 방법

확률변수 X가 푸아송분포를 따를 때 여러 가지의 λ값에 대하여 한 점 $X = x$에서의 확률 $P(X = x)$는 부록 <표 3>에 주어져 있다. 부록 <표 3>을 사용하기 위해서는 먼저 해당하는 λ를 찾은 다음, x값과 교차하는 값을 구하면 그 값이 확률 $P(X = x)$의 값이 된다.

예제 4-9

어떤 책의 페이지당 오자 수는 평균 3개라고 한다. 이 책에서 한 페이지를 임의로 펼칠 때 오자의 수가 4개 이상일 확률을 구하여라.

풀이 페이지당 오자의 수를 X라고 하면, X는 $\lambda = 3$인 푸아송분포를 따른다. 따라서 구하고자 하는 확률은

$$\begin{aligned} P(X \geq 4) &= 1 - P(X \leq 3) = 1 - \sum_{x=0}^{3} f(x) \\ &= 1 - \{f(0) + f(1) + f(2) + f(3)\} \\ &= 1 - (0.050 + 0.149 + 0.224 + 0.224) = 0.353 \end{aligned}$$

이 된다. ❀

예제 4-10

백혈병 완치률은 0.04라고 한다. 백혈병에 걸린 100명의 환자 중에 적어도 10명이 완치가 될 확률을 구하여라.

풀이 확률변수 X를 100명 중에 완치가 되는 사람의 수라고 하면, X는 모수 $n=100$과 $p=0.04$인 이항분포를 따른다. 부록 <표 2>에 주어져 있는 이항분포표는 시행 횟수 n이 20이하인 경우에 대해서만 확률이 주어져 있다. 그러나 이항분포는 n이 충분히 크고 p가 0에 가까울 경우 푸아송분포로 근사하기 때문에 부록 <표 3>을 이용하여 다음과 같이 근사값(여기서 $\lambda=np=4$)을 계산할 수 있다.

$$P(X\geq 10)=1-P(X\leq 9)$$

$$=1-\sum_{x=0}^{9} f(x)=0.008$$

4-3 연속형 확률분포

4.3.1 확률밀도함수와 기대값

(1) 확률밀도함수

x축과 밀도곡선 아래의 면적이 1이 된다는 것은 2.6절에서 배웠다. 면적이 1이라는 것은 표본공간내의 확률이 1이라는 것과 일치한다. 그러므로 X가 연속형 확률변수일 경우, X가 어떤 구간 사이에 속할 확률은 그 구간 사이에서 밀도곡선 아래의 면적으로 표현가능하며, 이러한 개념하에서 연속형 확률분포에 대한 정의가 이루어진다.

Tip

확률밀도함수

임의의 구간 $[a, b]$에 대하여 $P(a\leq X\leq b)=\int_a^b f(x)dx$를 만족하는 함수 $f(x)$를 확률밀도함수(probability density function)라 한다. 확률밀도함수 $f(x)$는 다음 두 조건을 만족하여야 한다.

(1) 모든 x에 대하여 $f(x)\geq 0$

(2) $\int_{-\infty}^{\infty} f(x)\,dx=1$

구간 $[a, b]$에 속할 확률 $P(a \le X \le b)$는 <그림 4.4>에서 보는 바와 같이 구간 $[a, b]$에서 밀도곡선 아래의 면적으로 정의된다. 이때 구간의 경계점은 확률 계산에 아무런 영향을 주지 못한다. 왜냐 하면, 한 점에서의 면적은 0이기 때문이다. 따라서 연속형 확률분포의 경우, 한 점 $X=c$에서의 확률은 언제나 $P(X=c)=0$이 된다. 확률변수 X가 연속형일 경우에는 다음 관계가 항상 성립한다.

$$P(a \le X \le b) = P(a < X \le b) = P(a \le X < b) = P(a < X < b)$$
$$= \int_a^b f(x)dx$$

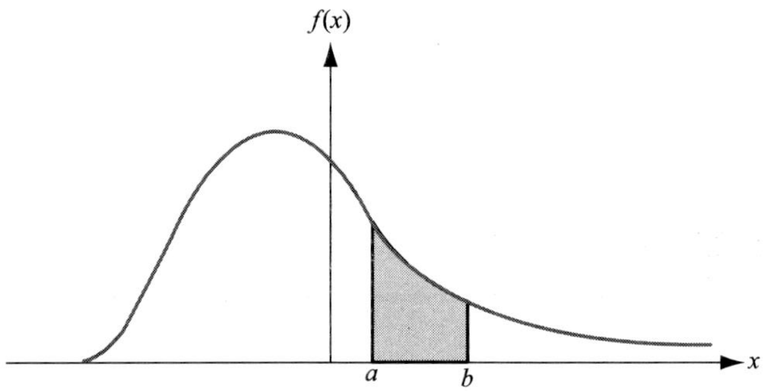

〈그림 4.4〉 연속형 확률분포에서의 확률 $P(a \le X \le b)$의 의미

예제 4-11

컴퓨터의 난수생성 프로그램으로부터 만들어지는 난수는 그 값들이 0과 1 사이의 전 구간에서 고르게 흩어져 나타난다. 이때 무한히 반복하여 만들어진 난수 X의 분포를 균등분포(uniform distribution)라고 부르며, 이때의 확률밀도함수 $f(x)$는 다음과 같이 표현되어진다.

$$f(x) = \begin{cases} 1, & 0 < x < 1 \\ 0, & \text{기타} \end{cases}$$

(1) 확률밀도함수 $f(x)$의 그래프를 그려라.

(2) $P(0.3 < X < 0.7)$를 구하여라.

풀이 (1)

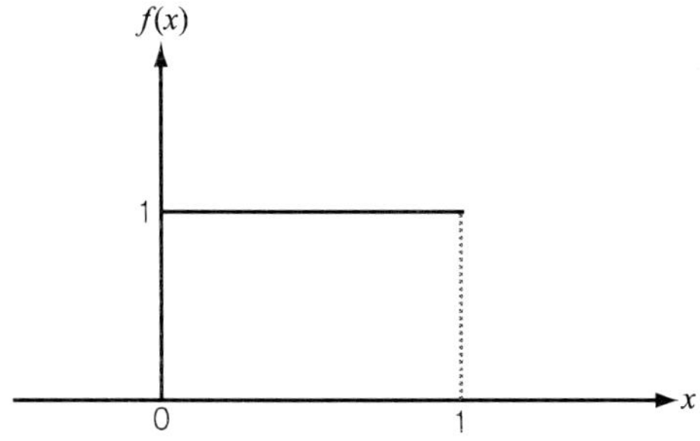

(2) $P(0.3 < X < 0.7) = \int_{0.3}^{0.7} f(x)dx = \int_{0.3}^{0.7} 1dx = 0.4$

여기서 $P(0.3 < X < 0.7) = 0.4$라는 것은 난수생성 프로그램에서 0.3과 0.7 사이의 값이 생성될 가능성이 40%라는 것을 의미한다. ❀

예제 4-12

휴대용 전화기의 배터리 수명 X는 다음과 같은 확률밀도함수를 갖는다고 한다.

$$f(x) = \begin{cases} \frac{1}{50} e^{-\frac{x}{50}}, & x \geq 0 \\ 0, & \text{기타} \end{cases}$$

(1) 확률밀도함수 $f(x)$의 그래프를 그려라.

(2) 100시간 이상 사용할 수 있을 확률 $P(X \geq 100)$을 구하여라.

풀이 (1)

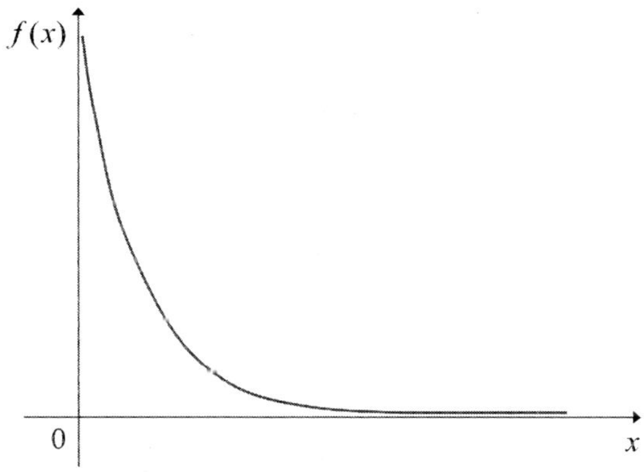

$$(2)\ P(X \geq 100) = \int_{100}^{\infty} \frac{1}{50} e^{-\frac{x}{50}} dx$$

$$= -e^{-\frac{x}{50}} \Big]_{100}^{\infty} = 0 + e^{-\frac{100}{50}} = e^{-2}$$ ❀

(2) 기대값과 분산

확률변수 X가 연속형일 경우 X의 값은 구간으로만 정의된다. 따라서 확률변수 X의 기대값 $E(X)$는 이산형의 경우와는 달리 합(Σ) 대신 적분($\int$)을 사용하게 된다.

Tip

기대값과 분산

연속형 확률변수 X의 확률밀도함수가 $f(x)$, $-\infty < x < \infty$이면

$$E(X) = \int_{-\infty}^{\infty} x f(x) dx$$

$$V(X) = E[(X-\mu)^2] = \int_{-\infty}^{\infty} (x-\mu)^2 f(x) dx$$

예제 4-13

확률변수 X의 확률밀도함수가 다음과 같다고 하자.

$$f(x) = \begin{cases} 1, & 0 < x < 1 \\ 0, & \text{기타} \end{cases}$$

이때 X의 평균과 표준편차를 각각 구하여라.

풀이 평균 $\mu = E(X) = \int_0^1 x f(x) dx = \int_0^1 x\, dx = \frac{1}{2}$

그리고 $E(X^2) = \int_0^1 x^2 f(x) dx = \int_0^1 x^2 dx = \frac{1}{3}$이므로 분산

$$\sigma^2 = V(X) = E(X^2) - [E(X)]^2 = \frac{1}{3} - \left(\frac{1}{2}\right)^2 = \frac{1}{12}$$

이다. 따라서 표준편차 $\sigma = \sqrt{\frac{1}{12}}$ 가 된다. ❀

4.3.2 균등분포

연속형 분포 중에서 가장 간단한 것은 균등분포(uniform distribution)로서, 어떤 주어진 구간 안에서 일어날 확률이 항상 일정한 분포를 말한다.

Tip

균등분포

확률변수 X가 구간 (a, b) 위에서 정의되고 그 확률밀도함수가

$$f(x) = \begin{cases} \dfrac{1}{b-a}, & a < x < b \\ 0, & \text{기타} \end{cases}$$

일 때, 확률변수 X는 "구간(a, b) 위에서 균등분포를 따른다"고 한다.

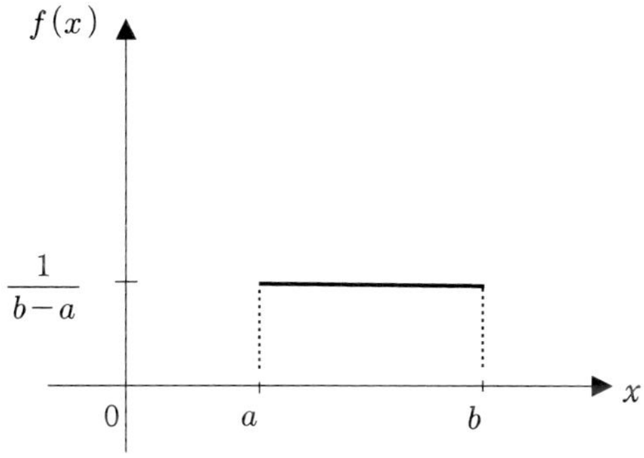

〈그림 4.5〉 균등분포의 확률밀도함수

확률변수 X가 구간(a, b) 위에서 균등분포를 따를 때 확률밀도함수는 〈그림 4.5〉에 그려져 있으며, 이때의 평균과 분산은 다음과 같게 된다.

$$\mu = E(X) = \frac{a+b}{2}, \quad \sigma^2 = V(X) = \frac{(b-a)^2}{12}$$

예제 4-14

정보원 A와 정보원 B가 서로 접선하고자 한다. 정보원 A는 약속장소에 오전 6시와 오전 7시 사이에 나타날 가능성이 동일하다고 하자. 만약 B가 오전 6시 정각에 도착한다고 하면, 두 사람이 10분 이내에 만날 수 있을 확률을 구하여라.

풀이 A가 나타나는 시각을 X(분)라고 하면, 확률변수 X는 다음과 같은 확률밀도함수를 갖는 균등분포를 따른다.

$$f(x) = \begin{cases} \dfrac{1}{60}, & 0 \le x \le 60 \\ 0, & \text{기타} \end{cases}$$

따라서, 구하고자 하는 확률은 다음과 같다.

$$P(0 \le X \le 10) = \int_0^{10} \frac{1}{60} dx = \frac{1}{6}$$ ❀

4.3.3 정규분포

밀도곡선 중에서도 중요하게 사용되는 곡선으로 정규밀도곡선(normal curve)이란 것이 있다. 정규밀도곡선은 봉우리가 하나이면서 좌우 대칭이고, 종모양을 나타내는 곡선으로서 식 (1)과 같은 함수식으로 정의되어진다.

Tip

정규분포

확률변수 X의 밀도곡선이 다음과 같을 때,

$$f(x) = \frac{1}{\sqrt{2\pi}\,\sigma} e^{-\frac{(x-\mu)^2}{2\sigma^2}}, \quad -\infty < x < \infty \tag{1}$$

확률변수 X는 "평균 μ와 분산 σ^2인 정규분포(normal distribution)를 따른다"고 하며, 간단하게 $N(\mu, \sigma^2)$으로 표기한다.

정규분포는 평균 μ와 표준편차 σ에 의해서 결정되어지므로 그 종류는 무수히 많다. 하지만 어떤 정규분포에서라도 그 모양은 <그림 4.6>과 같이 봉우리가 하나인 종 모양을 하고 있으며, 다음과 같은 공통된 특징을 가지고 있다.[11)]

(1) 평균 μ를 중심으로 좌우 대칭이다.

(2) $x=\mu$에서 곡선값이 최대가 되며, μ=중앙값=최빈값이다.

(3) 평균으로부터 멀어지는 양쪽 꼬리부분은 x축으로 점점 접근한다.

(4) 곡선과 x축 사이의 면적은 1이다.

정규분포는 <그림 4.6>에서 보는 바와 같이 표준편차 σ가 작아질수록 중심에서의 곡선 높이는 점점 높아지면서 그 폭은 점점 줄어들게 된다. 이것은 자료값들이 평균을 중심으로 모여 있다는 것을 의미하며, 이러한 형태의 모집단으로부터 표본을 추출하게 되면 평균에 가까운 값들이 관측될 가능성이 높다. 반대로 σ가 커질수록 중심에서의 곡선 높이는 점점 낮아지고 정규밀도곡선은 점점 평평해지게 된다. 이것은 자료값들이 평균을 중심으로 넓게 흩어져 있다는 것을 의미하며, 이러한 형태의 모집단으로부터 표본을 추출하게 되면 평균에서 떨어진 값들이 관측될 가능성이 높다.

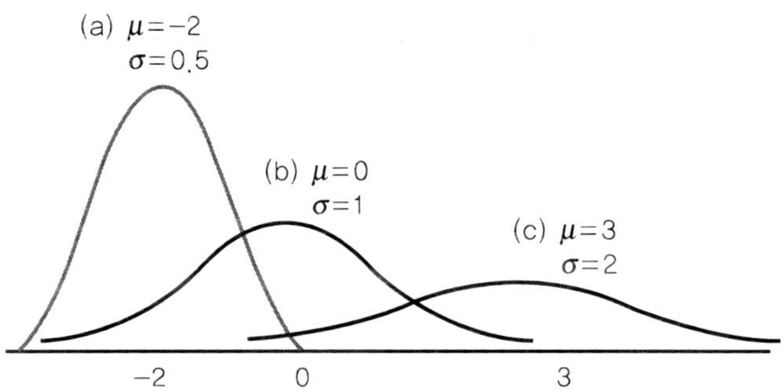

〈그림 4.6〉 여러 가지 종류의 정규분포

68-95-99.7 법칙

정규분포는 평균을 중심으로 좌우 대칭이며 종 모양을 하고 있다. 하지만 좌우대칭이면서 종 모양을 하였다고 모두 정규분포를 하는 것은 아니다. 정규분포에서는 중심에서의 곡선 높이가 일정한 비율로서 감소되어야 한다. 즉, 정규분포에서는 $\mu\pm\sigma$ 범위내에 전체 자료의 68%, 평균으로부터 $\mu\pm2\sigma$ 범위내에 전체 자료의 95%,

11) 정규분포가 널리 사용되고 있는 이유는 1) 우리 주위에서 일어나는 많은 현상들 예를 들어, 성인의 키나 몸무게, 시험성적, 또는 지능검사 점수 등이 정규분포를 따르고 있고, 2) 비록 정규분포를 따르지 않는 분포라 할지라도 정규분포는 다른 분포의 좋은 근사가 되고 있으며(예: 이항분포의 정규분포 근사), 3) 통계적인 추론 문제에서 정규분포가 중심 역할을 하고 있기 때문이다.

평균으로부터 $\mu \pm 3\sigma$ 범위내에 전체 자료의 99.7%가 포함되어 있어야 한다는 것이다.

Tip

68-95-99.7 법칙

평균이 μ이고, 표준편차 σ인 정규분포에서는

$\mu-\sigma$와 $\mu+\sigma$사이에 전체 자료의 68%

$\mu-2\sigma$와 $\mu+2\sigma$사이에 전체 자료의 95%

$\mu-3\sigma$와 $\mu+3\sigma$사이에 전체 자료의 99.7%

가 각각 포함되어 있다.

예제 4-15

우리나라 20대 남자들의 몸무게는 근사적으로 평균 $\mu = 64.5\,(\mathrm{kg})$, 표준편차 $\sigma = 2.5\,(\mathrm{kg})$인 정규분포를 따르는 것으로 알려져 있다. 이때 정규밀도곡선을 그려 68-95-99.7 법칙의 의미를 설명하여라.

풀이 평균 $\mu = 64.5\,(\mathrm{kg})$, 표준편차 $\sigma = 2.5\,(\mathrm{kg})$이므로 $\mu \pm 1\sigma$, $\mu \pm 2\sigma$, $\mu \pm 3\sigma$의 값을 각각 구하면

$$(\mu-\sigma,\ \mu+\sigma) = (64.5-2.5,\ 64.5+2.5) = (62,\ 67)$$

$$(\mu-2\sigma,\ \mu+2\sigma) = (64.5-5,\ 64.5+5) = (59.5,\ 69.5)$$

$$(\mu-3\sigma,\ \mu+3\sigma) = (64.5-7.5,\ 64.5+7.5) = (57,\ 72)$$

가 된다. 여기서 구간 (62, 67)의 의미는 <그림 4.7>에서 보는 바와 같이 몸무게가 62kg과 67kg사이인 사람이 전체 20대 남자 중에서 68%가 되며, 구간 (59.5, 69.5)는 몸무게가 59.5kg와 69.5kg 사이인 사람이 전체 20대 남자 중에서 95%가 된다는 것을 나타내고 있다. 그리고 구간 (57, 72)는 전체 20대 남자의 99.7%가 57kg과 72kg 사이, 바꾸어 이야기하면 정규분포는 평균을 중심으로 좌우 대칭이기 때문에 몸무게가 57kg보다 작은 사람과 몸무게가 72kg보다 큰 20대 남자가 각각 0.15%씩 존재한다는 것을 나타낸다.

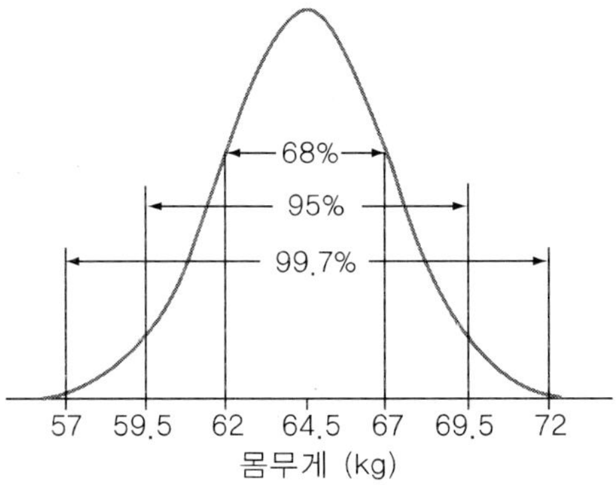

〈그림 4.7〉 평균 64.5, 표준편차 2.5인 정규분포에서의 68-95-99.7 법칙

정규분포와 관련하여 다음의 두 가지 중요한 성질이 있다.

Tip

정규분포 성질

(1) 확률변수 X가 정규분포 $N(\mu, \sigma^2)$를 따른다면, X의 일차함수 $aX+b$ (단, a, b는 상수)는 정규분포 $N(a\mu+b,\ a^2\sigma^2)$를 따른다.

(2) 정규분포의 가법성: 서로 독립인 두 확률변수 X와 Y가 각각 정규분포 $N(\mu_1, \sigma_1^2)$, $N(\mu_2, \sigma_2^2)$를 따른다면, 두 확률변수의 합 $aX+bY$는 정규분포 $N(a\mu_1+b\mu_2,\ a^2\sigma_1^2+b^2\sigma_2^2)$를 따른다.

4.3.4 표준정규분포

관측값에 어떤 수를 더하거나 빼던지 또는 곱하거나 나누어 다른 형태의 값으로 바꾸는 것을 변환(transformation)이라고 한다. 변환 중에서도 각 관측값에서 평균을 뺀 후 표준편차로 나누어 변환하는 것을 표준화(standardizing)라고 한다. 표준화된 값은 일반적으로 z로 표시하며, 이때 z로 변한 값들의 평균은 항상 0이 되고, 표준편차는 1이 된다.

Tip

표준화

확률변수 X가 평균이 μ, 표준편차가 σ인 분포를 따른다고 할 때 X를 표준화하면

$$Z=\frac{X-\mu}{\sigma}$$

가 된다.

정규분포는 평균 μ와 표준편차 σ에 의해서 결정되므로 그 종류는 무수히 많다. 정규분포 중에서 평균 $\mu = 0$, 표준편차 $\sigma = 1$인 정규분포를 표준정규분포(standard normal distribution)라고 부른다. 정규분포를 따르는 어떠한 변수라도 표준화하면 표준정규분포로 변환시킬 수 있다. 즉, 변수 X가 평균이 μ, 표준편차가 σ인 정규분포를 따를 때 표준화된 변수

$$Z = \frac{X - \mu}{\sigma}$$

는 표준정규분포 $N(0,\ 1)$를 따르게 되는 것이다.

Tip

표준정규분포

- 평균이 0, 분산이 1인 정규분포를 표준정규분포라고 한다.
- 확률변수 X가 평균이 μ, 분산이 σ^2인 정규분포를 따를 때, 표준화한 변수

$$Z = \frac{X - \mu}{\sigma}$$

는 평균이 0, 분산이 1인 표준정규분포 $N(0,\ 1)$를 따른다.

우리 주위에서 일어나는 현상들 중에서 실제로 표준정규분포를 따르는 현상을 발견하기란 쉽지 않다. 하지만 표준정규분포는 정규분포와 관련된 문제를 해결하는데 있어 매우 유용하게 사용되어진다. 즉, 정규분포에서 곡선 아래의 면적은 정규밀도곡선 $f(x)$를 적분하여 계산하게 된다. 예를 들어, 변수 X가 정규분포 $N(\mu,\ \sigma^2)$를 따를 때 a와 b (단, $a < b$) 사이의 면적은

$$P(a \le x \le b) = \int_a^b f(x)dx$$

$$= \int_a^b \frac{1}{\sqrt{2\pi}\,\sigma} e^{-\frac{(x-\mu)^2}{2\sigma^2}} dx$$

가 된다. 그러나 이러한 적분 계산은 간단하지가 않으므로, 일반적으로 부록 <표 4>에 주어진 표준정규분포표를 이용하게 된다. 표준정규분포표란 확률변수 Z가 표준정규분포를 따를 때, $-\infty$에서 z까지의 면적(그림 6.6에서 음영부분) 즉,

$$P(Z \leq z) = \int_{-\infty}^{z} \frac{1}{\sqrt{2\pi}} \exp\left(-\frac{1}{2}t^2\right) dt$$

을 계산하여 하나의 표로 정리한 것으로서 정규분포와 관련된 확률 문제를 쉽게 해결할 수 있도록 해준다.

표준정규분포표의 사용 방법

표준정규분포에서 $-\infty$ 에서 z 값까지의 면적은 부록 <표 4>에 주어져 있으며, 그 중 일부분이 <표 4.1>에 주어져 있다. <표 4.1>에서 왼쪽의 세로줄은 z 값의 소수점 첫째 자리수, 맨 위의 가로줄은 소수점 둘째 자리수를 나타내며, 이때 가로와 세로가 만나는 점의 값이 z 아래의 면적이 된다. 예를 들어, 확률 $P(Z < 0.65)$의 값은 왼쪽의 세로줄에서 0.6과 맨 위의 가로줄 0.05가 만나는 값 0.7422가 되는 것이다(그림 4.8 참조).

〈표 4.1〉 표준정규분포표

z	.00	.01	.02	.03	.04	.05	.06	.07	.08
.0	.5000	.5040	.5080	.5120	.5160	.5199	.5239	.5279	.5319
.1	.5398	.5438	.5478	.5517	.5557	.5596	.5636	.5675	.5714
.2	.5793	.5832	.5871	.5910	.5948	.5987	.6026	.6064	.6103
.3	.6179	.6217	.6255	.6293	.6331	.6368	.6406	.6443	.6480
.4	.6554	.6591	.6628	.6664	.6700	.6736	.6772	.6808	.6844
.5	.6915	.6950	.6985	.7019	.7054	.7088	.7123	.7157	.7190
.6	.7257	.7219	.7324	.7357	.7389	.7422	.7454	.7486	.7517
.7	.7580	.7611	.7642	.7673	.7704	.7734	.7764	.7794	.7823
.8	.7881	.7910	.7939	.7967	.7995	.8023	.8051	.8078	.8106
.9	.8159	.8186	.8212	.8238	.8264	.8289	.8315	.8340	.8365
1.0	.8413	.8438	.8461	.8485	.8508	.8531	.8554	.8577	.8599

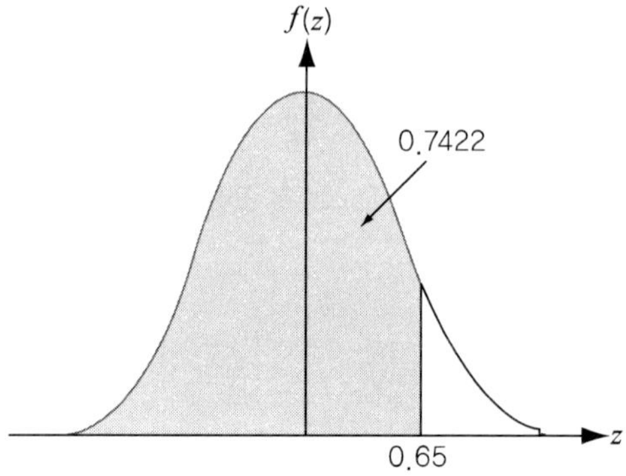

〈그림 4.8〉 표준정규분포에서의 확률 $P(Z < 0.65)$의 의미

표준정규분포에서 오른쪽 꼬리의 넓이가 α가 되는 점을 z_{α}로 나타내며, 이를 상위 $100\alpha\%$ 백분위수라고 한다. 즉, z_{α}는 $P(Z \geq z_{\alpha}) = \alpha$를 만족하는 값이며, 통계적 추론에서 자주 사용되는 값은 다음과 같다(그림 4.9 참조).

$$z_{0.05} = 1.645, \qquad z_{0.025} = 1.96, \qquad z_{0.005} = 2.58$$

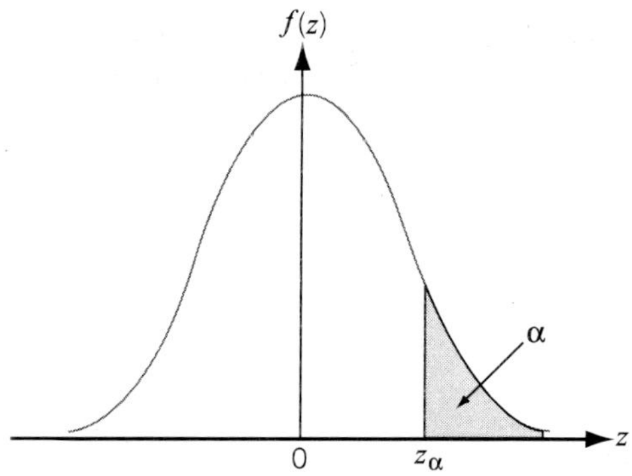

〈그림 4.9〉 표준정규분포의 상위 $100\alpha\%$ 백분위수

예제 4-16

S대학 2학년 학생들의 성적 평점(GPA)은 근사적으로 평균이 3.2, 표준편차가 0.6인 정규분포를 따른다고 한다. 장학생으로 선발되기 위해서는 평점이 4.1이상 되어야 한다고 할 때 장학생은 전체의 몇 %가 되는지를 구하여라.

풀이 2학년 학생들의 평점을 X라고 할 때 확률변수 X는 정규분포 $N(3.2,\ 0.6^2)$을 따른다. 따라서 평점이 4.1이상일 확률은 다음과 같이 구해진다.

$$P(X \geq 4.1) = 1 - P(X < 4.1) = 1 - P\left(\frac{X-\mu}{\sigma} < \frac{4.1-3.2}{0.6}\right)$$
$$= 1 - P(Z < \frac{3}{2})$$
$$= 1 - 0.9332$$
$$= 0.0667(\text{약 } 6.7\%)$$

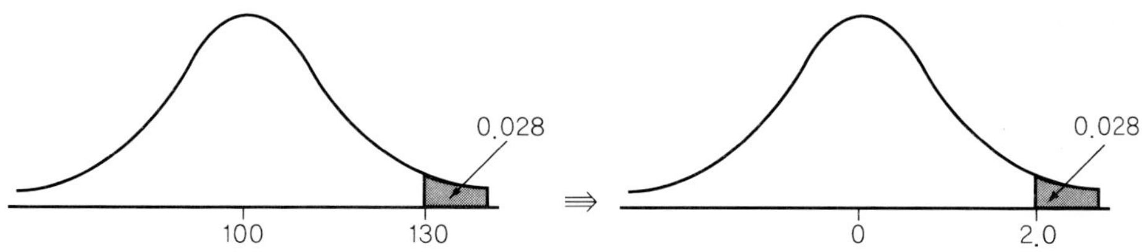

(a) $N(3.2,\ 0.6^2)$인 정규분포　　(b) $N(0,\ 1)$인 표준정규분포

〈그림 4.10〉 정규분포에서 표준정규분포로의 변환 ❀

예제 4-17

태릉선수촌에서 합숙훈련을 받고 있는 태권도와 유도 선수 중에서 랜덤으로 각 1명씩 추출하여 1.5km 달리기 시합을 한다고 하자. 과거의 기록에 의하면 태권도선수들의 1.5km 달리기 기록 X는 평균이 5분 30초, 표준편차가 10초인 정규분포를, 유도선수들의 1.5km 달리기 기록 Y는 평균이 5분 50초, 표준편차가 9초인 정규분포를 따르고 있다고 한다. 시합에서 태권도선수가 유도선수를 이길 확률을 구하여라.

풀이 정규분포의 성질에 따르면 확률변수 $X-Y$는 평균과 분산이 각각 다음과 같은 정규분포를 따른다.

$$\mu_{X-Y} = E(X-Y) = E(X) - E(Y)$$
$$= \mu_X - \mu_Y = 330 - 350 = -20$$
$$\sigma^2_{X-Y} = V(X-Y) = V(X) + V(Y)$$
$$= \sigma^2_X + \sigma^2_Y = 10^2 + 9^2 = 181 = 13.45^2$$

따라서 태권도선수가 유도선수를 이길 확률은

$$P(X < Y) = P(X - Y < 0)$$
$$= P\left(\frac{X-Y+20}{13.45} < \frac{20}{13.45}\right)$$
$$= P(Z < 0.673) = 0.749$$

이 된다. 즉, 시합에서 태권도선수가 유도선수를 이길 가능성은 74.9%가 된다. ❀

예제 4-18

A대학의 구내식당 식단표에 의하면, 불고기 볶음에 포함되어 있는 칼로리(cal)는 정규분포 $N(200,\ 5^2)$ 를 따른다고 한다. 어떤 학생이 불고기 볶음을 배식 받았을 때 이 요리에 포함되어 있는 칼로리가 다음과 같을 확률을 구하여라.

(1) 208칼로리를 초과할 확률

(2) 190칼로리와 200칼로리 사이에 있을 확률

풀이 확률변수 X 를 불고기 요리에 포함되어 있는 칼로리라고 하면, 새로운 확률변수 $Z=\dfrac{X-200}{5}$ 는 표준정규분포 $N(0,\ 1)$ 를 따른다. 따라서,

$$
\begin{aligned}
(1)\ P(X>208) &= P\left(\frac{X-200}{5} > \frac{208-200}{5}\right) \\
&= P(Z>1.6) = 1-P(Z\le 1.6) \\
&= 1-0.9452 \\
&= 0.0548
\end{aligned}
$$

$$
\begin{aligned}
(2)\ P(190\le X\le 200) &= P(-2\le Z\le 0) = 0.5-P(Z<-2) \\
&= 0.5-[1-P(Z\le 2)] = P(Z\le 2)-0.5 \\
&= 0.9773-0.5 \\
&= 0.4773
\end{aligned}
$$

❀

예제 4-19

환경문제연구소의 연구 결과에 의하면 화물용 트럭으로부터 배출되는 일산화질소의 양은 근사적으로 평균 $\mu=1.6$, 분산 $\sigma^2=0.4^2$ 인 정규분포를 따른다고 한다. 국가의 친환경 정책의 일환으로 환경청에서는 일산화질소를 많이 배출하는 상위 10%의 트럭에 대해서는 환경범칙부담금을 부과하려 계획하고 있다. 얼마 이상의 일산화질소를 배출하는 차량에 대해서 범칙금을 부과하는 것이 적절한지 그 기준량을 결정하여라.

풀이 배출량 X 는 정규분포 $N(1.6,\ 0.4^2)$을 따르므로 구하고자 하는 값 x 는 다음 식을 만족하여야 한다.

$$
P(X\ge x) = P\left(\frac{X-1.6}{0.4} \ge \frac{x-1.6}{0.4}\right) = P\left(Z\ge \frac{x-1.6}{0.4}\right) = 0.10
$$

표준정규분포표로부터 $P(Z\ge 1.28)=0.10$ 이므로 다음의 관계식이 성립한다.

$$1.28 = \frac{x - 1.6}{0.4}$$

따라서 $x = 1.6 + 1.28(0.4) = 2.112$가 된다. 즉, 일산화질소 배출량이 2.112이상이 되는 트럭을 기준으로 범칙금을 부과하면 된다. ❀

4.3.5 지수분포

푸아송분포는 단위시간 또는 단위공간 내에서 어떤 사건이 발생하는 횟수에 대한 분포이다. 이에 비하여 어떤 사건이 발생하기 전까지 걸리는 시간을 나타나기 위해 사용되는 확률분포가 있다. 이러한 분포를 지수분포(exponential distribution)라 한다. 지수분포는 어떤 기계나 전자 제품의 수명시간 또는, 백화점에 고객이 도착하는 시간 등과 같이 연속적인 현상을 나타내는데 사용된다.

Tip

지수분포

확률변수 X의 확률밀도함수가

$$f(x) = \begin{cases} \lambda e^{-\lambda x}, & 0 < x < \infty \\ 0, & \text{기타} \end{cases}$$

일 때, 확률변수 X는 "모수 λ인 지수분포를 따른다"고 한다.

확률변수 X가 모수 λ인 지수분포를 따른다면, 그 평균과 분산은 다음과 같다.

$$\mu - E(X) = \frac{1}{\lambda}, \qquad \sigma^2 = V(X) = \frac{1}{\lambda^2}$$

예제 4-20

소방서의 119 대기조가 화재신고를 받고 사고지역에 도착할 때까지 걸리는 시간 X는 $\lambda = 0.05$인 지수분포를 따른다고 한다. 119 대기조가 화재신고를 받고 25분 이내에 사고지역에 도착할 확률을 구하여라.

풀이 119 대기조가 현장에 도착할 때까지 걸리는 시간 X의 확률밀도함수는

$$f(x) = \begin{cases} 0.05\,e^{-0.05x}, & 0 < x < \infty \\ 0, & \text{기타} \end{cases}$$

이다. 따라서 119 대기조가 사고지역에 25분 이내에 도착할 확률은 다음과 같이 구해진다.

$$P(X \leq 25) = \int_0^{25} 0.05e^{-0.05x}dx$$
$$= 1 - e^{-0.05 \times 25} = 0.7135$$

❀

4-4 이항분포의 정규분포 근사

이항분포에서 시행 횟수 n이 커지면 부록 <표 2>에 주어진 이항분포표를 이용할 수 없을 뿐만 아니라 실제로 그 계산은 매우 복잡하게 된다. 이러한 경우 n이 충분히 크고, p가 0에 가까우면 앞에서 배운 바와 같이 푸아송분포를 이용하여 그 근사값을 계산할 수 있다. 그러나 p의 값에 관계없이 n이 충분히 커지게 되면 이항분포는 연속형분포인 정규뷴포로 또한 근사하게 된다. 즉, 이항분포는 n 이 클 때 평균이 np, 분산이 $np(1-p)$ 인 정규분포에 가까워진다.

이항분포에서 확률 p의 값을 0.5로 고정하고 시행 횟수 n 을 5, 10, 15, 20으로 증가시킬 경우의 분포를 그려보면 <그림 4.11>과 같이 나타나게 된다. <그림 4.11>에서 보는 바와 같이, n 이 커질수록 이항분포를 곡선 형태로 연결할 때 좌우대칭인 정규분포 곡선의 모양에 가까워진다는 것을 알 수 있다.

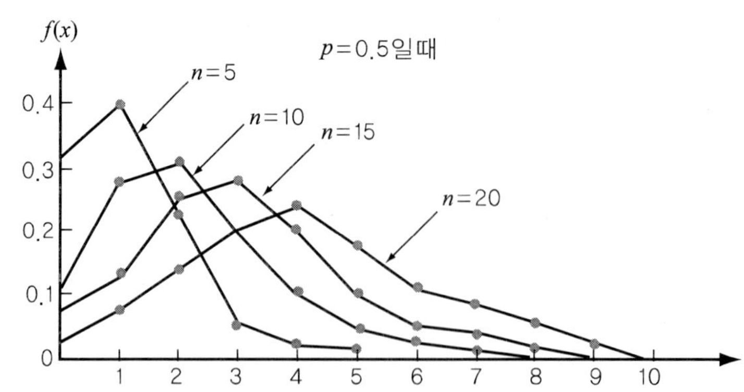

〈그림 4.11〉 시행 횟수에 따른 이항분포

Tip

이항분포의 정규분포 근사

확률변수 X가 모수 n, p인 이항분포를 따를 때, X를 표준화한 확률변수 Z는 n이 충분히 클 때 표준정규분포로 근사하게 된다.[12] 즉,

$$Z=\frac{X-E(X)}{\sqrt{V(X)}}=\frac{X-np}{\sqrt{np(1-p)}}\approx N(0,\,1)$$

예제 4-21

우리나라 전체 항공회사에서 연간 필요한 조종사 수는 30명이다. 과거의 조종사 양성학교의 자료에 의하면, 조종사를 지원한 사람들 중 60%만이 성공적으로 교육을 이수하는 것으로 나타나고 있다. 이에 따라 조종사 양성학교에서는 매년 소요의 2배수인 60명을 선발하여 교육시키고 있다. 올해 지원한 조종사 지원자들 중 30명 이상이 성공적으로 교육을 이수할 확률을 구하여라.

풀이 X를 이상없이 교육을 이수하는 조종사의 수라고 하면, X는 $n=60$,$p=0.6$ 인 이항분포를 따른다. 따라서 구하고자 하는 확률은

$$P(X\geq\;30)=\sum_{x=30}^{60}\binom{60}{x}(0.6)^x(0.4)^{60-x}=0.9555$$

여기서 n이 크고 $np\geq\;5$, $n(1-p)\geq\;5$이기 때문에 정규분포를 이용하여 충분히 좋은 근사값을 구할 수 있다. 즉, 평균과 표준편차는 각각 다음과 같으므로

$$np=60\times 0.6=36$$

$$\sqrt{np(1-p)}=\sqrt{60\times 0.6\times 0.4}=\sqrt{14.4}$$

정규분포를 이용한 근사 확률은

$$P(X\geq\;30)=P\left(\frac{X-36}{\sqrt{14.4}}\geq\frac{30-36}{\sqrt{14.4}}\right)$$

$$\simeq\;P(Z\geq-1.58)=1-P(Z<-1.58)=0.9429$$

가 되어 두 확률의 차이는 그다지 크지 않음을 알 수 있다. ❀

---

12) 이러한 사실은 다음 장에서 설명되는 중심극한정리에 의해 입증되며, 그 근사값은 $np\geq\;5$ 이고, $n(1-p)\geq\;5$ 일 때 상당히 좋은 것으로 알려져 있다.

4-5 Excel 실습

4.5.1 이산형 확률분포에서의 확률 계산

Excel에서는 확률 계산을 확률분포 또는 누적분포함수[13]로부터 쉽게 구할 수 있도록 해준다. Excel에서 지원하는 이산형 확률분포의 함수식은 <표 4.2>에 주어져 있다.

〈표 4.2〉 이산형 확률분포의 함수식

확률분포	함수식	비 고
이항분포	BINOMDIST(x, n, p, cumulative)	x: 성공횟수, n: 표본의 크기, p: 성공률, cumulative :0(한 점일 경우), 1(누적일 경우)
초기하분포	HYPGEOMDIST(x ,n ,M ,N)	x: 표본에서 성공 횟수, n: 표본의 크기, M:모집단에서의 성공 횟수, N: 모집단의 크기
푸아송분포	POISSON(x , λ , cumulative)	x : 사건의 수, λ: 평균, cumulative :0(한 점일 경우), 1(누적일 경우)
음이항분포	NEGBINOMDIST(x , r , p)	x :시행 횟수, r : 성공 횟수, p :성공률
기하분포	NEGBINOMDIST(x , 1, p)	x :시행 횟수, p :성공률

실습 1 **예제 4-5)에서의 확률 계산:**

● 방법 1(대화상자 이용)

(단계 1: 분포의 선택) [수식]-[함수 삽입]-[함수 마법사] 대화상자의 범주 선택에서 "통계"를, 함수 선택에서 "BINOMDIST"를 선택(그림 4.12 참조).

13) $X=x$일 때까지의 확률을 누적분포함수라고 하며, $F(x)$로 표기한다. 즉, $F(x)=P(X\leq x)$

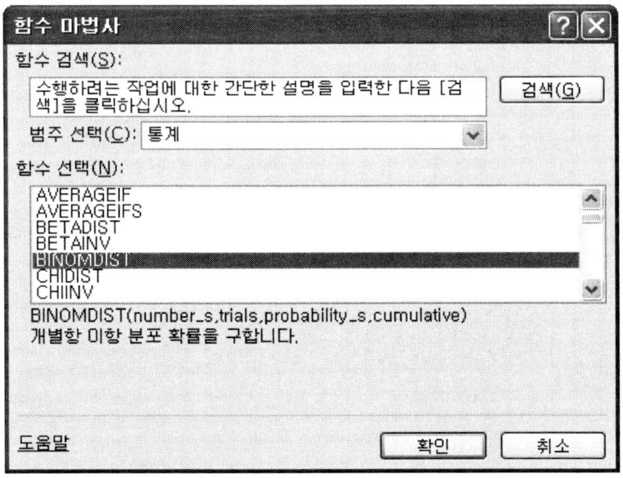

〈그림 4.12〉 [함수 마법사] 대화상자

(단계 2: 확률값 출력) [BINOMDIST] 대화상자에서 다음과 같이 입력한 후 "확인"을 누르면 확률값 0.00203이 출력된다(그림 4.13 참조).

- Number_s : 성공 횟수 x 값(여기서는 15),
- Trials : 시행 횟수 n 값(여기서는 20),
- Probability_s : 성공률 p 값(여기서는 0.2),
- Cumulative : 한 점에서의 확률은 0, 누적확률은 1을 입력

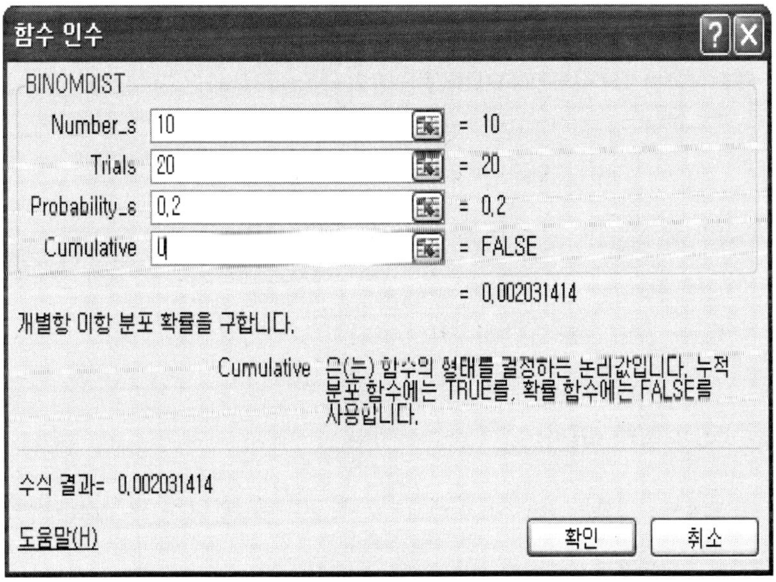

〈그림 4.13〉 대화상자를 이용한 확률 계산

● 방법 2(수식 입력줄 이용)

셀 A1에서 "=BINOMDIST(10, 20, 0.2, 0)"을 입력한 후 enter키를 누르면, 구하고자 하는 확률 $P(X=10)$=0.00203이 출력된다(그림 4.14 참조).

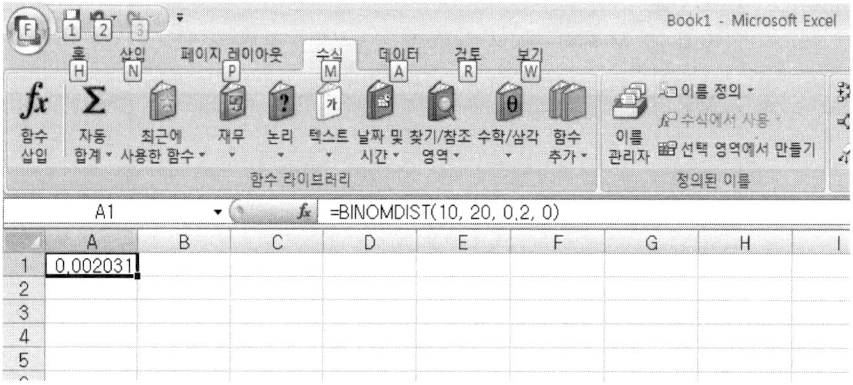

〈그림 4.14〉 수식 입력줄을 이용한 확률 계산

실습 2 예제 4-7)에서의 확률 계산:

● 방법 1(대화상자 이용)

(단계 1: 분포의 선택) [수식]-[함수 삽입]-[함수 마법사] 대화상자의 범주 선택에서 "통계"를, 함수 선택에서 "HYPGEOMDIST"를 선택.

(단계 2: 확률값 출력) [HYPGEOMDIST] 대화상자에서 다음과 같이 입력한 후 "확인"을 누르면 확률값 0.01320이 출력된다.

- Sample_s : 표본에서의 성공 횟수(여기서는 3),
- Number-sample : 표본의 크기(여기서는 4),
- Probability_s : 모집단에서의 성공 횟수(여기서는 4),
- Number_pop : 모집단의 크기(여기서는 20)

● 방법 2(수식 입력줄 이용)

수식 입력줄에서 "=HYPGEOMDIST(3, 4, 4, 20)"을 입력한 후 enter키를 누르면, 구하고자 하는 확률 $P(X=3)$=0.01320이 출력된다.

실습 3 예제 4-9)에서의 확률 계산:

수식 입력줄에서 "=1-POISSON(3, 3, 1)"을 입력한 후 enter키를 누르면, 구하고자 하는 확률 $P(X \geq 4)$=0.35276이 출력된다.

4.5.2 연속형 확률분포에서의 확률 계산

Excel에서 지원하는 연속형 확률분포의 함수식은 <표 4.3>에 주어져 있다.

〈표 4.3〉 연속형 확률분포의 함수식

확률분포	함수식	비 고
정규분포	NORMDIST(x, μ, σ, cumulative)	x : 변수값, μ :평균, σ :표준편차, cumulative: 1을 입력
표준정규분포	NORMSDIST(z)	z : 변수값
t 분포	TDIST(t, df, tails)	t : 변수값, df:자유도, tails: 1은 확률 $P(T \geq t)$, 2는 확률 $P(\mid T \mid \geq t)$를 계산
카이제곱분포	CHIDIST(v, df)	v : 변수값, df : 자유도
지수분포	EXPONDIST(x , λ , cumulative)	x : 변수값, λ: 단위당 평균 발생수, cumulative:1을 입력
F 분포	FDIST(x , df1, df2)	x : 변수값, df1 : 분자의 자유도, df2: 분모의 자유도

실습 4 예제 4 16)에서의 확률 계산:

● 방법 1(대화상자 이용)

(단계 1: 문포의 선택) [수식]-[함수 삽입]-[함수 마법사] 대화상자의 범주 선택에서 "통계"를, 함수 선택에서 "NORMDIST"를 선택(그림 4.15 참조).

(단계 2: 확률값 출력) [NORMDIST] 대화상자에서 x 는 4.1, Mean은 3.2, Standard_dev는 0.6, Cumulative는 1을 입력한 후 "확인"을 누르면 확률 $P(X < 4.1)$의 값 0.9331이 출력된다.

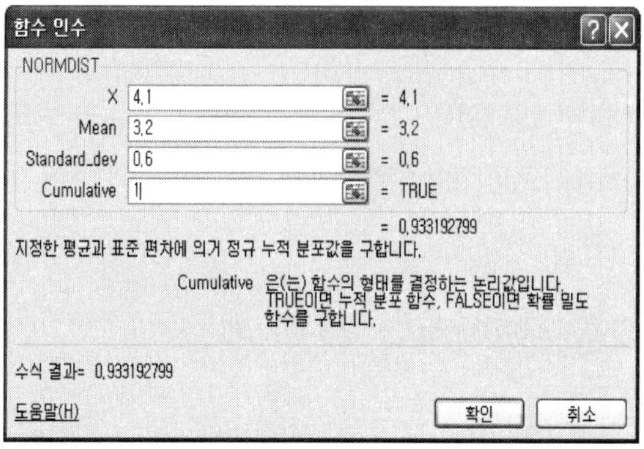

〈그림 4.15〉 대화상자를 이용한 확률 계산

구하고자 하는 확률은 $P(X \geq 4.1)$이므로 1-0.9332=0.0668이 된다.

※ 표준정규분포 함수식을 이용하고자 할 경우에는 함수 선택에서 "NORMSDIST"를 선택하여 Z에 1.5를 입력하면 $P(Z < 1.5)$의 값이 출력된다.

● 방법 2(수식 입력줄 이용)

수식 입력줄에서 "=1-NORMDIST(4.1, 3.2, 0.6, 1)"을 입력한 후 enter키를 누르면, 구하고자 하는 확률 $P(X \geq 4.1)$=0.0668이 출력된다.

※ 표준정규분포 함수식을 이용할 경우에는 수식 입력줄에서 "= 1-NORMSDIST(1.5)"를 입력한 후 enter키를 누르면 된다.

실습 5 예제 4-20)에서의 확률 계산:

셀 A1에서 "= EXPONDIST(25, 0.05, 1)"을 입력한 후 enter키를 누르면, 구하고자 하는 확률이 출력된다(그림 4.16 참조).

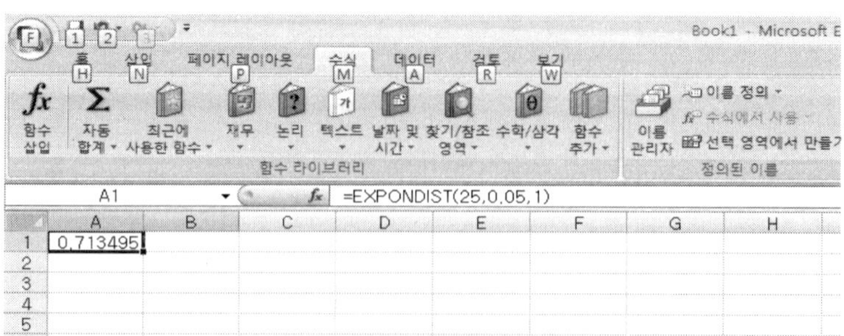

〈그림 4.16〉 수식 입력줄을 이용한 확률 계산

4.5.3 상위 100α% 백분위수의 계산

상위 100α% 백분위수 즉, $P(X > x) = \alpha$ 를 만족하는 x 값을 계산하기 위하여 Excel에서 지원하는 주요한 확률분포 함수식을 정리하면 다음과 같다.

〈표 4.4〉 상위 100α% 백분위수의 함수식

확률분포	함수식	비 고
정규분포	NORMINV(1−α, μ , σ)	$P(X> x) = \alpha$ 인 x 값을 계산
표준정규분포	NORMSINV(1−α)	$P(Z> z) = \alpha$ 인 z 값을 계산
t 분포	TINV(α, df)	$P(T> t) = \frac{\alpha}{2}$ 인 t 값을 계산
카이제곱분포	CHIINV(α, df)	$P(V> v) = \alpha$인 v 값을 계산
F 분포	FINV(α, df1, df2)	$P(F> x) = \alpha$인 x 값을 계산

실습 6 **예제 4-19)에서의 기준량 계산:**

● **방법 1(대화상자 이용)**

(단계 1: 함수식의 선택) [수식]-[함수 삽입]-[함수 마법사] 대화상자의 범주 선택에서 "통계"를, 함수 선택에서 "NORMINV"를 선택.

(단계 2: 상위 10%의 백분위수값 출력) [NORMINV] 대화상자에서 Probability는 0.90, Mean은 1.6, Standard_dev는 0.4를 입력한 후 "확인"을 누르면 구하고자 하는 기준량의 값 2.1126이 출력된다(그림 4.17 참조).

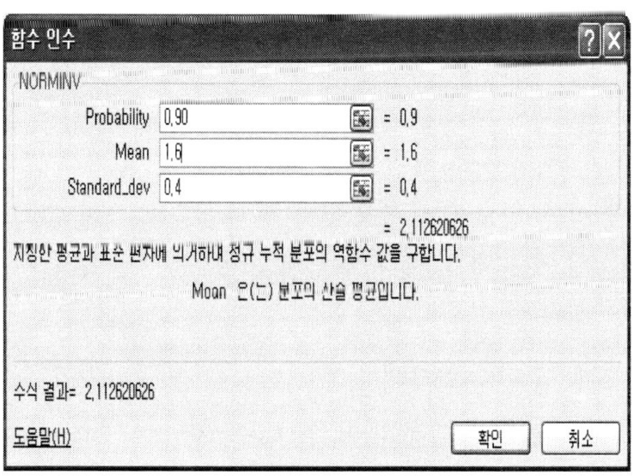

〈그림 4.17〉 상위 10% 백분위수값의 계산

연습문제

1. 다음과 같은 확률변수들을 이산형과 연속형으로 구분하여라.
   (1) 100m 달리기에서 걸리는 시간
   (2) 강남에서 매주 발생하는 폭력사고의 수
   (3) 매년 전 세계에서 사망하는 비행기의 조종사 수
   (4) M사에서 생산되는 휴대용 전화기 배터리의 수명

2. 52장의 카드 가운데 그림으로 된 카드(J, Q, K)가 뽑히면 5,000원을 받게 되고, 에이스(A)가 뽑히면 10,000을 받는다. 그러나 그 이외의 카드가 뽑힐 경우 1,000원을 지불하여야 한다고 할 때 이 게임에서 받을 수 있는 기대 금액이 얼마인지를 구하여라.

3. 문장 THE GIRL PUT ON HER BEAUTIFUL RED HAT로부터 한 단어를 랜덤으로 추출한다고 가정하자. 확률변수 X가 추출된 단어에서의 문자의 개수를 나타낸다고 할 때, $E(X)$와 $V(X)$를 각각 구하여라.

4. 현재 L백화점에 납품되고 있는 S 전자계산기의 불량률은 1%로 알려져 있다. 이번달에 납품된 전자계산기 중에서 10개를 랜덤으로 뽑는다고 할 때, 그 중 2개가 불량품일 확률을 계산하여라.

5. 과거의 자료에 의하면 중국에 파견된 첩보원들 중 약 20%가 활동 중 연락이 두절되었다고 한다. 20명의 첩보원을 중국에 침투시켰을 때 4명 이상이 연락이 두절될 확률을 구하여라. 단, 첩보원들간의 첩보활동은 서로 독립적으로 이루어진다.

6. 최근 10년간 자료에 의하면 회사내에서 기밀문서 유출사고가 월 5건에 이르는 것으로 나타났다. 이번 달에 기밀문서 유출사고가 한건도 일어나지 않을 확률을 구하여라.

7. A 공장에서 생산되고 있는 청소기의 불량률은 0.1이라고 한다. 이 공장에서 생산된 청소기 10대를 랜덤으로 추출하여 민간단체에 무상으로 제공한다고 할 때 이 속에 1대의 불량품도 포함되어 있지 않을 확률을 구하여라.

8. 북힌 전투기 12대가 휴전선을 통과하여 서울 상공으로 접근해 오고 있는데 그 중 2대에 핵폭탄이 장착되어 있다고 한다. 이에 수방사 예하 대공 포병대에서는 명중률이 100%인 미사일 5발을 발사하여 핵을 탑재하고 있는 전투기를 격추시키려고 한다. 북한의 핵공격을 저지시킬 수 있을 확률을 구하여라.

9. A회사 자재 창고에 보관되어 있는 100대의 컴퓨터 중에 5대의 불량품이 들어 있다. 10대를 랜덤으로 비복원추출할 때, 불량품이 1대 포함될 확률을 구하여라.

10. 상계동에 위치하고 있는 A 병원 응급실에는 1시간 동안 평균 5명의 환자가 들어온다고 한다. 이 병원의 응급실에 1시간 동안 7명의 환자가 들어올 확률을 구하여라.

11. 강남의 모 아파트 단지에 거주하는 주부들이 일주일 동안 집안청소를 하는 시간 X의 확률밀도함수가 다음과 같다고 한다(단위: 시간).

$$f(x) = \begin{cases} x, & 0 < x < 1 \\ 2 - x, & 1 \le x < 2 \\ 0, & \text{기타} \end{cases}$$

(1) 어느 한 주부가 일주일에 20분에서 30분을 청소할 확률을 구하여라.

(2) 대청소 시간의 평균과 표준편차를 구하여라.

12. 확률변수 X의 확률밀도함수가 다음과 같다고 하자.

$$f(x) = \begin{cases} \frac{1}{4}x, & 1 \le x \le 3 \\ 0, & \text{기타} \end{cases}$$

(1) 확률밀도함수 $f(x)$의 그래프를 그려라.

(2) $P(1 < X < 2)$을 구하여라.

13. A연구소에 근무하는 한 연구원이 50페이지짜리 보고서를 타이핑하는데 소요되는 시각 X(단위: 시간)에 대한 확률밀도함수 $f(x)$가 다음과 같다고 한다.

$$f(x) = \begin{cases} \frac{1}{2}, & 2 \le x \le 4 \\ 0, & \text{기타} \end{cases}$$

(1) 확률 $P(2.5 \le X \le 3.5)$을 구하여라.

(2) 확률변수 X의 평균과 분산을 계산하여라.

14. 인터넷몰에서 판매되고 있는 L전자 세탁기가 고장날 때까지 걸리는 시간 Y는 다음과 같은 확률밀도함수를 가진다고 한다(단위: 년).

$$f(y) = \begin{cases} ce^{-\frac{y}{3}}, & y > 0 \\ 0, & \text{기타} \end{cases}$$

(1) c의 값을 구하여라.

(2) 세딕기가 1년 이내에 고장날 확률을 구하여라.

(3) 세탁기가 5년 이내에 고장날 확률을 구하여라.

15. 오전 10시부터 1분 사이에 어느 지역 사거리에 도착하는 자동차의 대수 X는 다음과 같은 확률분포를 따른다고 한다.

$$f(x) = \begin{cases} \frac{e^{-3}3^x}{x!}, & x = 0,\ 1,\ \cdots \\ 0, & \text{기타} \end{cases}$$

(1) 1분 동안 이 사거리에 10대 이상의 차가 도착할 확률을 구하여라.

(2) 1분 동안 차가 한 대도 도착하지 않을 확률을 구하여라.

16. 중부고속도로에 설치되어 있는 속도감지기에 의해 적발되는 속도위반 차량들간의 간격 X(시간)는 다음과 같은 확률밀도함수를 가진다고 한다.

$$f(x) = \begin{cases} 4e^{-4x}, & x > 0 \\ 0, & \text{기타} \end{cases}$$

(1) 속도 위반차량간의 간격이 10분 이하일 확률을 구하여라.

(2) 속도위반 차량간의 평균 간격시간을 구하여라.

17. A와 B 회사에서 생산되고 있는 무전기 배터리의 수명 X와 Y는 다음과 같은 확률밀도함수를 가진다고 한다.

$$f(x) = \frac{1}{200}e^{-\frac{x}{200}}, \qquad x \geq 0$$

$$f(y) = \frac{1}{300} - \frac{y}{180{,}000}, \quad 0 \leq y \leq 600$$

300시간이 소요되는 작전을 위해서 어느 회사 제품을 사용하는 것이 더 나은지를 설명하여라.

18. 20대 여자들의 키는 평균 160cm, 표준편차 3cm인 정규분포를 따르고, 30대 남자들의 키는 평균 170cm, 표준편차 4cm인 정규분포를 따른다고 하자. 각 집단에서 랜덤으로 여자와 남자를 각각 1명씩 뽑는다고 할 때, 여자의 키가 남자의 키보다 큰 확률을 구하여라.

19. 식품공학과 2학년 학생들의 통계학 기말시험 점수는 평균 65점, 표준편차 5점인 정규분포를 따른다고 한다.

(1) 랜덤으로 뽑은 한 학생의 점수가 60점과 75점 사이가 될 확률을 구하여라.

(2) 상위 15%의 학생들에게 A학점을 부여한다고 할 때, 최소한 몇 점을 받아야 하는가?

20. B교수가 집에서 학교까지 출근하는데 걸리는 시간은 평균 30분, 표준편차 6분인 정규분포를 따른다고 하자.

(1) 집에서 오전 8시 25분에 출발할 때, 오전 9시까지 학교에 도착할 확률을 구하여라.

(2) 오전 9시까지 학교에 도착할 가능성이 적어도 95% 이상 되려면, 늦어도 몇 시에 집에서 출발해야 하는가?

21. 공중전화의 통화시간은 평균 3분인 지수분포를 따른다고 알려져 있다. K군이 여자 친구에게 전화를 걸기 위하여 공중전화부스에 도착하여 보니 다른 사람이 이미 통화를 하고 있었다. K군이 1분 이내에 전화를 걸 수 있을 확률을 구하여라.

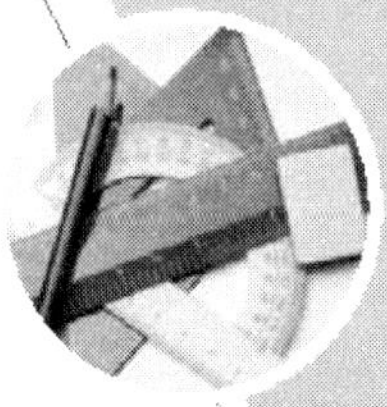

Chapter

5 표본분포

5-1 기본용어

5-2 표본평균의 분포

5-3 표본분산의 분포

5-4 표본비율의 분포

5-5 t-분포

5-6 Excel 실습

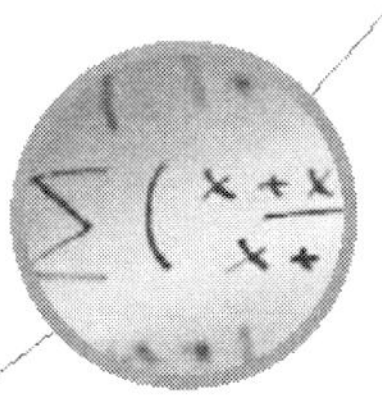

제 5 장 표본분포

5-1 기본 용어

어느 전구회사에서 생산되는 전구의 평균수명을 조사한다고 할 때 그 조사대상은 전구회사에서 생산하는 모든 전구가 된다. 하지만 전구회사에서 생산되는 전구 한 개 한 개의 수명을 모두 조사한다는 것은 현실적으로 불가능한 일이다. 이러한 경우에는 생산되는 모든 전구(모집단) 중 일부(표본)를 뽑은 후 이들의 평균수명을 측정하여 전구회사에서 생산하는 전체 전구의 평균수명을 추측하게 된다. 이와 같이 모집단으로부터 표본을 추출하고, 추출된 표본으로부터 주어지는 정보를 이용하여 모집단의 특성을 추측하거나 또는 결정하는 일련의 과정을 통계적 추론(statistical inference)이라 한다. 여기서 모집단의 특성이란 중심위치(평균, 중앙값 등), 자료값들의 흩어짐 정도(분산, 표준편차 등), 특정한 개체의 비율 등을 말하며, 이러한 특성을 나타내는 값을 모수(parameter)라 한다.

Tip

모수(parameter)

모집단의 특성을 나타내는 값으로서 모집단 전체를 조사하기 전에는 알 수 없다.

모집단으로부터 표본을 추출할 때 모집단을 잘 대표할 수 있도록 해야 한다. 어느 한쪽으로 치우쳐 표본을 추출하거나 또는 간편한 방법에 의해서 표본을 추출하게 되면 추정되는 값은 왜곡되어 나타나게 된다. 이러한 문제점을 해소하기 위하여 일반적으로 표본을 서로 독립적이고 랜덤하게 추출하게 되며, 이러한 방법으로 추출된 표본 $X_1, X_2, \cdots, X_n$을 확률표본(random sample)이라 한다. 확률표본은 2가지 큰 장점이 있다. 첫째로는 랜덤하게 표본을 뽑음으로 인하여 어느 한쪽으로 치우친 표본이 뽑힐 수 있는 가능성을 제거할 수 있다는 것이며, 둘째로는 반복해서 뽑을 때 발생하게 되는 오차는 랜덤하게 일어나기 때문에 우연성의 법칙(law of chance)이라는 확률 이론에 따라 그 정도를 예측할 수 있다는 것이다.

모집단의 특성을 나타내는 값인 모수는 모집단 전체를 조사하기 전에는 알 수 없다. 이러한 모수를 추정하기 위하여 추출된 표본으로부터 구해지는 모수의 추정량을 통계량(statistic)이라 부른다.

Tip

통계량

$X_1, X_2, \cdots, X_n$을 모집단으로부터 뽑힌 크기 n인 확률표본이라고 할 때 모수를 추정하기 위해 사용되는 이들 확률표본들의 함수를 통계량이라고 한다.

통계량은 모집단으로부터 추출되는 확률표본 $X_1, X_2, \cdots, X_n$으로부터 구해지기 때문에 이들의 함수 형태로 표현되어진다. 통계량의 대표적인 예로는 다음과 같은 것들이 있다.

$$\text{표본평균:} \quad \overline{X} = \frac{1}{n}(X_1 + X_2 + \cdots + X_n),$$

$$\text{표본분산:} \quad S^2 = \frac{1}{n-1}\left[(X_1 - \overline{X})^2 + \cdots + (X_n - \overline{X})^2\right]$$

추측통계학에서의 주된 관심은 표본조사 또는 실험으로부터 얻어진 관측 자료를 이용하여 모집단에 대한 여러 가지 특성을 규명하는 것이다. 예를 들어 대통령 선거에서 A 후보자의 지지율을 알아보기 위하여 100명의 시민을 랜덤으로 추출한 결과, 60명이 A후보를 지지하는 것으로 나타났다고 하자. 이때 지지율은 $\hat{p} = \frac{60}{100} = 0.6$과 같이 계산된다. 그리고 사용된 식 $\hat{p} = X/n$(단, n은 표본수, X는 지지자수)는 모수 p를 추정하기 위하여 사용된 하나의 통계량이 되는 것이다.

여기서 한 가지 알아야 할 사항은 통계량 $\hat{p}$을 사용하여 100명의 표본을 또다시 뽑아 지지율을 계산한다면 이때의 값은 표본이 정확히 일치하지 않는 한 앞에서 구한 값 0.6과는 다를 것이라는 것이다. 이것은 통계량 $\hat{p}$의 값이 표본을 반복하여 뽑을 때마다 변하게 되고, 이런 $\hat{p}$ 의 값들은 어떤 특정한 형태의 분포를 이루게 된다는 사실을 암시하고 있는 것이다. 확률론(probability theory)은 표본을 반복하여 추출할 때마다 변하는 이러한 통계량의 값들이 이루는 분포를 정확하게 묘사해준다. 하지만 확률론이라는 수학적인 방법에 의하지 않더라도 난수표나 컴퓨터를 이용하는 시뮬레이션을 통하여 통계량이 어떠한 뷴포를 이루게 되는지를 개략적으로 알아볼 수 있다.

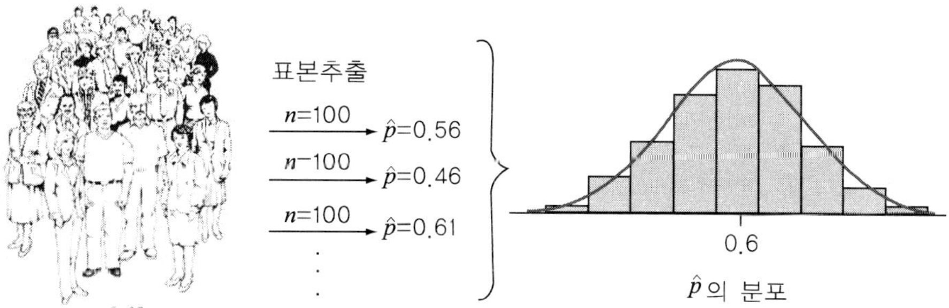

〈그림 5.1〉 $p=0.6$ 인 모집단에서 $n=100$ 인 표본을 1,000번 반복추출한 시뮬레이션 결과

<그림 5.1>은 모비율 $p=0.6$인 모집단으로부터 표본의 크기를 100으로 하여 1,000번 반복 추출하는 시뮬레이션으로부터 얻은 $\hat{p}$ 값들의 상대도수 히스토그램이다. 시뮬레이션 결과로부터 표본의 크기가 100일 때 통계량 $\hat{p}$ 의 값들은 모비율 $p=0.6$ 을 중심으로 좌우 대칭인 정규분포 모양을 띠게 됨을 알 수 있다. 이러한 사실은 통계량이 하나의 분포를 가지게 된다는 것을 이야기해 주고 있으며, 통계학에서는 이러한 통계량의 분포를 표본분포(sampling distribution)라고 한다.[1] 이 장에서는 통계량 중에서도 가장 대표적인 표본평균, 표본분산, 그리고 표본비율의 분포에 대해서 알아보도록 할 것이다.

Tip

표본분포

통계량의 확률분포를 표본분포라 한다.

1) 표본분포는 모수에 대한 신뢰구간을 구하고, 모수가 어떤 특정한 값을 가지는지를 검정하는데 사용된다.

5-2 표본평균의 분포

우리나라 18세부터 24세 사이 여성들의 키는 평균이 160cm, 표준편차가 2.5cm인 정규분포를 따른다고 한다. 이 집단에서 여성 한명을 랜덤으로 뽑는 실험을 반복한다고 하자. 이때 뽑히는 여성의 키 X_1은 하나의 확률변수가 되며, 그 분포는 모집단(18세부터 24세 사이 여성 집단)과 동일한 정규분포를 따르게 될 것이다. 왜냐 하면 한명의 여성을 모집단으로부터 랜덤하게 반복적으로 계속하여 뽑는다고 할 때 결과적으로 뽑힌 사람들의 집단은 바로 모집단과 같기 때문이다.

이제 두 명의 여성을 표본으로 뽑는 경우를 생각해 보자. 서로 독립적이면서 랜덤하게 뽑히는 두 명의 여성을 X_1, X_2라 놓고, 이러한 실험을 반복적으로 계속한다고 할 때 X_1, X_2 각각은 역시 확률변수가 되면서 모집단과 동일한 분포를 가지게 될 것이다. 이것을 확장하여 n명의 표본을 서로 독립적이고 랜덤하게 추출한다고 하면 이들 각각은 역시 확률변수가 되면서 모집단과 동일한 분포를 가지게 될 것이다. 이러한 사실로부터 우리는 평균이 μ, 분산이 σ^2인 모집단으로부터 크기가 n인 확률표본 $X_1, X_2, \cdots, X_n$을 추출한다고 할 때 이들 각각은 서로 독립이면서 평균이 μ, 분산이 σ^2인 모집단과 동일한 분포를 가지게 된다고 할 수 있는 것이다.

이 절에서는 모집단으로부터 확률표본 $X_1, X_2, \cdots, X_n$을 반복하여 추출할 때 이들의 함수인 표본평균 $\overline{X}$가 어떠한 분포를 따르게 되는지를 이론적으로 알아보도록 할 것이다.

5.2.1 표본평균의 평균

평균이 μ이고, 분산이 σ^2인 모집단으로부터의 n개의 확률표본 $X_1, \cdots, X_n$을 추출하였을 때 표본평균 $\overline{X}=\frac{1}{n}\sum_{i=1}^{n}X_i$이다. 이때 기대값의 덧셈 성질을 이용하여 표본평균 $\overline{X}$의 평균 $\mu_{\overline{X}}$를 구하면

$$\mu_{\overline{X}} = E(\overline{X}) = E\left[\frac{1}{n}(X_1 + \cdots + X_n)\right] = \frac{1}{n}[E(X_1) + \cdots + E(X_n)]$$

$$= \frac{1}{n}[\mu + \cdots + \mu] = \frac{1}{n}n\mu = \mu$$

가 되어 $\mu_{\overline{X}}$는 모집단의 평균 μ와 일치하게 됨을 알 수 있다.

5.2.2 표본평균의 분산

표본평균 $\overline{X}$의 분산 $\sigma^2_{\overline{X}}$을 구하기 위하여 분산의 덧셈 성질을 이용하면

$$\sigma^2_{\overline{X}} = V(\overline{X}) = V\left[\frac{1}{n}(X_1 + \cdots + X_n)\right] = \frac{1}{n^2}[V(X_1) + \cdots + V(X_n)]$$

$$= \frac{1}{n^2}[\sigma^2 + \cdots + \sigma^2] = \frac{1}{n^2}n\sigma^2 = \frac{\sigma^2}{n}$$

이 됨을 알 수 있다.

Tip

표본평균의 평균과 분산

$X_1, \cdots, X_n$을 평균 μ, 분산 σ^2인 모집단으로부터의 크기 n인 확률표본이라 할 때 $\mu_{\overline{X}} = \mu$, $\sigma^2_{\overline{X}} = \sigma^2/n$ 이다.

5.2.3 표본평균의 분포

표본평균 $\overline{X}$ 의 분포 모양은 모집단의 분포 모양에 의해서 결정된다. 즉, 모집단의 분포가 정규분포를 따를 경우, 모집단으로부터 추출된 표본평균 $\overline{X}$ 의 분포도 역시 정규분포의 성질(가법성)로부터 정규분포를 따르게 된다.

Tip

표본평균의 분포

$X_1, \cdots, X_n$을 정규분포 $N(\mu, \sigma^2)$을 따르는 모집단으로부터의 크기 n인 확률표본이라 할 때, 표본평균 $\overline{X}$는 정규분포 $N\left(\mu, \frac{\sigma^2}{n}\right)$을 따른다.

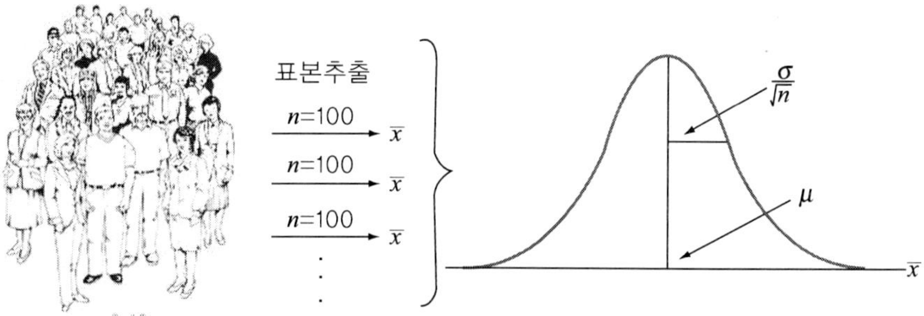

〈그림 5.2〉 $N(\mu, \sigma^2)$으로부터 크기 n인 표본을 반복추출할 때 $\overline{X}$의 표본분포

예제 5-1

S전자 휴대폰 배터리의 수명은 평균이 1,800(분), 표준편차가 100(분)인 정규분포를 따른다고 한다. S전자에서 생산된 배터리 36개를 랜덤으로 뽑아 수명을 조사한다고 할 때 이들의 평균 수명이 1,850(분)보다 클 확률을 구하여라.

풀이 배터리의 수명을 X라 하면 확률변수 X는 정규분포 $N(1800,\ 100^2)$를 따르므로, 표본평균 $\overline{X}$는 정규분포 $N(1800,\ 100^2/36)$를 따르게 된다. 따라서

$$P(\overline{X} > 1850) = P\left(\frac{\overline{X} - 1800}{100/\sqrt{36}} > \frac{1850 - 1800}{100/\sqrt{36}}\right)$$
$$= P(Z > 3) = 1 - P(Z \le 3)$$
$$= 1 - 0.9987 = 0.0013$$이 된다. ❀

5.2.4 중심극한정리

모집단의 분포가 정규분포를 따를 때 표본평균 $\overline{X}$도 정규분포를 따른다. 하지만 실제 문제에서 모집단의 분포는 알려져 있지 않은 경우가 대부분이다. 그렇다면, 모집단의 분포를 모를때 표본평균 $\overline{X}$의 분포는 어떻게 될 것인가? 이와 같은 문제를 해결해 주는 것이 바로 중심극한정리(central limit theorem)이다. 중심극한정리란 분포의 모양을 모르는 모집단으로부터 표본을 추출할 때, 표본평균 $\overline{X}$의 분포는 표본의 크기 n이 커짐(일반적으로 $n \ge 30$)에 따라 점점 정규분포로 근사해 간다는 성질을 기술해 놓은 것이다.

Tip

중심극한정리

$X_1, \cdots, X_n$ 을 평균 μ, 분산 σ^2 인 모집단으로부터의 크기 n인 확률표본이라 할 때, 표본평균 $\overline{X}$ 의 분포는 n 이 커짐에 따라 정규분포 $N(\mu, \sigma^2/n)$ 로 근사해 간다.

중심극한정리에서 표본평균 $\overline{X}$ 를 표준화하면 통계량

$$Z = \frac{\overline{X} - \mu}{\sigma / \sqrt{n}}$$

는 근사적으로 표준정규분포 $N(0, 1)$ 을 따르게 된다.

예제 5-2

우리나라 40대 남성들의 몸무게는 평균 $\mu = 69(\text{kg})$, 표준편차 $\sigma = 5(\text{kg})$이라 한다. 40대 남성 100명을 랜덤으로 추출할 때, 표본평균 $\overline{X}$ 가 평균 μ 를 중심으로 $\pm 1(\text{kg})$ 이내에 있을 확률을 구하여라.

풀이 표본의 크기 100이 큰 값이므로, 중심극한정리에 의하여 표본평균 $\overline{X}$ 는 근사적으로 평균이 69(kg), 분산이 $\sigma^2/n = 0.25(\text{kg})$인 정규분포를 따른다. 따라서

$$P(68 \le \overline{X} \le 70) = P\left(\frac{68-69}{0.5} \le \frac{\overline{X}-69}{0.5} \le \frac{70-69}{0.5}\right)$$
$$\approx P(-2 \le Z \le 2) = 0.9545$$

5-3 표본분산의 분포

모분산 σ^2 을 추정하기 위해서 사용되는 통계량 $S^2 = \sum(X_i - \overline{X})^2/n-1$ 이 어떤 형태의 확률분포를 따르는지 알아보도록 하자. 표본분산 S^2 의 분포를 알기 위해서는 카이제곱분포에 대한 사전 지식이 필요하다.

$X_1, \cdots, X_n$ 을 정규분포 $N(\mu, \sigma^2)$ 을 따르는 모집단으로부터의 크기 n인 확률표본이라 할 때, X_i는 서로 독립이고 정규분포 $N(\mu, \sigma^2)$ 을 따르는 확률변수가 된다는 것을 앞 절에서 배웠다. 이때 확률변수 X_i를 표준화하여 제곱한 후 모두 더하여 만들어지는 새로운 확률변수

$$V = \sum_{i=1}^{n}\left(\frac{X_i - \mu}{\sigma}\right)^2 \quad i = 1, 2, \cdots, n$$

는 자유도 n인 카이제곱분포를 따른다고 영국의 통계학자 K. Pearson이 정의하였다.2)

Tip

카이제곱분포

$X_1, \cdots, X_n$ 을 정규분포 $N(\mu, \sigma^2)$ 을 따르는 모집단으로부터의 크기 n인 확률표본이라 할 때, 확률변수 $V = \sum_{i=1}^{n}\left(\frac{X_i - \mu}{\sigma}\right)^2$ 은 "자유도 n인 카이제곱분포를 따른다"고 하며, $\chi^2(n)$으로 표기한다.

카이제곱분포는 자유도 n에 의해 그 분포의 모양이 결정되는 비대칭 형태 분포로서, n이 작을수록 봉우리는 왼쪽으로 크게 치우치게 되고 꼬리는 오른쪽으로 길게 뻗어 있는 모양을 띠게 된다.

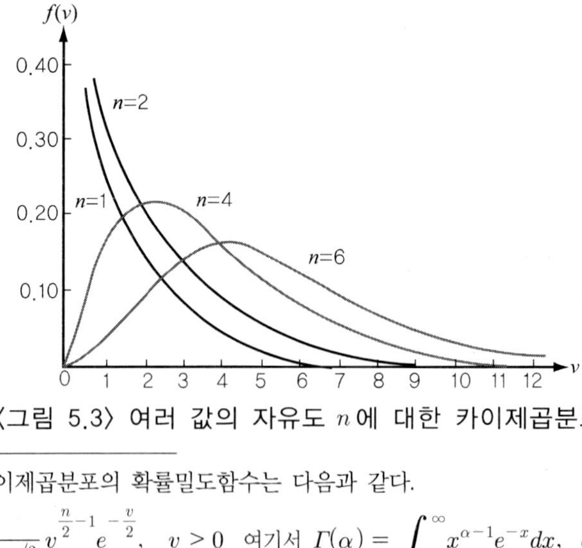

〈그림 5.3〉 여러 값의 자유도 n에 대한 카이제곱분포

2) 자유도 n인 카이제곱분포의 확률밀도함수는 다음과 같다.

$$f(v) = \frac{1}{\Gamma(n/2)2^{n/2}} v^{\frac{n}{2}-1} e^{-\frac{v}{2}}, \quad v > 0 \quad \text{여기서 } \Gamma(\alpha) = \int_0^{\infty} x^{\alpha-1} e^{-x} dx, \quad \alpha > 0$$

그리고 카이제곱분포에서 자유도 n이 커질수록 봉우리는 점점 오른쪽으로 움직이면서 대칭성을 띠게 되며, $n \to \infty$일 때는 정규분포로 근사해 간다. 여러 값의 자유도 n에 대한 카이제곱분포의 그래프가 <그림 5.3>에 그려져 있다.

표본평균 $\overline{X}$와는 달리 표본분산 S^2만의 정확한 분포를 구하기는 어렵다. 그러나 카이제곱분포의 정의와 몇 가지 수학적 성질을 이용하면 표본분산 S^2과 관련된 새로운 통계량

$$V = \frac{(n-1)S^2}{\sigma^2}$$

이 자유도 $(n-1)$인 카이제곱분포를 따른다는 사실을 이론적으로 보일 수 있다(증명 생략).

Tip

표본분산의 분포

$X_1, X_2, \cdots, X_n$을 정규분포 $N(\mu, \sigma^2)$을 따르는 모집단으로부터의 크기 n인 확률표본이라 할 때 $V = \frac{(n-1)S^2}{\sigma^2}$은 자유도 $n-1$인 카이제곱분포를 따른다.

카이제곱분포표의 사용 방법

부록 <표 6>에는 확률변수 V가 자유도 df인 카이제곱분포를 따를 때 확률 $P(V > v) = p$인 값이 주어져 있으며, 이를 이용하여 카이제곱분포에 관한 확률을 쉽게 계산할 수 있다.

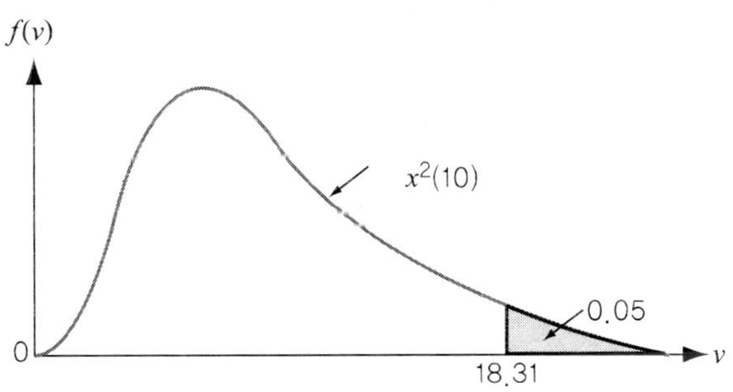

〈그림 5.4〉 자유도가 10인 카이제곱분포에서의 확률 $P(V > 18.31)$

예를 들어 자유도가 10일 때 확률변수 V의 값이 18.31보다 클 확률 $P(V>18.31)$은, 부록 <표 6>에서 맨 왼쪽 열의 $df=10$에서 가로로 18.31을 찾은 후, 그 값에서 수직으로 맨 위의 가로줄과 만나는 값 0.05가 되는 것이다(그림 5.4 참조).

자유도 n인 카이제곱분포에서 오른쪽 꼬리의 넓이가 α가 되는 값을 $\chi^2_\alpha(n)$으로 나타내며, 이를 자유도 n인 카이제곱분포의 상위 $100\alpha\%$ 백분위수라 한다. 즉 $\chi^2_\alpha(n)$은 <그림 5.5>에서 보는 바와 같이 $P(V>\chi^2_\alpha(n))=\alpha$를 만족하는 값이다.

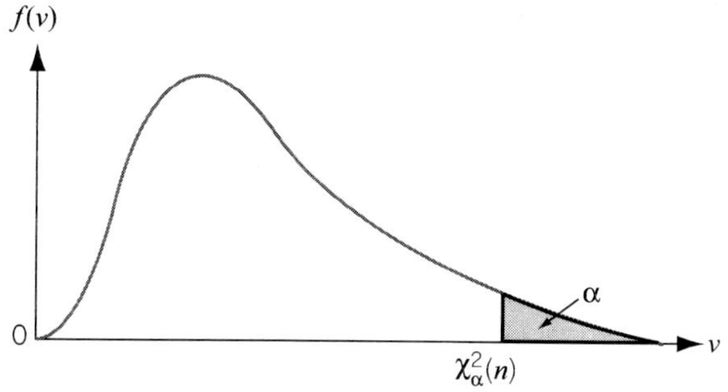

〈그림 5.5〉 자유도 n인 카이제곱분포의 상위 $100\alpha\%$ 백분위수

예제 5-3

남해 양식장에서 6개월 동안 양식한 광어의 수명은 분산 $\sigma^2=25$인 정규분포를 따른다고 한다. 이 양식장에서 광어 25마리를 랜덤으로 추출할 때, 표본분산이 16.3과 24.3 사이일 확률을 구하여라.

풀이 $V=\dfrac{(25-1)S^2}{5^2}$은 자유도 24인 카이제곱분포를 따르므로

$$
\begin{aligned}
P(16.3 \le S^2 \le 24.3) &= P\left(\frac{24\times 16.3}{25} \le V \le \frac{24\times 24.3}{25}\right) \\
&= P(15.65 \le V \le 23.33) \\
&\fallingdotseq 0.90-0.50=0.40
\end{aligned}
$$

이 된다. ❀

참고

자유도(degree of freedom)란 통계량을 구성하는 확률변수들 중에서 자유롭게 선택할 수 있는 확률변수의 개수를 말한다. 예를 들어, 통계량 $\sum_{i=1}^{n}(X_i-\overline{X})^2$의 값은 n개의 X_i값에 의해서 결정되지만 여기서 X_i와 $\overline{X}$간에는 $\sum_{i-1}^{n}(X_i-\overline{X})=0$이라는 관계가 성립하게 된다. 이러한 성질을 고려할 때 n개의 X_i중에 자유롭게 선택할 수 있는 확률변수의 개수는 $n-1$이다. 즉, n개 중에서 $n-1$개의 X_i값만 알면 나머지 한 개의 값은 관계식 $\sum_{i=1}^{n}(X_i-\overline{X})=0$으로부터 자동적으로 결정되며, 이때의 값 $n-1$이 바로 통계량 $\sum_{i=1}^{n}(X_i-\overline{X})^2$의 자유도가 되는 것이다. 예를 들어 5개의 값을 모두 더해서 10을 얻었다고 하고, 5개의 값 중 4개의 값이 2, 3, 1, 1임을 알고 있다면 나머지 한 개의 값은 3이 됨을 쉽게 알 수 있다. 여기서 임의로 결정될 수 있는 값의 개수 4가 바로 자유도인 것이다. 그러나 $\sum_{i=1}^{n}(X_i-\mu)^2$에서는 X_i와 μ간에 $\sum_{i=1}^{n}(X_i-\mu)^2$이라는 관계가 성립하지 않으므로 이때의 자유도는 X_i의 전체 개수인 n이 된다.

5-4 표본비율의 분포

예를 들어 어떤 회사에서 생산되는 제품의 불량률 p를 추정한다고 하자. 이때 불량률 p의 추정은 표본으로 추출된 제품 X_1, X_2, $\cdots$, X_n에 포함된 총 불량품의 개수 X를 센 후 통계량 $\hat{p}=\dfrac{X}{n}$을 이용하여 구하게 되는데, 이때 사용되는 통계량 $\hat{p}$를 표본비율(sample proportion)이라 부른다. 여기서 i번째 제품 X_i가 불량품이면 $X_i=1$, 양호품이면 $X_i=0$이라고 할 때 불량품의 총 개수 $X=\sum X_i$가 되고, 따라서 표본비율 $\hat{p}$은 $\sum X_i/n$가 되어 표본평균 X와 동일한 형태가 됨을 알 수 있다. 즉 표본비율 $\hat{p}$은 표본평균 $\overline{X}$의 한 특수한 경우(X_i값들이 0 아니면 1인 경우)에 해당되기 때문에 표본비율 $\hat{p}$의 분포를 구함에 있어 중심극한정리를 그대로 적용할 수 있게 되는 것이다.

확률변수 X가 모수 n, p인 이항분포를 따를 때 표본비율 $\hat{p}$의 평균과 분산은 각각 다음과 같이 구할 수 있다.

$$E(\hat{p}) = E\left(\frac{X}{n}\right) = \frac{1}{n}E(X) = \frac{1}{n}np = p,$$

$$V(\hat{p}) = V\left(\frac{X}{n}\right) = \frac{1}{n^2}V(X) = \frac{1}{n^2}np(1-p) = \frac{p(1-p)}{n}$$

Tip

표본비율의 분포

확률변수 X가 모수 n, p인 이항분포를 따른다면, 표본비율 $\hat{p}$은 n이 충분히 클 때 중심극한정리에 의하여 근사적으로 정규분포 $N\left(p, \frac{p(1-p)}{n}\right)$를 따른다.[3] 즉,

$$Z = \frac{\hat{p}-p}{\sqrt{p(1-p)/n}} \approx N(0, 1)$$

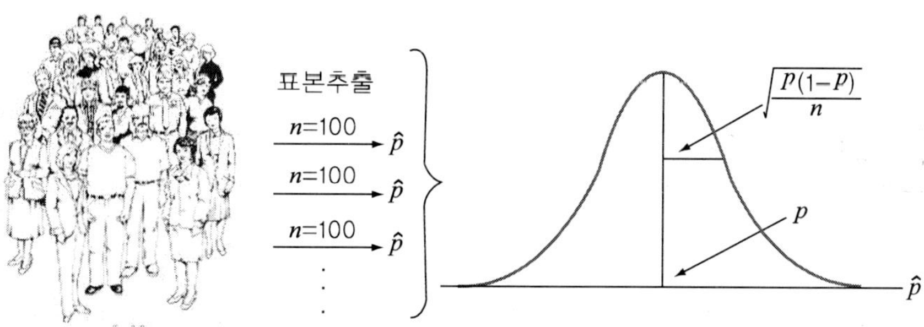

〈그림 5.6〉 표본비율 $\hat{p}$의 표본분포(n이 클 때)

예제 5-4

S 반도체 공장에서 생산되는 반도체 중 3%가 불량품인 것으로 알려져 있다. 이 공장에서 생산된 반도체 300개를 랜덤으로 추출하여 불량률이 어느 정도인지 알아보고자 한다. 표본비율이 2%보다 클 확률을 구하여라.

풀이 표본비율 $\hat{p}$의 평균과 표준편차는 다음과 같다.

3) $np \geq 5$, $n(1-p) \geq 5$ 일 때 그 근사 정도는 매우 좋은 것으로 알려져 있다.

$$E(\hat{p}) = p = 0.03$$

$$\sqrt{V(\hat{p})} = \sqrt{\frac{p(1-p)}{n}} = \sqrt{\frac{0.03 \times (1-0.03)}{300}} = 0.00985$$

표본의 크기 300은 매우 큰 값이므로, 표본비율 $\hat{p}$ 은 근사적으로 $N(0.03,\ 0.00985^2)$을 따른다. 따라서

$$\begin{aligned} P(\hat{p} > 0.02) &\simeq P\left(Z > \frac{0.02-0.03}{0.00985}\right) \\ &= P(Z > -1.0152) \\ &= 1 - P(Z \leq -1.0152) \\ &= 0.8450 \end{aligned}$$

이 된다. ❀

5-4 t-분포

5.2절에서 모분산 σ^2은 이미 알려져 있는 것으로 가정하였다. 그러나 현실적으로 σ^2은 알려져 있지 않은 경우가 대부분이며, 오히려 σ^2에 대해 추정하기를 원하는 경우가 많다. 이러한 경우에는 모분산 σ^2을 알고 있다는 가정 하에서 사용된 확률변수 $Z = \dfrac{\overline{X}-\mu}{\sigma/\sqrt{n}}$는 더 이상 통계적 추론에 사용할 수 없게 된다.

모분산 σ^2이 알려져 있지 않을 경우 σ^2 대신 사용할 수 있는 값으로는 표본으로부터 계산되는 표본분산 S^2밖에 없다. 그러나 σ^2 대신 S^2을 사용하여 만들어지는 새로운 확률변수

$$T = \frac{\overline{X}-\mu}{S/\sqrt{n}}$$

는 더 이상 표준정규분포 $N(0,\ 1)$을 따른다고 할 수 없게 된다. 이절에서는 새로운 확률변수 T가 어떠한 분포를 따르는지에 대하여 알아보도록 하자.

아일랜드의 맥주회사 기사였던 W.S. Gosset은 재료의 품질과 온도를 변화시킴에 따라 맥주의 품질이 어떻게 변하는가를 실험을 통하여 과학적으로 분석하고자 하였다. 그러나 실험으로부터 얻을 수 있는 자료의 수가 제한되었기 때문에 그 당시의 이

론으로는 이 문제를 해결할 수 있는 방법이 없었다. 이에 그는 표본의 크기가 작을 경우 유용하게 사용될 수 있는 $t-$분포를 새로이 고안하였다.

Tip

$t-$분포

Z는 표준정규분포 $N(0, 1)$을, V는 자유도 n인 카이제곱분포를 따르고 두 확률변수가 서로 독립이라 할 때 새로운 확률변수 $T=\dfrac{Z}{\sqrt{V/n}}$는 "자유도 n인 $t-$분포를 따른다"고 하며, 표기는 $t(n)$으로 한다.[4)]

$t-$분포는 자유도에 따라 그 분포의 모양이 변하며, <그림 5.7>에는 여러 값의 자유도에 따른 $t-$분포의 모양이 주어져 있다. $t-$분포는 <그림 5.7>에서 보는 바와 같이 자유도에 따라 그 분포의 모양이 변하며, 자유도가 1보다 클 때는 표준정규분포와 같이 0을 중심으로 좌우대칭인 모양을 띠게 된다. 하지만 $t-$분포는 <그림 5.8>에서 보는 바와 같이 표준정규분포보다 양쪽 꼬리부분은 두텁지만 가운데 부분의 높이는 낮다.

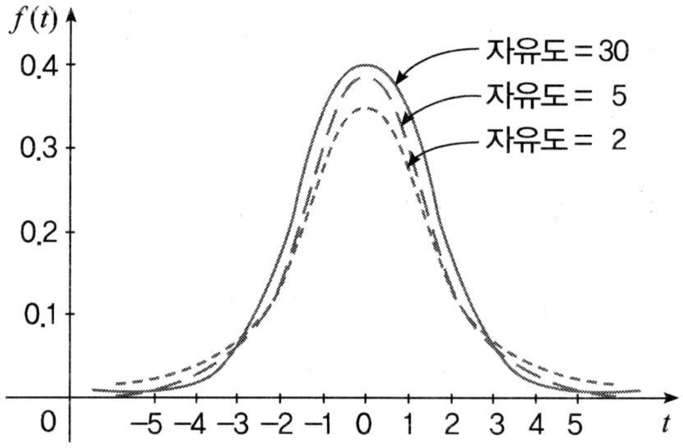

〈그림 5.7〉 여러 값의 자유도에 따른 $t-$분포

4) 자유도 n인 t 분포의 확률밀도함수는 다음과 같다.

$$f(t)=\frac{\Gamma[(n+1)/2]}{\Gamma[(n)/2]\sqrt{(n)\pi}}\left[1+\frac{t^2}{n}\right]^{-\frac{n+1}{2}} \quad -\infty < t < \infty$$

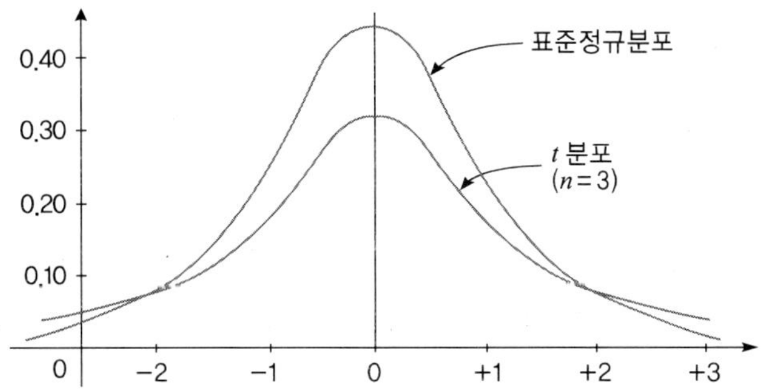

〈그림 5.8〉 t−분포와 표준정규분포의 비교

$X_1, \cdots, X_n$ 을 정규분포 $N(\mu, \sigma^2)$ 을 따르는 모집단으로부터 추출된 확률표본이라 할 때 확률변수 $Z=\dfrac{\overline{X}-\mu}{\sigma/\sqrt{n}}$ 는 표준정규분포 $N(0,\ 1)$을, 확률변수 $V=\dfrac{(n-1)S^2}{\sigma^2}$ 은 자유도가 $n-1$인 카이제곱분포를 따른다는 것을 5.2절과 5.3절에서 배웠다. Gosset은 이러한 사실과 t−분포의 정의를 이용하여 확률변수

$$T=\frac{Z}{\sqrt{V/(n-1)}}=\frac{(\overline{X}-\mu)/\left(\dfrac{\sigma}{\sqrt{n}}\right)}{\sqrt{\dfrac{(n-1)S^2}{\sigma^2}/(n-1)}}$$

$$=\frac{\overline{X}-\mu}{S/\sqrt{n}}$$

는 자유도가 $n-1$ 인 t−분포를 따르게 된다는 것을 이론적으로 보였다. 즉 Gosset은 모분산 σ^2을 모르고 표본의 크기 n이 작을 경우 확률변수 Z에서 σ 대신 S를 사용한 새로운 확률변수 $T=\dfrac{\overline{X}-\mu}{S/\sqrt{n}}$ 는 자유도가 $n-1$ 인 t−분포를 따름을 이론적으로 입증하였다.

Tip

표본평균의 부포(σ^2 을 모를 경우)

정규분포 $N(\mu, \sigma^2)$ 을 따르는 모집단으로부터 확률표본 $X_1, \cdots, X_n$ 을 추출할 때 확률변수 $T=\dfrac{\overline{X}-\mu}{S/\sqrt{n}}$ 는 자유도 $n-1$ 인 t−분포를 따른다.

t-분포표의 사용 방법

부록 <표 5>에는 확률변수 T가 자유도 n인 t-분포를 따를 때 $P(T > t) = p$를 만족하는 p값이 주어져 있으며, 이를 이용하여 t-분포에 관한 확률을 쉽게 계산할 수 있다. 예를 들어 자유도가 3일 때 T값이 2.353보다 클 확률 $P(T > 2.353)$은 부록 <표 5>에서 맨 왼쪽 열의 $df = 3$에서 가로로 2.353을 찾은 후, 그 값에서 수직으로 맨 위의 가로줄과 만나는 값 0.05가 되는 것이다(그림 5.9 참조).

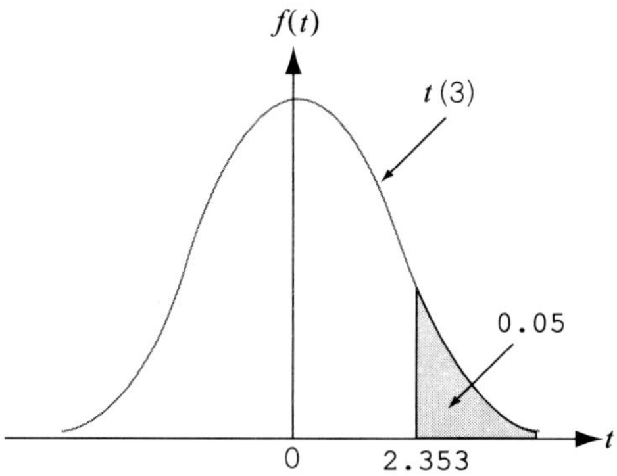

〈그림 5.9〉 자유도가 3인 t-분포에서의 확률 $P(T > 2.353)$의 값

자유도 n인 t-분포에서 오른쪽 꼬리의 넓이가 α가 되는 값을 $t_\alpha(n)$으로 나타내며, 이를 자유도 n인 t-분포의 상위 $100\alpha\%$ 백분위수라고 한다. 즉 $t_\alpha(n)$은 <그림 5.10>에서 보는 바와 $P(T > t_\alpha(n)) = \alpha$를 만족하는 값이다.

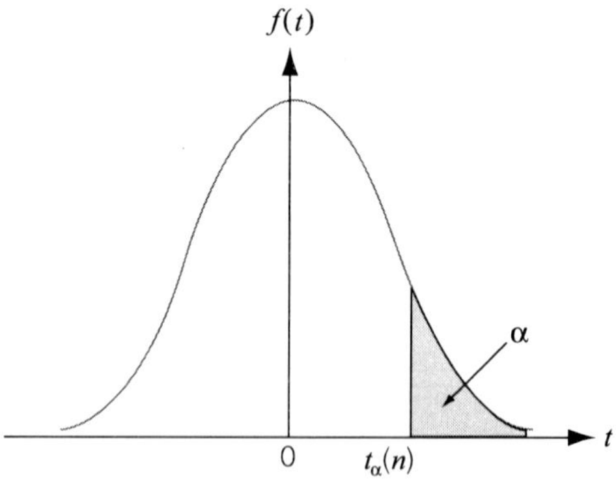

〈그림 5.10〉 자유도 n인 t-분포의 상위 $100\alpha\%$ 백분위수

예제 5-5

우리나라 축구 대표팀의 $3km$ 달리기 평균기록은 $\mu = 15.5$(분)인 정규분포를 따른다고 한다. 축구 대표선수 중 9명을 랜덤으로 추출하여 $3km$ 달리기 기록을 측정하였을 때 이들의 평균 $\overline{X}$가 16(분)보다 클 확률을 구하여라. 이들의 표본표준편차는 $s = 6$(분)이라고 한다.

풀이 모집단의 분포는 σ^2이 알려져 있지 않은 정규분포이므로 $T = \dfrac{\overline{X} - 15.5}{6/\sqrt{9}}$는 자유도 8인 $t-$분포를 따른다. 따라서,

$$P(\overline{X} > 16) = P\left(\frac{\overline{X} - 15.5}{6/\sqrt{9}} > \frac{16 - 15.5}{6/\sqrt{9}}\right)$$
$$= P(T > 0.25)$$
$$= 0.404$$

가 된다. ❀

$t-$분포는 정규분포를 따르는 모집단으로부터 표본이 추출된다는 것을 기본가정으로 하고 있다. 그러나 실제 문제에서 모집단이 정규분포를 따르는지에 대한 의문이 생기는 경우가 많다. 하지만 이러한 문제는 표본의 크기를 크게함으로서 해결할 수 있다. 즉, n이 클 때 S가 σ의 좋은 근사값이 되기 때문에 $\dfrac{\overline{X} - \mu}{S/\sqrt{n}}$은 근사적으로 표준정규분포 $N(0,\ 1)$을 따르게 된다.

예제 5-6

해양 잠수협회 소속 회원들의 평균 잠수 깊이는 $\mu = 20(m)$라고 한다. 이들 회원들 중 64명을 랜덤으로 추출하여 잠수 깊이를 측정한 결과, 표본표준편차 $s = 5(m)$이었다. 표본평균 $\overline{X}$가 $19(m)$보다 크지 않을 확률을 구하여라.

풀이 모집단의 분포와 σ가 알려져 있지 않으나 표본크기 $n = 100$은 크므로, 구하고자 하는 확률은 표준정규분포표를 이용하여 근사적으로 구할 수 있다.

$$P(\overline{X} \le 19) = P\left(\frac{\overline{X} - 20}{5/\sqrt{64}} \le \frac{19 - 20}{5/\sqrt{64}}\right)$$
$$\simeq P(Z \le -1.6) = 1 - P(Z \le 1.6)$$
$$= 1 - 0.945 = 0.055$$ 이 된다. ❀

5-6 Excel 실습

5.6.1 시뮬레이션을 통한 통계량의 표본분포 탐색

실습 1 $\mu = 69,\ \sigma^2 = 5^2$**인 정규분포로부터** $n = 100$**인 표본을 1,000번 반복추출할 경우의 표본평균** $\overline{X}$ **의 분포 모양 탐색:**

(단계 1) [데이터]-[데이터 분석]-[난수 생성]을 차례로 선택한 후 "확인"을 누른다.

(단계 2) [난수 생성] 대화상자에서 다음과 같이 필요한 값을 입력한 후 "확인"을 누르면 셀 [A1]부터 [ALL100]까지 각 열에 100개씩의 난수가 포함된 1,000개의 열이 생성된다(그림 5.11 참조).

- 변수의 개수 : 반복 시행횟수를 입력(여기서는 1000)
- 난수의 개수 : 표본수를 입력(여기서는 100)
- 분포 : 난수가 발생될 확률분포를 선택(여기서는 정규분포)
- 모수 : 분포의 모수값을 입력(여기서는 평균=69, 표준편차=5)
- 난수 시드 : 임의의 숫자를 입력(여기서는 12345)
- 출력 옵션 : 난수가 출력되는 위치를 지정(여기서는 출력범위: $A$1)

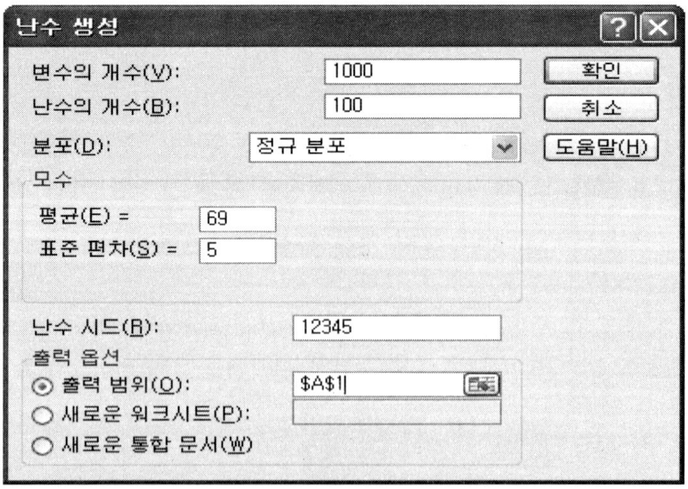

〈그림 5.11〉 정규분포로부터의 난수 생성

(단계 3) 각 열에 생성된 100개의 표본에 대한 평균을 다음과 같은 요령으로 계산한다.

- ▶ 첫 번째 열의 평균이 출력될 셀(여기서는 A102)를 지정한 후 [수식 입력줄]에서 "=AVERAGE(A1:A100)"을 입력 또는 [수식]-[함수 삽입]-[함수 마법사]의 범주 선택에서 "통계"를, 함수 선택에서 "AVERAGE"를 선택 -[함수 인수] 대화상자에서-number 1에 "A1:A100"를 입력한 후 "확인"을 누른다.
- ▶ A열 100개의 표본에 대한 평균값이 출력된 셀 A102를 클릭한 후 마우스를 오른쪽 하단 끝부분에 가져가면 "+"표시가 나타나게 되고, 이 상태에서 마우스를 눌러 셀 ALL까지 끌면 1,000개의 표본평균이 자동으로 계산된다(그림 5.12 참조).

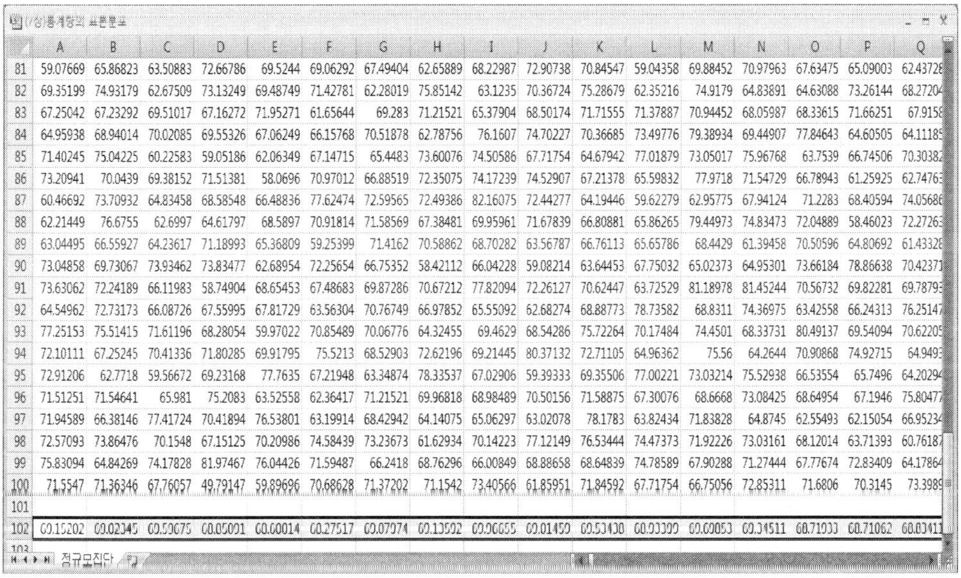

	A	B	C	D	E	F	G	H	I	J	K	L	M	N	O	P	Q
81	59.07669	65.86823	63.50883	72.66786	69.5244	69.06292	67.49404	62.65889	68.22987	72.90738	70.84547	59.04358	69.88452	70.97963	67.63475	65.09003	62.43728
82	69.35199	74.93179	62.67509	73.13249	69.48749	71.42781	62.28019	75.85142	63.1235	70.36724	75.28679	62.35216	74.9179	64.83891	64.63088	73.26144	68.27204
83	67.25042	67.23292	69.51017	67.16272	71.95271	61.65644	69.283	71.21521	65.37904	68.50174	71.71555	71.37887	70.94452	68.05987	68.33615	71.66251	67.9158
84	64.95938	68.94014	70.02085	69.55326	67.06249	66.15768	70.51878	62.78756	76.1607	74.70227	70.36685	73.49776	79.38934	69.44907	77.84643	64.60505	64.1118
85	71.40245	75.04225	60.22583	59.05186	62.06349	67.14715	65.4483	73.60076	74.50586	67.71754	64.67942	77.01879	73.05017	75.96768	63.7539	66.74506	70.3038
86	73.20941	70.0439	69.38152	71.51381	58.0696	70.97012	66.88519	72.35075	74.17239	74.52907	67.21378	65.59832	77.9718	71.54729	66.78943	61.25925	62.7476
87	60.46692	73.70932	64.83458	68.58548	66.48836	77.62474	72.59565	72.49386	82.16075	72.44277	64.19446	59.62279	62.95775	67.94124	71.2283	68.40594	74.0568
88	62.21449	76.6755	62.6997	64.61797	68.5897	70.91814	71.58569	67.38481	69.95961	71.67839	66.80881	65.86265	79.44973	74.83473	72.04889	58.46023	72.2726
89	63.04495	66.55927	64.23617	71.18993	65.36809	59.25399	71.4162	70.58862	68.70282	63.56787	66.76113	65.65786	68.4429	61.39458	70.50596	64.80692	61.4332
90	73.04858	69.73067	73.93462	73.83477	62.68954	72.25654	66.75352	58.42112	66.04228	59.08214	63.64453	67.75032	65.02373	64.95301	73.66184	78.86638	70.4237
91	73.63062	72.24189	66.11983	58.74904	68.65453	67.48683	69.87286	70.67212	77.82094	72.26127	70.62447	63.72529	81.18978	81.45244	70.56732	69.82281	69.7879
92	64.54962	72.73173	66.08726	67.55995	67.81729	63.56304	70.76749	66.97852	65.55092	62.68274	68.88773	78.73582	68.8311	74.36975	63.42558	66.24313	76.2514
93	77.25153	75.51415	71.61196	68.28054	59.97022	70.85489	70.06776	64.32455	69.4629	68.54286	75.72264	70.17484	74.4501	68.33731	80.49137	69.54094	70.6220
94	72.10111	67.25245	70.41336	71.80285	69.91795	75.5213	68.52903	72.62196	69.21445	80.37132	72.71105	64.96362	75.56	64.2644	70.90868	74.92715	64.949
95	72.91206	62.7718	59.56672	69.23168	77.7635	67.21948	63.34874	78.33537	67.02906	59.39333	69.35506	77.00221	73.03214	75.52938	66.53554	65.7496	64.2029
96	71.51251	71.54641	65.981	75.2083	63.52558	62.36417	71.21521	69.96818	68.98489	70.50156	71.58875	67.30076	68.6668	73.08425	68.64954	67.1946	75.8047
97	71.94589	66.38146	77.41724	70.41894	76.53801	63.19914	68.42942	64.14075	65.06297	63.02078	78.1783	63.82434	71.83828	64.8745	62.55493	62.15054	66.9523
98	72.57093	73.86476	70.1548	67.15125	70.20986	74.58439	73.23673	61.62934	70.14223	77.12149	76.53444	74.47373	71.92226	73.03161	68.12014	63.71393	60.7618
99	75.83094	64.84269	74.17828	81.97467	76.04426	71.59487	66.2418	68.76296	66.00849	68.88658	68.64839	74.78589	67.90288	71.27444	67.77674	72.83409	64.1786
100	71.5547	71.36346	67.76057	49.79147	59.89696	70.68628	71.37202	71.1542	73.40566	61.85951	71.84592	67.71754	66.75056	72.85311	71.6806	70.3145	73.3989
101																	
102	69.15202	69.02345	69.59075	69.05091	69.60014	69.27517	69.07974	69.13592	69.96655	69.01450	69.53430	69.93399	69.69053	69.34511	68.71933	68.71062	68.0341

〈그림 5.12〉 생성된 난수 및 표본평균 계산 결과

(단계 4) 히스토그램을 그리기 위해서는 먼저 도수분포표를 만들어야 하므로 <그림 5.13>과 같이 계급구간을 설정하여 입력한다.(여기서는 67.35에서 0.3씩 증가시키면서 70.65까지를 B106부터 B117까지 입력)

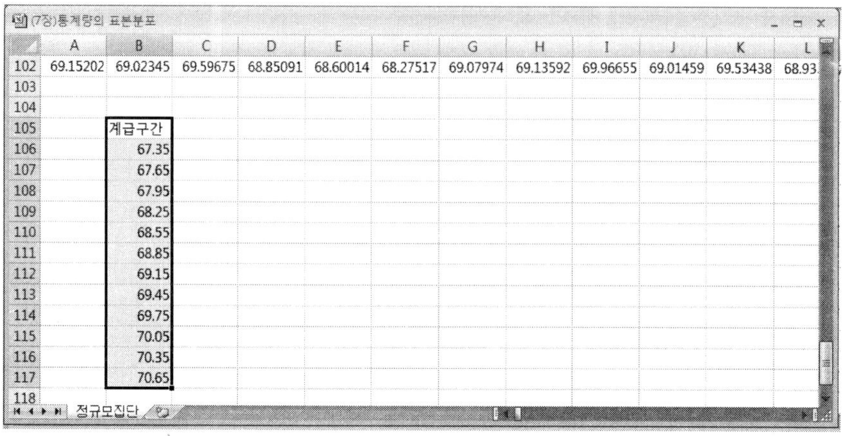

〈그림 5.13〉 도수분포표 작성을 위한 계급구간의 입력

(단계 5) [도구]-[데이터 분석]-[히스토그램]을 선택한 후 [히스토그램] 대화상자에서 "입력범위"란에 표본평균들이 계산된 행(여기서는 $A$102:$ALL$102)을 지정하고, "계급구간"(여기서는 $B$105:$B$117), "이름표", "출력 옵션"에서 필요한 사항(여기서는 새로운 워크시트와 차트 출력을 지정)을 지정한 후에 "확인"을 누르면 1,000개의 표본평균에 대한 히스토그램이 나타난다. 그리고 아래와 같은 요령에 의하여 수정을 하면 <그림 5.14>와 같은 히스토그램을 얻게 된다.

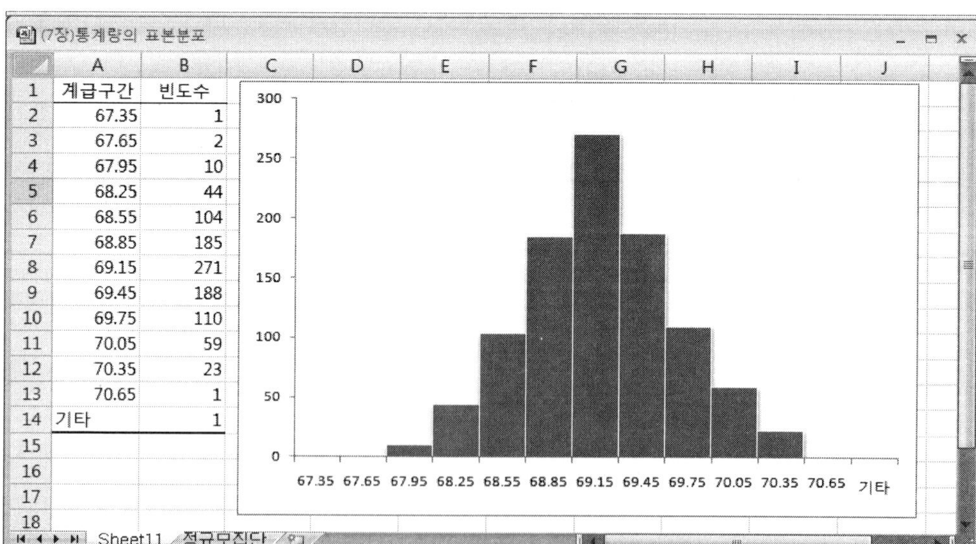

〈그림 5.14〉 1,000개의 표본평균들에 대한 히스토그램

수정 요령

- 범례 삭제 : "범례"를 클릭하여 Delete 키를 누름.
- 막대 사이 간격 제거: 히스토그램의 막대 부분을 더블 클릭하여 [데이터 계열서식]-[옵션]에서 간격 너비를 0으로 지정.

실습 2 $p = 0.6$**인 이항분포로부터** $n = 100$**인 표본을 1,000번 반복추출할 경우의 표본비율** $\hat{p}$ **의 분포 모양 탐색:**

(단계 1) [데이터]-[데이터 분석]-[난수 생성]을 차례로 선택한 후 "확인"을 누른다.

(단계 2) [난수 생성] 대화상자에서 다음과 같이 필요한 값을 입력한 후 "확인"을 누르면 셀 [A1]부터 [ALL100]까지 각 열에 100개씩의 난수가 포함된 1,000개의 열이 생성된다(그림 5.15 참조).

- 변수의 개수 : 1000
- 난수의 개수 : 100
- 분포 : 이항분포
- 모수 : 성공률=0.6, 시행횟수=100
- 난수 시드 : 12345
- 출력 옵션 : 출력범위에서 $A$1

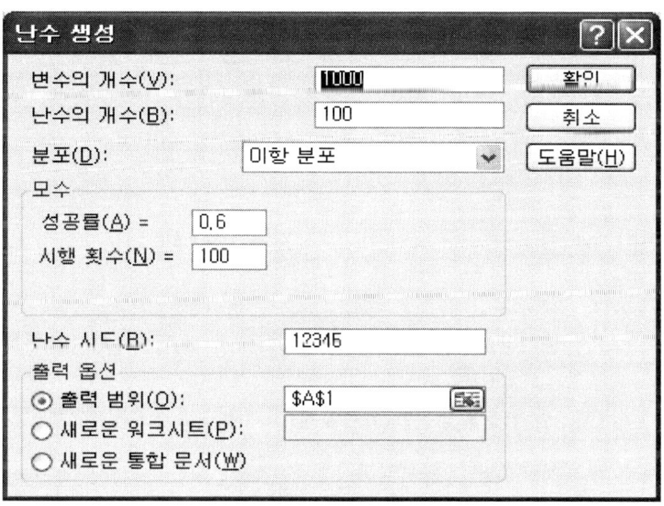

〈그림 5.15〉 이항분포로부터의 난수 생성

(단계 3) 각 열에 생성된 100개에 대한 표본비율을 다음과 같은 요령으로 계산한다.

- ▸ 첫 번째 열의 표본비율이 출력될 셀(여기서는 A102)를 지정한 후 [수식 입력줄]에서 "=AVERAGE(A1:A100)/1000"을 입력한 후 "확인"을 누른다
- ▸ 셀 A102를 클릭한 후 마우스를 오른쪽 하단 끝부분에 가져가면 "+"표시가 나타나게 되고, 이 상태에서 마우스를 눌러 셀 ALL까지 끌면 1,000개의 표본비율이 자동으로 계산된다(그림 7.12 참조).

(단계 4) 계급구간을 0.583에서 0.003씩 증가시키면서 0.616까지를 B106부터 B116까지 입력하고 실습 1)의 단계 5와 동일한 요령으로 [히스토그램] 대화상자에 입력하면 <그림 5.16>과 같은 히스토그램을 얻을 수 있다.

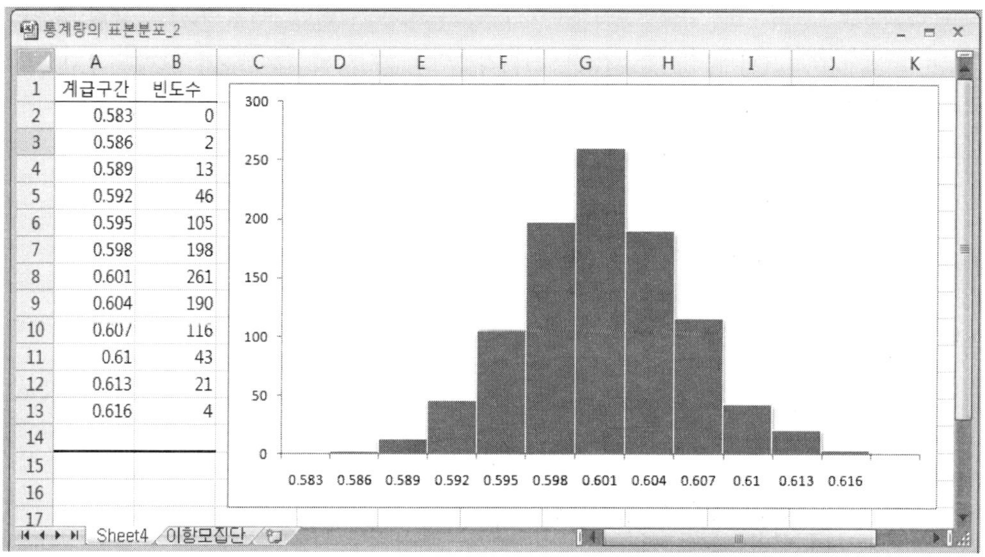

계급구간	빈도수
0.583	0
0.586	2
0.589	13
0.592	46
0.595	105
0.598	198
0.601	261
0.604	190
0.607	116
0.61	43
0.613	21
0.616	4

〈그림 5.16〉 1,000개의 표본비율에 대한 히스토그램

5.6.2 시뮬레이션을 통한 중심극한정리 탐색

실습 3 $\lambda = 1.0$**인 푸아송분포로부터 표본의 크기** $n = 5,\ 15,\ 30,\ 60$**에 대하여 각각 100번씩 반복추출할 때 표본평균** $\overline{X}$ **의 분포 모양 탐색:**

(단계 1) [데이터]-[데이터 분석]-[난수 생성]을 차례로 선택한 후 "확인"을 누른다.

(단계 2) [난수 생성] 대화상자에서 다음과 같이 입력한 후 "확인"을 누른다.

▶ 변수의 개수 : 100

▶ 난수의 개수 : 5

※ 다른 값은 그대로 두고 난수의 개수만 15, 30, 60으로 바꾸면서 난수를 생성함

▶ 분포 : 푸아송분포

▶ 모수 : 평균=1.0

▶ 난수 시드 : 12345

▶ 출력 옵션 : 출력범위에서 $A$1

(단계 3) 실습 1)의 단계 3)~ 단계 5)와 동일한 방식으로 [히스토그램] 대화상자에 입력하면 <그림 5.17>과 같이 각 표본의 크기에 따른 히스토그램을 얻을 수 있다.

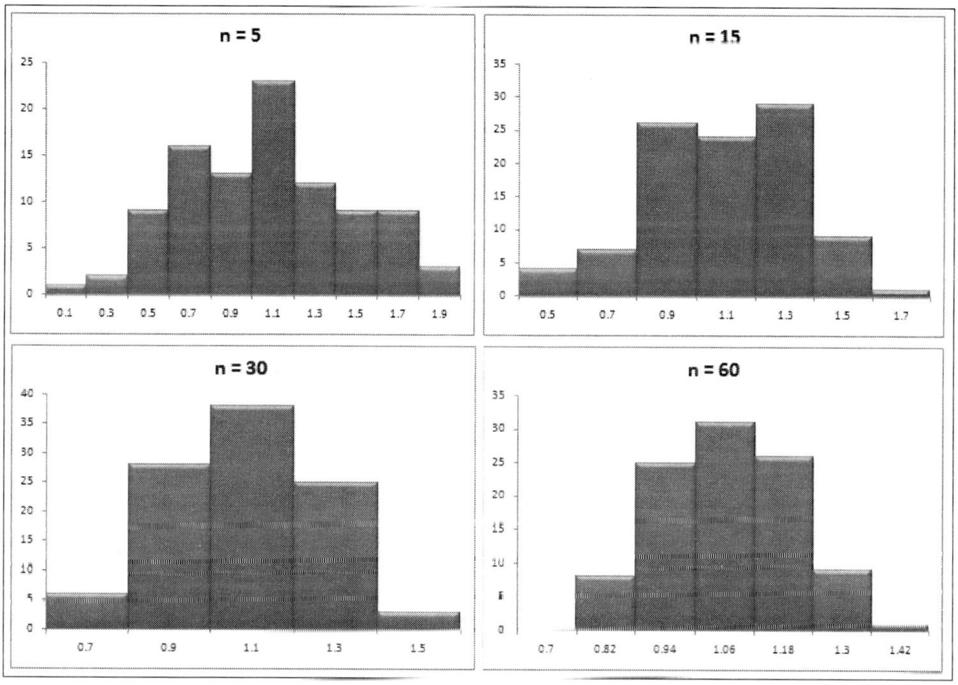

〈그림 5.17〉 모집단이 푸아송분포를 따를 때 n의 크기에 따른 $\overline{X}$이 표본분포

<그림 5.17>에서 보는 바와 같이 $\lambda = 1.0$인 푸아송분포를 따르는 모집단으로부터 표본을 추출할 때 표본평균 $\overline{X}$의 분포는 표본의 크기 n이 커짐에 따라 μ=1.0(푸아송분포의 평균), 분산 $\sigma^2 = \lambda/n = 1/5 = 0.2$(푸아송분포의 분산/$n$)인 정규분포로 점점 근사해 감을 알 수 있다.

실습 4 **균등분포 (0, 1)로부터 표본의 크기 $n = 5,\ 15,\ 30,\ 60$에 대하여 각각 100 번씩 반복추출할 때 표본평균 $\overline{X}$의 분포 모양 탐색:**

(단계 1) [데이터]-[데이터 분석]-[난수 생성]을 차례로 선택한 후 "확인"을 누른다.

(단계 2) [난수 생성] 대화상자에서 다음과 같이 입력한 후 "확인"을 누른다.

- 변수의 개수 : 100
- 난수의 개수 : 5

  ※ 다른 값은 그대로 두고 난수의 개수만 15, 30, 60으로 바꾸면서 난수를 생성함
- 분포 : 일양분포
- 모수 : 시작=0, 종료=1
- 난수 시드 : 12345
- 출력 옵션 : 출력범위에서 $A$1

(단계 3) 실습 1)의 단계 3)~ 단계 5)와 동일한 방식으로 [히스토그램] 대화상자에 입력하면 <그림 5.18>와 같이 각 표본의 크기에 따른 히스토그램을 얻을 수 있다.

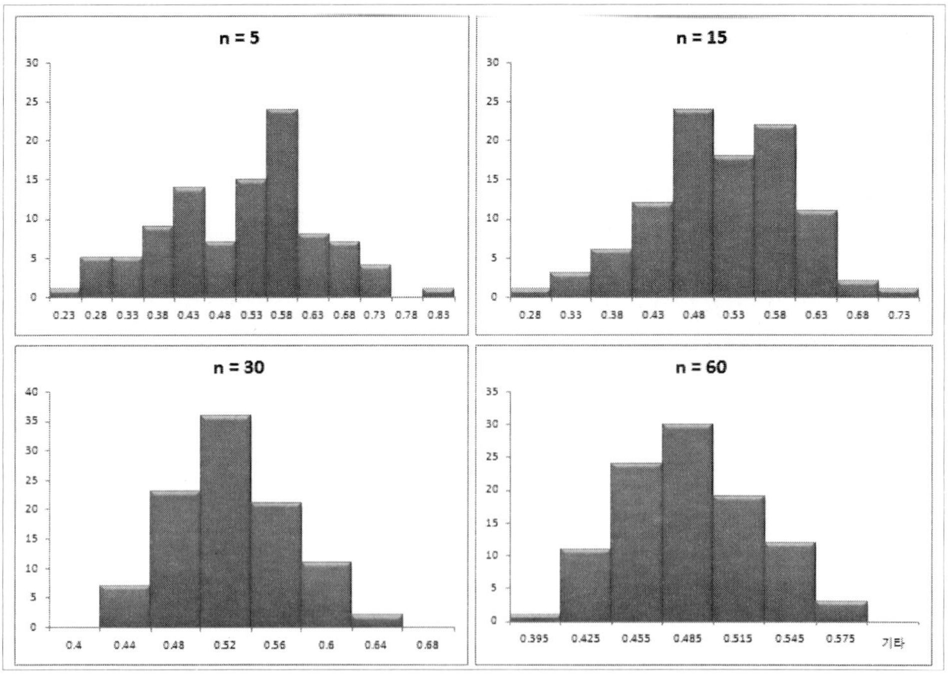

〈그림 5.18〉 모집단이 균등분포를 따를 때 n의 크기에 따른 $\overline{X}$의 표본분포

<그림 5.18>에서 보는 바와 같이 균등분포 (0, 1)를 따르는 모집단으로부터 표본을 추출할 때 표본평균 $\overline{X}$의 분포 역시 표본의 크기 n이 커짐에 따라 평균 $\mu = 0.5$, 분산 $\sigma^2 = 1/60$인 정규분포로 점점 근사해 감을 알 수 있다.

5.6.3 표본분포를 이용한 확률 계산

실습 5 **예제 5-1)과 예제 5-2)에서의 확률 계산:**

(예제 5-1) 표본평균 $\overline{X}$가 정규분포 $N(1800,\ 100^2/36)$을 따를 때 $P(\overline{X} > 1850)$의 계산 :

● 방법 1(대화상자 이용)

[수식]-[함수 삽입]-[함수 마법사]의 범주 선택에서 "통계"를, 함수 선택에서 "NORMDIST"를 선택-[NORMDIST] 대화상자에서 X에는 계산된 표본평균값 1850을, Mean에는 모평균 μ값 1800을, Standard_dev에는 모표준편차 σ 값 100/sqrt(36)을, Cumulative에는 연속형을 나타내는 1을 각각 입력하면 확률 $P(\overline{X} \leq 1850)$의 값 0.9987이 출력된다(그림 5.19 참조). 1에서 0.9987을 뺀 값 1-0.9987=0.0013이 구하고자 하는 확률값이 된다.

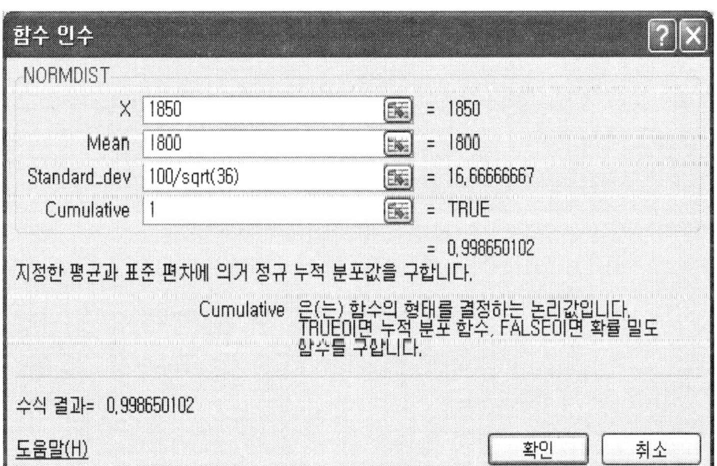

〈그림 5.19〉 정규분포로부터의 확률 계산

● 방법 2(수식입력줄 이용)

수식 입력줄에서 "=1-NORMDIST(1850, 1800, 100/SQRT(36), 1)"를 입력하면 구하고자 하는 확률값 0.0013이 출력된다.

(예제 5-2) 표본평균 $\overline{X}$가 정규분포 $N(69,\ 5^2/100)$을 따를 때 $P(68 \le \overline{X} \le 70)$의 계산 :

● 수식 입력줄에서 "=NORMDIST(70, 69, 0.5, 1)-NORMDIST(68, 69, 0.5, 1)"를 입력 또는 수식 입력줄에서 "=NORMSDIST(2)-NORMSDIST(-2)"를 입력하면 구하고자 하는 확률값 0.9545이 출력된다.

실습 6 **예제 5-3), 예제 5-5), 예제 5-6)에서의 확률 계산:**

※ 카이제곱분포 $\chi^2(24)$에서 확률 $P\left(\frac{24\times 16.3}{25} \le V \le \frac{24\times 24.3}{25}\right)$의 계산:

● 방법 1(대화상자 이용)

[수식]-[함수 삽입]-[함수 마법사]의 범주 선택에서 "통계"를, 함수 선택에서 "CHIDIST"를 선택-[CHIDIST] 대화상자에서 X=24*16.3/25, Deg_freedom=24와 X=24*24.3/25, Deg_freedom=24를 각각 입력하여 확률을 계산한 후(그림 5.20 참조) 그 차이를 구하면 확률 0.3998을 얻게 된다.

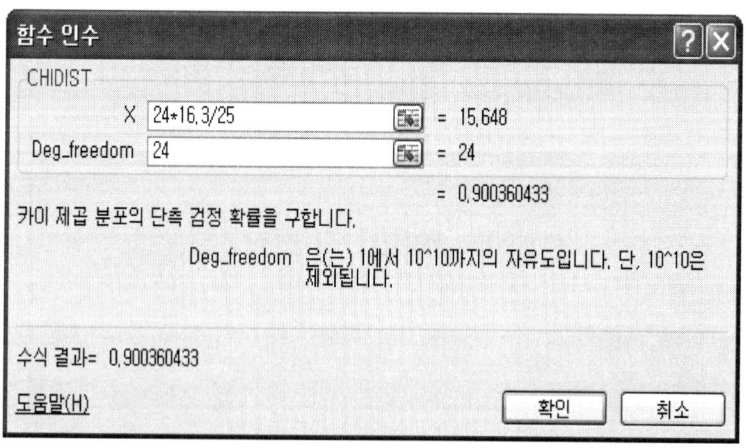

〈그림 5.20〉 카이제곱분포로부터의 확률 계산

● **방법 2(수식 입력줄 이용)**

수식 입력줄에서 “CHIDIST(24*24.3/25, 24)-CHIDIST(24*16.3/25, 24)”을 입력하면 확률 0.3998을 얻게 된다.

※ $\hat{p}$ 이 $N\left(0.03, \sqrt{\frac{0.03\times(1-0.03)}{300}}\right)$을 따를 때 $P(\hat{p}>0.02)$의 확률 계산:

● **방법 1(대화상자 이용)**

[수식]-[함수 삽입]-[함수 마법사]의 범주 선택에서 “통계”를, 함수 선택에서 “NORMDIST”를 선택-[NORMDIST] 대화상자에서 X=0.02, Mean=0.03, Standard_dev=sqrt(0.03*(1-0.03)/300), Cumulate=1을 입력

● **방법 2(수식 입력줄 이용)**

수식 입력줄에서 “=1-NORMDIST(0.02, 0.03, 0.03*(1-0.03)/300, 1)을 입력하면 구하고자 하는 확률 0.84503이 출력된다.

※ 자유도 8인 t-분포에서 확률 $P(T>0.25)$ 의 계산:

● **방법 1(대화상자 이용)**

[수식]-[함수 삽입]-[함수 마법사]의 범주 선택에서 “통계”를, 함수 선택에서 “TDIST”를 선택-[TDIST] 대화상자에서 X=0.25, Deg_freedom=8, Tails=1(우측 꼬리확률을 계산할 경우 1, 양측 꼬리 확률을 계산할 경우에는 2)을 입력

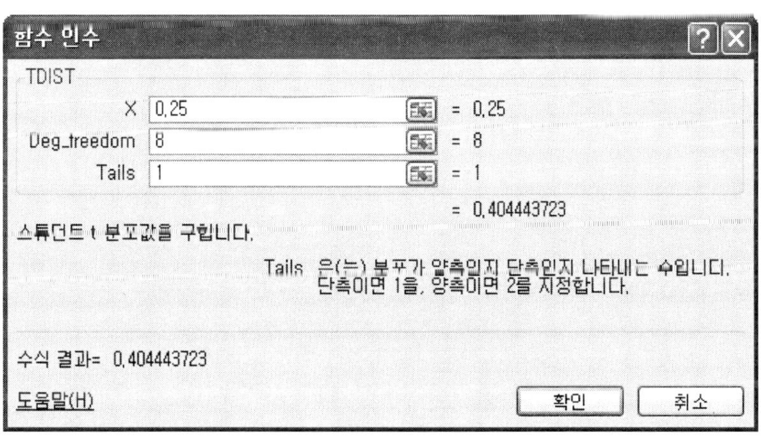

〈그림 5.21〉 [함수마법사]를 사용한 t-분포의 확률 계산

● 방법 2(수식 입력줄 이용)

수식 입력줄에서 "=TDIST(0.25, 8, 1)을 입력하면 구하고자 하는 확률 0.4044가 출력된다.

연습문제

1. 2000년 통계청에서 실시한 총인구조사에 따르면 서울시는 종로구, 중구, 용산구 등 총 25개의 구로 이루어져 있으며, 이들 25개구 전체의 인구수는 9,895,217명이라고 한다. 이러한 모집단으로부터 크기가 5인 확률표본을 3회 반복하는 실험을 실시하여 아래 <표>와 같은 결과를 얻었다고 하자.

〈표〉 서울시의 25개구 중에서 5개구를 뽑는 실험을 3번 반복한 결과

표본 #1		표본 #2		표본 #3	
구	인구수	구	인구수	구	인구수
서대문구	351,625	금천구	268,586	강서구	504,480
관악구	505,036	강동구	474,244	성북구	460,511
도봉구	352,702	구로구	392,541	마포구	367,220
송파구	633,956	종로구	170,118	양천구	459,643
영등포구	390,035	동대문구	367,595	광진구	381,568

(1) 확률변수 X를 서울시의 1개구 당 인구수라고 할 때 모평균 μ(1개구 당 평균 인구수)를 구하여라.

(2) 표본 #1, #2, #3의 평균을 각각 계산하여 모평균 μ와 비교하여라.

(3) 표본#1, #2, #3을 하나로 합한 후 평균값을 계산하고, 그 결과를 모평균 μ와 비교하여라. 이로부터 어떠한 사실을 알 수 있는가?

2. 어느 회사에서 생산되는 전구의 수명은 평균 2,000(시간), 표준편차 50(시간)이라 한다. 이 공장에서 생산된 제품 중 100개를 랜덤으로 추출할 때, 이들의 표본평균이 1,990시간보다 크지 않을 확률을 계산하여라.

3. 서울의 K고등학교에서 대학수학능력시험 모의고사를 치른 결과, 언어영역의 점수는 근사적으로 평균 $\mu = 65.0$, 분산 $\sigma^2 = 64.0$인 정규분포를 따르는 것으로 나타났다.
   (1) 한 학생을 랜덤으로 추출한다고 할 때 이 학생의 점수가 70점 이상일 확률을 구하여라.
   (2) 50명의 학생을 랜덤으로 추출한다고 할 때 이들의 평균 $\overline{X}$의 평균과 분산을 각각 구하여라.
   (3) 50명 학생들에 대한 표본평균 $\overline{X}$가 70점 이상일 확률을 구하여라.

4. $\overline{X}$를 정규분포 $N(\mu,\ 2^2)$를 따르는 모집단으로부터의 크기 n인 한 확률표본의 표본평균이라 하자. 이때

$$P(\mid \overline{X} - \mu \mid \ \le 0.1) \ge 0.95$$

를 만족하는 n 값을 구하여라.

5. 우리나라 고등학교 남학생들의 몸무게는 정규분포 $N(66,\ 4^2)$을 따른다고 한다(단위 : kg). 고등학교 남자 학생들 중에서 25명을 랜덤으로 추출할 때, 이들의 몸무게 평균이 66(kg)이상 67(kg)이하일 확률을 구하여라.

6. P제철에서 생산되는 10mm 강판의 장력은 분산 $\sigma^2 = 100$인 정규분포를 따른다고 하자. 이 회사 제품들 중에서 11개를 랜덤으로 추출할 때, 장력의 표본분산 S^2이 205보다 클 확률을 구하여라.

7. 노원구청에서 수집한 자료에 의하면 주민들의 60%가 이번에 철거되는 경춘선을 관광코스로 개발하는데 찬성하고 있다고 한다. 이를 확인하기 위하여 노원구 주민들 중에서 150명을 랜덤으로 추출한다고 할 때 찬성 비율이 0.52보다 클 확률을 구하여라.

8. 정보처리기사 시험은 64 문항의 5지 선다형 객관식 문제로 이루어져 있다. K군은 이 시험에서 찍기로 정답을 택한다고 할 때 맞힌 정답의 개수가 16개보다 많을 확률을 구하여라.

Chapter

6 추정

6-1 점추정

6-2 구간추정

6-3 Excel 실습

제 6 장 추정

통계적 추론은 그 목적에 따라 여러 형태로 분류될 수 있지만 그 중 가장 기본적이며 중요한 것으로는 알려져 있지 않은 모수의 참값을 구하는 추정(estimation)과 모수에 대한 추측 또는 주장 등의 옳고 그름을 판단하는 검정(testing)이 있다. 이 장에서는 모집단의 모수에 관한 추정에 대해서, 다음 장에서는 검정에 대해서 알아보기로 한다.

모수에 관한 추정은 크게 점추정(point estimation)과 구간추정(interval estimation)으로 나눌 수 있다. 점추정은 모수를 한 개의 값으로 구하는 방법이며, 반면에 구간추정은 정해진 확률하에서 모수가 포함되리라고 기대되는 구간을 구하는 방법을 말한다.

6-1 점추정

점추정이란 표본으로부터 얻어지는 정보를 이용하여 모수의 참값이라고 생각되는 하나의 값을 구하는 것을 말한다. 이때 모수를 추정하기 위하여 사용되는 통계량을 점추정량(point estimator) 또는 추정량(estimator)이라 하고, 표본으로부터 관측된 값을 점추정량에 대입하여 얻은 값을 점추정값(point estimate) 또는 추정값(estimate)이라고 한다. 예를 들어 전구의 평균수명 μ를 추정하기 위하여 사용되는 통계량 $\overline{X}$는 모수 μ의 점추정량이 되며, 점추정량 $\overline{X}$에 표본으로부터 관측된 값을 대입하여 얻은 값을 2,500시간이라고 할 때 이 2,500시간이 μ에 대한 점추정값이 되는 것이다.

모수의 추정을 위해서 사용될 수 있는 추정량으로 여러 가지가 있을 수 있다. 예를 들면 모집단의 평균은 모집단의 중심위치를 나타내는 대표값이므로 이에 대한 점추정량으로 표본평균, 표본중앙값, 표본의 (최대값+최소값)/2 등 여러 가지가 고려될 수 있다. 하지만 이러한 통계량 중에서 어느 것이 모평균 μ 의 점추정량으로 바람직하고 좋은 것인지를 판단할 수 있어야 한다. 좋은 추정량이 되기 위한 조건으로 여러 가지가 있으나 그 중 가장 기본적인 것으로는 불편성, 유효성, 일치성 등을 들 수 있다.

6.1.1 불편성

모수에 대한 좋은 점추정량을 구하기 위해서는 편의(bias)에 대한 의미를 이해하여야 한다. 편의란 표본분포의 중심위치와 관련된 용어로서 그 의미는 <그림 6.1>을 이용하여 설명될 수 있다. 그림에서 추정하고자 하는 모수의 참값을 과녁의 정중앙이라 하고, 반복적으로 추출되는 표본으로부터 구해진 추정값들을 과녁으로 발사되는 화살이라고 하자. 이때 화살이 과녁의 정중앙을 중심으로 명중되고 있느냐 또는 과녁의 중심으로부터 떨어져 있는 특정한 점을 중심으로 명중되고 있느냐 하는 것은 편의와 관련된 문제가 된다. 그림에서 (a)와 (c)는 과녁의 중심에서 1시 방향으로 떨어진 점을 중심으로 편의되어 명중되고 있는 경우로서 이것은 추정값들이 모수의 참값과는 차이가 있는 값을 중심으로 추정되고 있다는 것을 나타내고 있고, 반면에 (b)와 (d)는 비록 흩어짐의 정도에서는 차이가 있지만 과녁의 정중앙을 중심으로 명중되고 있기 때문에 편의가 되지 않은 경우, 즉, 추정값들이 비록 오차는 있지만 모수의 참값을 중심으로 추정되고 있다는 것을 나타내고 있다.

모수에 대한 점추정시 불편성(unbiasedness)이란 분포의 중심위치와 관련되어 있는 성질을 말하며, 이것은 반복하여 추출되는 표본으로부터 구해진 추정량의 값들이 모수의 참값을 중심으로 나타나면서, 그 평균은 모수의 참값과 일치한다는 것을 의미한다. 즉, 추정하고자 하는 모수를 θ, 모수 θ의 추정량을 $\hat{\theta}$이라고 표기할 때 추정량 $\hat{\theta}$의 평균 즉, 기대값이 모수 θ와 일치할 경우 추정량 $\hat{\theta}$을 모수 θ의 불편추정량(unbiased estimator)이라 한다.

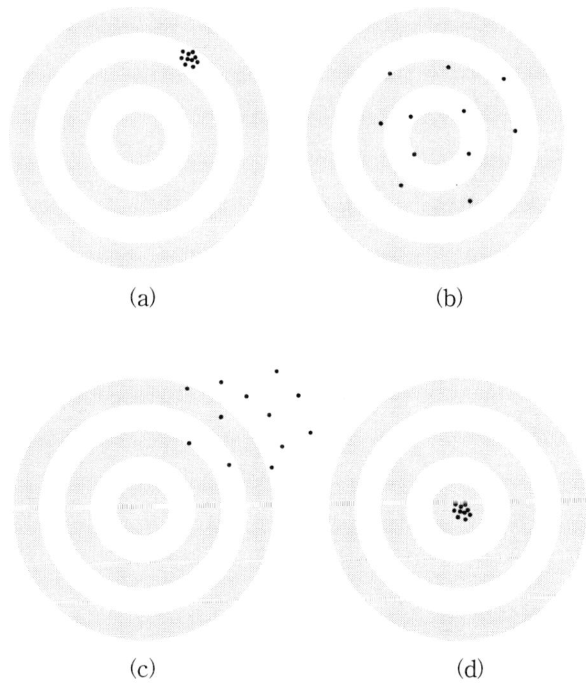

〈그림 6.1〉 불편성과 유효성의 의미

Tip

불편성(unbiasedness)

모수 θ의 추정량 $\hat{\theta}$이 $E(\hat{\theta})=\theta$를 만족할 때 $\hat{\theta}$을 θ의 불편추정량이라 한다.

예제 6-1

$X_1, \cdots, X_n$을 평균 μ, 분산 σ^2인 모집단으로부터의 확률표본이라 할 때 표본평균 $\overline{X}$가 모평균 μ의 불편추정량이 됨을 보여라.

풀이 표본평균 $\overline{X}$의 기대값은

$$E(\overline{X}) = E\left(\frac{X_1 + X_2 + \cdots + X_n}{n}\right)$$

$$= \frac{1}{n}[E(X_1) + E(X_2) + \cdots + E(X_n)]$$

$$= \frac{1}{n}(\mu + \mu + \cdots + \mu) = \frac{1}{n}n\mu = \mu$$

로 모평균 μ와 일치하므로 $\overline{X}$는 μ의 불편추정량이 된다. ❀

6.1.2 유효성

일반적으로 추정량이 불편성을 만족한다고 해서 가장 바람직하다고는 할 수 없다. 추정량이 비록 불편성을 가지고 있다 하더라도 반복적으로 추출된 표본으로부터 구해진 추정값들의 변이(variability) 즉 분산이 크다면 좋은 추정량이라고 보기는 어렵기 때문이다. <그림 6.1>에서 (b)와 (d)를 비교해 보면 (d)는 대부분의 화살들이 정중앙에 거의 정확하게 명중되고 있기 때문에 표본으로부터 계산된 추정값들은 편의가 없으면서 모수와의 오차도 거의 없는 경우이며, 반면에 (b)는 화살이 정중앙을 중심으로 산발되어 명중되고 있기 때문에 추정값들의 편의는 없다고 할 수 있지만 모수와의 오차가 큰 경우를 나타내고 있다. 이러한 사실은 우리에게 추정량의 분산이 작을수록 상대적으로 모수에 가까운 추정값을 얻을 가능성이 높으며, 결과적으로 어떤 모수에 대한 추정량이 여러 개 존재할 경우 분산이 작은 추정량이 보다 좋은 추정량이 될 수 있음을 알려주고 있다. 따라서 만약 불편성이라는 좋은 성질을 만족하는 θ 의 추정량이 여러 개 있을 경우에는 그 추정량의 분산들을 비교하여 그 값이 더 작은 추정량을 선택하는 것이 바람직하다고 할 수 있는 것이다.

<그림 6.2>에는 두 추정량 $\hat{\theta}_1$과 $\hat{\theta}_2$의 분포가 그려져 있다. 그림에서 보는 바와 같이 두 추정량 $\hat{\theta}_1$과 $\hat{\theta}_2$은 둘 다 모수 θ 의 불편추정량이지만, 추정량 $\hat{\theta}_1$이 추정량 $\hat{\theta}_2$ 보다 작은 분산을 가지고 있기 때문에 '추정량 $\hat{\theta}_1$은 추정량 $\hat{\theta}_2$보다 더 유효(efficient)하다.'고 하게 되는 것이다.

Tip

유효성(efficiency)

불편추정량 $\hat{\theta}_1$과 $\hat{\theta}_2$에 대하여 $V(\hat{\theta}_1) < V(\hat{\theta}_2)$ 이면, $\hat{\theta}_1$이 $\hat{\theta}_2$보다 더 유효하다고 한다.

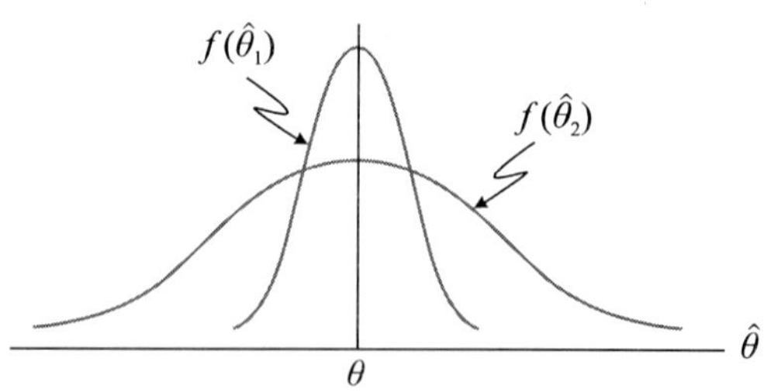

〈그림 6.2〉 두 불편추정량 $\hat{\theta}_1$과 $\hat{\theta}_2$의 표본분포

예제 6-2

X_1, X_2, X_3를 평균 μ, 분산 σ^2인 모집단으로부터의 크기 $n=3$인 확률표본이라 하자. 이때 μ의 두 추정량

$$T_1 = \frac{X_1 + 2X_2 + X_3}{4}, \quad T_2 = \frac{X_1 + X_2 + X_3}{3}$$

중에서 어느 추정량이 더 유효한지를 보여라.

풀이

$$E(T_1) = \frac{1}{4}E(X_1 + 2X_2 + X_3)$$

$$= \frac{1}{4}[E(X_1) + 2E(X_2) + E(X_3)] = \frac{1}{4}4\mu = \mu,$$

$$E(T_2) = \frac{1}{3}E(X_1 + X_2 + X_3)$$

$$= \frac{1}{3}[E(X_1) + E(X_2) + E(X_3)] = \frac{1}{3}3\mu = \mu$$

이므로 두 추정량 T_1, T_2는 μ의 불편추정량이다.

$$V(T_1) = \frac{1}{4^2}V(X_1 + 2X_2 + X_3)$$

$$= \frac{1}{16}[V(X_1) + 4V(X_2) + V(X_3)] = \frac{1}{16}6\sigma^2 = \frac{3}{8}\sigma^2,$$

$$V(T_2) = \frac{1}{3^2}V(X_1 + X_2 + X_3)$$

$$= \frac{1}{9}[V(X_1) + V(X_2) + V(X_3)] = \frac{1}{9}3\sigma^2 = \frac{1}{3}\sigma^2$$

따라서 $V(T_1) > V(T_2)$이므로 추정량 T_2가 추정량 T_1보다 더 유효하다. ✿

6.1.3 일치성

불편성이 모수의 추정량으로 바람직한 성질이지만 보다 일반적인 개념으로 일치성이란 것이 있다. 일치성이란 표본의 크기를 증가시킴에 따라 추정값과 모수간의 차이가 0에 가까워지는 성질을 말한다.

Tip

일치성(consistency)

표본의 크기 n이 무한히 커짐에 따라 추정량 $\hat{\theta}_n$이 모수 θ에 수렴해 갈 때 즉,

$$\lim_{n\to\infty} P(|\hat{\theta}_n - \theta| > \epsilon) = 0$$

이면, $\hat{\theta}_n$을 θ의 일치추정량(consistent estimator)이라 한다.

일치추정량은 표본의 크기가 무한히 증가함에 따라 추정량 $\hat{\theta}_n$의 분산 $V(\hat{\theta}_n)$은 0에 수렴하는 성질을 갖게 된다. 따라서 어떤 추정량이 일치추정량인지의 여부는 n이 무한대로 증가할 때 추정량 $\hat{\theta}_n$은 모수 θ로, $\hat{\theta}_n$의 분산은 0으로 수렴하는지의 여부로 판단할 수 있다. 즉,

$$① \lim_{n\to\infty} E(\hat{\theta}_n) = \theta, \qquad ② \lim_{n\to\infty} V(\hat{\theta}_n) = 0$$

을 만족하는 추정량 $\hat{\theta}_n$을 모수 θ의 일치추정량이라 한다.

예제 6-3

$X_1, \cdots, X_n$을 평균 μ, 분산 σ^2인 모집단으로부터의 확률표본이라 할 때 표본평균 $\overline{X}$가 모평균 μ의 일치추정량이 됨을 보여라.

풀이 $E(\overline{X}) = \mu$, 그리고 $V(\overline{X}) = \dfrac{\sigma^2}{n}$ 이므로

$$\lim_{n\to\infty} E(\overline{X}) = \lim_{n\to\infty} \mu = \mu$$

$$\lim_{n\to\infty} V(\overline{X}) = \lim_{n\to\infty} \frac{\sigma^2}{n} = 0$$

이므로 $\overline{X}$는 μ의 일치추정량이 된다. ❀

6.1.4 모수의 점추정량

(1) 모평균 μ의 점추정량

모평균 μ의 점추정량으로는 앞에서 이야기한 바와 같이 표본평균, 표본의 중앙값, 표본의 (최대값+최소값)/2 등 여러 가지를 고려할 수 있다. 하지만 이들 중에 표본평균 $\overline{X}$가 불편성, 유효성, 일치성 등의 성질을 가지고 있는 μ의 좋은 점추정량이 된다.

Tip

모평균 μ의 점추정량

표본평균 $\overline{X}=\frac{1}{n}\sum_{i=1}^{n}X_i$는 불편성과 유효성, 그리고 일치성을 가진 추정량이다.

(2) 모분산 σ^2의 점추정량

모분산 σ^2의 점추정량으로 다음과 같은 두 추정량이 많이 사용되고 있다.

$$S^2=\frac{1}{n-1}\sum_{i=1}^{n}(X_i-\overline{X})^2$$

$$S_0^2=\frac{1}{n}\sum_{i=1}^{n}(X_i-\overline{X})^2$$

하지만 두 추정량 중 S^2이 불편성을 가지고 있기 때문에 σ^2의 추정량으로 S^2이 S_0^2보다 더 바람직한 추정량이라 할 수 있다. 하지만 n이 큰 경우, 두 추정량 S^2과 S_0^2은 차이가 거의 없다.[1)]

$$E(S^2)=\sigma^2\ , \qquad E(S_0^2)=\frac{n-1}{n}\sigma^2$$

---

1) $E(S^2)=\frac{1}{n-1}E[\sum(X_i-\overline{X})^2]=\frac{1}{n-1}E[\sum(X_i-\mu)^2-n(\overline{X}-\mu)^2]$

$=\frac{1}{n-1}\left(n\sigma^2-n\frac{\sigma^2}{n}\right)=\sigma^2$

$E(S_0^2)=E\left(\frac{n-1}{n}S^2\right)=\frac{n-1}{n}E(S^2)=\frac{n-1}{n}\sigma^2$

Tip

모분산 σ^2 의 점추정량

표본분산 $S^2 = \frac{1}{n-1}\sum_{i=1}^{n}(X_i - \overline{X})^2$ 은 불편성을 가진 추정량이다.

(3) 모비율의 점추정량

확률변수 X 가 모수 $n,\ p$ 인 이항분포를 따를 때 모비율 p 의 점추정량으로는 표본비율 $\hat{p} = X/n$ 가 사용되며, 이때 표본비율 $\hat{p}$ 은 불편성과 일치성을 가지고 있다.

Tip

모비율 p 의 점추정량

표본비율 $\hat{p} = \frac{X}{n}$ 는 불편성과 일치성을 가진 추정량이다.

예제 6-4

확률변수 X 가 모수 $n,\ p$ 인 이항분포를 따를 때, 표본비율 $\hat{p}$ 이 모비율 p 의 불편 및 일치추정량이 됨을 보여라.

풀이 확률변수 X 가 모수 $n,\ p$ 인 이항분포를 따를 때 $E(X) = np$, $V(X) = np(1-p)$ 이다. 따라서

$$E(\hat{p}) = E\left(\frac{X}{n}\right) = \frac{1}{n}E(X) = \frac{1}{n}np = p$$

이므로 표본비율 $\hat{p}$ 은 모비율 p 의 불편추정량이 되며, 또한

$$\lim_{n\to\infty} E(\hat{p}) = \lim_{n\to\infty} p = p$$

$$\lim_{n\to\infty} V(\hat{p}) = \lim_{n\to\infty} V\left(\frac{X}{n}\right) = \lim_{n\to\infty} \frac{1}{n^2}np(1-p) = \lim_{n\to\infty} \frac{p(1-p)}{n} = 0$$

이므로, $\hat{p}$ 은 모비율 p 의 일치추정량이 된다. ❀

6-2 구간추정

A전구회사 제품 중에서 랜덤으로 추출된 36개 전구의 평균수명을 계산한 결과 2,500시간이었다고 하자. 이때 이 추정값이 모수(A전구회사에서 생산되는 전체 전구의 평균수명)와 얼마나 가까운 또는 멀리 떨어진 값일까 하는 의문이 생길 수 있다. 이러한 경우에는 하나의 추정값보다는 추정값이 갖게 되는 오차의 범위를 정한 후, 모수가 포함되리라고 기대되는 구간을 구하는 것이 바람직하다. 구간추정(interval estimation)이란 모수를 특정한 하나의 값이 아니라 일정한 확률하에 모수가 포함될 구간을 구하는 것을 말한다.

구간추정은 통계량의 표본분포에 근거를 두고 이루어진다. 예를 들어 전구의 수명조사에서 표본평균 $\overline{X}$가 근사적으로 평균이 μ, 표준편차가 $\sigma_{\overline{X}} = \sigma / \sqrt{n} = 10$인 정규분포를 따른다고 할 때 정규분포의 68-95-99.7 법칙에 따라 표본평균 $\overline{X}$가 분포의 중심인 μ로부터 $\pm 2 \cdot \sigma_{\overline{X}}$ 이내 즉, $\mu \pm 2 \cdot (10)$ 이내에 포함될 확률은 약 0.95가 된다. 이때 부등식

$$\mu - 20 < \overline{X} < \mu + 20$$

은 부등식

$$\overline{X} - 20 < \mu < \overline{X} + 20$$

인 것과 같은 것이므로 "$\overline{X}$가 $\mu \pm 20$ 이내에 포함될 확률이 0.95"라는 말은 "μ가 구간 $\overline{X} \pm 20$에 포함될 확률이 0.95"라는 말과 동일한 의미라는 것을 알 수 있다. 이때 $\overline{X} \pm 20$을 모평균 μ의 95% 신뢰구간(confidence interval)이라 부르며, 이때의 95%를 신뢰수준(confidence level)이라 한다.[2)]

Tip

모수의 $100(1-\alpha)\%$ 신뢰구간

주어진 확률 $1-\alpha$에 대하여 $\min P(L \le \theta \le U) \ge 1-\alpha$가 성립하도록 하는 구간 (L, U)를 모수 θ에 대한 $100(1-\alpha)\%$ 신뢰구간이라 하며, 이때 L과 U를 신뢰한계, $100(1-\alpha)\%$를 신뢰수준(confidence level)이라 한다.

2) 표본의 크기가 $n=36$인 표본을 무수히 반복추출하여 구간을 구한다고 할 때 구해진 전체 구간의 약 95%에 해당하는 구간들이 모평균 μ를 포함하게 된다는 것을 의미한다.

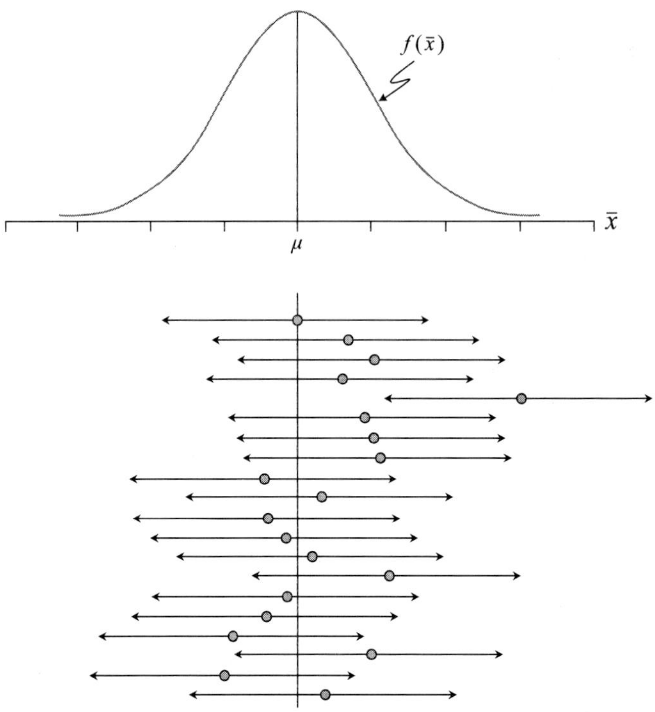

〈그림 6.3〉 20회 반복 추출시 95% 신뢰구간의 의미

6.2.1 모평균의 구간추정

(1) σ^2 이 알려져 있는 경우

표본평균 $\overline{X}$ 가 근사적으로 정규분포 $N(\mu, \sigma^2/n)$ 을 따를 경우, 확률변수 $Z = \dfrac{\overline{X} - \mu}{\sigma/\sqrt{n}}$ 는 표준정규분포 $N(0, 1)$ 을 따른다는 사실을 이미 배웠다. 따라서 확률변수 Z 가 $-z_{\alpha/2}$ 와 $z_{\alpha/2}$ 사이에 포함될 확률은

$$\begin{aligned} 1 - \alpha &= P\left(-z_{\alpha/2} \le \frac{\overline{X} - \mu}{\sigma/\sqrt{n}} \le z_{\alpha/2}\right) \\ &= P\left(\overline{X} - z_{\alpha/2}\frac{\sigma}{\sqrt{n}} \le \mu \le \overline{X} + z_{\alpha/2}\frac{\sigma}{\sqrt{n}}\right) \end{aligned}$$

이므로, 따라서 모평균 μ에 대한 $100(1-\alpha)\%$ 신뢰구간은 다음과 같게 된다.

$$\left(\overline{X} - z_{\alpha/2}\frac{\sigma}{\sqrt{n}},\quad \overline{X} + z_{\alpha/2}\frac{\sigma}{\sqrt{n}}\right)$$

Tip

모평균 μ 에 대한 $100(1-\alpha)\%$ 신뢰구간(σ^2 이 알려져 있는 정규모집단)

$$\left(\overline{X}-z_{\alpha/2}\frac{\sigma}{\sqrt{n}},\ \overline{X}+z_{\alpha/2}\frac{\sigma}{\sqrt{n}}\right)$$

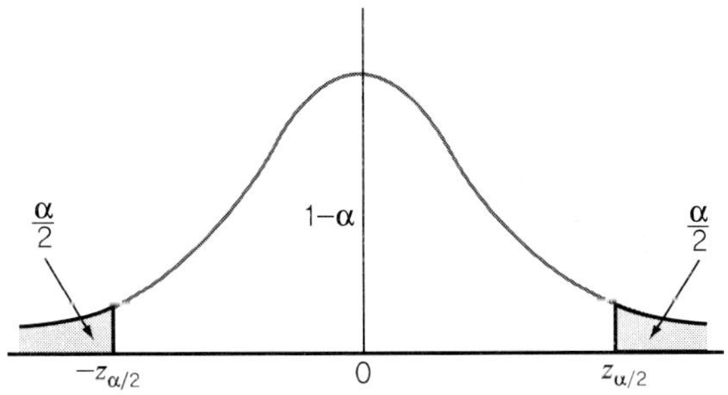

〈그림 6.4〉 확률 $P(-z_{\alpha/2} \leq Z \leq z_{\alpha/2}) = 1 \quad \alpha$

예제 6-5

서울시의 가구당 월 소득 평균 μ 를 추정하기 위하여 81 가구를 랜덤으로 추출하여 소득을 조사한 결과 $\overline{x} = 149.6$(만원)을 얻었다. 모평균 μ 에 대한 90% 신뢰구간을 구하여라. 단 서울시의 가구당 월 소득은 표준편차 $\sigma = 14.7$(만원)인 정규분포를 따른다고 가정한다.

풀이 표준정규분포표로부터 $z_{0.05} = 1.645$ 이므로, 모평균 μ 에 대한 90% 신뢰구간은 다음과 같이 구해진다.

$$\left(149.6 - 1.645\frac{14.7}{\sqrt{81}},\ 149.6 + 1.645\frac{14.7}{\sqrt{81}}\right) \fallingdotseq (146.9\text{만원},\ 152.2\text{만원})$$

※ 예를 들어, 표본을 다시 뽑았을 때 $\overline{x} = 150$(만원)이었다면 이때의 신뢰구간을 계산하면 (147.3만원, 152.6만원)이 되고, 또다시 반복하여 뽑은 표본에서 표본평균이 145만원이있다면 이때의 신뢰구간은 (142.3만원, 147.6만원)이 된나. 이렇게 반복하여 뽑은 표본들로부터 구한 신뢰구간들이 모두 모평균 μ를 포함한다고는 이야기할 수는 없다. 단지 동일한 크기의 표본을 무한히 반복하여 추출하여 신뢰구간을 구한다고 할 경우, 구해진 전체의 신뢰구간들 중 약 90%에 해당하는 구간들이 모평균 μ를 포함한다고 이야기할 수 있다. 따라서 위의 예에서 구한 신뢰구간도 이러한 개념하에서 구해진 구간들 중 하나이다. ❀

일반적으로 신뢰구간의 길이는 표본의 크기를 크게 함으로써 줄일 수 있으며, 그에 따라 정확도를 증가시킬 수 있다. 그러나 표본의 크기를 무작정 크게 하는 것은 바람직하지 않다. 왜냐하면, 표본의 크기를 크게 한다는 것은 바로 시간과 비용의 증가를 의미하기 때문이다. 그렇다면 적당한 표본의 크기는 어떻게 정하는 것이 좋을까? 그 답은 오차한계를 어느 정도 이내로 통제하느냐와 관련되어 있다고 할 수 있다.

모평균 μ에 대한 $100(1-\alpha)\%$ 신뢰구간은 "추정량 ± 오차한계" 형태를 하고 있다. 즉 모평균 μ의 신뢰구간은 $\overline{X} \pm z_{\alpha/2}\dfrac{\sigma}{\sqrt{n}}$이므로 이때의 오차한계는 $z_{\alpha/2}\dfrac{\sigma}{\sqrt{n}}$가 되고, 이 값을 d이내로 통제하면서 적절한 표본의 크기 n를 정할 수 있는 것이다. 이러한 개념하에서 적절한 표본의 크기는 다음 부등식으로부터 구해질 수 있다.

$$z_{\alpha/2} \cdot \frac{\sigma}{\sqrt{n}} \le d$$

Tip

모평균 μ의 추정시 필요한 표본 크기의 계산(σ^2이 알려져 있는 정규모집단)

$100(1-\alpha)\%$ 신뢰수준에서 오차한계를 d이내로 하기 위한 표본의 크기는 부등식

$$n \ge \left(\frac{z_{\alpha/2}\sigma}{d}\right)^2$$

을 만족하는 최소 정수이다.

예제 6-6

어떤 종류의 담배 한 개비당 니코틴 함유량은 정규분포 $N(\mu, 3^2)$를 따른다고 가정하자. 이때 99% 신뢰수준에서 오차한계를 0.1 이내로 할 때, 모평균 μ를 추정하기 위하여 필요한 표본의 크기를 구하여라.

풀이 $z_{0.005} = 2.58$, $d = 0.1$ 이므로

$$n = \left(\frac{2.58 \times 3}{0.1}\right)^2 = 5990.76$$

이다. 따라서 필요한 표본의 크기는 5991개가 된다. ❀

(2) σ^2이 알려져 있지 않은 경우

모분산 σ^2 을 모르는 정규모집단에서 크기 n 인 확률표본을 추출할 경우, 확률변수

$$T = \frac{\overline{X} - \mu}{S/\sqrt{n}}$$

는 자유도 $n-1$ 인 $t-$분포를 따른다. 따라서 확률

$$\begin{aligned} 1-\alpha &= P\left(-t_{\alpha/2}(n-1) \leq \frac{\overline{X}-\mu}{S/\sqrt{n}} \leq t_{\alpha/2}(n-1)\right) \\ &= P\left(\overline{X} - t_{\alpha/2}(n-1)\frac{S}{\sqrt{n}} \leq \mu \leq \overline{X} + t_{\alpha/2}(n-1)\frac{S}{\sqrt{n}}\right) \end{aligned}$$

이므로, 모평균 μ에 대한 $100(1-\alpha)\%$ 신뢰구간은 다음과 같게 된다.

$$\left(\overline{X} - t_{\alpha/2}(n-1)\frac{S}{\sqrt{n}},\ \overline{X} + t_{\alpha/2}(n-1)\frac{S}{\sqrt{n}}\right)$$

Tip

모평균 μ 에 대한 $100(1-\alpha)\%$ 신뢰구간(σ^2 이 알려져 있지 않은 정규모집단)

$$\left(\overline{X} - t_{\alpha/2}(n-1)\frac{S}{\sqrt{n}},\ \overline{X} + t_{\alpha/2}(n-1)\frac{S}{\sqrt{n}}\right)$$

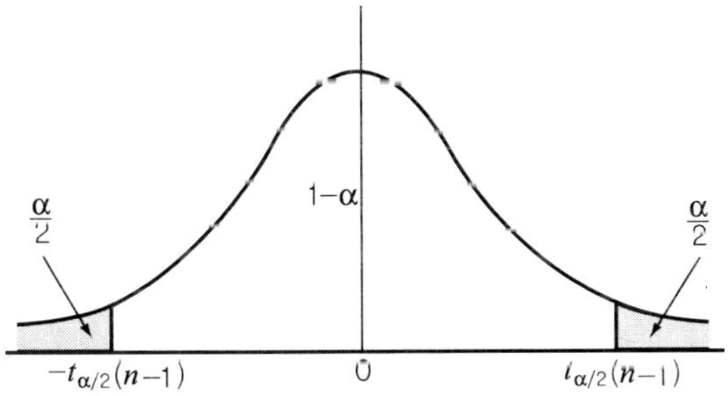

〈그림 6.5〉 확률 $P[-t_{\alpha/2}(n-1) \leq T \leq t_{\alpha/2}(n-1)] = 1-\alpha$

예제 6-7

고속도로의 보수에 사용되는 특수 시멘트가 굳을 때까지의 평균시간을 추정하고자 한다. 랜덤으로 추출된 10개 지역의 보수공사 기록으로부터 시멘트가 굳을 때까지의 시간을 조사한 결과 평균과 표준편차는 각각 240(분)과 30(분)이었다. 이 결과를 이용하여 평균시간 μ 의 90% 신뢰구간을 구하여라. 단, 시멘트가 굳을 때까지의 걸리는 시간은 정규분포를 따른다고 가정한다.

풀이 t − 분포표로부터 $t_{0.05}(9) = 1.833$ 이므로, 모평균 μ에 대한 90% 신뢰구간은 다음과 같이 구해진다.

$$\left(240 - 1.833\frac{30}{\sqrt{10}},\ 240 + 1.833\frac{30}{\sqrt{10}}\right) = (222.61,\ 257.39)$$ ❀

σ 를 모를 경우 $100(1-\alpha)\%$ 신뢰수준에서의 오차한계는 $t_{\alpha/2}(n-1) \cdot S/\sqrt{n}$ 이다. 따라서 필요한 표본의 크기 n은 다음 부등식을 만족하는 최소 정수가 된다. 여기서 S는 소수의 예비 표본으로부터 얻어지는 값이다.

$$t_{\alpha/2}(n-1) \cdot \frac{S}{\sqrt{n}} \le d$$

Tip

모평균 μ의 추정시 필요한 표본 크기의 계산(σ^2 이 알려져 있지 않은 정규모집단)

$100(1-\alpha)\%$ 신뢰수준에서 오차한계를 d 이내로 하기 위한 표본의 크기는 부등식

$$n \ge \left[\frac{t_{\alpha/2}(n-1) \cdot S}{d}\right]^2$$

을 만족하는 최소 정수이다.

예제 6-8

S전자 공장에서는 근로자들의 통근버스 노선을 개선하기 위하여 통근버스를 이용하고 있는 근로자들의 평균 소요시간을 조사하고자 한다. 소요시간이 정규분포 $N(\mu, \sigma^2)$ 을 따른다고 가정하고 95% 신뢰수준에서 오차한계를 10분이내로 할 때, 모평균 μ 를 추정하기 위하여 필요한 표본의 크기를 구하여라. 단, 예비 표본으로 15명의 근로자를 랜덤으로 추출하여 $s = 30$ (분)을 얻었다고 한다.

풀이 $s=30,\ d=10,\ t_{0.025}(14)=2.145$ 이므로 $n \geq \left(\dfrac{2.145\times 30}{10}\right)^2 = 41.409$ 이다.

따라서 필요한 표본의 크기는 42명이다.

※ 15명의 표본은 이미 존재하기 때문에 시간과 비용의 절약을 위해서 27명의 표본을 추가적으로 추출하면 된다. ❀

6.2.2 모분산의 구간추정

분산 σ^2 이 알려져 있지 않은 정규분포 $N(\mu,\sigma^2)$ 을 따르는 모집단으로부터 크기 n 인 확률표본을 추출할 때, 통계량

$$V=\frac{(n-1)S^2}{\sigma^2}$$

은 자유도 $n-1$ 인 카이제곱분포를 따른다는 사실을 5.3절에서 배웠다. 따라서 확률

$$1-\alpha = P\left[\chi^2_{1-\alpha/2}(n-1) \leq \frac{(n-1)S^2}{\sigma^2} \leq \chi^2_{\alpha/2}(n-1)\right]$$

$$= P\left[\frac{(n-1)S^2}{\chi^2_{\alpha/2}(n-1)} \leq \sigma^2 \leq \frac{(n-1)S^2}{\chi^2_{1-\alpha/2}(n-1)}\right]$$

이므로, 모분산 σ^2 에 대한 $100(1-\alpha)\%$ 신뢰구간은 다음과 같게 된다.

Tip

모분산 σ^2 에 대한 $100(1-\alpha)\%$ 신뢰구간

$$\left(\frac{(n-1)S^2}{\chi^2_{\alpha/2}(n-1)},\ \frac{(n-1)S^2}{\chi^2_{1-\alpha/2}(n-1)}\right)$$

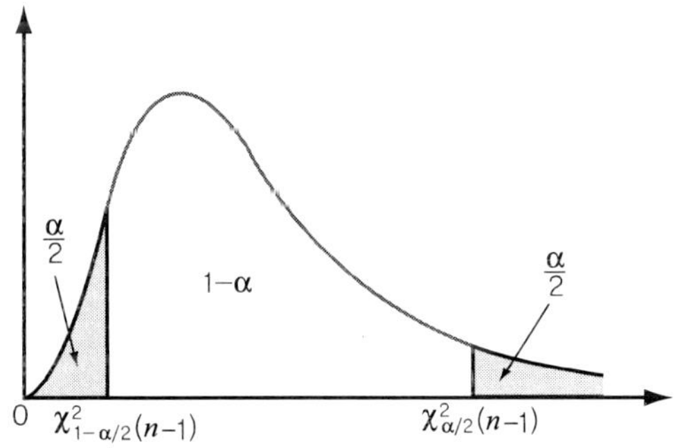

〈그림 6.6〉 확률 $P\left[\chi^2_{1-\alpha/2}(n-1) \leq V \leq \chi^2_{\alpha/2}(n-1)\right]=1-\alpha$

예제 6-9

한강의 수질 오염도를 조사하기 위하여 10개 지역에서 소량의 물을 채취하여 특정 오염물질의 함유량을 측정한 결과 $s^2 = 181.0$ 을 얻었다. 오염물질의 함유량이 정규분포를 따른다고 할 때 σ^2 에 대한 90% 신뢰구간을 구하여라.

풀이 카이제곱분포표로부터 $\chi^2_{0.05}(9) = 16.92$, $\chi^2_{0.95}(9) = 3.325$ 이므로 모분산 σ^2 에 대한 90% 신뢰구간은 다음과 같이 구해진다.

$$\left(\frac{9 \times 181}{16.92}, \frac{9 \times 181}{3.325}\right) = (96.27,\ 489.92)$$

❀

6.2.3 모비율의 구간추정

모비율 p 인 이항분포로부터 크기가 n인 확률표본을 추출할 때, 표본비율 $\hat{p}$은 n이 충분히 크면 근사적으로 평균이 p, 분산이 $p(1-p)/n$인 정규분포를 따르므로 표준화된 확률변수

$$Z = \frac{\hat{p} - p}{\sqrt{p(1-p)/n}}$$

는 근사적으로 표준정규분포 $N(0, 1)$을 따르게 됨을 5.4절에서 배웠다. 그런데 n이 충분히 클 경우, $\hat{p}$과 p는 거의 차이가 없을 것이라고 간주할 수 있기 때문에 위 식에서 p 대신 $\hat{p}$를 대입하여 얻은 확률변수

$$Z = \frac{\hat{p} - p}{\sqrt{\hat{p}(1-\hat{p})/n}}$$

도 근사적으로 표준정규분포 $N(0, 1)$ 을 따른다고 할 수 있다. 따라서 확률

$$1 - \alpha = P\left(-z_{\alpha/2} \le \frac{\hat{p} - p}{\sqrt{\dfrac{\hat{p}(1-\hat{p})}{n}}} \le z_{\alpha/2}\right)$$

$$= P\left(\hat{p} - z_{\alpha/2}\sqrt{\frac{\hat{p}(1-\hat{p})}{n}} \le p \le \hat{p} + z_{\alpha/2}\sqrt{\frac{\hat{p}(1-\hat{p})}{n}}\right)$$

가 되어 모비율 p에 대한 신뢰구간은 다음과 같게 된다.

Tip

모비율 p 의 $100(1-\alpha)\%$ 신뢰구간

$$\left(\hat{p}-z_{\alpha/2}\sqrt{\frac{\hat{p}(1-\hat{p})}{n}},\ \hat{p}+z_{\alpha/2}\sqrt{\frac{\hat{p}(1-\hat{p})}{n}}\right)$$

예제 6-10

행안부에서는 공무원들 중 석사 이상의 학위를 보유하고 있는 비율 p를 추정하기 위해 전체 공무원들 중에서 1,000명을 랜덤으로 추출하여 조사한 결과, 석사 이상 학위를 보유하고 있는 공무원 수는 210명인 것으로 나타났다. 모비율 p에 대한 95% 신뢰구간을 구하여라.

풀이 1,000명의 공무원 중에서 석사 이상의 학위를 보유하고 있는 공무원의 수는 $X=210$ 이므로 표본비율은 $\hat{p}=\frac{X}{n}=0.21$ 이다. 따라서 모비율 p에 대한 95% 신뢰구간은 근사적으로 다음과 같이 구해진다.

$$0.21\pm1.96\sqrt{\frac{0.21\times0.79}{1000}}=0.21\pm(1.96)(0.012)$$
$$=(0.186,\ 0.235)$$

❀

모비율 추정 시 필요한 표본 크기는 $100(1-\alpha)\%$ 신뢰수준에서 오차한계를 d 이하가 되도록 하는 다음과 같은 부등식

$$z_{\alpha/2}\sqrt{\frac{\hat{p}(1-\hat{p})}{n}}\le d$$

을 만족하는 최소 정수 n으로 결정하면 된다.

Tip

모비율 p 추정시 필요한 표본 크기의 계산

$100(1-\alpha)\%$ 신뢰수준에서 오차한계를 d이내로 하기 위한 표본의 크기는 부등식

$$n\ge\hat{p}(1-\hat{p})\left(\frac{z_{\alpha/2}}{d}\right)^2$$

을 만족하는 최소 정수이다.

$\hat{p}$은 과거의 경험에 의해 추정되거나, 또는 예비조사를 하여 추정된 값을 말한다. 그러나, 모비율에 대한 지식이 전혀 없는 경우에는 n의 값을 최대로 하는 $\hat{p}=1/2$를 사용한다.3)

예제 6-11

서울에 거주하는 20대 여성의 취업률 p를 추정하려고 한다. 95% 신뢰수준에서 오차한계를 0.05이내로 할 경우 취업률 p를 추정하기 위하여 필요한 표본의 크기를 구하여라.

풀이 $z_{0.025}=1.96$, $d=0.05$ 이므로

$$n \geq \frac{1}{4}\left(\frac{1.96}{0.05}\right)^2 = 384.1$$

이므로 필요한 표본의 크기는 385명이 된다. ❀

6-3 Excel 실습

실습 1 **예제 6-5) 모분산 σ^2이 알려져 있을 경우 모평균 μ에 대한 신뢰구간:**

(단계 1) [수식]-[함수 삽입]-[함수 마법사]의 범주 선택에서 "통계"를, 함수 선택에서 CONFIDENCE를 선택

(단계 2) [CONFIDENCE] 대화상자에서 아래와 같이 입력한 후

- Alpha(유의수준) : 0.1
- Standard_dev(모표준편차) : 14.7
- Size(표본의 크기) : 81

---

3) $n=\hat{p}(1-\hat{p})\left(\frac{z_{\alpha/2}}{d}\right)^2$을 $\hat{p}$에 관해 미분한 후 0으로 놓고 구하면 $\hat{p}=1/2$가 된다.

$$\frac{dn}{d\hat{p}}=\frac{d}{d\hat{p}}\left[\hat{p}(1-\hat{p})\left(\frac{z_{\alpha/2}}{d}\right)^2\right]=(1-2\hat{p})\left(\frac{z_{\alpha/2}}{d}\right)^2=0$$

"확인"을 누르면 <그림 6.7>와 같이 $z_{\alpha/2}\dfrac{\sigma}{\sqrt{n}}=2.68659$를 얻는다. 따라서 μ에 대한 90% 신뢰구간은 다음과 같다.

$$\overline{X}\pm z_{\alpha/2}\frac{\sigma}{\sqrt{n}}=149.6\pm2.68659=(146.91341,\ 152.28659)$$

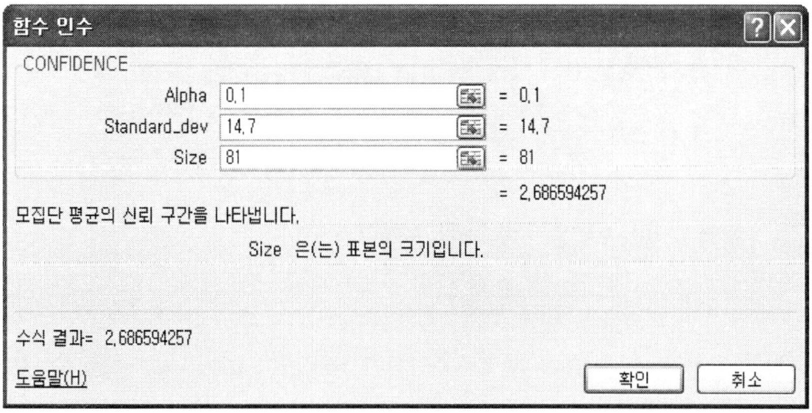

〈그림 6.7〉 [CONFIDENCE] 대화상자를 이용한 $z_{\alpha/2}\dfrac{\sigma}{\sqrt{n}}$의 계산

실습 2 **예제 6-6) 모분산 σ^2이 알려져 있을 경우 표본의 크기 계산:**

(단계 1) $z_{\alpha/2}\dfrac{\sigma}{d}$를 계산하기 위하여 마우스를 셀 A1에 클릭한 후, [수식입력줄]에 "=ROUND(NORMSINV(0.995), 2)*3/0.1"을 입력한다. 여기서 ROUND(a, 2)는 a의 값을 소수점 아래 3자리수에서 반올림하여 소수 둘째자리까지 구하라는 의미이다.

(단계 2) $\left(z_{\alpha/2}\dfrac{\sigma}{d}\right)^2$보다 큰 최소정수를 출력하기 위해서 마우스를 셀 A2에 클릭한 후, [수식입력줄]에 "=ROUNDUP(A1^2, 0)]"를 입력하면 소수점 첫 번째 사리에서 올림으로한 정수값 $n=5991$을 얻는다.

실습 3 **예제 6-9) 모분산 σ^2에 대한 신뢰구간:**

※ Excel에서는 모분산에 대한 신뢰구간을 구할 수 있는 함수나 도구는 주어져 있지 않으므로 통계량과 확률분포의 백분위수를 구하는 함수를 적절하게 사용하여 구해야만 한다. 하한값과 상한값을 구하기 위하여 [수식 입력줄]에서 다음과 같이 입력하면 된다.

- ▸ 하한값 : =(n-1)*VAR(데이터 범위)/CHINV($\alpha/2$, n-1)
  여기서는 셀 A1의 [수식입력줄]에 "=9*181/CHIINV(0.05, 9)"를 입력
- ▸ 상한값 : =(n-1)*VAR(데이터 범위)/CHINV($1-\alpha/2$, n-1)
  여기서는 셀 A2의 "수식입력줄]에 [=9*181/CHIINV(0.95, 9)"를 입력

실습 4 **예제 6-10) 모비율 p에 대한 신뢰구간:**

※ 모비율 p에 대한 신뢰구간은 모분산 σ^2이 알려져 있는 정규모집단의 모평균 μ에 대한 $100(1-\alpha)\%$ 신뢰구간을 구하는 것과 동일한 방법으로 구할 수 있다.

(단계 1) $\hat{p}=0.21$을 계산한다.

(단계 2) [함수마법사]의[CONFIDENCE] 대화상자에서 아래와 같이 입력한 후

- ▸ Alpha(유의수준) : 0.05
- ▸ Standard_dev(모표준편차) : SQRT(0.21*(1-0.21))
- ▸ Size(표본의 크기) : 1000

"확인"을 누르면 $z_{\alpha/2}\sqrt{\dfrac{\hat{p}(1-\hat{p})}{n}}=0.0252448$을 얻는다. 따라서 p에 대한 95% 신뢰구간은 다음과 같다.

$$\hat{p}\pm z_{\alpha/2}\sqrt{\frac{\hat{p}(1-\hat{p})}{n}}=0.21\pm 0.0252448=(0.1847552,\ 0.2352448)$$

연습문제

1. $\overline{X}$를 구간 $(0, \theta)$에서 균등분포를 따르는 모집단으로부터의 크기 n인 한 확률표본의 표본평균이라 하자. 이때 $\overline{X}$가 θ의 불편추정량이 아님을 보여라.

2. X_1, X_2, X_3를 평균 μ와 분산 σ^2인 모집단으로부터의 크기 $n=3$인 확률표본이라 하자. 이때 μ에 대한 다음과 같은 세 추정량 중에서 어느 추정량이 가장 유효한 추정량인지 판단하여라.

$$T_1 = \frac{X_1 + X_2 + X_3}{3}, \quad T_2 = \frac{2X_1 + X_2 + 2X_3}{5}, \quad T_3 = \frac{3X_1 + X_2 + X_3}{5}$$

3. 통계학 강의를 수강한 학생들 중에서 16명의 학생을 랜덤으로 추출하여 중간고사 성적을 조사한 결과 다음과 같은 자료를 얻었다.

84	70	66	90	80	60	66	68	76	76	62	62	72	78	68	64

이때 표본평균과 표본분산을 구하여라.

4. S대학교 학생들의 I.Q.는 평균 μ, 분산 $\sigma^2 = 36$인 정규분포를 따른다고 한다. 모평균 μ를 추정하기 위하여 25명의 학생을 랜덤으로 추출하여 조사한 결과, 이들의 I.Q 평균은 124이었다. μ의 95% 신뢰구간을 구하여라.

5. K 대학교 농구팀의 게임당 득점은 정규분포 $N(\mu, \sigma^2)$을 따른다고 한다. 지난 춘계 대학 리그전에서 얻은 게임당 득점이 아래와 같다고 할 때

80	92	72	90	84	70	76	68	88

득점 평균 μ에 대한 95% 신뢰구간을 구하여라.

6. 상계동에 있는 1인용 오피스텔을 월세로 임대하기 위하여 10곳의 부동산 중개소에 전화로 가격을 문의한 결과 다음과 같은 자료를 얻었다(단위: 만원).

50	65	60	50.5	45	55	51.5	49.5	65	39.5

상계동 지역의 1인용 오피스텔의 평균 월세에 대한 95% 신뢰구간을 구하여라.

7. P회사에서 생산하고 있는 전구의 수명은 정규분포 $N(\mu,\ \sigma^2)$를 따른다고 하자. 평균수명 μ와 분산 σ^2에 대해 알기 위하여, 창고에 보관되어 있는 전구 중에서 9개를 랜덤으로 추출하여 수명을 측정한 결과, 다음과 같은 자료를 얻었다.

1570	1840	1310	1450	1550	1650	1530	1790	1260

(1) 모평균 μ와 모분산 σ^2의 점추정값을 각각 구하여라.
(2) $\sigma = 180$ 이라 할 때, 모평균 μ에 대한 95% 신뢰구간을 구하여라.
(3) σ가 알려져 있지 않을 때, 모평균 μ에 대한 95% 신뢰구간을 구하여라.

8. 대통령 선거에서 후보자들의 지지율을 조사하고자 한다. 지지율에 대한 95% 신뢰구간의 허용오차를 3.5% 이내로 하기 위해서는 최소한 몇 명의 표본을 추출하여야 하는가?

9. 국방과학 연구소에서는 이번에 새로 개발된 중 155mm 곡사포 시험을 위해서 목표물을 향하여 200발 발사한 결과 185발이 목표물에 명중하였다. 이 곡사포의 명중률 p에 대한 95% 신뢰구간을 구하여라.

10. 어떤 지역구의 국회의원 선거에 출마한 A 후보의 득표율 p를 추정하기 위하여 225명의 유권자를 랜덤으로 추출하여 출구 조사한 결과, A 후보에게 투표하였다고 응답한 유권자는 144명이었다.
(1) p의 점추정값과 점추정량의 표준오차를 각각 구하여라.
(2) p에 대한 90% 신뢰구간을 구하여라.

11. 다음과 같은 모분산 σ^2 의 두 추정량에 대하여 표준정규분포에서 크기가 10인 표본을 100번 추출하여 S^2 과 S_0^2 을 계산하고, 그 값들을 사용하여 어떤 추정량이 $\sigma^2 = 1$ 에 더 가까운지를 Excel을 이용한 시뮬레이션을 통하여 알아보아라.

$$S^2 = \frac{1}{n-1}\sum_{i=1}^{n}(X_i - \overline{X})^2 , \quad S_0^2 - \frac{1}{n}\sum_{i=1}^{n}(X_i - \overline{X})^2$$

12. Excel을 이용하여 $N(0, 1)$ 로부터 크기가 10인 표본을 100번 추출하여 모평균 μ 에 대한 100개의 신뢰구간을 구하고, 100개의 신뢰구간 중에서 몇 개가 모평균 $\mu = 0$ 을 포함하는지를 조사하여라.

Chapter

7 통계적 검정

7-1 검정의 기본 원리

7-2 기본 용어

7-3 전통적 가설 검정법

7-4 가설검정 절차

7-5 모평균의 검정

7-6 모분산의 검정

7-7 모비율의 검정

7-8 Excel 실습

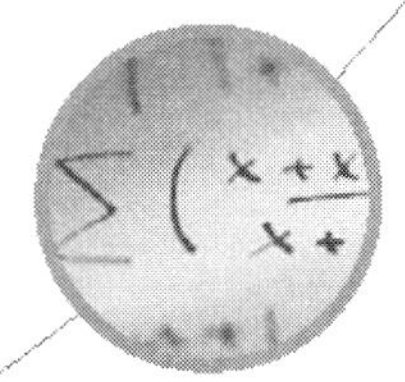

제 7 장 통계적 검정

7-1 검정의 기본 원리

통계적 검정(statistical testing)이란 모집단의 모수 또는 분포 형태에 대한 추측이나 주장이 제시될 경우, 그러한 추측이나 주장의 옳고 그름을 표본으로부터 관측된 결과를 이용하여 결정하는 통계적 절차이다. 다음 예를 통하여 검정의 기본 원리에 대해서 알아보도록 하자.

예제 7-1

식생활의 변화로 인해 비만인 청소년들이 점점 늘어나고 있는 것으로 추측되고 있다. 이를 확인하기 위하여 전국의 고등학교 1학년 남학생들 중 100명을 랜덤으로 추출하여 체중을 조사한 결과, 표본평균 $\bar{x} = 68.2$(kg)이었다. 5년 전의 자료에 의하면 전국의 고등학교 1학년 남학생들의 체중은 근사적으로 평균 $\mu = 62.0$(kg), 표준편차 $\sigma = 20.0$(kg)인 정규분포를 따르는 것으로 알려져 있다. 표본으로부터 관측된 결과로부터 "고등학교 1학년 남학생들이 평균체중이 5년 전보다 늘었다"고 할 수 있을까?

풀이 이러한 의문에 대한 해답은 표본평균 $\overline{X}$가 68.2보다 큰 확률이 얼마나 되는지를 이용하여 구할 수 있다. 모집단이 정규분포 $N(\mu = 62.0,\ \sigma^2 = 20.0^2)$을 따를 때 표본평균 $\overline{X}$는 평균 $\mu = 62.0$, 분산 $\sigma^2/n = 4.0$인 정규분포를 따른다는 것은 7.2절에서 배웠다. 이러한 사실을 이용하여 표본평균 $\overline{X}$가 68.2보다 클 확률을 계산하면

$$P(\overline{X} > 68.2) = \left(\frac{\overline{X} - 62.0}{2.0} > \frac{68.2 - 62.0}{2.0} \right) = P(Z > 3.1) = 0.001$$

이 된다. 여기서 확률이 0.001이라는 것은 $\mu = 62.0$(kg)인 모집단에서 크기가 100인 표본을 1,000번 반복 추출하여 표본평균 $\overline{x}$를 계산하였을 경우 68.2(kg)보다 큰 $\overline{x}$는 1,000 중에서 1번 나타난다는 것을 의미한다. 따라서 이러한 표본이 $\mu = 62.0$(kg)인 모집단에서 추출되었다기보다는 평균이 $\mu > 62.0$인 모집단에서 추출되었을 가능성이 크다고 판단하여 최종적으로 "고등학교 1학년 남학생들의 평균체중이 5년 전보다 늘었다"고 결정을 내리게 되는 것이다. ❀

위의 예에서 검정이 이루어진 절차를 요약하면 다음과 같다.

(단계 1) 고등학교 1학년 남학생들의 평균 체중이 5년 전보다 늘었는지에 대한 의문을 가진다.

(단계 2) 100명의 표본을 랜덤으로 추출하여 표본자료로부터 평균 $\overline{x} = 68.2$를 계산한다.

(단계 3) 계산된 표본평균 $\overline{x} = 68.2$를 이용하여 의문을 해결하기 위한 증거를 찾는다.

(단계 4) 표본자료로부터 관측된 증거를 이용하여 최종 판단을 내린다.

7-2 기본 용어

7.2.1 귀무가설과 대립가설

통계적 검정은 현재까지 알려져 있는 사실이 옳다는 가정하에서 추출된 표본자료로부터 연구자가 입증하고자 하는 사실에 대한 증거를 찾고자 하는 통계적 기법이다. 이를 위하여 연구자는 두 개의 가설 즉, 귀무가설과 대립가설을 설정하게 된다. 여기서 대립가설(alternative hypothesis: H_1로 표기)은 표본자료로부터 입증하고자 하는 사실을 말하며, 반면에 귀무가설(null hypothesis: H_0로 표기)은 대립가설에 반대되는 사실을 말한다. 대립가설 H_1은 입증하고자 하는 사실(추측 또는 주장 등)을 나타내기 때문에 가설을 설정할 때에는 대립가설 H_1을 먼저 설정하며, 그런 후에 지금까지 알려져 있는 사실과 차이가 없다는 표현으로 귀무가설 H_0를 설정하게 된다.[1)]

Tip

귀무가설과 대립가설

귀무가설은 대립가설에 반대되는 가설로서 H_0로 표기하며, 대립가설은 표본으로부터 입증하고자 하는 가설로서 H_1으로 표기한다.

참고

대립가설의 형태에 따른 검정의 분류: 대립가설은 입증하고자 하는 사실이 무엇인지에 따라 그 방향이 결정된다. 예제 7.1)은 모집단의 평균 μ가 62.0(kg)이라는 가정하에서 고등학교 1학년 남학생들의 평균 체중이 증가되었는지의 여부에 관심이 있으므로 대립가설은 우측방향으로 향하게 되고, 이때의 검정을 우측검정이라 한다.

(1) 우측검정 $H_0 : \mu = 62.0$, $H_1 : \mu > 62.0$

이와는 반대로 관심이 고등학교 1학년 남학생들의 평균 체중이 감소하였는지에 있을 경우 대립가설은 좌측방향으로 향하게 되고, 이때의 검정을 좌측검정이라 한다.

(2) 좌측검정 $H_0 : \mu = 62.0$, $H_1 : \mu < 62.0$

그리고 고등학교 1학년 남학생들의 평균 체중이 5년 전과 차이가 있는지의 여부에 관심이 있을 경우 대립가설은 양쪽 방향이 되고, 이때의 검정을 양측검정이라 한다.

(3) 양측검정 $H_0 : \mu = 62.0$, $H_1 : \mu \neq 62.0$

7.2.2 검정통계량

가설이 설정되면 표본자료를 이용하여 귀무가설을 채택할 것인지 아니면 기각할 것인지를 결정하여야 하며, 이때 사용되는 통계량을 검정통계량(test statistic)이라 한다. 검정통계량은 가설에서 나타나는 모수를 추정하기 위하여 사용되는 통계량에 기초를 두고 있으며, 대개 모수의 구간추정에서 사용되는 통계량과 동일하다.

검정통계량은 하나의 확률분포를 가지게 되며, 가설검정에서는 이러한 검정통계량의 확률분포를 이용하여 귀무가설의 채택 또는 기각 여부를 결정한다. 즉, 표본자료로부터 계산된 검정통계량의 값이 귀무가설 H_0에서 주어진 모수값과 비슷할 경우 이를 근거로 귀무가설을 채택하게 되며, 반대로 검정통계량의 값이 모수값과 많은

1) 통계적 검정에서는 표본자료로부터 관측된 모수의 추정값이 귀무가설하에서 일어나기 힘든 값, 달리 이야기하면 대립가설하에서 충분히 관측될 수 있는 값일 경우 이를 근거로 귀무가설을 기각하게 된다.

차이를 보일 경우 이를 근거로 귀무가설을 기각하게 된다.

Tip

검정통계량
귀무가설과 표본자료 사이의 일치 여부를 판단하게 해주는 통계량으로서, 귀무가설의 채택 또는 기각 여부를 결정하는데 사용된다.

7.2.3 P-값

검정통계량은 가설에서 주어지는 모수의 형태에 따라 서로 다르다. 하지만 어떤 모수에 대한 검정이든 상관없이 표본자료로부터 계산되는 검정통계량의 값을 동일한 의미를 나타내는 하나의 측도로 바꾸어 귀무가설의 기각 여부를 결정할 수 있다면 매우 편리할 것이다. 이러한 목적으로 사용되는 것이 바로 P-값(P-value)이며, P-값은 유의확률(significance probability)이라고 불리기도 한다.

P-값이란 귀무가설이 옳다는 가정하에서 표본으로부터 계산된 검정통계량의 값을 기준으로 대립가설 방향으로의 확률로 정의된다. 따라서 P-값은 귀무가설의 옳고 그름의 정도를 나타내는 측도로서 사용될 수 있는 것이다. 즉, P-값이 작을 경우 이것은 귀무가설이 참인 상황 하에서 일어나기 힘들다는 것을 나타내기 때문에 결과적으로 대립가설이 옳다는 증거가 될 수 있는 것이고, 반대로 P-값이 클 경우 이것은 귀무가설이 참인 상황 하에서 일어날 가능성이 높다는 것을 나타내기 때문에 결과적으로 귀무가설이 옳다는 증거가 될 수 있는 것이다.[2)]

Tip

P-값
귀무가설이 옳다는 가정하에서 표본으로부터 계산된 검정통계량의 값을 기준으로 대립가설 방향으로의 확률을 말하며, P-값이 작으면 작을수록 관측된 자료는 귀무가설을 기각하게 되는 보다 강력한 증거가 된다.

2) P-값이 작으면 작을수록 귀무가설에 반대되는 증거의 정도가 그만큼 강하다는 것을 나타내며, 결과적으로 대립가설이 옳다는 강력한 근거가 될 수 있다. 반대로 P-값이 크면 클수록 귀무가설에 반대되는 증거의 강도가 그만큼 약하다는 것을 나타내기 때문에, 결과적으로 귀무가설이 옳다는 확실한 근거가 될 수 있는 것이다.

예제 7-2

예제 7.1)에서 검정통계량의 값과 P-값을 계산하여라.

풀이 (1) 검정통계량의 계산 : 예제 7.1)은 모평균 μ에 대한 검정이므로 검정통계량으로 표본평균 $\overline{X}$가 사용되며, 이때 귀무가설 $H_0 : \mu = 62.0$이 옳다는 가정 하에서 표본평균 $\overline{X}$의 표본분포가 $N(62.0,\ 20^2/100)$를 따른다는 사실을 이용하여 검정을 하게 된다. 그러나 실제 검정에서는 표본평균 $\overline{X}$보다 이를 표준화한 통계량

$$Z = \frac{\overline{X} - 62.0}{20/\sqrt{100}}$$

을 사용하는 것이 편리하다. 따라서 표본자료로부터 $\overline{x} = 68.2$이므로 검정통계량의 값 z는 다음과 같이 계산된다.

$$z = \frac{68.2 - 62.0}{20/\sqrt{100}} = 3.1$$

※ 검정통계량의 값이 $z = 3.1$이라는 것은 $\overline{X}$의 표본분포 즉, $N(62.0,\ 20^2/100)$에서 68.2가 평균 $\mu = 62.0$로부터 표준편차의 3.1배 만큼 떨어져 있다는 것을 의미한다. 이것은 귀무가설이 옳은 상황하에서 나타나기 어려운 값임을 알 수 있다.

(2) P-값의 계산 : P-값은 검정통계량의 확률분포로부터 계산된다. 여기서 검정통계량 Z는 표준정규분포를 따르므로, P-값은 계산된 검정통계량의 값 $z = 3.1$을 기준으로 대립가설 방향으로의 확률 즉,

$$P-\text{값} = P(Z \geq 3.1) = 0.001$$

이 된다. <그림 7.1>에서 빗금친 부분이 P-값이다.

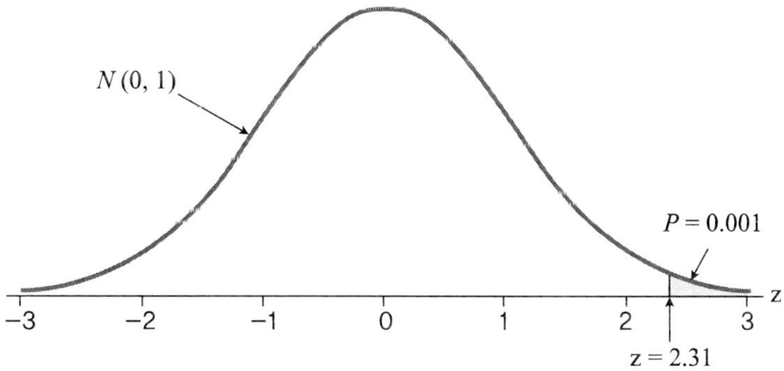

〈그림 7.1〉 P-값의 의미

※ P-값이 0.001라는 것은 상위 0.1%에 해당되는 값으로써, 이것은 귀무가설 $H_0 : \mu = 62.0$(kg)이 참일 때 즉, 정규분포 $N(62.0,\ 20^2/100)$에서 일어나기 매우 힘든 값임을 의미한다. 그리고 이것은 귀무가설 H_0를 기각할 충분한 증거가 된다고 할 수 있다. 따라서 우리는 표본자료가 $\mu = 62.0$(kg)인 모집단에서 추출되었다기보다는 $\mu > 62.0$(kg)인 모집단에서 추출되었을 가능성이 높다고 판단하여 "고등학교 1학년 남학생들의 평균체중이 5년 전보다 늘었다"고 결정하게 되는 것이다. ❀

7.2.4 통계적 유의성

가설검정에서는 표본자료로부터 관측된 결과가 귀무가설보다 대립가설이 옳은 상황하에서 일어날 가능성이 더 크다고 판단될 경우 이를 근거로 H_0를 기각(=H_1을 채택)하게 되며, 반대로 귀무가설이 옳다는 가정하에서 일어날 가능성이 더 크다고 판단될 경우에는 이를 H_0를 채택(=H_1을 기각)하는 증거로 간주하게 된다. H_0에 반대되는 증거의 강도는 P-값으로부터 판단할 수 있다. 이때 P-값이 어느 정도이면 H_0를 반대하는 증거로 충분하다고 할 것인지 그 기준값을 미리 지정하는 경우가 있으며, 여기서의 기준값을 유의수준(significance level: α로 표기)이라 한다.

유의수준 α가 사전에 정해질 경우 최종적인 판단은 P-값$\geq \alpha$이면 H_0를 채택하고, 반대로 P-값$< \alpha$이면 H_0를 기각하면 된다. 여기서 P-값$< \alpha$은 H_0에 반대되는 증거의 정도가 기준 α보다 더 강하다는 것을 의미하며, 이럴 경우 우리는 "수준 α에서 통계적으로 유의하다(statistically significant at level α)"라고 말하게 된다. 이때 "유의하다"는 말은 "H_0에 반대되는 증거가 α라는 기준에 도달하였다"라는 것을 의미한다.

Tip

통계적 유의성 판단

P-값$\geq \alpha$이면 H_0를 채택, 반대로 P-값$< \alpha$이면 H_0를 기각한다.

예제 7-3

A식품회사에서 생산되고 있는 참치 통조림의 용량은 평균 500(g), 표준편차 30(g)인 정규분포를 따른다고 한다. 시중에서 판매되고 있는 A식품회사 제품 9개를 랜덤으로 추출하여 조사한 결과, 이들의 평균 용량은 476(g)이었다. 이 결과로부터 "A식품회사에서 생산되는 참치 통조림의 용량은 500(g)보다 적다"라고 할 수 있는지를 유의수준 $\alpha = 0.05$에서 검정하여라.

풀이 A식품회사에서 생산되는 참치 통조림 용량의 평균이 500(g)보다 아주 작으면 귀무가설을 기각하게 될 것이므로 좌측검정이 된다. 따라서 귀무가설 및 대립가설은 다음과 같이 설정된다.

$$H_0 : \mu = 500, \qquad H_1 : \mu < 500$$

귀무가설 H_0가 옳다는 가정하에서 표본평균 $\overline{X}$는 정규분포 $N(500,\ 30^2/9)$을 따르므로 검정통계량의 값은

$$z = \frac{\overline{x} - 500}{\sigma / \sqrt{9}} = \frac{476 - 500}{30 / \sqrt{9}} = -2.4$$

가 된다. 따라서 P-값은

$$P - \text{값} = P(Z < -2.4) = 0.008$$

이 된다. 이때의 P-값 0.008은 주어진 유의수준 $\alpha = 0.05$보다 작으므로 검정 결과는 "유의수준 $\alpha = 0.05$에서 통계적으로 유의하다"고 할 수 있다. 즉, 귀무가설 H_0는 기각되어 표본자료는 "A식품회사에서 생산되는 참치 통조림의 용량은 500(g)보다 적다"라고 할 수 있는 충분한 근거를 제공하고 있다고 할 수 있는 것이다. ❀

7.2.5 유의수준의 의미

모집단으로부터 표본을 추출하고, 추출된 표본에 의해 이루어지는 가설검정에서는 두 가지 오류가 발생할 가능성이 항상 존재하게 된다. 즉, 귀무가설 H_0가 참인데도 불구하고 H_0를 기각하는 오류와 귀무가설 H_0가 거짓인데도 불구하고 H_0를 기각하지 않는 오류이다. 이때 앞의 오류를 제1종 오류(type I error), 뒤의 오류를 제2종 오류(type II error)라고 한다.

두 종류의 오류가 모두 일어나지 않도록 하기 위해서는 모집단 전체를 조사하여야 한다. 하지만 현실적으로 모집단 전부를 조사한다는 것은 불가능하므로 가설검정에

서 두 종류의 오류는 항상 발생 가능하다. 예를 들어 어떤 공장에서 생산되는 볼트에 대한 규격심사를 한다고 할 때 귀무가설 및 대립가설은 다음과 같이 설정될 것이다.

H_0 : 공장에서 생산되는 볼트는 규격에 적합하다.

H_1 : 공장에서 생산되는 볼트는 규격에 적합하지 않다.

이때 가설을 검정하기 위해서는 공장에서 생산되는 볼트 중 일부를 추출한 후, 이로부터 얻은 결과를 근거로 두 가설 중 어느 하나를 결정하게 될 것이다. 하지만 최종 결정과정에서는 규격에 맞음에도 불구하고 맞지 않다고 판정하는 과오와 규격에 맞지 않음에도 불구하고 맞다고 판정하는 과오 중 어느 하나가 일어날 수 있다. 이러한 과오가 발생시 즉, 두 과오 중 규격에 맞지 않는 볼트를 합격으로 판정하는 과오를 범할 경우 소비자들이 피해를 보게 될 것이고, 반면에 규격에 맞는 볼트를 불합격으로 판정하는 과오를 범할 경우 생산자가 피해를 보게 될 것이다.

Tip

제 1종 오류와 제 2종 오류

H_0가 참인데도 불구하고 H_0를 기각하는 것을 제1종 오류(type I error), H_0가 거짓인데도 불구하고 H_0를 기각하지 않는 것을 제2종 오류(type II error)라 한다.

제1종 오류와 제2종 오류는 다음과 같이 확률로 정의할 수 있다.

$$\text{제1종 오류를 범할 확률} = P(H_0 \text{ 기각} \mid H_0 \text{ 참})$$

$$\text{제2종 오류를 범할 확률} = P(H_0 \text{ 채택} \mid H_1 \text{ 참})$$

이때 제1종 오류를 범할 확률을 유의수준(significance level)이라 하며, α로 표기한다. 반면에 제2종 오류를 범할 확률은 β로 표기하면서 1에서 β를 뺀 값 즉, 참인 대립가설을 올바르게 채택할 확률을 검정력(power)이라 한다.

Tip

유의수준과 검정력

유의수준이란 제1종 오류를 범할 확률(표기: α)이며, 검정력이란 1에서 제2종 오류를 범할 확률 β를 뺀 값(표기: $1-\beta$)을 말한다.

예제 7-4

예제 7.3)에서 유의수준 $\alpha = 0.05$의 의미와 $\mu = 480$(g)일 때 검정력을 구하여라.

풀이 (1) 유의수준 α 의 의미: $\alpha = 0.05$는 표준정규분포 $N(0,\ 1)$에서 왼쪽 끝의 확률이 0.05가 되는 것을 의미하기 때문에 다음과 같은 관계가 성립한다.

$$\alpha = 0.05 = P(Z \le -1.645) = P\left(\frac{\overline{X} - 500}{30/\sqrt{9}} \le \frac{c - 500}{30/\sqrt{9}}\right)$$

여기서 c를 계산하면 $c = 500 - (1.645) \cdot (30/\sqrt{9}) = 483.55$가 된다. 즉, 제1종 오류는 A식품회사에서 생산하는 참치 통조림의 평균 용량이 실제 $\mu = 500$(g)임에도 불구하고 표본으로부터 관측된 $\overline{x}$ 의 값이 483.55보다 적을 때 발생하는 오류로서, 이때의 확률값이 바로 유의수준의 크기가 되는 것이다. 이를 수식으로 표현하면 다음과 같다.

$$\alpha = 0.05 = P(\text{제1종 오류}) = P(\overline{X} \le 483.55 \mid \mu = 500)$$

(2) 검정력의 계산 : 제2종 오류를 범할 확률 β 의 계산은 대립가설에서 μ가 어느 하나의 특정한 값으로 정해지는 경우에 가능하다. 여기서 A식품회사에서 생산하는 참치 통조림의 평균 용량이 500g보다 작은 $\mu = 480$(g)이라고 한다면 제2종 오류를 범할 확률 β 는 <그림 7.2>에서 보는 바와 같이 $\mu = 480$(g)일 때 귀무가설 H_0를 채택할 확률로서 다음과 같이 계산된다.

$$\begin{aligned}\beta = P(\text{제2종 오류}) &= P(\overline{X} > 483.55 \mid \mu = 480)\\ &= P\left(\frac{\overline{X} - 480}{30/\sqrt{9}} > \frac{483.55 - 480}{30/\sqrt{9}}\right)\\ &= P(Z > 0.355) = 0.3613\end{aligned}$$

이때 $1 - \beta = 0.6387$을 검정력(power)이라 부르며, 이것은 참인 대립가설 H_1을 온바르게 채택할 확률을 나타낸다.

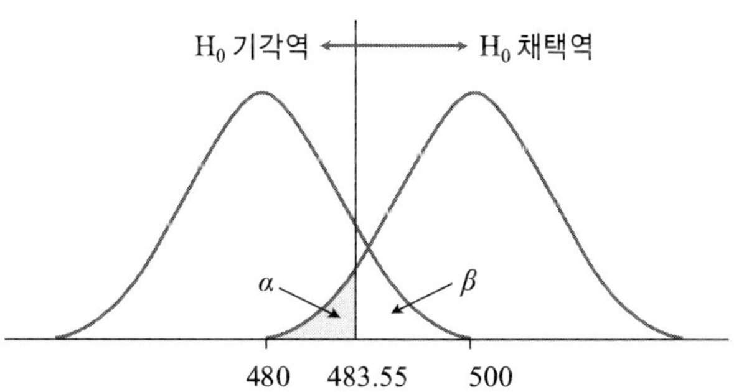

〈그림 7.2〉 $H_1 : \mu < 500$(좌측검정)일 때 제2종 오류를 범할 확률 ❀

검정에서는 두 가지 오류 즉, 제1종 오류와 제2종 오류를 범할 확률을 가능한 적게 해주는 것이 바람직하다. 그러나 동일한 표본크기 아래에서 두 가지 오류를 동시에 줄이는 것은 불가능하다. 즉, <그림 7.3>에서 보는 바와 같이 우측검정에서 기각역을 오른쪽으로 이동하여 제1종 오류를 범할 확률을 줄이게 되면 제2종 오류를 범할 확률이 커지게 되고, 반대로 제2종 오류를 범할 확률을 줄이기 위하여 기각역을 왼쪽으로 이동하면 제1종 오류를 범할 확률이 커지게 된다.

그렇다면 두 가지 오류를 어떻게 통제하는 것이 바람직할까? 가설검정은 현재까지 알려져 있는 사실 즉, 귀무가설이 기각되도록 하기 위해서 이에 반대되는 강력한 증거를 제시하도록 요구하는 통계적 절차이다. 따라서 현재의 사실이 잘못이라는 충분한 증거가 없는 한 현재의 상태를 그대로 유지하겠다는 개념하에서 검정은 이루어지기 때문에 H_0가 참일 때 H_0를 기각하게 될 확률인 α의 크기를 적절히 조절함으로서 β의 크기를 통제하게 된다. 만약 참인 귀무가설 H_0을 잘못 기각하게 됨으로써 발생하는 결과가 중대할 것 같으면 α를 작게 잡으면 되고, 반대로 거짓인 귀무가설을 채택함으로써 초래되는 결과가 중대할 것 같으면 α를 크게 잡으면 되는 것이다. 일반적으로 많이 사용되는 유의수준 α의 크기는 0.10, 0.05, 0.01이다.[3]

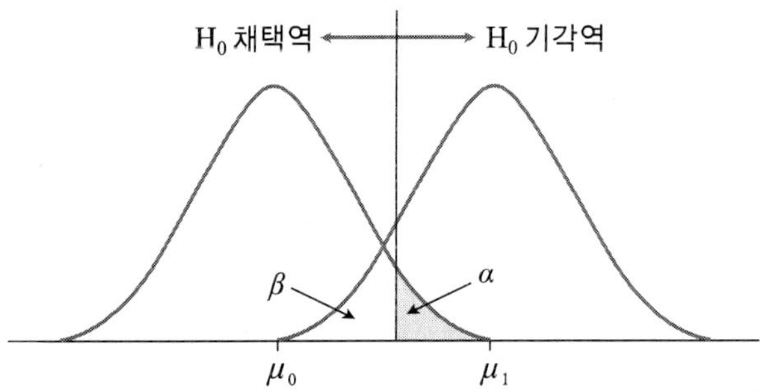

〈그림 7.3〉 $H_1 : \mu > \mu_0$(우측검정)일 때 α와 β의 비교

3) 유의수준 α는 참인 귀무가설을 기각할 확률의 최대허용한계로서, 예를 들어 $\alpha = 0.05$라는 것은 모집단으로부터 동일한 크기의 표본을 반복 추출하여 검정을 한다고 할 때 H_0가 옳음에도 불구하고 틀렸다고 잘못된 결론을 내리는 최대 허용빈도를 5% 이하 즉, 100번 중에 5번 이하가 되도록 하겠다는 것을 의미한다.

예제 7-5

어떤 공장에서 생산되고 있는 볼트의 직경은 평균 $\mu = 2.0$(cm), 표분편차 $\sigma = 0.01$(cm)인 정규분포를 따른다고 한다. 이 공장에서 생산되는 볼트 중 5개를 랜덤으로 추출하여 그 직경을 조사하여 평균을 계산한 결과 $\bar{x} = 2.01$(cm)이었다.

(1) 이 공장에서 생산되고 있는 볼트의 평균직경이 2.0(cm)라고 할 수 있는지를 유의수준 $\alpha = 0.05$에서 검정하여라.

(2) 볼트의 평균직경이 $\mu = 2.0$보다 0.015(cm) 클 경우 즉, $\mu = 2.015$(cm)일 경우 $\mu \neq 2.0$인 것으로 판정한다고 할 때 검정력을 구하여라.

풀이 (1) 양측검정에 해당되므로 귀무가설 및 대립가설은 다음과 같이 설정된다.

$$H_0 : \mu = 2.0, \qquad H_1 : \mu \neq 2.0$$

검정통계량의 값을 계산하면

$$z = \frac{\bar{x} - 2.0}{0.01/\sqrt{5}} = \frac{2.01 - 2.0}{0.01/\sqrt{5}} = 2.236$$

이고, 이때의 $P-$값은 표본자료로부터 계산된 검정통계량의 값을 기준으로 기각역 방향으로의 확률이므로

$$P(|Z| \geq 2.236) = 0.0252$$

가 된다. 그리고 $P-$값 0.0252는 유의수준 $\alpha = 0.05$보다 작으므로 귀무가설 $H_0 : \mu = 2.0$은 기각된다. 즉, 이 공장에서 생산하고 있는 볼트의 평균직경은 2.0(cm)라고 할 수 없게 된다.

(2) 유의수준 $\alpha = 0.05$일 때

$$\begin{aligned} 0.95 &= P(-1.96 \leq Z \leq 1.96) \\ &= P\left(-1.96 \leq \frac{\overline{X} - 2.0}{0.01/\sqrt{5}} \leq 1.96\right) \\ &= P(1.991 \leq \overline{X} \leq 2.008) \end{aligned}$$

이므로 귀무가설 H_0의 채택역은 $1.991 \leq \overline{X} \leq 2.008$가 된다.

따라서 검정력 즉, $\mu = 2.015$일 때 귀무가설 H_0를 기각할 확률은 다음과 같이 계산되어진다.

$$\begin{aligned} & 1 - P(1.991 \leq \overline{X} \leq 2.008 \mid \mu = 2.015) \\ &= 1 - p\left(\frac{1.991 - 2.015}{0.01/\sqrt{5}} \leq \frac{\overline{X} - 2.015}{0.01/\sqrt{5}} \leq \frac{2.008 - 2.015}{0.01/\sqrt{5}}\right) \\ &= 1 - P(-5.367 \leq Z \leq -1.565) \\ &= 1 - 0.059 = 0.941 \end{aligned}$$

❀

7-3 전통적 가설 검정법

통계적 검정은 검정통계량의 확률분포를 고려하여 표본자료로부터 계산된 검정통계량의 값이 유의한 값을 가질 때 이를 근거로 귀무가설을 기각하게 되는 통계적 절차이다. 이러한 절차는 R. A. Fisher에 의해서 고안된 방법으로써 그는 귀무가설에 반대되는 증거의 강도를 $P-$값을 통하여 판단하였다. 이와는 다소 다른 방법으로 J. Neyman과 K. Pearson이 제안한 의사결정론적인 관점에서 가설을 검정하는 방법이 있다. 이 방법은 검정통계량이 가질 수 있는 값의 영역을 미리 정해진 유의수준의 크기를 고려하여 기각역과 채택역으로 나눈 후, 만약 표본자료로부터 계산된 검정통계량의 값이 기각역에 포함된다면 귀무가설을 기각하게 되고, 반대로 검정통계량의 값이 채택역에 포함된다면 귀무가설을 채택하게 하는 것이다.[4)]

Tip

채택역과 기각역

검정통계량이 가질 수 있는 값의 영역 중 귀무가설 H_0를 채택하게 되는 값의 영역을 채택역, 반대로 귀무가설 H_0를 기각하게 되는 값의 영역을 기각역이라 한다.

예제 7-6

예제 7.3)에서 기각역과 채택역을 결정하고, 검정통계량이 어느 영역에 포함되는 지를 확인하여라.

풀이 귀무가설 $H_0 : \mu = 500$가 참인 가정하에서 검정통계량 $Z = \dfrac{\overline{x} - 500}{30/\sqrt{9}}$은 표준정규분포 $N(0,\ 1)$을 따른다. 따라서 유의수준 $\alpha = 0.05$인 좌측검정에서의 임계값은 검정통계량의 표본분포 즉, $N(0,\ 1)$에서 귀무가설을 기각하게 될 영역의 면적(왼쪽끝 부분의 확률)이 0.05가 되는 점이다.

$$0.05 = P(Z \le -z_{0.05}) = P(Z \le -1.645)$$

따라서 임계값은 $z = -1.645$이므로 기각역은 $z \le -1.645$가 되는 것이다. 그리

4) 두 영역을 나누는 기준은 유의수준 α의 크기에 의해서 결정되며, 이때의 경계값을 임계값(critical value)이라 한다.

고 이때 표본으로부터 계산된 검정통계량의 값 -2.4는 기각역에 속하므로 귀무가설 H_0는 기각된다.

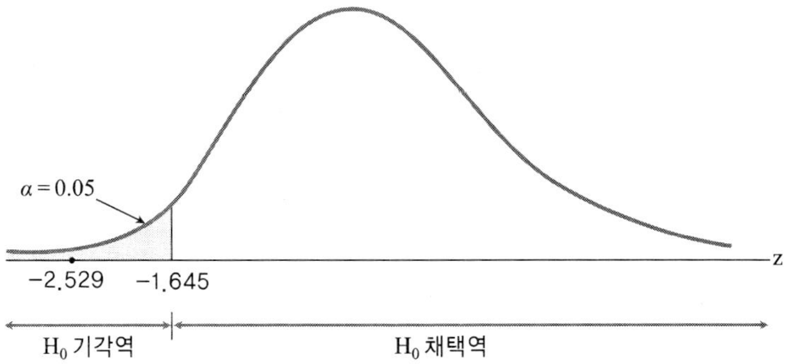

〈그림 7.4〉 좌측검정에서의 기각역

기각역은 대립가설의 형태에 따라 결정된다. 만약 예제 7.3)에서 대립가설이 우측검정일 경우 즉, $H_1 : \mu > 500$이면 기각역은 표준정규분포 $N(0,\ 1)$에서 오른쪽 끝부분의 확률이

$$0.05 = P(Z \geq z_{0.05}) = P(Z \geq 1.645)$$

가 되는 z값의 영역인 $z \geq 1.645$가 되고, 대립가설이 양측검정 즉, $H_1 : \mu \neq 500$이면 기각역은 표준정규분포 $N(0,\ 1)$에서 양쪽 끝부분의 확률이

$$0.05 = P(Z \leq -z_{0.025}) + P(Z \geq z_{0.025}) = P(Z \leq -1.96) + P(Z \geq 1.96)$$

가 되는 z값 영역 $z \leq -1.96$ 또는 $z \geq 1.96$이 된다.

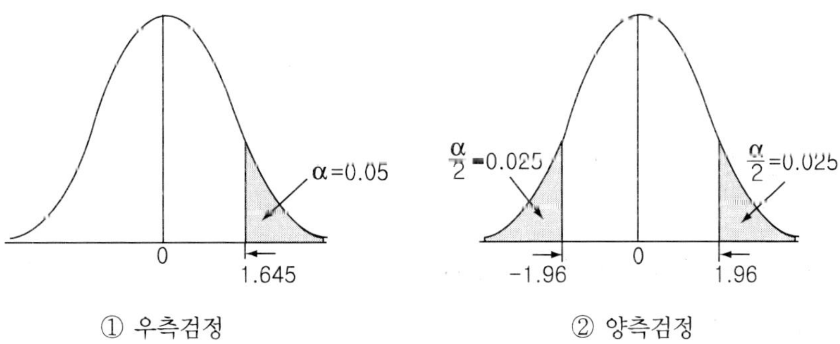

〈그림 7.5〉 우측 및 양측검정에서의 기각역

7-4 가설검정 절차

유의수준 α를 사전에 정하는 것은 제1종 오류를 범할 위험의 최대값을 제한하기 위해서이다. 그렇지만 이 방법은 검정통계량의 값이 기각역에 가까울 경우 명확한 결론을 내리는데 있어 어려움이 따르게 된다. 예를 들어 예제 9.6)의 가설 $H_0: \mu = 2.0$, $H_1: \mu \neq 2.0$을 검정함에 있어서 검정통계량의 값이 $z = 1.90$이었다고 하자. 이때 오른쪽 끝부분에서의 기각역은 $z \geq 1.96$이고, 표본으로부터 계산된 검정통계량의 값 $z = 1.90$은 채택역에 위치하고 있어 $\alpha = 0.05$에서 귀무가설 H_0은 기각되지 않는다. 하지만 이때 P-값을 계산하면

$$P-\text{값} = 2 \times P(Z \geq 1.90 | \mu = 2.0) = 2 \times 0.0287 = 0.0574$$

로 사전에 정해진 유의수준 $\alpha = 0.05$와 크게 차이가 나지 않는다. 그리고 만약 귀무가설 H_0가 기각되었다고 하더라도 제1종 오류를 범할 확률은 별로 심각할 정도는 아니다. 이러한 경우에는 유의수준 α의 크기를 미리 정하는 것보다 의사결정자가 최종적인 판단을 내리는데 도움을 줄 수 있는 P-값을 제공하는 것이 오히려 바람직하다고 할 수 있다.[5)]

P-값의 장점은 유의수준 α보다 더 유용한 정보를 제공해 준다는 데 있다. 예를 들어 $\alpha = 0.05$인 양측검정에서 z값이 2.88이라고 할 때 이 값은 기각역에 포함된다. 하지만 이때 P-값이

$$P-\text{값} = 2 \times P(Z \geq 2.88) = 2 \times 0.002 = 0.004$$

가 됨을 알게 된다면 연구자로 하여금 검정통계량의 값은 유의수준이 0.05보다 훨씬 작은 0.01 수준에서도 유의하다는 사실을 알 수 있도록 해 준다. 만약 z값이 2.17이라고 할 경우 P-값은 0.03이 되어, 검정통계량의 값은 $\alpha = 0.05$에서는 유의하지만 $\alpha = 0.01$에서는 유의하지 않는다는 사실도 알 수 있도록 해 준다.

사전에 정해진 유의수준의 크기내에서 귀무가설의 채택 또는 기각여부를 결정하기 위해서는 부록에 주어진 확률분포표로부터 임계값을 찾으면 된다. 하지만 컴퓨터의 발달과 더불어 통계 분석에서 사용되고 있는 대부분의 통계프로그램은 검정통계

5) 유의수준을 0.05 또는 0.01을 계속 이용해 온 것은 오랫동안 기준으로 정해져서 관례화된 결과일 뿐이다.

량의 값과 함께 P-값을 제공하고 있기 때문에 확률분포표로부터 일일이 임계값을 찾아 가설을 검정하는 방법은 점점 시대에서 뒤떨어져 가고 있는 실정이다. 그리고 P-값은 하나의 고정된 유의수준에서 단순히 귀무가설의 기각여부를 결정하는 것보다 더 유용한 정보를 제공한다는 장점도 가지고 있다. 따라서 의사결정의 도구로서 P-값을 이용한 검정법이 유의수준의 크기를 사전에 정한 가운데 검정을 하는 전통적인 방법보다 현실적으로 더 유용하다고 할 수 있다. 하지만 가설검정에 대한 전체적인 개념을 이해하기 위해서는 이 두 방법을 모두 잘 알고 있을 필요가 있다.

Tip

P-값을 이용한 검정 절차

(단계 1) 귀무가설 H_0와 대립가설 H_1을 설정한다.
(단계 2) 검정통계량의 값을 계산한다.
(단계 3) 단계 2)에서 구한 검정통계량을 이용하여 P-값을 계산한다.
(단계 4) P-값을 이용하여 귀무가설의 기각 또는 채택 여부를 결정한다.
※ 유의수준 α의 크기가 주어질 경우, P-값 $< \alpha$이면 귀무가설 H_0를 기각
P-값 $\geq \alpha$이면 귀무가설 H_0를 채택

Tip

기각역을 이용한 검정 절차

(단계 1) 귀무가설 H_0와 대립가설 H_1을 설정한다.
(단계 2) 유의수준 α의 크기를 정한다.
(단계 3) 적절한 검정통계량을 결정한 후, 그 값을 계산한다.
(단계 4) 유의수준 α의 크기를 고려하여 기각역을 설정한다.
(단계 5) 계산된 검정통계량의 값이 기각역 또는 채택역 중 어느 영역에 포함되는지를 조사하여 귀무가설의 기각 또는 채택 여부를 결정한다.

7-5 모평균의 검정

7.5.1 $Z-$검정

모분산 σ^2은 알려져 있지만 모평균 μ를 모르는 정규모집단으로부터 크기 n인 확률표본을 추출한 후, 모평균 μ가 어떤 특정한 값 μ_0일 것이라는 귀무가설 $H_0: \mu = \mu_0$을 검정한다고 하자. 이때 검정통계량으로는 표본평균 $\overline{X}$를 표준화한

$$Z = \frac{\overline{X} - \mu_0}{\sigma / \sqrt{n}}$$

를 사용하며, 이러한 통계량 Z에 기초를 둔 검정법을 $Z-$검정($Z-$test) 또는 정규검정(normal test)이라 한다.

검정통계량 Z는 귀무가설 H_0가 참($\mu = \mu_0$)이라는 가정 하에서 표준정규분포를 따르게 되므로, 이를 이용하여 모평균 μ에 대한 검정은 이루어진다.

Tip

$Z-$검정(σ^2이 알려져 있는 정규모집단)

- 검정통계량 $Z = \frac{\overline{X} - \mu_0}{\sigma / \sqrt{n}}$
- 관측된 검정통계량의 값을 z라고 할 때 $P-$값의 계산
  ① 우측검정 $H_0: \mu = \mu_0$, $H_1: \mu > \mu_0$일 때 $P-$값$= P(Z \geq z)$
  ② 좌측검정 $H_0: \mu = \mu_0$, $H_1: \mu < \mu_0$일 때 $P-$값$= P(Z \leq z)$
  ③ 양측검정 $H_0: \mu = \mu_0$, $H_1: \mu \neq \mu_0$일 때 $P-$값$= P(|Z| \geq z)$

예제 7-7

우리나라 30대 성인들의 혈압은 평균 $\mu = 128$, 표준편차 $\sigma = 15$인 정규분포를 따르는 것으로 알려져 있다. H기업에서 근무하는 30대 직원 72명의 혈압을 조사한 결과 $\overline{x} = 126.07$이었다. 이러한 사실은 H기업에서 근무하는 30대 직원의 혈압이 우리나라 30대 성인들의 혈압과 차이가 없다고 할 수 있는 지를 유의수준 $\alpha = 0.05$에서 검정하여라.

풀이 양측검정에 해당하므로 귀무가설 및 대립가설은 다음과 같이 설정된다.

$$H_0 : \mu = 128, \quad H_1 : \mu \neq 128$$

모집단은 $\sigma^2 = 15^2$인 정규분포를 따르므로 검정통계량의 값은

$$z = \frac{\bar{x} - \mu_0}{\sigma / \sqrt{n}} = \frac{126.07 - 128}{15 / \sqrt{72}} = -1.09$$

가 된다. 그리고 이때의 $P-$값은 <그림 9.6>에서 빗금친 부분의 면적 즉,

$$P-\text{값} = P(Z \leq -1.09) + P(Z \geq 1.09) = 2 \times P(Z \geq 1.09) = 2 \times (0.1379) = 0.2758$$

이 된다. $P-$값 0.2758은 유의수준 $\alpha = 0.05$보다 크므로 귀무가설 H_0은 기각되지 않는다. 즉, 관측된 자료는 H기업에서 근무하는 30대 직원의 혈압이 우리나라 30대 성인들의 혈압과 차이가 있다고 할 수 있는 충분한 근거를 제공하지 못하고 있다고 할 수 있다.

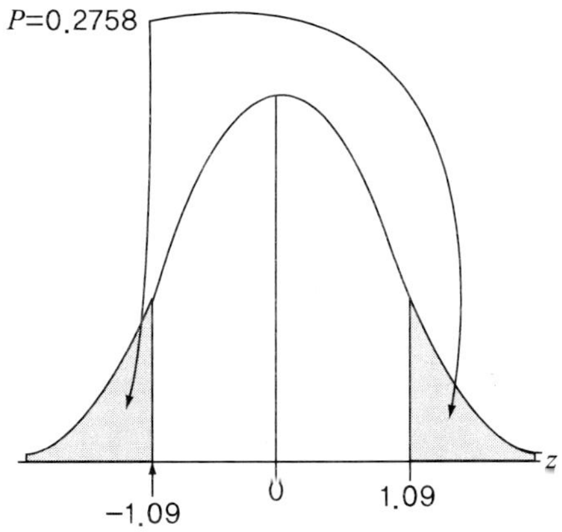

〈그림 7.6〉 P−값이 의미

예제 7-8

보건소를 이용하는 환자들의 진료 대기시간이 1시간이상 걸린다며 이에 내한 개선을 요구하는 민원이 시청 민원실에 접수되었다. 민원처리를 위하여 시청에서는 보건소를 방문하는 100명의 환자를 랜덤으로 추출하여 대기시간을 측정한 결과, 평균 $\bar{x} = 63$(분), 표준편차 $s = 10$(분)이었다. 유의수준 $\alpha = 0.05$에서 접수된 민원이

타당하다고 할 수 있는지를 기각역을 구하여 검정하여라. 단 진료 대기시간은 표준편차 $\sigma=10$인 정규분포를 따른다고 가정한다.

풀이 보건소를 이용하는 전체 환자들의 평균 대기시간을 μ(분)이라고 하면 민원인의 주장은 우측검정에 해당되므로 귀무가설 및 대립가설은 다음과 같이 설정된다.

$$H_0 : \mu = 60, \qquad H_1 : \mu > 60$$

검정통계량의 값을 계산하면

$$z = \frac{\overline{x} - \mu_0}{\sigma / \sqrt{n}} = \frac{63 - 60}{10/10} = 3.0$$

이 되고, 유의수준 $\alpha = 0.05$ 는

$$0.05 = P(Z \geq z_{0.05}) = P(Z \geq 1.645)$$

를 의미하므로 기각역은 $z \geq 1.645$가 된다. 계산된 검정통계량의 값 $z = 3.0$은 기각역에 포함되므로 귀무가설 H_0 는 기각된다. 즉, 표본자료는 보건소에서 진료 대기시간이 1시간이상 걸린다는 민원이 타당하다는 근거를 제공하고 있다고 할 수 있다. ❀

모분산 σ^2은 알려져 있지만 모집단이 정규분포를 하지 않을 경우, 검정통계량 Z는 표준정규분포를 따르지 않으므로 모평균 μ에 대한 검정은 용이하지 않다. 그러나 n 이 충분히 크다면 중심극한정리에 의해 Z는 근사적으로 표준정규분포 $N(0, 1)$을 따르므로, 위에서와 같이 동일하게 $Z-$검정을 실시하면 된다.

예제 7-9

자동차 배기가스 규제법에 의하면 배기가스 중 C물질의 배출량을 0.6(mg/l)이하, 표준편차는 0.1(mg/l)로 규제하고 있다. 환경단체들은 화물트럭의 C물질 배출정도가 심각하다며, 이에 대한 대책을 요구하고 있다. 이에 환경청에서는 화물트럭의 C물질 배출정도를 확인하기 위해 100대를 랜덤으로 추출하여 조사한 결과, 화물트럭들의 C물질 평균 배출량은 0.63(mg/l)이었다. 환경단체의 주장이 옳다고 할 수 있는지 유의수준 $\alpha = 0.05$에서 검정하여라.

풀이 화물트럭에서 배출된 C물질의 평균 배출량을 μ(mg/l)라고 할 때 귀무 및 대립가설은 다음과 같이 설정된다.

$$H_0 : \mu = 0.6, \qquad H_1 : \mu > 0.6$$

표본의 크기는 $n = 100$으로 크다고 할 수 있으므로 Z-검정을 실시하면 된다. 검정통계량의 값을 계산하면

$$z = \frac{\bar{x} - \mu_0}{\sigma / \sqrt{n}} = \frac{0.63 - 0.6}{0.1 / \sqrt{100}} = 3.0$$

이고, 여기서는 우측검정에 해당되므로 P-값은

$$P-\text{값} = P(Z \geq 3.0) = 0.0013$$

이 된다. 이때의 $P-$값 0.0013은 유의수준 $\alpha = 0.05$보다 작으므로 귀무가설 H_0는 기각된다. 즉, 표본자료는 화물트럭의 C물질 평균배출량이 0.6(㎎/l)이상이라는 환경단체의 주장이 옳다고 할 수 있는 충분한 근거를 제공한다고 할 수 있다. ❀

7.5.2 $t-$검정

모집단이 정규분포를 따르면서 모분산 σ^2을 모를 경우, σ 대신 S를 사용한 통계량

$$T = \frac{\bar{X} - \mu}{S / \sqrt{n}}$$

는 자유도 $n-1$ 인 $t-$분포를 따른다는 것을 7.5절에서 배웠다. 따라서 σ^2를 모르는 정규모집단으로부터 추출된 표본을 이용하여 모평균 μ에 대한 검정 시 검정통계량으로는 T를 사용하며, 이러한 검정법을 $t-$검정(t-test)이라 한다.

Tip

$t-$검정(σ^2이 알려져 있지 않은 정규모집단)

- 검정통계량 $T = \dfrac{\bar{X} - \mu_0}{S / \sqrt{n}}$
- 관측된 검정통계량의 값을 t라고 할 때 P–값의 계산

① 우측검정 $H_0 : \mu = \mu_0$, $H_1 : \mu > \mu_0$일 때 P–값$= P(T \geq t)$

② 좌측검정 $H_0 : \mu = \mu_0$, $H_1 : \mu < \mu_0$일 때 P–값$= P(T \leq t)$

③ 양측검정 $H_0 : \mu = \mu_0$, $H_1 : \mu \neq \mu_0$일 때 P–값$= P(|T| \geq t)$

예제 7-10

H기업 직원들은 매일 1시간 이상 실시하는 야근에 불만이 많은 것으로 알려지고 있다. 이에 인사과에서는 실태를 파악하기 위해 직원 10명을 랜덤으로 추출하여 야근 시간 X(분)를 조사한 결과, 다음과 같은 자료를 얻었다.

81	85	90	94	86	97	86	81	78	101

위의 자료는 직원들의 일일 평균 야근 시간이 85(분) 이상이 된다고 할 수 있는 근거가 되는지를 유의수준 $\alpha = 0.05$에서 검정하여라. 단, 직원들의 야근 시간은 정규분포를 따른다고 가정한다.

풀이 직원들의 평균 야근시간을 μ(분)라고 할 때 귀무가설 및 대립가설은 다음과 같이 설정된다.

$$H_0: \mu = 85, \qquad H_1: \mu > 85$$

표본자료로부터 평균과 표준편차를 계산하면

$$\bar{x} = \frac{1}{10}(81 + \cdots + 101) = 87.9$$

$$s = \sqrt{\frac{1}{10-1}\left[(81-87.9)^2 + \cdots + (101-87.9)^2\right]} = 7.49$$

가 된다. 여기서 모표준편차 σ는 알려져 있지 않지만 모집단이 정규분포를 따르므로 t-검정을 실시하면 된다.
검정통계량 T의 값을 계산하면

$$t = \frac{\bar{x} - \mu_0}{s/\sqrt{n}} = \frac{87.9 - 85}{7.49/\sqrt{10}} = 1.224$$

가 되고, 이때의 P-값은

$$P-\text{값} = P(T > 1.224) = 0.1260$$

으로 주어진 유의수준 $\alpha = 0.05$보다 크다. 따라서 귀무가설 H_0는 기각되지 않는다. 즉, 직원들의 야근 평균시간은 85(분)을 초과한다고 할 수 없다. ❀

7-6 모분산의 검정

정규분포 $N(\mu, \sigma^2)$을 따르는 모집단으로부터 크기 n인 확률표본을 추출할 때, 통계량

$$V = \frac{(n-1)S^2}{\sigma^2}$$

은 자유도 $n-1$인 카이제곱분포를 따른다는 사실을 5.3절에서 배웠다. 모분산 σ^2에 대한 검정은 이러한 사실을 이용하여 이루어지며, 이때 검정통계량

$$V = \frac{(n-1)S^2}{\sigma_0^2}$$

를 사용한 검정법을 카이제곱-검정(χ^2-test)이라 한다.

표본으로부터 관측된 검정통계량의 값이 v이고, 대립가설이 $H_1 : \sigma^2 > \sigma_0^2$일 때 $P-$값은 $P(V \geq v)$가 된다. 반면에 대립가설이 $H_1 : \sigma^2 < \sigma_0^2$일 때 $P-$값은 $P(V \leq v)$가 된다. 하지만 대립가설이 $H_1 : \sigma^2 \neq \sigma_0^2$일 경우 모평균에 대한 검정에서와 동일한 요령으로 $P-$값을 계산할 수 없다. 그 이유는 카이제곱분포는 정규분포 또는 $t-$분포와는 달리 대칭인 분포가 아니기 때문이다. 따라서 이러한 경우에는 전통적인 가설 검정법에 따라 주어진 유의수준에 따른 기각역을 설정하여 검정을 실시하여야 한다. 즉, 대립가설 $H_1 : \sigma^2 \neq \sigma_0^2$에 대한 검정에서 유의수준이 α일 때 기각역은 $V \leq \chi^2_{1-\alpha/2}(n-1)$ 또는 $V \geq \chi^2_{\alpha/2}(n-1)$가 되며, 이때 검정통계량의 값이 기각역에 포함될 경우 귀무가설을 기각하고, 그렇지 않으면 귀무가설을 채택하면 된다.

Tip

카이제곱검정[6]

- 검정통계량 $V = \dfrac{(n-1)S^2}{\sigma_0^2}$

6) 흩어진 정도를 나타내는 분산은 정규분포와 같이 좌우 대칭인 분포에서 그 의미를 가지고 있다. 하지만 비대칭분포에서는 양쪽 꼬리부분의 모양이 동일하지 않기 때문에 분산을 이용하여 흩어진 정도를 표현한다는 것은 적절치 않다. 따라서 비대칭인 분포에서 모분산에 대한 검정은 커다란 의미가 없다고 할 수 있다.

- 관측된 검정통계량의 값을 v라고 할 때 유의수준 α에 대한 기각역과 P–값
  ① $H_0 : \sigma^2 = \sigma_0^2$, $H_1 : \sigma^2 > \sigma_0^2$, 기각역 : $V \geq \chi_\alpha^2(n-1)$, P–값$= P(V \geq v)$
  ② $H_0 : \sigma^2 = \sigma_0^2$, $H_1 : \sigma^2 < \sigma_0^2$, 기각역 : $V \leq \chi_{1-\alpha}^2(n-1)$, P–값$= P(V \leq v)$
  ③ $H_0 : \sigma^2 = \sigma_0^2$, $H_1 : \sigma^2 \neq \sigma_0^2$, 기각역 : $V \leq \chi_{1-\alpha/2}^2(n-1)$
  또는 $V \geq \chi_{\alpha/2}^2(n-1)$

예제 7-11

A 공장에서 생산되고 있는 항공기용 배터리를 항공사에 납품하기 위해서는 배터리 수명의 분산이 1 이내이어야 한다. 대한항공에서는 이번에 납품받은 항공기 배터리 중에서 21개를 랜덤으로 추출하여 수명을 측정한 결과, 그 분산은 1.42이었다. A공장에서 생산되는 배터리의 수명이 정규분포를 따른다고 가정할 때, 대한항공에 납품된 배터리의 분산이 1을 초과한다고 할 수 있는지를 유의수준 $\alpha = 0.05$ 로 검정하여라(단위 : 개월).

풀이 배터리 수명의 분산을 σ^2 이라 할 때 귀무 및 대립가설은 다음과 같이 설정된다.

$$H_0 : \sigma^2 = 1, \qquad H_1 : \sigma^2 > 1$$

표본자료로부터 관측된 결과로부터 검정통계량의 값을 계산하면

$$v = \frac{(n-1)s^2}{\sigma_0^2} = \frac{(21-1)(1.42)}{1} = 28.4$$

가 되고, 여기서는 우측검정이므로 $P-$값은 다음과 같다.

$$P-\text{값} = P(V \geq 28.4) = 0.10$$

계산된 $P-$값은 유의수준 $\alpha = 0.05$보다 크므로 귀무가설은 기각되지 않는다. 즉, 표본자료는 대한항공에 납품된 배터리 수명의 분산이 1을 초과한다는 근거를 충분히 제공하지 못하고 있다고 할 수 있다. ❀

참고

통계적 검정에서 사용된 검정방법이 기본 가정(정규성, 등분산성 등)을 벗어나는 것에 대하여 덜 영향을 받을 때 그 검정법은 "로버스트(robust)하다" 고 말한다. 모평균 검정에서 사용되는 t–검정법은 모집단이 정규분포의 가정에서 벗어나는 것에 대해서 매우 로버스트한 것으로 알려져 있다. 따라서 모집단으로부터 추출된 자료값들이 정확하게 정규분포를 따르지 않더라도 좌우 대칭이며 특이값만 없다면 검정 결과는 커다란 영향을 받지 않게 된다. 그러나 모분산 검정시 사용되는 카이제곱 검정

통은 정규성에 대하여 매우 민감하게 반응하므로 로버스트성이 매우 결여된 검정법이라고 할 수 있다. 따라서 모분산에 대한 검정에서 정규분포의 가정이 성립하지 않을 경우 P-값은 실제와는 매우 다르게 나타날 수 있으므로 카이제곱검정을 사용할 때에는 특별한 주의가 필요하다.

7-7 모비율의 검정

확률변수 X가 모수 n, p인 이항분포를 따를 때 모비율 p의 추정량으로는 표본비율 $\hat{p}= X/n$ 가 사용된다. 그리고 표본비율 $\hat{p}$은 n이 충분히 클 때 근사적으로 평균이 p, 분산이 $p(1-p)/n$ 인 정규분포를 따르게 된다. 따라서 모비율 p에 대한 검정은 표본비율 $\hat{p}$을 표준화한 통계량

$$Z= \frac{\hat{p}-p}{\sqrt{p(1-p)/n}}$$

가 표준정규분포 $N(0, 1)$을 따른다는 사실을 이용하여 이루어진다.

Tip

모비율에 대한 검정

- 검정통계량 $Z= \dfrac{\hat{p}-p_0}{\sqrt{p_0(1-p_0)/n}}$
- 관측된 검정통계량의 값을 z라고 할 때 대립가설의 형태에 따른 P-값의 계산
  ① 우측검정 $H_0 : p = p_0$, $H_1 : p > p_0$일 때 P-값$= P(Z \geq z)$
  ② 좌측검정 $H_0 : p = p_0$, $H_1 : p < p_0$일 때 P-값$= P(Z \leq z)$
  ③ 양측검정 $H_0 : p = p_0$, $H_1 : p \neq p_0$일 때 P-값$= P(|Z| \geq z)$

예제 7-12

앞면과 뒷면이 균등한 동전을 던질 때 앞면이 나타날 확률은 0.5이다. 프랑스 학자 Buffon은 동전을 4040번 던져 2048번의 앞면을 얻었다. 이 결과로부터 Buffon이 던진 동전은 균일한 동전이라고 할 수 있는지를 검정하여라.

풀이 동전의 앞면이 나타날 확률을 p 라고 할 때 귀무가설 및 대립가설은 다음과 같이 설정된다.

$$H_0 : p = 0.5, \qquad H_1 : p \neq 0.5$$

실험으로부터 얻은 표본비율 $\hat{p} = \dfrac{2,048}{4,040} = 0.5069$ 이며, 따라서 검정통계량의 값은 다음과 같이 계산된다.

$$z = \frac{\hat{p} - 0.5}{\sqrt{(0.5)(0.5)/4040}} = \frac{0.5069 - 0.5}{\sqrt{(0.5)(0.5)/4040}} = 0.88$$

여기서는 양측검정이므로 P-값은

$$P(|Z| \geq 0.88) = 2 \times [1 - P(Z \leq 0.88)] = 2 \times 0.1894 = 0.38$$

이 된다. 이때의 P-값은 매우 크므로 귀무가설 H_0는 기각되지 않는다. 즉, 실험결과는 Buffon이 던진 동전이 균일한 동전이라는 충분한 근거를 제공하고 있다고 할 수 있다. ❀

예제 7-13

과거 자료에 의하면 A회사 프린트기의 불량률은 10%로 알려져 있다. 이에 A회사에서는 새로운 기술을 개발하여 불량률을 10% 미만으로 떨어뜨렸다고 주장하고 있다. 소비자 보호원에서는 이를 확인하기 위해 최근 생산된 프린트기 중 30대를 랜덤으로 추출하여 확인한 결과 이 중 1대가 불량품이었다. 유의수준 $\alpha = 0.05$ 에서 A회사의 주장이 옳은지를 검정하여라.

풀이 표본의 크기가 $n = 30$ 이므로 $Z-$검정을 하면 된다. 여기서는 좌측검정에 해당되므로 귀무가설 및 대립가설은 다음과 같이 설정된다.

$$H_0 : p = 0.1 \qquad H_1 : p < 0.1$$

확률변수 X를 불량품 대수라고 할 때 표본비율 $\hat{p} = 1/30 = 0.033$ 이고, 따라서 검정통계량의 값은

$$z = \frac{\hat{p} - p_0}{\sqrt{p_0(1-p_0)/n}} = \frac{0.033 - 0.1}{\sqrt{0.1(1-0.1)/30}} = -1.22$$

가 된다. 유의수준 $\alpha = 0.05$ 에서 기각역은 $Z \leq -z_{0.05} = -1.645$ 이고, 계산된 검정통계량의 값 $z = -1.22$는 채택역에 포함되므로 귀무가설 H_0를 기각할 수 없게 된다. 즉, 표본자료는 A회사의 주장이 옳다고 할 수 있는 충분한 근거를 제공하지 못 한다고 할 수 있다. ❀

7-8 Excel 실습

7.8.1 모평균의 검정

실습 1 **예제 7-2)에서의 검정통계량과 $P-$값 계산:**

● 방법 1(대화상자 이용)

(단계 1: 검정통계량 출력) [수식]-[함수 삽입]-[함수 마법사]의 범주 선택에서 "통계"를, 함수 선택에서 "STANDARDIZE"를 선택-[STANDARDIZE] 대화상자에서 X에는 68.2를, Mean에는 62를, Standard_dev에는 2를 각각 입력하면 검정통계량의 값 $z=3.1$이 출력된다(그림 7.7 참조).

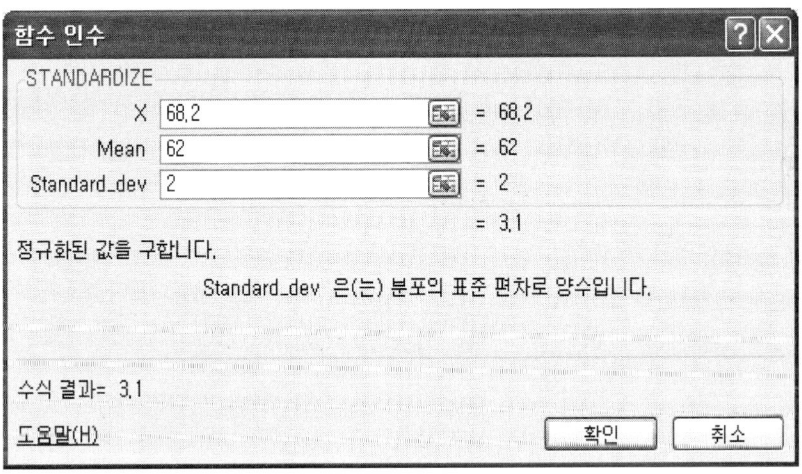

〈그림 7.7〉 검정통계량 z 계산

(단계 2: P-값 출력) [함수 마법사] 범주 선택에서 "통계"를, 함수 선택에서 "NORMSDIST"를 선택-[NORMSDIST] 대화상자에서 Z에 단계 1)에서 계산한 검정통계량 의 값 3.1을 입력하면 누적확률 $P(Z \leq 3.1)=0.9990$이 출력된다(그림 7.8 참조). 여기서는 우측검정이므로 계산된 값을 1에서 빼주어야 한다. 즉, P-값=1-0.999032=0.000968이다.

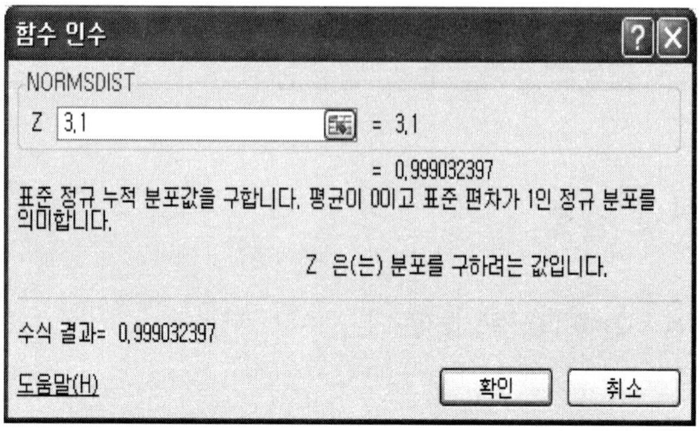

〈그림 7.8〉 표준정규분포로부터의 확률 계산

● 방법 2(수식 입력줄 이용)

수식입력줄에서 “=1-NORMSDIST(STANDARDIZE(68.2, 62, 2))”를 입력하면 구하고자 하는 P-값=0.000968이 출력된다.

실습 2 **예제 7-5)에서의 검정통계량, 임계값, β, 검정력의 계산 :**

(**단계 1: 검정통계량 출력**) [수식]-[함수 삽입]-[함수 마법사]의 범주 선택에서 “통계”를, 함수 선택에서 “STANDARDIZE”를 선택-[STANDARDIZE] 대화상자에서 X=2.01, Mean=2, Standard_dev=0.01/sqrt(5)를 입력하면 검정통계량의 값 2.236068이 출력된다.

(**단계 2: 임계값 출력**) [수식]-[함수 삽입]-[함수 마법사]의 범주 선택에서 “통계”를, 함수 선택에서 “NORMINV”를 선택-[NORMINV] 대화상자에서 Probability에는 유의수준 α에 2를 나눈 값 0.025를, Mean에는 표준정규분포의 평균 0을, Standard_dev에는 표준정규분포의 표준편차 1을 각각 입력하면 임계값 $z=-1.95996$이 출력된다. 따라서 채택역은 $1.991235 \le \overline{X} \le 2.008765$로 설정된다.

(**단계 3: 검정력 출력**) β는 $P(1.991235 \le \overline{X} \le 2.008765 \mid \mu = 2.015)$이므로 이를 계산하기 위해 수식 입력줄에 “=NORMDIST(2.008765, 2.015, 0.01/sqrt(5), 1)-NORMDIST(1.991235, 2.015, 0.01/sqrt(5), 1)”를 입력하면 구하고자하는 확률값 0.0816303이 출력된다. 검정력은 $1-\beta$이므로 $\mu=2.015$일 때 귀무가설 H_0를 기각할 확률 0.91837이 구해진다.

실습 3 **예제 7-6)에서의 기각역 결정:**

● 방법 1(대화상자 이용)

(단계 1: 임계값 출력) [수식]-[함수 삽입]-[함수 마법사]의 범주 선택에서 "통계"를, 함수 선택에서 "NORMINV"를 선택-[NORMINV] 대화상자에서 Probability에는 유의수준 0.05를, Mean에는 표준정규분포의 평균값 0을, Standard_dev에는 표준정규분포의 표준편차 1을 각각 입력하면 임계값 $z=-1.64485$가 출력된다(그림 7.9 참조). 여기서는 좌측검정이므로 기각역은 $z \le -1.645$가 된다.

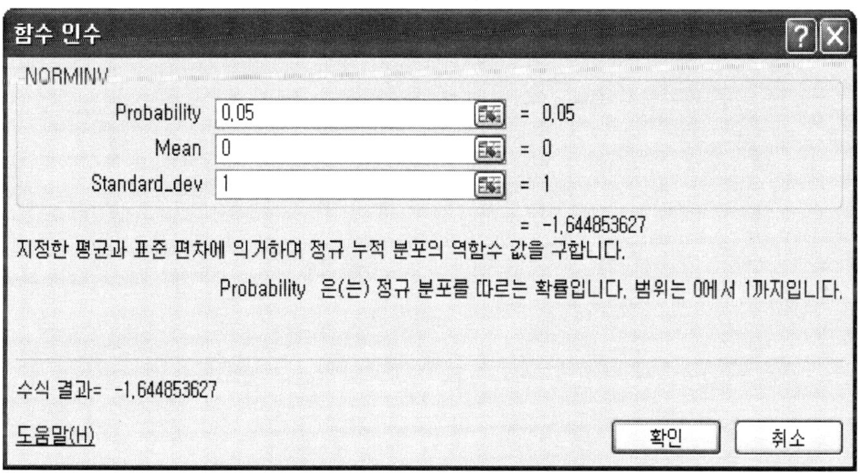

〈그림 7.9〉 유의수준을 이용한 임계값 계산

(단계 2: 검정통계량 출력) [함수 마법사] 범주 선택에서 "통계"를, 함수 선택에서 "STANDARDIZE"를 선택-[STANDARDIZE] 대화상자에서 X에는 476를, Mean에는 500을, Standard_dev에는 10을 각각 입력하면 검정통계량의 값 $z=-2.629$가 출력되고 이는 기각역에 속하므로 귀무가설 H_0는 기각된다.

● 방법 2(수식 입력줄 이용)

수식입력줄에서 "=NORMINV(0.05, 0, 1)"를 입력하면 임계값 $z=-1.64485$가 출력된다.

실습 4 **예제 7-10)에서의 t −검정:**

(단계 1: 검정통계량 출력) 먼저 워크시트에 자료를 A1에서 E2까지 입력한 후 표본평균, 표본분산, 검정통계량의 값을 아래와 같은 요령으로 "수식 입력줄"을 이용하여 계산한다(그림 7.10 참조).

- 표본평균 : 셀 C4에서 "=AVERAGE(A1:E2)"를 입력한다.
- 표본분산 : 셀 C5에서 "=VAR(A1:E2)"를 입력한다.
- 검정통계량 : 셀 C6에서 "=(C4-85)/SQRT(C5/10)"를 입력한다.

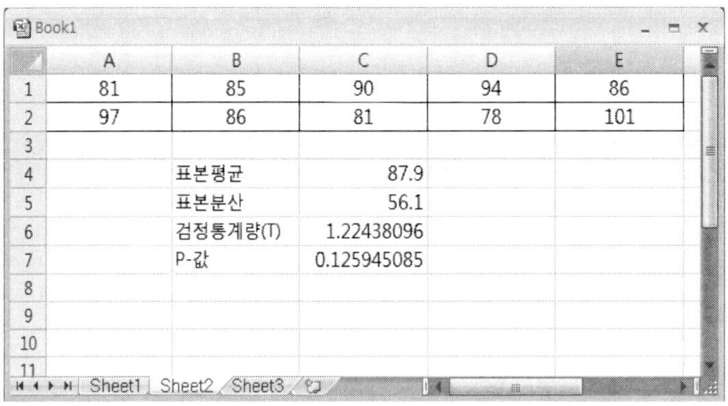

〈그림 7.10〉 표본으로부터의 통계량 계산

(단계 2: P−값 출력) [수식]-[함수 삽입]-[함수 마법사]의 범주 선택에서 "통계"를, 함수 선택에서 "TDIST"를 선택-[TDIST] 대화상자에서 X=C6, Deg_freedom=9, Tails=1을 입력하면 P−값=0.125945085를 구할 수 있다(그림 7.11 참조).

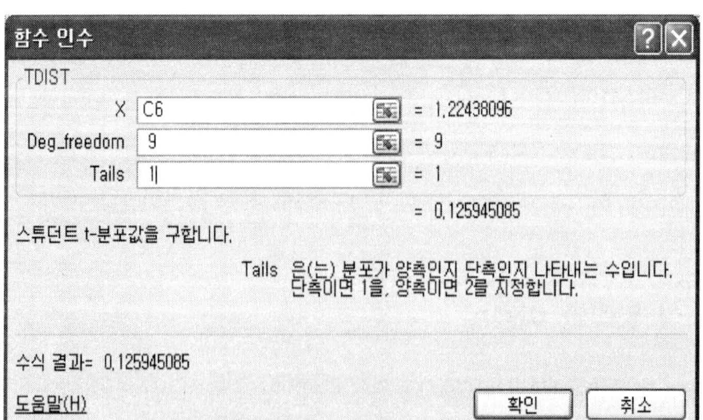

〈그림 7.11〉 TDIST 함수를 이용한 P−값 계산

7.8.2 모분산의 검정

실습 5 **예제 7-11)에서의 카이제곱검정:**

(난계 1: 검정통계량 출력) 수식 입력줄에서 "=(21-1)*1.42/1"을 입력하면 28.4가 출력된다.

(단계 2: $P-$값 출력) [수식]-[함수 삽입]-[함수 마법사]의 범주 선택에서 "통계"를, 함수 선택에서 "CHIDIST"를 선택-[CHIDIST] 대화상자에서 X=28.4, Deg_freedom=20을 입력하면 $P-$값=0.100263525가 출력된다(그림 7.12 참조).

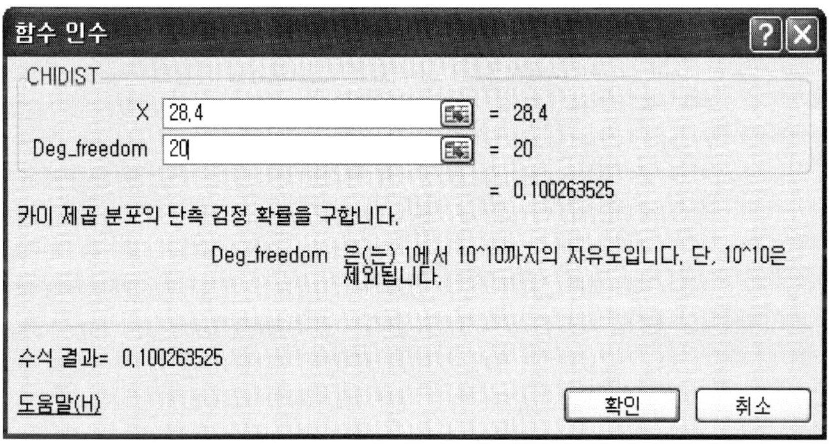

〈그림 7.12〉 CHIDIST 함수를 이용한 $P-$값 계산

7.8.3 모비율의 검정

실습 6 **예제 7-13)에서의 $Z-$검정:**

(단계 1: 검정통계량 출력) 귀무가설에서 모비율을 $p=0.1$로 설정하고, 표본비율 $\hat{p}=\frac{1}{30}$ 이므로 수식 입력줄에서 "=(1/30-0.1)/SQRT((0.1*(1-0.1)/30))"과 같이 입력하면 검정통계량의 값 $z=-1.2171$이 출력된다.

(단계 2: $P-$값 출력) 단계 2) 수식 입력줄에서 "=NORMSDIST(-1.217161239)"를 입력하면 $P-$값=0.111771437이 출력된다(그림 7.13 참조).

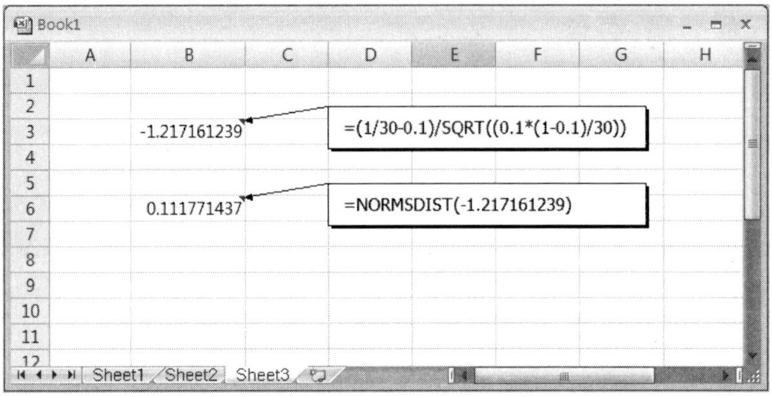

〈그림 7.13〉 모비율에 대한 검정시 $P-$값 계산

연습문제

1. 몸이 피곤하면 발생하는 대상포진의 치료기간은 평균 15일, 표준편차 3일인 정규분포를 따른다고 알려져 있다. 모 개인병원 원장은 자신이 개발한 방법에 의하여 치료를 받은 환자 9명의 치료일지로부터 $\overline{x}=13$(일)이라는 결과를 얻었다. 이에 병원 원장은 자신의 치료법이 현재 알려진 기간보다 치료기간을 더 단축시킬 수 있다는 주장을 하고 있다. 유의수준 $\alpha=0.05$에서 병원장의 주장이 옳다고 할 수 있는지를 검정하여라.

2. 펩시콜라 캔에는 용량이 300ml라고 적혀 있으며, 펩시콜라에 들어있는 용량은 표준편차 $\sigma=3$ml인 정규분포를 따른다고 한다. 평소 펩시콜라를 즐겨 마시는 학생 1명이 콜라 1캔에 들어있는 용량이 캔에 표시되어 있는 양보다 작은 것 같다는 의심에 슈퍼마켓에서 판매되고 있는 제품 중에서 6개를 구입하여 용량을 측정한 결과 다음과 같은 자료를 얻었다.

299.4	297.7	301.0	298.9	300.2	297.0

콜라 한 캔에 들어있는 양은 표시된 용량보다 작다고 할 수 있는 근거가 되는지를 유의수준 $\alpha=0.05$에서 검정하여라.

3. 표준편차가 $\sigma=1$인 정규분포를 따르는 모집단으로부터 크기가 $n=16$인 표본을 랜덤으로 추출하여 가설

$$H_0 : \mu=0, \quad H_1 : \mu>0$$

을 검정한다고 하자. 이때 표본으로부터 계산된 평균이 $\overline{x}>0$이면 H_0를 기각하고, 그렇지 않으면 H_0를 채택한다고 할 때

(1) 제1종 오류를 범할 확률을 구하여라.

(2) $\mu=0.2$일 때 제2종 오류를 범할 확률 즉, 실제로 $\mu=0.2$가 사실일 때 H_0를 채택할 확률을 구하여라.

4. 유의수준 α를 고정한 후 표본의 크기 n을 증가시키면 검정력은 증가한다. 2번 문제에서 통계량 $Z = \dfrac{\overline{X} - 300}{3/\sqrt{n}}$가 $Z \le -1.646$이면 귀무가설 H_0는 기각된다.

(1) $n = 30$이고 대립가설에서 $\mu = 298$일 때 검정력을 구하여라(단, $\overline{x} = 299.03$).

(2) $n = 120$이고 대립가설에서 $\mu = 298$일 때 검정력을 구하여라(단, $\overline{x} = 299.03$).

5. 북한에서 러시아로부터 새로 도입한 최신 전투기의 평균속력이 500m/sec 이상이라는 설이 있다. 이를 확인하기 위하여 아군의 특수레이더로 이 전투기의 속도를 12회 측정한 결과, 다음과 같은 자료를 얻었다. 유의수준 $\alpha = 0.01$에서 북한의 최신 전투기의 평균속력이 500m/sec 이상인지를 검정하여라.

485	559	443	528	484	435	558	551	531	462	476	484

6. A제약회사에서는 한 달 동안 복용하면 2kg 이상의 체중 감량 효과가 있다는 약을 개발하였다고 주장한다. 식약청에서는 이에 대한 효과를 검증하기 위하여 12명의 비만 환자를 대상으로 한 달 동안 약을 복용하게 한 후, 감량된 체중을 측성한 결과 다음과 같은 지료를 얻었다.

1.5	0.7	2.2	0.5	1.0	0.8	1.3	3.2	2.5	1.8	2.6	1.2

A제약회사에서의 주장이 옳은지를 유의수준 $\alpha = 0.05$에서 검정하여라.

7. 가설 $H_0 : \mu = 50$, $H_1 : \mu > 50$를 검정하기 위하여 정규분포를 따르는 모집단으로부터 크기가 $n = 20$인 표본을 랜덤으로 추출하여 통계량을 계산한 결과 $t = 2.093$이었다고 하자.

(1) 검정통계량의 자유도를 구하여라.

(2) P-값을 구하여라.

(3) $t = 2.093$은 유의수준 $\alpha = 0.05$에서 유의한가? 아니면 유의수준 $\alpha = 0.01$에서 유의한가?

8. 20대 건강한 젊은 성인들의 피속에 포함되어 있는 칼슘량은 평균 9.5mg/dl, 표준편차 0.4mg/dl인 정규분포를 따르는 것으로 알려져 있다. K대 의학연구소에서는 K대 학생 180명을 랜덤으로 추출하여 피속에 포함되어 있는 칼슘량을 측정한 결과 $\bar{x}=9.58$mg/dl을 얻었다. K대 학생들의 피속 칼슘량은 우리나라 20대 젊은 성인들의 칼슘량과 차이가 있는지의 여부를 유의수준 $\alpha=0.05$에서 검정하고자 한다.
   (1) H_0와 H_1을 설정하여라.
   (2) 검정통계량과 P-값을 구하여라.
   (3) 유의수준을 $\alpha=0.01$로 할 때 결론을 내려라.

9. 다음과 같은 가설에 대한 검정을 유의수준 $\alpha=0.05$에서 실시한다고 할 때

$$H_0: \mu=0, \quad H_1: \mu>0$$

   (1) 귀무가설을 기각하도록 하는 임계값 z를 구하여라.
   (2) 대립가설을 $H_1: \mu\neq 0$라고 할 경우, 이때의 임계값 z를 구하여라.
   (3) (1)과 (2)에서 구한 z값이 서로 다른 이유를 설명하여라.

10. 비행기 제작에 사용되는 강철판 두께의 표준편차가 1.5mm보다 작은 경우에는 생산공정에 이상이 있는 것으로 판정한다. 비행기용 강철판을 생산하고 있는 P공장에서 10개의 제품을 랜덤으로 추출하여 그 두께를 측정한 결과 다음의 자료를 얻었다.

226	228	226	225	232	228	227	229	225	230

철판의 두께가 정규분포를 따른다고 가정할 때 표본 자료는 생산 공정에 이상이 있다고 할 수 있는 증거가 되는지를 유의수준 $\alpha=0.05$로 검정하여라.

11. S대 총학생회에서는 전체 학생들의 80% 이상이 학교식당의 음식수준에 만족하지 못하고 있다고 판단하고 있다. 64명의 학생을 랜덤으로 추출하여 설문 조사한 결과 이 중 54명의 학생이 불만족스럽다고 응답하였다. 유의수준 $\alpha=0.05$로 총학생회의 판단이 옳다고 할 수 있는지를 검정하여라.

12. 70%의 적중률을 가진 것으로 알려진 신무기의 정확도를 검증하기 위해 50발을 시험 발사한 결과 이 중에서 30발이 목표물에 명중하였다. 이 무기가 70%의 적중률을 가지고 있다고 할 수 있는지를 유의수준 $\alpha=0.05$로 검정하여라.

Chapter

8 두 모집단의 비교

8-1 두 모평균의 비교

8-2 대응비교

8-3 두 모분산의 비교

8-4 두 모비율의 비교

8-5 Excel 실습

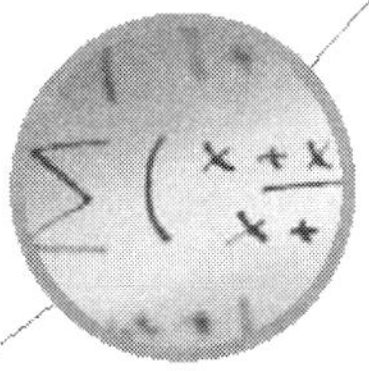

제8장 두 모집단의 비교

지금까지는 하나의 모집단으로부터 표본을 추출한 후, 이를 이용하여 모집단의 평균, 분산, 그리고 비율 등을 추론하는 방법에 대하여 알아보았다. 그러나 실제 현상에서는 하나의 모집단보다 두 모집단의 모수에 대한 비교가 관심의 대상이 되는 경우가 종종 있다. 예를 들어, 두 전구회사에서 생산되는 전구의 수명간에 차이가 있는지를 비교한다든지, 대통령 선거에서 특정 후보에 대한 남·여간의 지지율에 있어서 차이가 있는지를 비교한다든지, 또는 두 제약회사에서 생산되는 특정 질병에 대한 치료약의 효능을 비교하는 것 등은 두 모집단을 비교하는 문제에 해당된다.

8-1 두 모평균의 비교

이 절에서는 이표본 문제(two-sample problem) 즉, 두 모집단에서 각각 독립적으로 추출된 두 표본으로부터 관측된 결과를 비교하는 방법에 대하여 알아보도록 할 것이다. 두 모집단으로부터 추출된 표본자료는 줄기-잎 그림 또는 상자그림을 이용하여 개략적으로 비교할 수도 있다. 하지만 여기서는 이론적인 체계하에서 두 표본자료를 비교하는 방법에 대하여 공부하게 될 것이다.

8.1.1 이표본 Z 통계량

두 모집단으로부터 서로 독립적으로 추출된 두 표본에 대하여 아래와 같이 표기할 때 두 모집단의 평균에 대한 비교는 두 모평균의 차 $\mu_1 - \mu_2$를 이용하여 이루어진다.

모집단			표본		
구분	평균	분산	표본 크기	평균	분산
1	μ_1	σ_1^2	n_1	$\overline{X_1}$	S_1^2
2	μ_2	σ_2^2	n_2	$\overline{X_2}$	S_2^2

$\mu_1-\mu_2$의 점추정량으로는 $\overline{X_1}-\overline{X_2}$ 가 사용되며, 따라서 $\mu_1-\mu_2$에 대한 추론을 위해서는 통계량 $\overline{X_1}-\overline{X_2}$ 의 표본분포를 알아야 한다. 통계량 $\overline{X_1}-\overline{X_2}$ 의 평균과 분산은 기대값과 분산의 가법성에 의하여 다음과 같이 각각 구해진다.

$$E(\overline{X_1}-\overline{X_2})=E(\overline{X_1})-E(\overline{X_2})=\mu_1-\mu_2$$

$$V(\overline{X_1}-\overline{X_2})=V(\overline{X_1})+V(\overline{X_2})=\frac{\sigma_1^2}{n_1}+\frac{\sigma_2^2}{n_2}$$

그리고 두 모집단이 정규분포를 따를 경우, 정규분포의 가법성에 의하여 통계량 $\overline{X_1}-\overline{X_2}$ 의 분포 역시 정규분포를 따르게 된다.[1)]

Tip

이표본 Z통계량의 표본분포

정규분포 $N(\mu_1,\ \sigma_1^2)$과 $N(\mu_2,\ \sigma_2^2)$을 따르는 두 모집단으로부터 크기가 각각 n_1, n_2인 표본를 서로 독립적으로 랜덤하게 추출할 때, 통계량

$$Z=\frac{(\overline{X_1}-\overline{X_2})-(\mu_1-\mu_2)}{\sqrt{\frac{\sigma_1^2}{n_1}+\frac{\sigma_2^2}{n_2}}}$$

는 표준정규분포 $N(0,\ 1)$를 따르게 된다.

예제 8-1

여자의 키 X는 $N(166,\ 3^2)$를 따르고, 남자의 키 Y는 $N(170,\ 4^2)$을 따르는 두 집단이 있다. 이 집단에서 서로 독립적으로 여자 3명, 남자 4명을 랜덤하게 추출한다고 하자. 이때 뽑힌 여자들의 평균키가 남자들의 평균키보다 클 확률을 구하여라.

1) 두 모집단이 정규분포를 따르지 않는다고 하더라도 표본의 크기 n_1, n_2를 충분히 크게 하면, 중심극한정리에 의하여 통계량 $\overline{X_1}-\overline{X_2}$ 는 근사적으로 정규분포를 따르게 된다.

풀이 뽑힌 여자들의 평균키를 $\overline{X}$, 뽑힌 남자들의 평균키를 $\overline{Y}$라고 할 때 두 표본평균의 차 $\overline{X}-\overline{Y}$는 평균과 분산이 각각 다음과 같은 정규분포를 따르게 된다.

$$E(\overline{X}-\overline{Y})=E(\overline{X})-E(\overline{Y})=\mu_X-\mu_Y=166-170=-4$$

$$V(\overline{X}-\overline{Y})=V(\overline{X})+V(\overline{Y})=\frac{\sigma_X^2}{n_X}+\frac{\sigma_Y^2}{n_Y}-\frac{9}{3}+\frac{16}{4}=3+4=7$$

따라서

$$P(\overline{X}>\overline{Y})=P(\overline{X}-\overline{Y}>0)=P\left(\frac{(\overline{X}-\overline{Y})-(-4)}{\sqrt{7}}>\frac{0-(-4)}{\sqrt{7}}\right)$$
$$=P(Z>1.51)=1-P(Z\leq 1.51)$$
$$=1-0.9345=0.0655$$

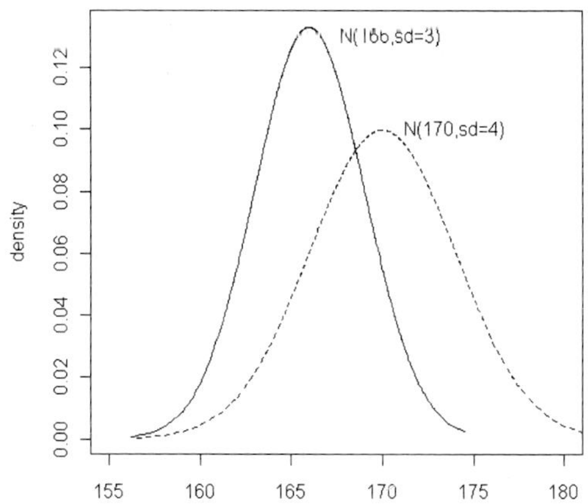

〈그림 8.1〉 X와 Y의 확률분포

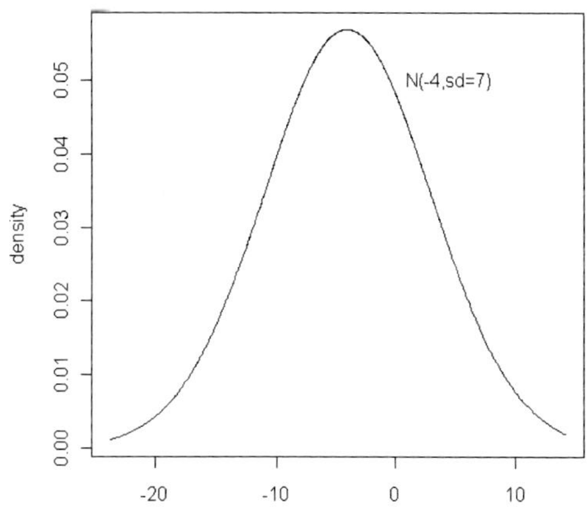

〈그림 8.2〉 $\overline{X}-\overline{Y}$에 대한 표본분포

❀

예제 8-2

A, B 두 회사에서 생산되는 차량용 타이어 수명간에 차이가 있는지를 비교하기 위한 조사 결과가 <표 8.1>과 같다고 하자. 주사 결과로부터 두 회사 타이어 수명간에 차이가 있다고 할 수 있는지를 유의수준 $\alpha=0.05$에서 검정하여라. 단 A회사 타이어의 수명은 정규분포 $N(\mu_A,\ 0.64)$, B회사 타이어의 수명은 정규분포 $N(\mu_B,\ 0.81)$을 따른다고 한다.

〈표 8.1〉 A, B 두 회사의 타이어 수명

A 회사	8.8	8.4	7.9	8.7	9.1	9.6	9.2	8.2	
B 회사	9.9	9.0	11.1	9.6	8.7	10.4	9.5	9.5	10.5

풀이 A, B 두 회사 타이어 수명간에 차이가 있다고 할 수 있는지를 검정하는 것이므로 양측검정이 된다. 따라서 귀무가설 및 대립가설은 각각 다음과 같이 설정된다.

$$H_0 : \mu_A = \mu_B, \qquad H_1 : \mu_A \neq \mu_B$$

두 표본평균의 차 $\overline{X_A} - \overline{X_B}$ 의 평균과 분산은

$$E(\overline{X_A} - \overline{X_B}) = \mu_A - \mu_B$$

$$V(\overline{X_A} - \overline{X_B}) = V(\overline{X_A}) + V(\overline{X_B}) = \frac{0.64}{8} + \frac{0.81}{9}$$

이므로 $\overline{X_A} - \overline{X_B}$ 의 표본분포는 정규분포 $N\left(\mu_A - \mu_B, \ \frac{0.64}{8} + \frac{0.81}{9}\right)$를 따르게 된다.

검정통계량 Z의 값을 계산하면

$$|z| = \left| \frac{\overline{x_A} - \overline{x_B}}{\sqrt{\frac{0.64}{0.8} + \frac{0.81}{0.9}}} \right| = \left| \frac{1.0625}{\sqrt{0.2}} \right| = 2.5769$$

이고, 이때의 $P-$값$=P(|Z| \geq 2.5769) = 0.0099$은 유의수준 $\alpha = 0.05$보다 작으므로 귀무가설 H_0는 기각된다. 즉, "A, B 두 회사 타이어의 수명은 차이가 있다"고 할 수 있다. ❀

8.1.2 이표본 T 통계량

(1) σ_1^2과 σ_2^2이 서로 다를 때

일반적으로 모집단의 분산은 알려져 있지 않은 경우가 대부분이다. 이러한 경우에는 모집단이 하나일 때와 마찬가지로 t 분포를 이용하여 추론을 하게 된다. 모분산 σ_1^2과 σ_2^2이 알려져 있지 않을 경우, 이들의 추정량으로 표본분산 S_1^2과 S_2^2을 사용한다. 즉, 이표본 Z 통계량에서 σ_1^2과 σ_2^2 대신 S_1^2과 S_2^2으로 대체한 통계량

$$T = \frac{(\overline{X}_1 - \overline{X}_2) - (\mu_1 - \mu_2)}{\sqrt{\frac{S_1^2}{n_1} + \frac{S_2^2}{n_2}}}$$

를 사용하여 $\mu_1 - \mu_2$에 대한 추론을 하게 된다. 하지만 이때의 통계량 T는 정확히 t 분포를 따르지 않는다. 왜냐 하면 모집단이 하나일 경우 σ^2 대신 S^2를 사용한 통계량은 정확하게 t 분포를 따르게 되지만, 모집단이 두 개일 경우 σ_1^2과 σ_2^2 대신 표본분산 S_1^2과 S_2^2을 사용한 통계량에 대해서는 이러한 성질이 성립하지 않기 때문이다. 이러한 경우 우리는 Satterthwaite에 의해 제안된 근사적인 방법 즉, 검정통계량 T가 근사적으로 다음과 같은 자유도 ψ를 가지는 t 분포를 따른다는 사실을 이용하여 추론을 하게 된다.2)

$$\psi = \frac{\left(\frac{s_1^2}{n_1} + \frac{s_2^2}{n_2}\right)^2}{\frac{1}{n_1 - 1}\left(\frac{s_1^2}{n_1}\right)^2 + \frac{1}{n_2 - 1}\left(\frac{s_2^2}{n_2}\right)^2}$$

Tip

이표본 T 통계량의 표본분포(σ_1^2과 σ_2^2이 서로 다를 때)

σ_1^2, σ_2^2이 알려져 있지 않는 두 정규모집단 $N(\mu_1, \sigma_1^2)$과 $N(\mu_2, \sigma_2^2)$으로부터 크기가 각각 n_1, n_2인 표본을 서로 독립적으로 랜덤하게 추출하였다고 하자. 이때 통계량

$$T = \frac{(\overline{X}_1 - \overline{X}_2) - (\mu_1 - \mu_2)}{\sqrt{\frac{S_1^2}{n_1} + \frac{S_2^2}{n_2}}}$$

는 근사적으로 자유도 ψ인 t분포를 따른다.

예제 8-3

어떤 고등학교 영어 교사가 독해력을 향상시킬 수 있는 새로운 교육방법을 개발하였다고 한다. 학교에서는 이를 확인하기 위하여 서로 실력이 비슷한 44명의 학생을

---

2) 두 표본의 크기 n_1과 n_2가 5보다 클 경우 그 근사 정도는 매우 좋은 것으로 알려져 있다.

랜덤하게 A반(21명)과 B반(23명)으로 나눈 후 A반에는 새로운 교육방법을, B반은 기존의 교육방법으로 3주간의 교육을 실시하였다. 3주 후 시험을 치룬 결과 다음과 같은 자료를 얻었다고 하자. 단, A반과 B반의 점수는 분산이 서로 다른 정규분포를 따른다고 가정한다.

〈표 8.2〉 3주 교육 이수 후 독해력 측정 결과

A반(새로운 교육방법)	B반(기존 교육방법)
34 61 59 46 43 44 52 43	42 33 46 37 43 41 10 42
58 67 62 57 71 49 54 43	55 19 17 55 26 54 60 28
53 57 49 56 33	62 20 53 48 37 69 42

(1) 두 모평균의 차 $\mu_A - \mu_B$에 대한 95% 신뢰구간을 구하여라.

(2) 새로운 교육방법이 기존의 교육방법보다 독해력을 향상시킨다고 할 수 있는지를 유의수준 $\alpha = 0.05$에서 검정하여라.

풀이 이표본 t분포를 이용한 검정은 두 모집단이 정규분포를 따른다는 것을 가정하고 있다. 따라서 <그림 8.3>과 같이 줄기-잎 그림을 작성한 결과, A반과 B반 모두 특이값으로 의심되는 값은 존재하지 않으며, 또한 두 반의 전체적인 모양은 좌우대칭인 분포형태를 나타내고 있기에 정규성에 대한 가정은 대체로 성립한다고 할 수 있다.

A반
3 | 34
4 | 3334699
5 | 23467789
6 | 127
7 | 1

B반
1 | 079
2 | 068
3 | 377
4 | 1222368
5 | 3455
6 | 029

〈그림 8.3〉 A반과 B반의 줄기-잎 그림

<표 8.2>의 자료로부터 계산된 통계량의 값은 <표 8.3>에 요약되어 있다.

<표 8.3> 계산된 통계량의 값

구분	n	$\bar{x}$	s^2
A반	21	51.95	98.45
B반	23	40.82	241.97

(1) 두 모평균의 차 $\mu_A - \mu_B$에 대한 100(1-α)% 신뢰구간은

$$(\overline{x_A} - \overline{x_B}) \pm t_{\alpha/2}(\psi)\sqrt{\frac{s_A^2}{n_A} + \frac{s_B^2}{n_B}}$$

이며, 여기서 $t_{\alpha/2}(\psi)$는 자유도 ψ인 t분포에서의 상위 $\frac{\alpha}{2}$가 되는 값을 나타낸다.

먼저, 자유도 ψ를 계산하면

$$\psi = \frac{\left(\frac{s_A^2}{n_A} + \frac{s_B^2}{n_B}\right)^2}{\frac{1}{n_A - 1}\left(\frac{s_A^2}{n_A}\right)^2 + \frac{1}{n_B - 1}\left(\frac{s_B^2}{n_B}\right)^2}$$

$$= \frac{\left(\frac{98.45}{21} + \frac{241.97}{23}\right)^2}{\frac{1}{20}\left(\frac{98.45}{21}\right)^2 + \frac{1}{22}\left(\frac{241.97}{23}\right)^2}$$

$$= 37.73 \simeq 37.7$$

이 되고, 자유도 37.8인 t분포에서 상위 2.5%가 되는 값 $t_{0.025}(37.8) = 2.025$이다. 따라서 두 모평균의 차 $\mu_A - \mu_B$에 대한 95% 신뢰구간은 다음과 같이 구해진다.

$$(\overline{x_1} - \overline{x_2}) \pm t_{\alpha/2}(\psi)\sqrt{\frac{s_A^2}{n_A} + \frac{s_B^2}{n_B}}$$

$$= (51.95 - 40.82) \pm (2.025)\sqrt{\frac{98.45}{21} + \frac{241.97}{23}}$$

$$= (3.23,\ 19.023)$$

(2) 새로운 교육방법이 기존의 교육방법보다 독해력을 향상시킨다고 할 수 있는지를 검정하는 것이므로 우측검정이 된다. 따라서 귀무가설 및 대립가설은 다음과 같으며

$$H_0 : \mu_A - \mu_B, \quad H_1 : \mu_A > \mu_B$$

이표본 검정통계량 T값을 계산하면

$$t = \frac{(\overline{x_A} - \overline{x_B})}{\sqrt{\frac{s_A^2}{n_A} + \frac{s_B^2}{n_B}}} = \frac{(51.95 - 40.82)}{\sqrt{\frac{98.45}{21} + \frac{241.97}{23}}} = 2.853$$

이 된다. 이때의 $P-$값은 $P(T \geq 2.853) = 0.003$이 되고, 이 값은 유의수준 $\alpha = 0.05$보다 작으므로 귀무가설 H_0는 기각된다. 즉, 실험 결과는 새로운 교육방법이 독해력을 향상시킨다는 강력한 근거를 제공하고 있다고 할 수 있다. ❀

(2) σ_1^2과 σ_2^2이 같을 때

두 모집단의 평균을 비교할 때 사용되는 통계량 T가 정확히 t분포를 따르는 경우가 있다. 그것은 두 모집단의 분산이 동일할 때 즉, 동일한 분산 σ^2을 가지는 두 정규모집단으로부터 크기가 n_1, n_2인 표본을 서로 독립적으로 랜덤하게 추출한다고 할 때 통계량 Z에서 σ^2 대신 S^2을 사용한 통계량 T는 정확히 자유도가 n_1+n_2-2인 t분포를 따르게 된다. 이때 공통인 모분산 σ^2의 추정량으로는 두 표본분산 S_1^2과 S_2^2의 자유도를 가중치로 하여 계산한 평균이 사용된다. 즉, 공통 모분산 σ^2의 점추정량은

$$S_p^2 = \frac{(n_1-1)S_1^2 + (n_2-1)S_2^2}{n_1 + n_2 - 2}$$

이 되며, 이때 S_p^2은 두 표본이 포함하고 있는 정보를 모두 합한 것이라고 하여 σ^2의 합동추정량(pooled estimator)이라 부른다.

두 모집단의 분산이 σ^2으로 동일할 때 두 표본평균의 차 $\overline{X_1}-\overline{X_2}$의 분산은 가법성에 의하여 다음과 같게 되고,

$$V(\overline{X_1}-\overline{X_2}) = V(\overline{X_1}) + V(\overline{X_2}) = \frac{\sigma^2}{n_1} + \frac{\sigma^2}{n_2} = \sigma^2\left(\frac{1}{n_1}+\frac{1}{n_2}\right)$$

따라서 $\overline{X}_1-\overline{X}_2$를 표준화한 통계량

$$Z = \frac{(\overline{X_1}-\overline{X_2})-(\mu_1-\mu_2)}{\sigma\sqrt{\dfrac{1}{n_1}+\dfrac{1}{n_2}}}$$

는 표준정규분포 $N(0,\ 1)$를 따르게 된다. 그리고 통계량 Z에서 σ 대신 S를 대입한 통계량 T는 정확히 자유도가 n_1+n_2-2인 t분포를 따르게 된다.

Tip

이표본 T 통계량의 표본분포($\sigma_1^2=\sigma_2^2=\sigma^2$일 때)

σ^2이 알려져 있지 않은 두 정규모집단 $N(\mu_1,\ \sigma^2)$과 $N(\mu_2,\ \sigma^2)$으로부터 크기가 각각 n_1, n_2인 표본을 서로 독립적으로 랜덤하게 추출할 때 통계량

$$T = \frac{(\overline{X_1}-\overline{X_2})-(\mu_1-\mu_2)}{S\sqrt{\dfrac{1}{n_1}+\dfrac{1}{n_2}}}$$

는 자유도가 n_1+n_2-2인 t분포를 따른다.

예제 8-4

칼슘이 혈압을 떨어뜨리는 효과가 있는 것으로 쥐를 대상으로 한 실험에서 나타났다. 사람에게도 이러한 효과가 나타나는지를 알아보기 위하여 나이와 건강상태가 비슷한 성인 20명을 각각 10명씩 두 그룹(그룹 1과 그룹 2)으로 나눈 후 그룹 1에는 칼슘을, 그룹 2에는 가짜약을 12주 동안 복용시키는 실험을 실시하였다. 12주 후 감소된 혈압을 측정한 결과가 <표 8.4>와 같다고 할 때, 칼슘의 복용은 혈압을 낮추는데 효과가 있다고 할 수 있는지를 유의수준 $\alpha = 0.05$에서 검정하여라. 단, 두 집단은 동일한 분산 σ^2을 가지는 정규분포를 따른다고 가정한다.

〈표 8.4〉 두 그룹에서의 감소된 혈압

	감소된 혈압									
그룹 1(칼슘 복용)	9	6	8	1	2	−2	4	−3	4	5
그룹 2(가짜약 복용)	5	3	−1	2	6	3	−1	−3	−1	−4

풀이 칼슘을 복용한 그룹1이 가짜약을 복용한 그룹2보다 혈압이 더 많이 감소되었는지를 알아보는 것이므로 여기서는 우측검정이 된다. 따라서 귀무가설 및 대립가설은

$$H_0 : \mu_1 = \mu_2, \quad H_1 : \mu_1 > \mu_2$$

이고, 합동 표본분산은 다음과 같이 계산된다.

$$s_p^2 = \frac{(n_1 - 1)s_1^2 + (n_2 - 1)s_2^2}{n_1 + n_2 - 2}$$
$$= \frac{(9)(15.6) + (9)(11.433)}{10 + 10 - 2} = 13.516 = (3.676)^2$$

따라서 검정통계량 T의 값은

$$t = \frac{(\overline{x_1} - \overline{x_2})}{s\sqrt{\frac{1}{n_1} + \frac{1}{n_2}}} = \frac{3.4 - 0.9}{3.676\sqrt{\frac{1}{10} + \frac{1}{10}}} = 1.520$$

이 되며, 이때의 $P-$값은 $P(T \geq 1.520) = 0.072$가 된다(T는 자유도 18인 t분포를 따르므로 부록의 <표 5>에 주어져 있는 t분포표로부터 $P-$값은 0.10과 0.05사이에 있음). 따라서 $P-$값>0.05이므로 귀무가설 H_0는 기각되지 않는다. 즉, 실험 결과는 유의수준 $\alpha = 0.05$에서 칼슘의 복용이 혈압을 낮추어 준다고 하기에는 그 증거가 불충분하다고 할 수 있다.

예제 8-5

예제 8.4)에서 두 모평균의 차 $\mu_1 - \mu_2$에 대한 90% 신뢰구간을 구하여라.

풀이 부록의 <표 5>로부터 $t_{0.05}(18) = 1.734$이므로 $\mu_1 - \mu_2$에 대한 90% 신뢰구간은 다음과 같이 계산된다.

$$(\overline{x_1} - \overline{x_2}) \pm t_{\alpha/2}(n_1 + n_2 - 2) \cdot S\sqrt{\frac{1}{n_1} + \frac{1}{n_2}}$$

$$= (3.4 - 0.9) \pm (1.734)(3.676)\sqrt{\frac{1}{10} + \frac{1}{10}}$$

$$= (-0.343,\ 5.343)$$

❀

8-2 대응비교

앞 절에서는 두 모집단에서 서로 독립적으로 추출된 두 표본을 비교하는 방법에 대해서 다루었다. 그러나 어떤 경우에는 두 표본이 서로 독립적으로 추출된다 해도 표본 하나하나의 특성 차이가 심해 그 결과에 대한 분석이 무의미해질 때가 있다. 예를 들어, 사료의 효능을 비교하기 위하여 젖소를 두 그룹으로 나누어 한 그룹에는 사료 1을, 다른 그룹에는 사료 2를 주어 일정한 기간 후에 우유의 생산량을 측정하는 실험을 한다고 하자. 이때 실제로 사료의 종류에 따라 우유생산량이 차이가 있음에도 불구하고, 젖소의 건강 상태나 나이 등에 따른 차이로 우유 생산량에 변동이 심할 경우에는 이러한 차이를 판별할 수 없게 된다. 이와 같은 문제점을 해결하기 위하여 대응의 개념 즉, 실험단위를 동질적인 짝으로 묶어 각 짝에서 두 관측값의 차이를 계산하여 두 모집단의 평균을 비교하는 추론을 하게 된다. 이러한 방법을 대응비교(paired comparison)라고 한다.

구 분	1	2	……	n	평균	표준편차
표본 1	X_1	X_2	……	X_n		
표본 2	Y_1	Y_2	……	Y_n		
$D_i = X_i - Y_i$	D_1	D_2	……	D_n	$\overline{D}$	S_D

대응비교를 할 경우에는 대응하는 두 관측값의 차 $D_i = X_i - Y_i$ 에 근거를 두고 추론을 한다. 따라서 $D_1, \cdots, D_n$ 을 정규분포를 따르는 하나의 모집단으로부터 추출된 크기 n 인 표본이라고 간주할 때, 통계량

$$T = \frac{\overline{D} - (\mu_1 - \mu_2)}{S_D / \sqrt{n}}$$

는 자유도 $n-1$ 인 t 분포를 따르게 되며, 이러한 사실을 이용하여 두 모평균의 차 $\mu_1 - \mu_2$ 에 관한 추론을 하면 된다.[3]

Tip

대응비교에 대한 추론

(1) $\mu_1 - \mu_2$에 대한 $100(1-\alpha)\%$ 신뢰구간: $\overline{D} \pm t_{\alpha/2}(n-1)\frac{S_D}{\sqrt{n}}$

(2) t-검정: • 검정통계량 $T = \frac{\overline{D}}{S_D / \sqrt{n}}$

• 관측된 검정통계량의 값을 t 라고 할 때 P-값의 계산

① 우측검정 $H_0 : \mu_1 = \mu_2$, $H_1 : \mu_1 > \mu_2$ 일 때 P-값 $= P(T \geq t)$

② 좌측검정 $H_0 : \mu_1 = \mu_2$, $H_1 : \mu_1 < \mu_2$ 일 때 P-값 $= P(T \leq t)$

③ 양측검정 $H_0 : \mu_1 = \mu_2$, $H_1 : \mu_1 \neq \mu_2$ 일 때 P-값 $= P(|T| \geq t)$

예제 8-6

사료의 종류에 따라 젖소의 우유 생산량에 차이가 있는지를 조사하기 위하여 16마리의 젖소를 영양 상태와 나이 등 조건이 비슷한 젖소끼리 짝을 지은 후, 한 젖소에게는 사료 X를, 다른 젖소에게는 사료 Y를 먹이는 실험을 3주 동안 실시하였다. 3주 후 우유 생산량을 조사한 결과가 <표 8.5>와 같을 때 아래 물음에 답하여라. 단, 우유 생산량은 정규분포를 따른다고 가정한다.

3) 대응비교에서는 두 관측값의 차이 D 를 이용하여 추론을 하게 되므로, 결과적으로 모집단이 하나인 경우의 모평균 μ에 관한 추론과 동일하게 된다.

〈표 8.5〉 우유 생산량 측정 결과

번호	사료 X	사료 Y	차이
1	35	36	-1.0
2	36	35.8	0.2
3	36.1	36.5	-0.4
4	35.3	36.6	-1.3
5	35.5	36.4	-0.9
6	35.3	35.9	-0.6
7	36.1	35.9	0.2
8	35.1	36.1	-1.0

(1) 두 평균 우유 생산량의 차에 대한 95% 신뢰구간을 구하여라.

(2) 사료 Y가 사료 X보다 더 좋다고 할 수 있는지를 유의수준 $\alpha = 0.05$에서 검정하여라.

풀이 주어진 자료로부터 생산량의 차 D_i의 평균과 표준편차를 계산하면 다음과 같다.

$$\bar{d} = \frac{1}{8}\sum d_i = -0.6,\ s_D = \sqrt{\frac{1}{7}\sum (d_i - \bar{d})^2} = 0.563$$

(1) 두 모평균의 차 μ_D에 대한 95% 신뢰구간은 다음과 같이 구해진다.

$$\bar{d} \pm t_{\alpha/2}(n-1)\frac{s_D}{\sqrt{n}} = -0.6 \pm 2.365 \times \frac{0.563}{\sqrt{8}}$$

$$= -0.6 \pm 0.4706 \text{ 또는 } (-1.0706,\ -0.1294)$$

(2) 귀무가설 및 대립가설은 다음과 같이 설정된다.

$$H_0 : \mu_1 = \mu_2, \qquad H_1 : \mu_1 < \mu_2$$

검정통계량의 값을 계산하면

$$t = \frac{\bar{d}}{s_D/\sqrt{n}} = \frac{-0.6}{0.563/\sqrt{8}} = -3.0143$$

이고, 이때의 $P-$값은 $P(T < -3.0143) = 0.0097$이 된다. 따라서 귀무가설 H_0는 유의수준 $\alpha = 0.05$에서 기각된다. 즉, 실험 결과는 사료 Y가 사료 X보다 더 좋다고 할 수 있는 충분한 근거를 제공해주고 있다고 할 수 있다. ❀

표본의 크기가 큰 경우($n > 30$)에는 모집단의 분포가 정규분포를 따르지 않더라도 중심극한정리에 의해 통계량

$$Z = \frac{\overline{D} - (\mu_1 - \mu_2)}{S_D / \sqrt{n}}$$

가 근사적으로 표준정규분포 $N(0,\ 1)$을 따른다는 사실을 이용하여 두 모평균의 차 $\mu_1 - \mu_2$에 관한 추론을 하면 된다.

8-3 두 모분산의 비교

하나의 분포를 표현할 때 가장 기본적인 것은 중심위치가 어디이며, 그것을 중심으로 자료값들이 어떻게 흩어져 있는지를 나타내는 것이다. 정규분포의 경우 이것은 μ와 σ^2에 의해서 표현되어진다. 지금까지는 두 모집단이 정규분포를 따른다는 가정하에서 모집단의 중심위치를 나타내는 두 평균을 비교하는 방법에 대해서 공부하였다. 이 절에서는 두 모집단이 정규분포를 따른다고 할 경우 그 흩어진 상태가 동일한지의 여부를 비교하는 F검정에 대해서 알아보도록 할 것이다.

정규분포를 따르는 두 모집단 $N(\mu_1,\ \sigma_1^2)$, $N(\mu_2,\ \sigma_2^2)$으로부터 크기가 n_1, n_2인 표본을 서로 독립적으로 추출한다고 가정하자. 이때 두 모분산의 동일성 여부에 대한 가설 즉,

$$H_0 : \sigma_1^2 = \sigma_2^2, \qquad H_1 : \sigma_1^2 \neq \sigma_2^2$$

에 대한 검정은 두 표본분산의 비 S_1^2/S_2^2을 검정통계량으로 사용한다.

Tip

F 통계량과 F 분포

S_1^2, S_2^2을 두 정규모집단으로부터 독립적으로 추출된 크기가 n_1, n_2인 표본의 분산이라고 할 때 통계량 $F = S_1^2/S_2^2$은 귀무가설 $H_0 : \sigma_1^2 = \sigma_2^2$이 옳다고 할 때 자유도 $(n_1 - 1,\ n_2 - 1)$인 F분포를 따르게 된다.

F분포는 두 모수 즉, 분자에 있는 표본분산의 자유도 df_1과 분모에 있는 표본분

산의 자유도 df_2에 의해 분포의 모양이 결정되며, 표기는 $F(df_1, df_2)$로 한다.[4] F분포는 자유도 df_1과 df_2에 따라 그 모양이 변하며, <그림 8.4>에서 보는 바와 같이 분포 모양은 왼쪽으로 치우쳐 있으면서 오른쪽으로 꼬리가 긴 비대칭형 분포이다.

F분포의 밀도곡선은 1 부근에서 최고점을 가진다. 따라서 가설검정 시 계산된 F값이 1로부터 멀리 떨어질수록 모분산이 동일하다는 귀무가설이 참일 가능성은 희박하므로, 우리는 이를 귀무가설을 기각하는 근거로 사용하게 되는 것이다.

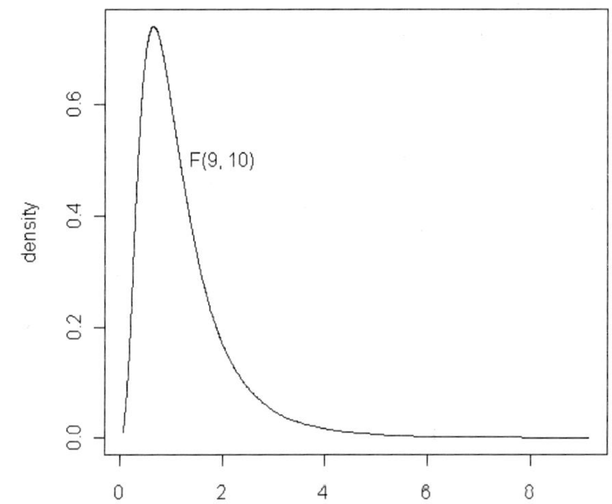

〈그림 8.4〉 자유도가 (9, 10)인 F분포의 밀도곡선

부록의 <표 7>에 주어진 F분포표에는 여러 가지 자유도에 대하여 $P(F > F_\alpha(df_1, df_2)) = \alpha$를 만족하는 상위 100α % 백분위수값 $F_\alpha(df_1, df_2)$가 주어져 있다. 예를 들어, $F(9, 10)$분포에서 $\alpha = 0.10,\ 0.05,\ 0.025$인 백분위수값은 다음과 같다.

〈표 8.6〉 자유도 $df_1 = 9$, $df_2 = 10$일 때 상위 100α% 백분위수 값 $F_\alpha(9, 10)$

α	0.10	0.05	0.025
f	2.35	3.02	3.78

4) 분자에 있는 자유도가 항상 먼저 나오며, 자유도가 바뀌게 되면 분포의 모양도 달라진다.

예제 8-7

예제 8.4)에서 두 모집단의 분산이 같다고 할 수 있는지를 유의수준 $\alpha = 0.05$에서 검정하여라.

풀이 귀무가설 및 대립가설은 다음과 같이 각각 설정되어진다.

$$H_0 : \sigma_1^2 = \sigma_2^2 \qquad H_1 : \sigma_1^2 \neq \sigma_2^2$$

그룹 1의 표본분산은 $s_1^2 = 15.6$이고, 그룹 2의 표본분산은 $s_2^2 = 11.433$이다. 따라서 검정통계량 F의 값은

$$f = \frac{15.6}{11.433} = 1.36$$

이고, 이때의 $P-$값은 $2 \times P(F \geq 1.36) = 0.654$가 된다. 그리고 $P-$값은 주어진 유의수준 0.05보다 크므로 모집단이 정규분포라는 가정이 만족된다는 조건하에서 귀무가설 H_0는 기각되지 않는다. 즉, 표본자료는 두 모분산이 같지 않다고 할 수 있는 충분한 근거를 제공하고 있지 못한다고 할 수 있다.

※ F검정은 모집단이 정규분포를 따른다는 것을 기본가정으로 하고 있으며, 이러한 가정에 대하여 민감하게 반응하고 있다. 따라서 F검정을 할 경우에는 많은 주의를 기울여야 한다.5) ❀

8-4 두 모비율의 비교

특정 정책에 대한 지지도에 있어서 성별간에 차이가 존재하는지 또는 두 회사에서 생산되고 있는 LCD TV의 불량률이 동일한 지에 대한 조사는 두 집단의 모비율을 비교하는 문제에 해당된다. 두 모집단으로부터 서로 독립적으로 추출된 두 표본에 대하여 아래와 같이 표기할 때 두 집단의 모비율에 대한 비교는 두 모비율의 차 $p_1 - p_2$를 이용하여 이루어진다.

---

5) t검정과는 달리 F검정은 모집단이 정규분포를 따르지 않는 것에 대해서 매우 민감하게 반응하기 때문에 로버스트성(robustness)이 매우 결여된 검정법이라고 할 수 있다. 그리고 이러한 로버스트성의 결여는 표본의 크기를 증가시켜도 개선되지 않는다. 따라서 표본으로부터 계산된 검정통계량 F의 값이 유의한 결과를 나타내었다고 하더라도 그 유의함이 모집단의 분산이 동일하지 않기 때문에 그러한 것인지 또는 모집단이 정규분포를 따르지 않기 때문에 그러한 것인지 그 이유를 명확히 설명하기는 어렵다.

모집단	모비율	표본의 크기	지지자수	표본비율
1	p_1	n_1	X_1	$\hat{p_1} = X_1/n_1$
2	p_2	n_2	X_2	$\hat{p_2} = X_2/n_2$

$p_1 - p_2$의 점추정량으로는 $\hat{p_1} - \hat{p_2}$가 사용되며, 따라서 $p_1 - p_2$에 대한 추론을 위해서는 통계량 $\hat{p_1} - \hat{p_2}$의 표본분포를 알아야 한다.

두 표본비율 $\hat{p_1}$과 $\hat{p_2}$은 서로 독립이므로, $\hat{p_1} - \hat{p_2}$의 평균과 분산은 기대값과 분산의 가법성에 의하여 각각 다음과 같이 구해진다.

$$E(\hat{p_1} - \hat{p_2}) = E(\hat{p_1}) - E(\hat{p_2}) = p_1 - p_2 \tag{1}$$

$$V(\hat{p_1} - \hat{p_2}) = V(\hat{p_1}) + V(\hat{p_2}) = \frac{p_1(1-p_1)}{n_1} + \frac{p_2(1-p_2)}{n_2} \tag{2}$$

이때 표본의 크기 n_1, n_2가 충분히 크다고 할 경우, $\hat{p_1} - \hat{p_2}$의 표본분포는 평균과 분산이 각각 (1)과 (2)와 같은 정규분포를 근사적으로 따르게 되고, 따라서 $\hat{p_1} - \hat{p_2}$를 표준화한 통계량

$$Z = \frac{(\hat{p_1} - \hat{p_2}) - (p_1 - p_2)}{\sqrt{p_1(1-p_1)/n_1 + p_2(1-p_2)/n_2}}$$

는 근사적으로 표준정규분포 $N(0,\ 1)$을 따르게 된다.

두 모비율의 차 $p_1 - p_2$에 대한 신뢰구간을 구하고자 할 경우에는 알려져 있지 않은 모수 p_1과 p_2 대신에 표본으로부터 추정된 값 $\hat{p_1}$과 $\hat{p_2}$을 사용한다.[6)]

Tip

두 모비율의 차 $p_1 - p_2$의 100(1−α)% 신뢰구간

$$(\hat{p_1} - \hat{p_2}) \pm z_{\alpha/2}\sqrt{\frac{\hat{p_1}(1-\hat{p_1})}{n_1} + \frac{\hat{p_2}(1-\hat{p_2})}{n_2}}$$

두 모비율이 같다는 귀무가설은 $H_0: p_1 = p_2$이며, 이때 두 모집단의 공통비율 p의

6) 왜냐 하면 n_1과 n_2가 충분히 큰 경우에는 $\hat{p_1}$과 $\hat{p_2}$은 각각 p_1과 p_2에 매우 가까울 것이기 때문이다.

추정량으로는

$$\hat{p} = \frac{n_1\hat{p_1} + n_2\hat{p_2}}{n_1 + n_2}$$

이 사용된다. 따라서 귀무가설 H_0가 참이고. 표본의 크기 n_1, n_2가 충분히 클 때, 통계량

$$Z = \frac{(\hat{p_1} - \hat{p_2}) - (p_1 - p_2)}{\sqrt{\hat{p}(1-\hat{p})\left(\frac{1}{n_1} + \frac{1}{n_2}\right)}}$$

은 근사적으로 표준정규분포 $N(0, 1)$를 따르게 되고, 이를 이용하여 두 모비율의 차에 대한 검정은 이루어진다.

Tip

두 모비율의 차 $p_1 - p_2$에 대한 검정

- 검정통계량 $Z = \dfrac{\hat{p_1} - \hat{p_2}}{\sqrt{\hat{p}(1-\hat{p})\left(\frac{1}{n_1} + \frac{1}{n_2}\right)}}$
- 관측된 검정통계량의 값을 z라고 할 때 P-값의 계산
  ① 우측검정 $H_0: p_1 = p_2$, $H_1: p_1 > p_2$일 때 P-값$= P(Z \geq z)$
  ② 좌측검정 $H_0: p_1 = p_2$, $H_1: p_1 < p_2$일 때 P-값$= P(Z \leq z)$
  ③ 양측검정 $H_0: p_1 = p_2$, $H_1: p_1 \neq p_2$일 때 P-값$= P(|Z| \geq z)$

예제 8-8

폐렴의 치료에 사용되는 항생제가 인체에 미치는 영향을 조사하기 위하여 신장이 정상인 집단과 이상이 있는 집단으로부터 각각 100명씩 랜덤으로 추출하여 일정 기간 동안 항생제를 투여하는 실험을 실시하였다. 실험 결과 신장이 정상적인 사람들 중 21명, 신장에 이상이 있는 사람들 중 38명이 알레르기성 반응을 나타내었다. 신장이 정상인 사람과 이상이 있는 사람이 알레르기성 반응을 나타낸 비율을 각각 p_1, p_2라고 할 때

(1) 두 모비율의 차 $p_1 - p_2$에 대한 95% 신뢰구간을 구하여라.

(2) 신장에 이상이 있는 사람에게 알레르기성 반응이 나타날 가능성이 더 높다고 할 수 있는지를 유의수준 $\alpha = 0.05$로 검정하여라.

풀이 두 표본비율을 계산하면 $\hat{p_1}=\dfrac{21}{100}=0.21$, $\hat{p_2}=\dfrac{38}{100}=0.38$, 따라서 공통 모비율 p 의 점추정값은 다음과 같이 구해진다.

$$\hat{p}=\frac{21+38}{100+100}=0.295$$

(1) 두 모비율의 차 p_1-p_2 에 대한 95% 신뢰구간은 다음과 같이 구해진다.

$$(\hat{p_1}-\hat{p_2})\pm z_{\alpha/2}\sqrt{\frac{\hat{p_1}(1-\hat{p_1})}{n_1}+\frac{\hat{p_2}(1-\hat{p_2})}{n_2}}$$

$$=(0.21-0.38)\pm 1.96\sqrt{\frac{0.21\times 0.79}{100}+\frac{0.38\times 0.62}{100}}$$

$$=-0.17\pm 0.124$$

따라서 p_1-p_2 의 95% 신뢰구간은 $(-0.294,\ -0.046)$이다.

(2) 여기서는 좌측검정이므로 귀무가설 및 대립가설은 각각 다음과 같이 설정된다.

$$H_0:\ p_1=p_2 \qquad H_1:\ p_1<p_2$$

검정통계량의 값은

$$z=\frac{\hat{p_1}-\hat{p_2}}{\sqrt{\hat{p}(1-\hat{p})\left(\dfrac{1}{n_1}+\dfrac{1}{n_2}\right)}}$$

$$=\frac{0.21-0.38}{\sqrt{(0.295\times 0.705)\left(\dfrac{1}{100}+\dfrac{1}{100}\right)}}=-2.636$$

이고, 이때의 P-값은 $P(Z\le -2.636)=0.004$로서 주어진 유의수준 $\alpha=0.05$ 보다 작으므로 귀무가설 H_0는 기각된다. 즉, 실험 결과는 신장에 이상이 있는 사람에게 알레르기성 반응이 나타날 비율이 더 높다고 할 수 있는 충분한 근거를 제공하고 있다고 할 수 있다. ❀

8-5 Excel 실습

8.5.1 두 모평균의 비교

실습 1 **예제 8-3) σ_1^2과 σ_2^2이 다른 두 모집단에서의 $\mu_1 - \mu_2$에 대한 추론:**

(1) 정규분포를 따른다고 할 수 있는지를 판단하기 위한 히스토그램의 작성:

(단계 1) <그림 8.5>와 같이 자료와 계급구간을 입력한다.

※ Excel에서는 줄기-잎 그림을 출력하기 위한 기능이 없음.

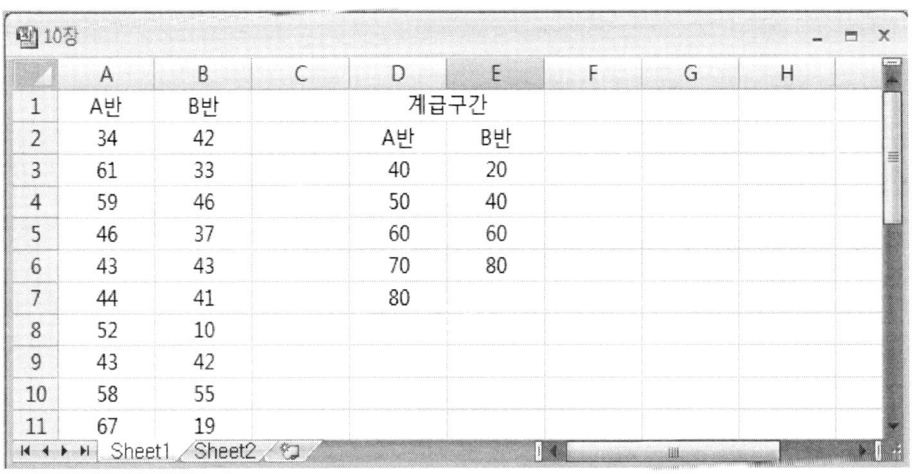

	A	B	C	D	E	F	G	H
1	A반	B반		계급구간				
2	34	42		A반	B반			
3	61	33		40	20			
4	59	46		50	40			
5	46	37		60	60			
6	43	43		70	80			
7	44	41		80				
8	52	10						
9	43	42						
10	58	55						
11	67	19						

〈그림 8.5〉 히스토그램 작성을 위한 자료의 입력

(단계 2) [데이터 분석]-[분석 도구]-[히스토그램] 대화상자를 차례로 선택하여 "입력 범위"란과 "계급 구간"란에 자료의 범위를 입력한 후 "확인"을 누르면 <그림 8.6>과 같은 히스토그램이 출력된다.

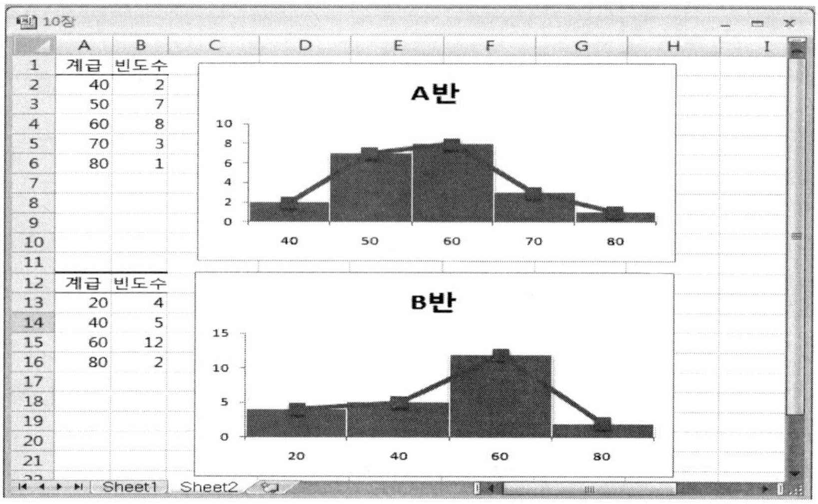

〈그림 8.6〉 A반과 B반의 히스토그램

(2) 가설 $H_0 : \mu_A = \mu_B$, $H_1 : \mu_A > \mu_B$의 검정:

● 방법 1(분석도구 이용)

(단계 1) [데이터 분석]-[분석 도구]의 대화상자에서 [t-검정 : 이분산 가정 두 집단]을 선택한다.

(단계 2) [t-검정 : 이분산 가정 두 집단] 대화상자에서 자료의 범위, 유의수준, 출력범위 등을 <그림 8.7>와 같이 입력한 후 "확인"을 누르면 <그림 8.8>과 같은 결과가 출력된다. 입력시 "가설 평균차"는 귀무가설 $H_0 : \mu_A = \mu_B$ 즉, $H_0 : \mu_A - \mu_B = 0$이므로 0을 입력한다.

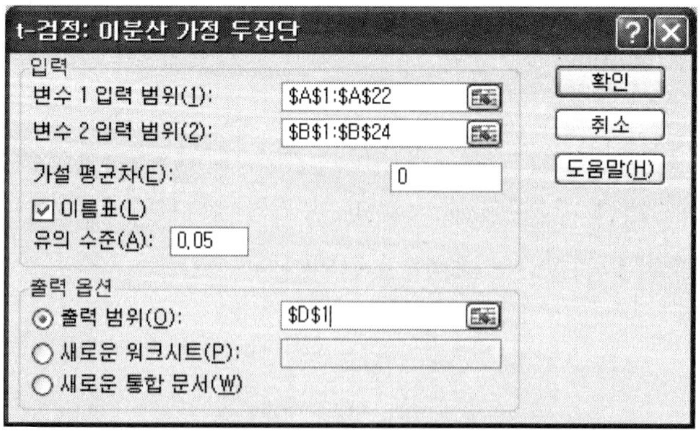

〈그림 8.7〉 [t-검정 : 이분산 가정 두 집단] 대화상자

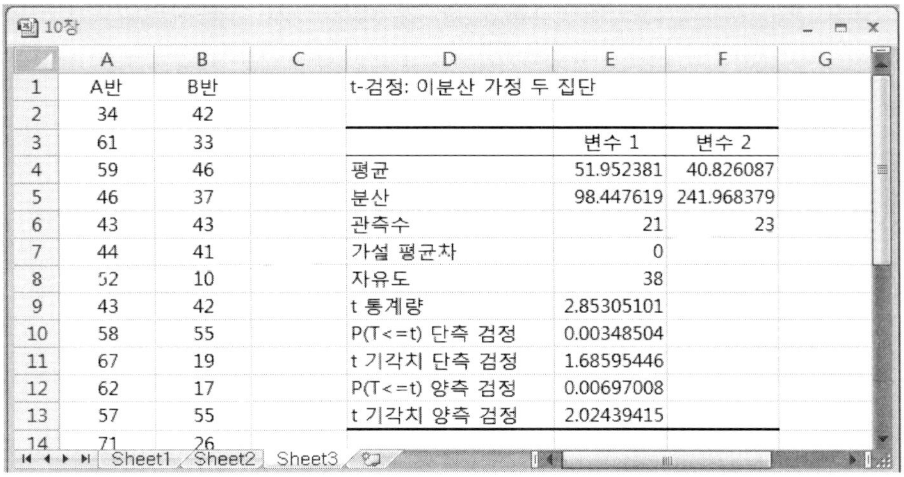

	A	B	C	D	E	F	G
1	A반	B반		t-검정: 이분산 가정 두 집단			
2	34	42					
3	61	33			변수 1	변수 2	
4	59	46		평균	51.952381	40.826087	
5	46	37		분산	98.447619	241.968379	
6	43	43		관측수	21	23	
7	44	41		가설 평균차	0		
8	52	10		자유도	38		
9	43	42		t 통계량	2.85305101		
10	58	55		P(T<=t) 단측 검정	0.00348504		
11	67	19		t 기각치 단측 검정	1.68595446		
12	62	17		P(T<=t) 양측 검정	0.00697008		
13	57	55		t 기각치 양측 검정	2.02439415		
14	71	26					

〈그림 8.8〉 두 모평균의 차에 대한 검정 결과(모분산이 다름)

※ 출력 결과 설명:

- ▸ t 통계량 : 검정통계량 T의 값
- ▸ P(T<=t) 단측검정 : P(T>=t)인 값 즉, P(T>=2.853)=0.0034를 의미
- ▸ t 기각치 단측검정 : 우측검정에서 임계값 즉, 여기서는 $t_{0.05}(38)$인 값을 의미
- ▸ P(T<=t) 양측검정 : P(｜T｜>=t)인 값 즉, 2×P(T>=2.853)=0.0069를 의미
- ▸ t 기각치 양측검정 : 양측검정에서 임계값 즉, 여기서는 $t_{0.025}(38)$인 값을 의미

여기서는 우측검정이므로 "P(T<=t) 단측검정"이 구하고자 하는 $P-$값이 되며, 이 때의 $P-$값 0.0034는 유의수준 $\alpha = 0.05$보다 작으므로 귀무가설은 기각된다.

● 방법 2(함수 마법사 이용)

(단계 1) [수식]-[함수 삽입]-[함수 마법사]의 범주 선택에서 "통계"를, 함수 선택에서 "TTEST"를 선택한다.

(단계 2) [TTEST] 대화상자에서

- ▸ Array 1 : 첫 번째 자료 범위를 입력(여기서는 "A2:A22"를 입력)
- ▸ Array 2 : 두 번째 자료 범위를 입력(여기서는 "B2:A24"를 입력

▸ Tails : 단측 검정이면 1을, 양측 검정이면 2를 입력(여기서는 1을 입력)

▸ Type : 수행할 t-검정의 종류로서 1은 대응비교 검정을, 2는 등분산 t-검정을, 3은 이분산 t-검정을 의미(여기서는 3을 입력)

각각을 입력하면 $P-$값 0.0034가 출력된다(그림 8.9 참조).

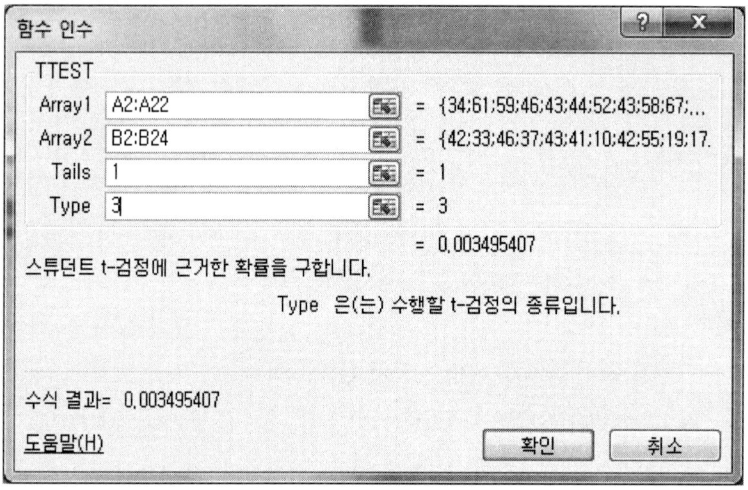

〈그림 8.9〉 [TTEST] 대화상자를 이용한 $P-$값 계산

(3) $\mu_A - \mu_B$에 대한 95% 신뢰구간:

Excel에서는 신뢰구간만을 계산해주는 별도의 기능을 제공하고 있지 않기 때문에 [t-검정 : 이분산 가정 두 집단] 대화상자로부터 출력된 결과를 이용하여 수식 입력줄에서 신뢰구간을 구하는 공식을 입력하여야 한다. 즉, 셀 E14와 E15에 다음과 같은 수식을 입력하면 $\mu_A - \mu_B$에 대한 95% 신뢰구간의 하한값과 상한값이 출력된다(그림 8.10 참조).

▸ 신뢰구간 하한값 : "=(E4-F4)-E13*SQRT(E5/E6+F5/F6)"

▸ 신뢰구간 상한값 : "=(E4-F4)+E13*SQRT(E5/E6+F5/F6)"

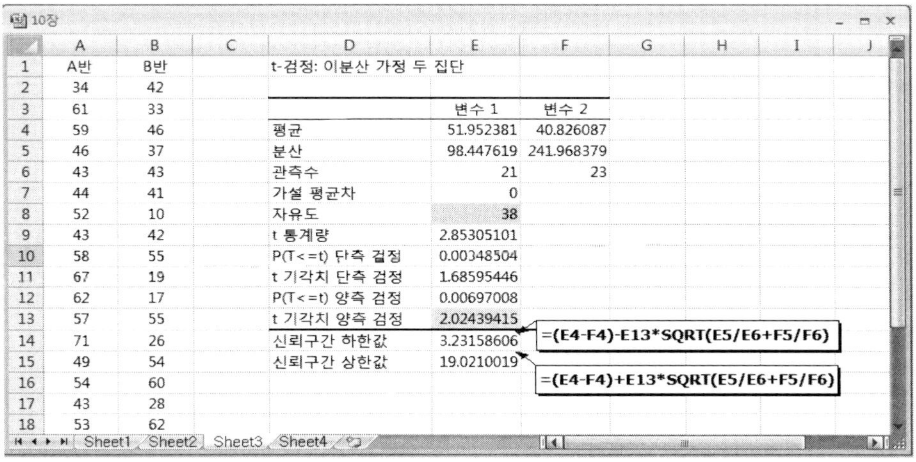

	A	B	C	D	E	F
1	A반	B반		t-검정: 이분산 가정 두 집단		
2	34	42				
3	61	33			변수 1	변수 2
4	59	46		평균	51.952381	40.826087
5	46	37		분산	98.447619	241.968379
6	43	43		관측수	21	23
7	44	41		가설 평균차	0	
8	52	10		자유도	38	
9	43	42		t 통계량	2.85305101	
10	58	55		P(T<=t) 단측 검정	0.00348504	
11	67	19		t 기각치 단측 검정	1.68595446	
12	62	17		P(T<=t) 양측 검정	0.00697008	
13	57	55		t 기각치 양측 검정	2.02439415	
14	71	26		신뢰구간 하한값	3.23158606	
15	49	54		신뢰구간 상한값	19.0210019	
16	54	60				
17	43	28				
18	53	62				

〈그림 8.10〉 두 모평균의 차에 대한 95% 신뢰구간

실습 2 예제 8-4) ~ 8-5) σ_1^2과 σ_2^2이 동일한 두 모집단에서의 $\mu_1 - \mu_2$에 대한 추론:

(1) 가설 $H_0 : \mu_A = \mu_B$, $H_1 : \mu_A > \mu_B$의 검정:

(단계 1) [데이터 분석]-[분석 도구]의 대화상자에서 [t-검정 : 등분산 가정 두 집단]을 선택한다.

(단계 2) [t-검정 : 등분산 가정 두 집단] 대화상자에서 <그림 8.11>과 같이 입력한 후 "확인"을 누르면 <그림 8.12>와 같은 결과를 얻게 된다.

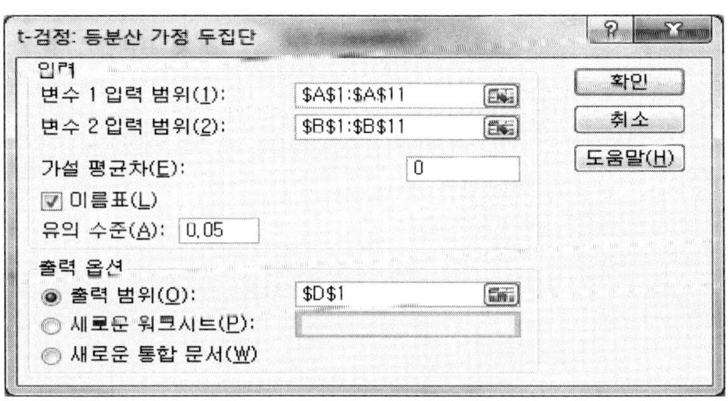

〈그림 8.11〉 [t-검정 : 등분산 가정 두 집단] 대화상자

10장

	A	B	C	D	E	F	G
1	그룹 1	그룹 2		t-검정: 등분산 가정 두 집단			
2	9	5					
3	6	3			그룹 1	그룹 2	
4	8	-1		평균	3.4	0.9	
5	1	2		분산	15.6	11.43333333	
6	2	6		관측수	10	10	
7	-2	3		공동(Pooled) 분산	13.51666667		
8	4	-1		가설 평균차	0		
9	-3	-3		자유도	18		
10	4	-1		t 통계량	1.52051325		
11	5	-4		P(T<=t) 단측 검정	0.072876917		
12				t 기각치 단측 검정	1.734063592		
13				P(T<=t) 양측 검정	0.145753835		
14				t 기각치 양측 검정	2.100922037		
15							

Sheet1 Sheet2 Sheet3 Sheet4

〈그림 8.12〉 두 모평균의 차에 대한 검정 결과(모분산이 같음)

(2) $\mu_1 - \mu_2$에 대한 90% 신뢰구간:

셀 E15와 E16에 다음과 같은 수식을 입력하면 $\mu_A - \mu_B$에 대한 90% 신뢰구간의 하한값-0.3511과 상한값 5.3511이 출력된다.

- ▸ 신뢰구간 하한값 : “=(E4-F4)-E12*SQRT(E7/E6+E7/F6)”
- ▸ 신뢰구간 상한값 : “=(E4-F4)+E12*SQRT(E7/E6+E7/F6)”

실습 3 예제 8-6) 대응비교:

● 방법 1(분석도구 이용)

(단계 1) [데이터 분석]-[분석 도구]의 대화상자에서 [t-검정 : 쌍체비교]를 선택한다.

(단계 2) [t-검정 : 쌍체비교] 대화상자에서 <그림 8.13>과 같이 입력한 후 “확인”을 누르면 <그림 8.14>와 같은 결과를 얻게 된다.

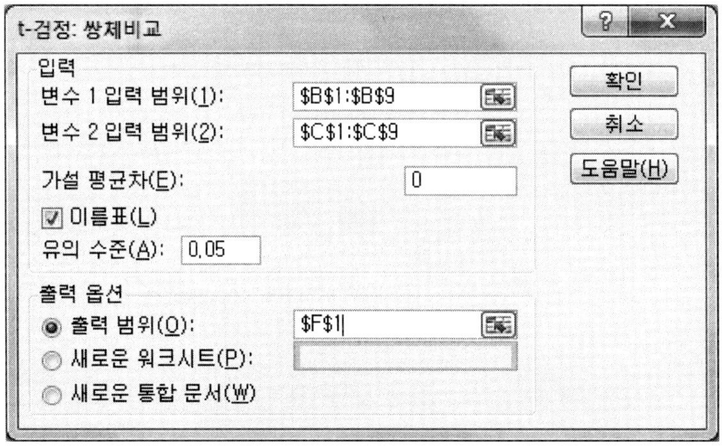

〈그림 8.13〉 [t-검정 : 쌍체비교] 대화상자

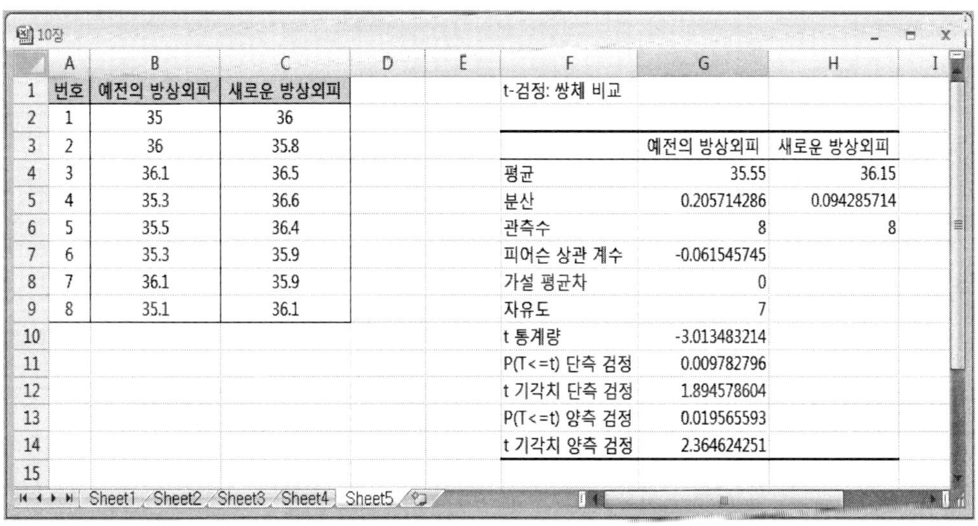

	A	B	C	D	E	F	G	H
1	번호	예전의 방상외피	새로운 방상외피			t-검정: 쌍체 비교		
2	1	35	36					
3	2	36	35.8				예전의 방상외피	새로운 방상외피
4	3	36.1	36.5			평균	35.55	36.15
5	4	35.3	36.6			분산	0.205714286	0.094285714
6	5	35.5	36.4			관측수	8	8
7	6	35.3	35.9			피어슨 상관 계수	-0.061545745	
8	7	36.1	35.9			가설 평균차	0	
9	8	35.1	36.1			자유도	7	
10						t 통계량	-3.013483214	
11						P(T<=t) 단측 검정	0.009782796	
12						t 기각치 단측 검정	1.894578604	
13						P(T<=t) 양측 검정	0.019565593	
14						t 기각치 양측 검정	2.364624251	

〈그림 8.14〉 대응비교에 대한 검정 결과

● 방법 2(수식 입력줄 이용)

(단계 1) 셀 D2의 수식 입력줄에 "=B2-C2"를 입력하여 두 관측값의 차를 계산한다. D3에서 D9까지는 수식을 복사한다(그림 8.15 참조)

	A	B	C	D
1	번호	예전의 방상외피	새로운 방상외피	차이
2	1	35	36	-1
3	2	36	35.8	0.2
4	3	36.1	36.5	-0.4
5	4	35.3	36.6	-1.3
6	5	35.5	36.4	-0.9
7	6	35.3	35.9	-0.6
8	7	36.1	35.9	0.2
9	8	35.1	36.1	-1

=B2-C2

〈그림 8.15〉 두 관측값의 차이 계산

(단계 2) <그림 8.16>와 같이 셀 G2에서 G8까지 수식 입력줄에 각각 수식을 입력하면 검정통계량 -3.01348321과 $P-$값 0.0097828이 출력된다.

	A	B	C	D	E	F	G	H
1	번호	예전의 방상외피	새로운 방상외피	차이		구 분	계산값	계산식
2	1	35	36	-1		두 관측값 차의 평균	-0.6	=AVERAGE(D2:D9)
3	2	36	35.8	0.2		표본크기	8	
4	3	36.1	36.5	-0.4		두 관측값 차의 표준편차	0.56315438	=STDEV(D2:D9)
5	4	35.3	36.6	-1.3		유의수준	0.05	
6	5	35.5	36.4	-0.9		자유도	7	=G2-1
7	6	35.3	35.9	-0.6		검정통계량	-3.01348321	=G1/(G3/SQRT(G2))
8	7	36.1	35.9	0.2		P-값	0.0097828	=ttest(B2:B9, C2:C9, 1, 1)
9	8	35.1	36.1	-1				

〈그림 8.16〉 수식 입력줄을 이용한 검정통계량과 $P-$값의 계산(대응비교)

실습 4 **예제 8-4)에서 두 모분산의 동일성에 대한 검정:**

● 방법 1(분석도구 이용)

(단계 1) [데이터 분석]-[분석 도구]의 대화상자에서 [F-검정 : 분산에 대한 두 집단]을 선택한다.

(단계 2) [F-검정 : 분산에 대한 두 집단] 대화상자에서 <그림 8.17>과 같이 입력한 후 "확인"을 누르면 <그림 8.18>과 같은 결과를 얻게 된다.

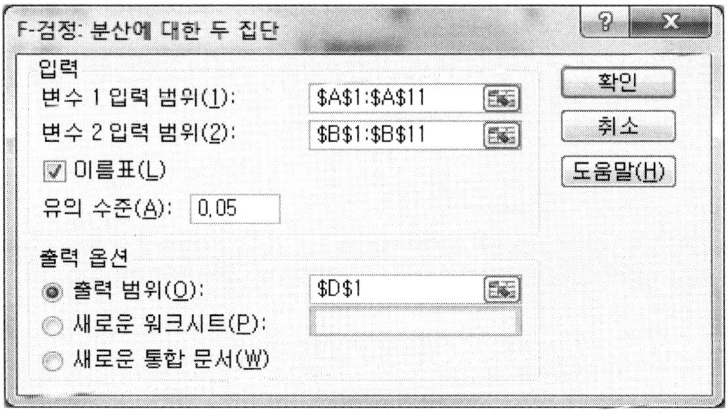

〈그림 8.17〉 [F-검정 : 분산에 대한 두 집단] 대화상자

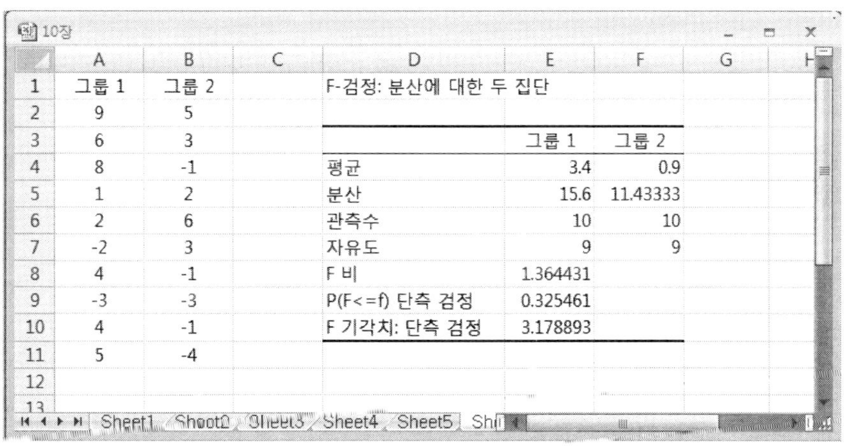

	A	B	C	D	E	F
1	그룹 1	그룹 2		F-검정: 분산에 대한 두 집단		
2	9	5				
3	6	3			그룹 1	그룹 2
4	8	-1		평균	3.4	0.9
5	1	2		분산	15.6	11.43333
6	2	6		관측수	10	10
7	-2	3		자유도	9	9
8	4	-1		F 비	1.364431	
9	-3	-3		P(F<=f) 단측 검정	0.325461	
10	4	-1		F 기각치: 단측 검정	3.178893	
11	5	-4				

〈그림 8.18〉 두 모분산의 동일성에 대한 검정 결과

<그림 8.18>에 주어진 출력 결과에는 단측검정인 경우의 $F-$값(여기서는 "P(F<=f) 단측 검정"의 값 0.3254)만 출력되므로 가설 $H_0: \sigma_1^2 = \sigma_2^2$, $H_1: \sigma_1^2 \neq \sigma_2^2$의 유의성 여부를 판단하기 위해서는 출력된 값을 2배한 값 즉 $2 \times 0.3254 = 0.6508$을 $P-$값으로 사용하여야 한다.

● 방법 2(함수 마법사 이용)

[수식]-[함수 삽입]-[함수 마법사]의 범주 선택에서 "통계"를, 함수선택에서 "FTEST"를 선택-[FTEST] 대화상자에서 Array 1에는 첫 번째 자료의 범위 "A2:A11"을 입력하고, Array 2에는 두 번째 자료의 범위 "B2:B11"을 입력하면 $P-$값 0.650921458이 출력된다(그림 8.19 참조). 출력된 $P-$값은 매우 크기 때문에 예제 3)에 주어진 두 집단은 동일한 분산을 가진다고 할 수 있다.

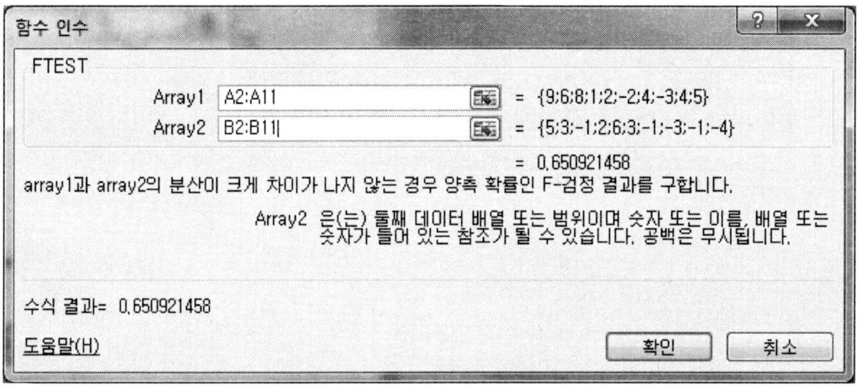

〈그림 8.19〉 FTEST 대화상자

연습문제

1. K대 학생 64명, Y대 학생 81명을 랜덤으로 추출하여 키의 평균과 분산을 각각 계산한 결과, 다음과 같은 자료를 얻었다.

	표본	평균	분산
K대	$n_1 = 21$	$\bar{x}_1 = 172$	$s_1^2 = 25$
Y대	$n_2 = 23$	$\bar{x}_2 = 175$	$s_2^2 = 64$

(1) 두 학교 학생들의 키 차이에 대한 95% 신뢰구간을 구하여라.

(2) 두 학교 학생들의 키가 차이가 있다고 할 수 있는지를 유의수준 $\alpha = 0.05$ 로 검정하여라.

2. K대 수학과에서는 학생들의 통계학 이해도를 증진시키기 위한 새로운 강의방법을 개발하였다. 이 강의방법이 효과가 있는지를 확인하기 위해 16명의 학생을 대상으로 8명씩 2개조로 나누어 한 조에는 새로운 강의방법을, 다른 한 조에는 기존의 강의방법을 적용하여 이해도를 측정한 결과, 다음과 같은 자료를 얻었다.

기존의 방법	65	70	76	63	72	71	67	68
새로운 방법	75	79	72	77	69	81	71	76

두 강의방법에 따른 이해도에 차이가 있는지를 유의수준 $\alpha = 0.05$ 로 검정하여라 (단, 측정점수는 각각 정규분포 $N(\mu_1, \sigma^2)$, $N(\mu_2, \sigma^2)$를 따른다고 가정한다).

3. A와 B 두 경호업체 소속 경호원을 각각 10명씩 랜덤으로 선발하여 사격 시합을 한 결과, 아래와 같은 자료를 얻었다. A경호업체의 경호원들이 B경호업체의 경호원들보다 사격능력이 우수하다고 할 수 있는지를 유의수준 $\alpha = 0.05$ 에서 검정하여라. 단, 사격점수는 정규분포를 따른다고 가정한다.

	1	2	3	4	5	6	7	8	9	10
A경호업체	66	70	60	61	73	62	75	62	80	65
B경호업체	55	72	57	73	64	70	74	52	66	64

4. 어느 제약회사에서 비만증 환자를 위한 약을 개발하였다. 새로이 개발된 약이 환자에게 부작용이 있는지 없는지를 알아보기 위해 12명의 환자를 랜덤으로 추출하여 약을 복용하기 전과 복용하고 난 후의 혈압을 측정한 결과 다음과 같은 자료를 얻었다.

환 자	1	2	3	4	5	6	7	8	9	10	11	12
복용 전	128	176	110	149	183	136	118	158	150	130	126	162
복용 후	134	174	118	152	187	136	125	168	152	128	130	161

두 혈압에 차이가 있는지를 유의수준 $\alpha = 0.05$로 검정하여라(단, 혈압은 정규분포를 따른다고 가정한다).

5. 두 특수대원 A와 B에게 500m 거리에 있는 목표물에 대하여 각각 30발씩 사격을 시킨 결과, 목표로부터의 오차분산이 $s_A^2 = 16$, $s_2^2 = 25$이었다. 사격의 정확도에 있어서 두 특수대원간에 있어서 차이가 있다고 할 수 있는지의 여부를 유의수준 $\alpha = 0.05$로 검정하여라. 단, 오차는 정규분포를 따른다고 가정한다.

6. A와 B 두 회사에서 제작된 공기 오염도 측정계의 정밀도를 검사하기 위해 서울시청 앞 광장에 대한 공기 오염을 측정한 결과, 다음과 같은 자료를 얻었다.

(단위 : ppm/cm^3)

기기 A	0.95	0.83	0.78	0.96	0.72	0.86	0.99
기기 B	0.90	0.92	0.94	0.91	0.90	0.89	

(1) 두 모분산의 비에 대한 90% 신뢰구간을 구하여라.

(2) 기기 B의 정밀도가 기기 A의 정밀도보다 좋다고 할 수 있는지를 유의수준 $\alpha = 0.05$로 검정하여라.

7. S대 총학생회에서는 학생회장에 대한 호감도가 성별에 따라 차이가 있는지를 알아보기 위하여 남학생 225명과 여학생 175명을 랜덤으로 추출하여 조사한 결과, 남학생 중에서는 54명이, 여학생 중에서는 52명이 학생회장에게 호감을 가지고 있다고 응답하였다.

(1) 성별 호감도의 차에 대한 90% 신뢰구간을 구하여라.

(2) 성별에 따른 호감도의 차이가 있는지를 유의수준 $\alpha = 0.1$로 검정하여라.

Chapter

9 상관분석

9-1 산점도

9-2 상관계수

9-3 상관계수의 검정

9-4 특수한 형태의 상관계수

제 9 장 상관분석

둘 또는 그 이상의 변수들이 서로 관련성을 가지고 변화할 때 그 관계를 분석하는 데 사용되는 통계적인 기법으로 상관분석(correlation analysis)과 회귀분석(regression analysis)이 있다. 상관분석은 변수들이 서로 얼마나 밀접하게 직선적인 관계를 가지고 있는지를 분석하는 통계적 기법이며, 회귀분석은 한 변수에 대하여 다른 변수들이 어떻게 관련되어 있는가를 수학적인 모형을 이용하여 설명하고 예측하는 통계적 분석기법이다. 이 장에서는 두 변수간의 관련성을 분석하는 상관분석에 대해서 소개하고자 한다.

9-1 산점도

두 변수 X와 Y 사이의 관련성은 그림을 이용하여 시각적으로 파악할 수 있다. 즉, 평면좌표상의 각 축에 변수를 하나씩 설정한 후 관측값을 좌표상에 표시하면 두 변수간의 관계를 시각적으로 판단할 수 있으며, 이러한 그림을 산점도(scatter plot)라 한다. 산점도는 두 변수가 직선적인 관계 또는 곡선적인 관계를 가지고 있는지, 그리고 그 관련성의 정도가 어떠한지를 개략적으로 판단할 수 있게 해준다.

산점도에서 두 변수가 직선관계를 가지고 있을 경우 관측값들 모두가 정확히 한 직선 위에 놓이게 되는 경우는 거의 없으며, 대부분 직선을 중심으로 흩어져 나타나게 된다. 이때 두 변수의 직선적인 관련성에 대한 정도는 관측값들이 직선을 중심으로 흩어져 있는 상태에 따라 결정된다. 즉 관측값들이 하나의 직선을 중심으로 밀집되어 있다면 '두 변수간의 직선적인 관계는 강하다'는 것을 나타내며, 반면에 직선으로부터 넓게 흩어져 있다면 '두 변수간의 직선적인 관계는 약하다'는 것을 의미하게 된다. 이때 직선의 기울기가 양일 경우 '정비례 관계'를, 반대로 기울기가 음일 경우 '반비례 관계'를 나타낸다.

예제 9-1

적당한 양의 포도주를 마시는 것은 심장마비를 예방하는데 도움이 된다고 알려져 있다. <표 9.1>은 19개국에서 매년 소비되는 1인당 포도주 섭취량(단위 : l)과 심장질환으로 인한 사망자 수(단위 : 10만명)를 조사한 결과이다. 산점도를 작성하여라.

〈표 9.1〉 국가별 1인당 포도주 섭취량과 심장질환으로 인한 사망자 수

국가	포도주 섭취량	심장질환 사망자 수	국가	포도주 섭취량	심장질환 사망자 수
네덜란드	1.8	167	아이슬란드	0.8	211
노르웨이	0.8	227	아일랜드	0.7	300
뉴질랜드	1.9	266	영국	1.3	285
덴마크	2.9	220	오스트리아	3.9	167
독일	2.7	172	이탈리아	7.9	107
미국	1.2	199	캐나다	2.4	191
벨기에	2.9	131	프랑스	9.1	71
스웨덴	1.6	207	핀란드	0.8	297
스위스	5.8	115	호주	2.5	211
스페인	6.5	86			

풀이

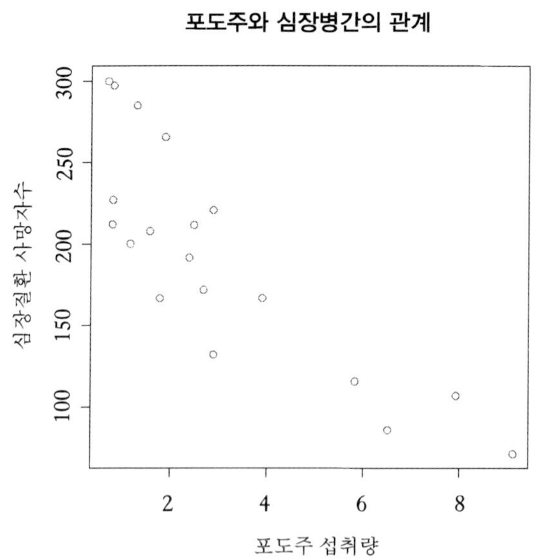

〈그림 9.1〉 포도주 섭취량과 심장질환 사망자 수의 산점도

<그림 9.1>에서 산점도는 기울기가 음인 직선 형태를 띠고 있다. 따라서 '포도주의 섭취량과 심장질환 사망자 수간에는 음의 직선관계가 존재하고 있다'고 할 수 있다. 즉, 포도주의 섭취량이 많으면 많을수록 심장질환으로 인한 사망률은 점점 줄어들게 된다고 할 수 있다. ❀

참고

주의 : 여기서 포도주의 섭취량과 심장질환으로 인한 사망자 수는 서로 원인관계에 있다는 것을 의미하는 것은 아니다. 그 이유는 포도주의 섭취량이 많다는 것은 그만큼 소득이 높다는 것을 나타내고, 소득이 높으면 그만큼 의학적인 치료를 많이 받게 되므로 이러한 것이 심장질환으로 인한 사망률을 줄이는 하나의 요인이 될 수도 있기 때문이다.

9-2 상관계수

산점도를 이용하면 두 변수간의 직선적인 관계를 개략적으로 파악할 수는 있지만, 두 변수 사이의 관계를 보다 정확히 숫자로 나타낼 수는 없다. 두 변수 X와 Y 사이의 관련성의 정도를 숫자로 표현하기 위한 측도로서 상관계수(correlation coefficient)가 사용된다. 상관계수는 그 값이 모집단 전체 자료로부터 계산되었을 경우 모상관계수(population correlation coefficient)라 하며, ρ로 표기한다.

Tip

모상관계수

$$\rho = \frac{E[(X-\mu_X)(Y-\mu_Y)]}{\sqrt{E(X-\mu_X)^2 E(Y-\mu_Y)^2}} = \frac{\sigma_{XY}}{\sigma_X \sigma_Y}$$

여기서 σ_{XY}는 공분산, σ_X와 σ_Y는 각각 변수 X, Y의 표준편차를 나타냄.

상관계수의 값은 항상 −1과 +1 사이에 있다. 특히 그 값이 −1 또는 +1인 경우, 관측값들은 모두 기울기가 양 또는 음인 하나의 직선 위에 정확히 놓여있게 된다. 그리고 상관계수의 값이 −1 또는 +1에 가까울수록 관측값들은 어떤 직선 주위에 밀집되어 있다는 것을 나타내며, 이것은 두 변수 사이에는 완전하지는 않지만 강한 직선관계를 가지고 있다는 것을 뜻한다. 반면에, 상관계수의 값이 0에 가까울수록 두 변수 사이에는 직선적인 관계가 약함을 의미한다.

<그림 9.2>는 여러 가지 ρ값에 대한 산점도를 보여주고 있다. <그림 9.2>에서 (f)는 특이한 경우로써 두 변수 사이에 곡선관계가 뚜렷함에도 불구하고 상관계수의 값은 0으로 나타나는 경우를 보여주고 있다. 이러한 경우에는 직선적인 관련성의 정도를 표시하는 상관계수만으로 두 변수간에는 관계가 없다고 단정짓는 것은 잘못이므로 해석을 하는데 있어서 주의를 기울여야 한다.

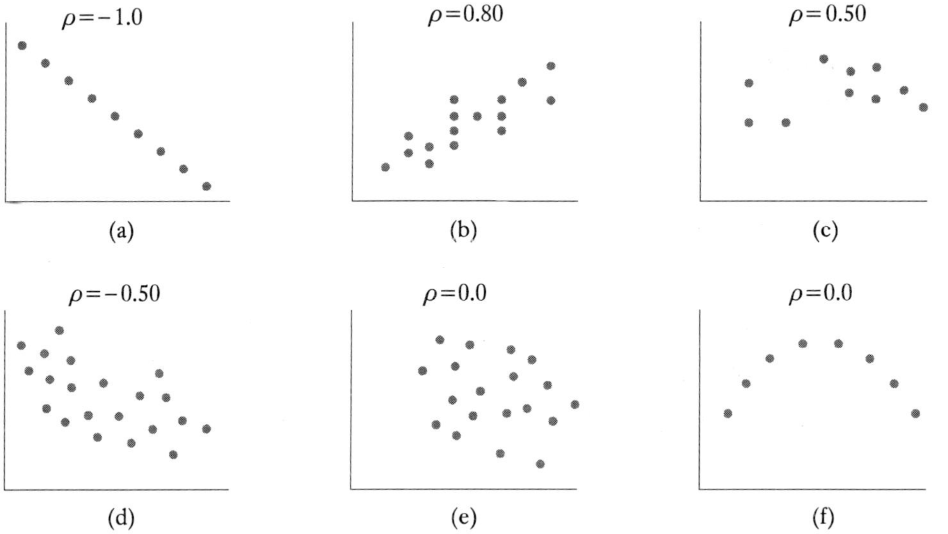

〈그림 9.2〉 여러 가지 ρ값에 대한 산점도

일반적으로 모집단 전체를 조사한다는 것은 현실적으로 불가능하거나 또는 시간, 경비가 많이 들기 때문에 모집단으로부터 표본을 추출하게 되고, 추출된 표본을 이용하여 모집단의 모수를 추정하게 된다. 이때 모집단의 일부분인 표본으로부터 계산된 상관계수를 표본상관계수(sample correlation coefficient : 표기 r)라 하며, 다음 공식을 이용하여 계산한다.

Tip

표본상관계수

관측값을 $(x_1, y_1), (x_2, y_2), \cdots, (x_n, y_n)$이라 할때,

$$r = \frac{\sum_{i=1}^{n}(x_i - \bar{x})(y_i - \bar{y})}{\sqrt{\sum_{i=1}^{n}(x_i - \bar{x})^2 \sum_{i=1}^{n}(y_i - \bar{y})^2}} \quad (1)$$

$$= \frac{s_{xy}}{s_x s_y}$$

여기서 s_{xy} 는 표본공분산, s_x, s_y 는 각각 변수 X와 Y의 표본표준편차임

표본상관계수는 다음과 같은 특징을 가지고 있다.

(1) 두 변수 모두 양적변수이어야 한다.

(2) 측정 단위를 바꾸더라도 r값은 변하지 않는다.

(3) r의 값은 항상 -1과 +1사이에 있으며, 0에 가까울수록 직선적인 관계가 약하다는 것을, -1 또는 +1에 가까울수록 직선적인 관계가 강하다는 것을 나타내고, -1 또는 +1이라는 것은 모든 점들이 하나의 직선위에 놓이게 됨을 의미한다.

(4) r은 두 변수간의 직선적인 관련성에 대한 정도만을 측정한다. 따라서 두 변수가 곡선관계를 가지고 있을 경우에는 r로서 설명할 수 없다.

(5) r은 몇 개의 특이값에 의하여 민감하게 반응한다. 따라서 특이값이 존재할 경우 r을 사용함에 있어 주의를 기울여야 한다.

예제 9-2

H자동차회사에서는 새로 출시된 2,000cc 승용차의 경제적인 속도를 측정하기 위하여 100km를 속도(단위 : km/h)를 달리하여 주행한 후 소모된 연료량(단위 : l/100km)을 측정하였다. <표 9.2>에 주어진 자료를 이용하여 소모 연료량과 속도간의 상관계수를 구하여라.

〈표 9.2〉 속도별 소모 연료량

속도	소모 연료량	속도	소모 연료량	속도	소모 연료량
10	21.00	60	5.90	110	9.03
20	13.00	70	6.30	120	9.87
30	10.00	80	6.95	130	10.79
40	8.00	90	7.57	140	11.77
50	7.00	100	8.27	150	12.83

풀이 <표 9.2>에 주어진 자료를 이용하여 표본상관계수를 계산하면

$$r = \frac{\sum(x_i - \overline{x})(y_i - \overline{y})}{\sqrt{\sum(x_i - \overline{x})^2 \sum(y_i - \overline{y})^2}} = -0.1716$$

이 된다. 따라서 소모되는 연료량과 속도간에는 매우 약한 음의 상관관계를 가지고 있다고 할 수 있다. 그러나 이들에 대한 산점도를 그려보면 <그림 9.3>에서 보는 바와 같이

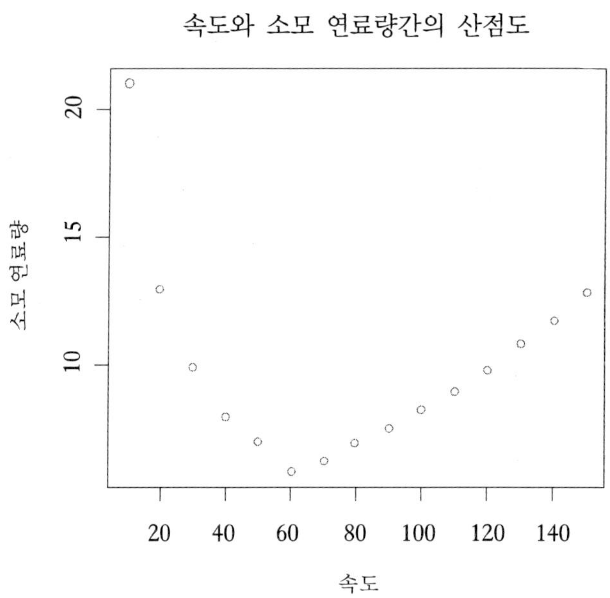

〈그림 9.3〉 속도와 소모 연료량의 산점도

소모되는 연료량과 속도간에는 직선이 아니라 곡선 관계에 있음을 알 수 있다. 즉, 연료 소모량은 속도가 증가하면서 계속 감소하는 것이 아니라 어느 속도까지는 감소하다 그 속도가 넘으면 소모 연료량은 오히려 증가하게 된다고 할 수 있으며, 그 경계점(경제속도)은 약 60km/h라고 할 수 있다. ❀

참고

여기서 우리는 두 변수간에 곡선(포물선)관계를 가지고 있을 때 상관계수의 값은 거의 0에 가까워지며, 상관계수는 곡선관계가 아니라 직선관계를 나타내는 척도가 됨을 확인할 수 있다.

9-3 상관계수의 검정

두 변수 X와 Y 사이에 직선적인 관계가 존재한다고 할 수 있는지의 여부를 판단하기 위해서 표본상관계수 r을 이용한다. 표본상관계수 r과 관련된 통계량

$$T^* = \frac{r}{\sqrt{V(r)}} = r\sqrt{\frac{n-2}{1-r^2}}$$

는 귀무가설 $H_0: \rho = 0$가 성립한다는 가정하에서 자유도 $n-2$인 t 분포를 따르는 것으로 알려져 있으며, 이를 이용하여 모상관계수 ρ에 대한 검정이 이루어진다.

Tip

모상관계수 ρ의 검정

- 검정통계량: $T^* = r\sqrt{\frac{n-2}{1-r^2}}$
- 관측된 검정통계량의 값을 t^*라고 할 때 내립가설의 형태에 따른 $P-$값의 계산
  - ① 우측검정: $H_0: \rho = 0$, $H_1: \rho > 0$ $P-$값$= P(T^* \geq t^*)$
  - ② 좌측검정: $H_0: \rho = 0$, $H_1: \rho < 0$ $P-$값$= P(T^* \leq t^*)$
  - ③ 양측검정: $H_0: \rho = 0$, $H_1: \rho \neq 0$ $P-$값$= P(|T^*| \geq t^*)$

예제 9-3

어느 대학교에서는 대학수학능력시험의 통계학과 미적분학 성적간의 관련성을 조

사하기 위하여 10명의 학생을 랜덤으로 추출하여 <표 9.3>과 같은 자료를 얻었다. 통계학 점수와 미적분학 점수 사이에 상관관계가 존재하는지의 여부를 유의수준 $\alpha = 0.05$로 검정하여라.

〈표 9.3〉 통계학과 미적분학 점수

학 생	통계학 점수	미적분학 점수
1	39	65
2	43	78
3	21	52
4	64	82
5	57	92
6	47	89
7	28	73
8	75	98
9	34	56
10	52	75

풀이 <표 9.3>에 주어진 자료로부터 상관계수 r을 계산하면 $r = 0.8397$이 된다. 가설 $H_0 : \rho = 0$, $H_1 : \rho \neq 0$를 검정하기 위한 검정통계량의 값은

$$t^* = r\sqrt{\frac{n-2}{1-r^2}} = (0.8397)\sqrt{\frac{10-2}{1-0.8397^2}}$$
$$= 4.375$$

이 된다. 그리고 이때의 $P-$값은

$$P-\text{값} = P(|T^*| \geq 4.375) = 0.0023 < \alpha = 0.05$$

이므로 귀무가설 $H_0 :\ \rho = 0$은 기각된다. 즉, '통계학 점수와 미적분학 점수간에는 비교적 강한 양의 상관관계를 가지고 있다'고 할 수 있다. ❀

9-4 Excel 실습

실습 1 **예제 9-1)의 산점도 작성:**

(단계 1) 자료를 셀 A1~T1, 셀 A2~T2에 각각 입력한 후, [삽입] 메뉴의 [차트]에서

"분산형"과 "표식만 있는 분산형"을 차례로 선택한다.

(단계 2) [차트도구]의 "레이아웃"에서 차트 제목, 축 제목을 적절하게 변경한다.

(단계 3) 산점도의 x축과 y축의 범위를 조절하고자 원할 경우 [차트도구]의 "레이아웃"에서 "축"과 "기본 가로축", 그리고 "기타 기본 가로축 옵션"을 차례로 선택하여 x축과 y축의 범위를 조절한다(그림 9.4 참조).

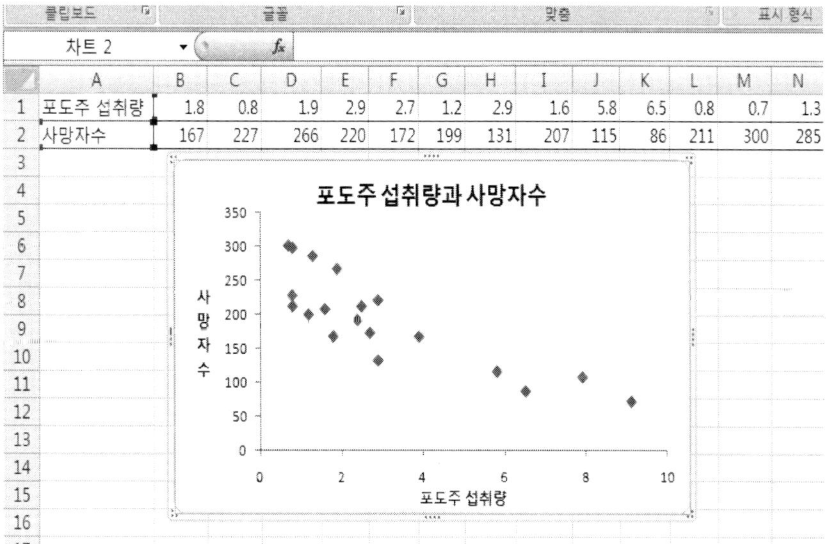

〈그림 9.4〉 상관분석 대화상자

실습 2 **예제 9-2)의 상관계수 계산:**

(단계 1) 자료를 입력한 후, [데이터] 메뉴에서 [데이터 분석] [상관분석]을 차례로 선택한 후, "확인" 버튼을 누르면 [상관분석] 대화상자가 나타난다(그림 9.5 참조).

(단계 2) [상관분석] 대화상자에서 "입력범위"란에 자료의 범위를 입력한다. 이때 "입력범위"에 자료의 이름(여기서는 속도와 소모 연료량)이 포함되어 있는 경우에는 "첫째 행 이름표 사용"을 선택해 주어야 하며, "데이터 방향"은 <그림 9.6>에서 보는 바와 같이 자료가 열방향으로 입력되어 있기 때문에 "열"을 선택해 주면 된다. "출력범위"란에 결과가 출력될 위치(여기서는 $D$2)를 입력하고 "확인" 버튼을 누르면 <그림 9.6>과 같이 상관계수값 -0.1716이 출력된다.

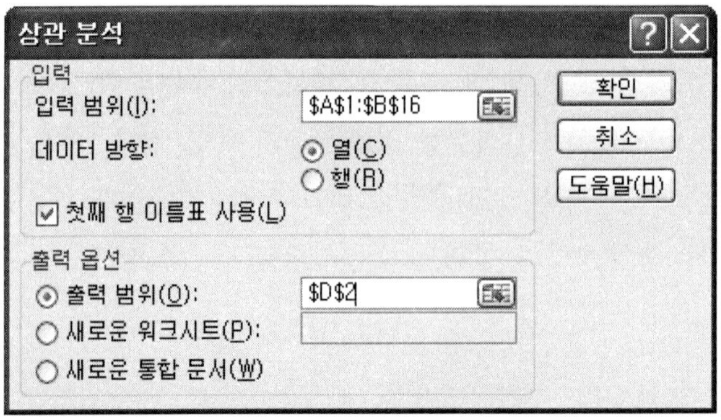

〈그림 9.5〉 상관분석 대화상자

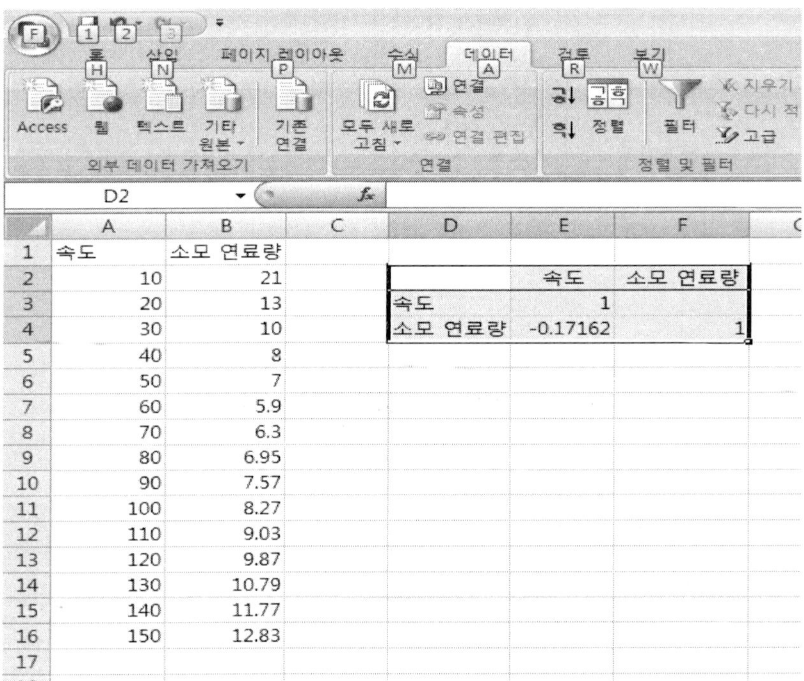

〈그림 9.6〉 상관계수 출력 결과

실습 3 **예제 9-3)의 상관계수 검정:**

(단계 1: 상관계수 출력) 자료를 입력한 후, [데이터] 메뉴에서 [데이터 분석]-[상관분석]을 차례로 선택한 후, [상관분석] 대화상자로부터 상관계수를 출력한다.

(단계 2: 검정통계량 출력) 셀 C6에서 "=E4*SQRT(8/(1-E4^2))를 입력한다.

(단계 3: P-값 출력) 셀 E7에서 "=TDIST(E6, 8, 2)"를 입력한다(그림 9.7 참조).

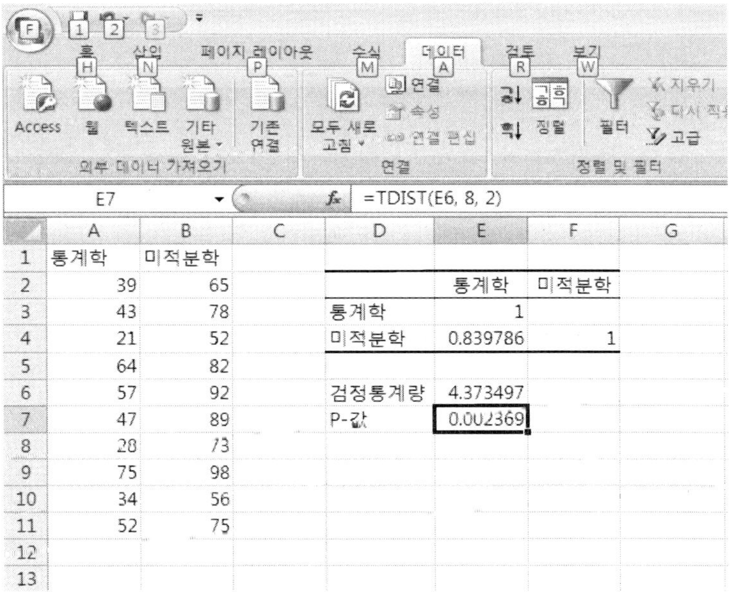

〈그림 9.7〉 검정통계량과 P-값 출력 결과

연습문제

1. 농작물 실험에서 생산량이 수확 시기에 따라 어떻게 변화하는지에 대한 연구에서 아래와 같은 결과를 얻었다고 한다. 이때 산점도를 그리고, 상관계수를 구하여라. 여기서 x는 꽃이 피어 수확할 때까지의 기간(단위 : 일), y는 쌀의 수확량(단위 : 헥타르당 kg)을 각각 나타낸다.

x	y	x	y	x	y	x	y
16	2508	24	3057	32	3823	40	3517
18	2518	26	3190	34	3646	42	3214
20	3304	28	3500	36	3708	44	3103
22	3423	30	3883	38	3333	46	2776

2. 나이가 40대 이상인 집단에서 랜덤으로 추출된 10명을 대상으로 아버지와 아들의 키를 조사한 결과 다음과 같은 자료를 얻었다. 산점도를 그리고, 아버지와 아들의 키 사이에 상관관계가 존재하는지의 여부를 유의수준 $\alpha = 0.05$로 검정하여라.

아버지의 키	165	163	167	172	170	168	177	169	173	160
아들의 키	168	166	168	170	177	170	175	178	170	165

3. 각성제의 사용량과 각성제를 투여 받은 실험자가 청각신호에 반응하는데 걸리는 시간 사이의 관계를 연구하는 실험에서 다음과 같은 자료를 얻었다. 각성제의 사용량과 반응시간 사이에 관계가 있는지 없는지를 유의수준 $\alpha = 0.10$로 검정하여라.

사용량(㎎)	1	3	4	7	9	12	13	14
반응시간(초)	2.5	2.4	2.1	2.3	1.2	2.2	2.6	4.2

4. 어느 고등학교에서 랜덤으로 추출된 10명의 학생들에 대한 수학과 물리성적이 다음과 같다. 수학과 물리 성적 사이에 관련성이 있는지를 유의수준 $\alpha = 0.05$ 로 검정하여라.

수 학	66	64	48	46	78	60	90	50	66	70
물 리	70	62	55	48	80	64	85	52	60	72

Chapter **10**

회귀분석

10-1 단순선형 회귀분석

10-2 Excel 실습

10-3 중선형 회귀분석

10-4 Excel 실습

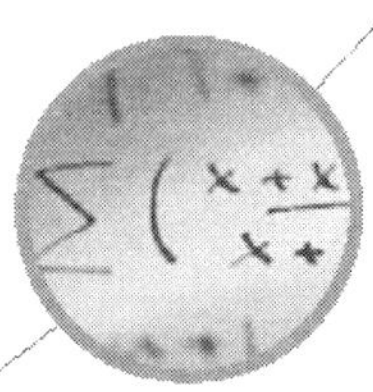

제10장 회귀분석

회귀분석은 독립변수(또는 설명변수)라고 불리는 한 개 또는 그 이상의 변수들에 대하여 종속변수(또는 반응변수)라고 불리는 다른 한 변수 사이의 관계를 수학적인 모형을 이용하여 규명하고, 이 규명된 함수식을 이용하여 독립변수들의 변화로부터 종속변수의 변화를 예측하고자 할 경우에 사용되는 통계적 분석기법이다.

일반적으로 회귀분석은 독립변수와 종속변수가 각각 한 개일 때의 관계를 분석하는 단순선형 회귀분석(simple linear regression analysis)과 종속변수는 한 개이면서 독립변수가 두 개 이상일 때의 관계를 분석하는 중선형 회귀분석(multiple linear regression analysis)으로 나누어진다. 여기서 선형(linear)이란 알려져 있지 않은 모집단의 회귀계수에 대해서 직선형태 즉, 일차함수 모형이란 의미이다. 선형 회귀모형은 독립변수의 개수 또는 차수에 따라 <표 10.1>과 같이 구분된다.

〈표 10.1〉 선형 회귀모형의 구분

종 류	구 분
단순선형 회귀모형	독립변수가 1개이며, 종속변수와의 관계가 직선인 모형 예) $Y = \beta_0 + \beta_1 X + \epsilon$
중선형 회귀모형	독립변수가 k 개이며, 종속변수와의 관계가 직선인 모형 예) $Y = \beta_0 + \beta_1 X_1 + \cdots + \beta_k X_k + \epsilon$
곡선회귀모형	독립변수가 1개이며, 종속변수와의 관계가 곡선인 모형 예) $Y = \beta_0 + \beta_1 X + \beta_2 X^2 + \beta_3 X^3 + \epsilon$
다항회귀모형	독립변수가 k 개이며, 종속변수와의 관계가 일차함수 이상인 모형 예) $Y = \beta_0 + \beta_1 X_1 + \beta_2 X_2 + \beta_3 X_1^2 + \beta_4 X_2^2 + \beta_5 X_1 X_2 + \epsilon$

10-1 단순선형 회귀분석

10.1.1 단순선형 회귀모형

단순선형 회귀분석은 독립변수가 한 개이면서 종속변수와의 관계를 직선으로 가정하여 이루어지는 분석으로써, 그 수학적 모형은 다음과 같다[1].

$$y_i = \beta_0 + \beta_1 x_i + \epsilon_i, \qquad i = 1,\ 2,\ \cdots,\ n \tag{1}$$

여기서 y_i는 i번째 관측된 종속변수의 값, β_0와 β_1은 모집단에 대한 회귀식의 절편과 기울기, x_i는 i번째 관측된 독립변수의 값, ϵ_i는 i번째 관측된 오차를 각각 나타낸다.

10.1.2 기본 가정

두 변수 X와 Y간에 단순선형 회귀모형을 적합시킬 경우에는 몇 가지 가정을 기본 전제로 하고 있다. 즉, 독립변수 X는 오차 없이 측정할 수 있는 변수이며, 종속변수 Y는 측정 시 발생되거나 또는 여러 요인에 의하여 발생되는 측정이 불가능한 각종 오차를 포함하는 것으로 가정한다. 회귀분석에서는 측정이 불가능한 이러한 오차를 ϵ_i로 표기하며, 오차 ϵ_i에 대해 다음과 같은 몇 가지 가정을 기본 전제로 하고 있다.

Tip

기본 가정

① 오차 ϵ_i는 고정된 모든 x_i값에서 $N(0,\ \sigma^2)$을 따른다.
② 서로 다른 두 개의 오차 ϵ_i, ϵ_i(단 $i \neq j$)는 서로 독립이다.
③ 오차 ϵ_i는 x_i값과는 독립이다.

1) 회귀분석에서는 독립변수와 종속변수 사이의 관계를 나타내기 위하여 일차함수를 많이 사용하는데, 그 이유는 일차함수가 수학적으로 간단할 뿐만 아니라 비직선적인 함수관계도 변수변환을 통하여 직선 형태로 바꿀 수 있기 때문이다.

식 (1)에서 첨자 i를 뺀 종속변수 Y에 대한 일반적인 모형은 다음과 같으며,

$$Y = \beta_0 + \beta_1 X + \epsilon$$

이때 Y의 기대값은 $E(Y) = \beta_0 + \beta_1 X$로 표현된다. 따라서 오차항 ϵ의 분산을 σ^2이라 하면 확률변수 Y는 다음과 같은 분포를 따르게 된다.

$$Y \sim N(\beta_0 + \beta_1 X,\ \sigma^2)$$

이러한 관계를 그림으로 나타낸 것이 <그림 10.1>이다.

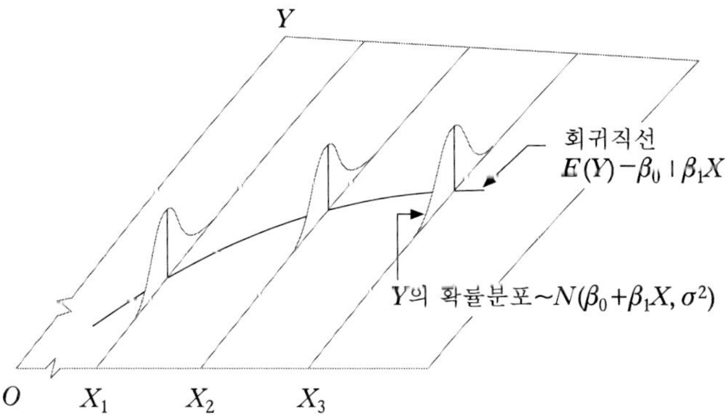

〈그림 10.1〉 단순선형 회귀모형

10.1.3 회귀식의 추정

두 변수 X와 Y의 관계를 단순선형 회귀모형으로 설정하였다면, 이 모형에 적합한 회귀식을 구하기 위해 관측된 값으로부터 회귀계수 β_0와 β_1의 값을 추정하여야 한다. 이때 일반적으로 많이 사용되는 방법이 최소제곱법(method of least squares)이다. 최소제곱법은 오차 ϵ_i 즉, 관측값 y_i와 이의 기대값 $\beta_0 + \beta_1 x_i$간의 차이를 최소로 하는 β_0와 β_1의 추정법을 말한다. 그러나 오차들의 합 $\sum \epsilon_i$는 항상 0이 되므로 최소제곱법에서는 오차들을 제곱하여 합한 $\sum \epsilon_i^2$을 최소로 하는 β_0와 β_1을 추정하게 된다.

Tip

최소제곱법

$Q = \sum_{i=1}^{n} \epsilon_i^2 = \sum_{i=1}^{n} (y_i - \beta_0 - \beta_1 x_i)^2$을 최소로 하는 β_0와 β_1을 추정하는 방법

최소제곱법에 의한 β_0와 β_1의 추정은 $\sum(y_i - \beta_0 - \beta_1 x_i)^2$을 β_0와 β_1에 대하여 각각 편미분하여 0으로 놓은 정규 방정식(normal equation)

$$\frac{\partial Q}{\partial \beta_0} = -2\sum(y_i - \beta_0 - \beta_1 x_i) = 0$$

$$\frac{\partial Q}{\partial \beta_1} = -2\sum x_i(y_i - \beta_0 - \beta_1 x_i) = 0$$

으로부터 구할 수 있으며, 이로부터 계산된 β_0와 β_1의 추정량 b_0와 b_1은 각각 다음과 같다.

$$b_1 = \frac{\sum(x_i - \overline{x})(y_i - \overline{y})}{\sum(x_i - \overline{x})^2}$$

$$b_0 = \overline{y} - b_1\overline{x}$$

이때 관측된 값을 이용하여 추정되는 회귀식은 다음과 같이 표현하며

$$\hat{Y} = b_0 + b_1 X$$

이 식을 추정된 회귀직선 또는 적합된 회귀직선이라 부른다. 여기서 절편 b_0는 X값이 0일 때의 $\hat{Y}$값을, 기울기 b_1은 X가 한 단위 변화함에 따라 평균적으로 변화하는 $\hat{Y}$의 값을 각각 나타낸다. 그리고 관측값 y_i와 추정된 회귀직선식으로부터 추정되는 값 $\hat{y_i}$(예측값이라고 함)의 차이를 잔차(residual : e_i로 표기)라고 한다.

10.1.4 회귀모형의 적합성 판단

관측값 y_i와 관측값들의 평균 $\overline{y}$ 간의 차이를 편차(deviation)라고 하며, 이 편차는 다음과 같이 두 종류의 합으로 분할할 수 있다.

$$(y_i - \overline{y}) = (y_i - \hat{y_i}) + (\hat{y_i} - \overline{y}), \quad i = 1,\ 2,\ \cdots,\ n \tag{2}$$

임의의 값 x_i에 대하여 관측값 y_i와 회귀식에 의하여 추정된 값 $\hat{y_i}$는 반드시 일치하지 않으며 이때의 차이 $y_i - \hat{y_i}$ 즉, 잔차는 관측이 불가능한 오차로서 편차 중에서 회귀식으로 설명되지 않는 부분을 나타낸다. 반면에 관측값들의 평균 $\overline{y}$로부터 추정

값 $\hat{y}_i$간의 차 $\hat{y}_i - \bar{y}$는 편차 중에서 회귀식에 의하여 설명되는 부분을 나타낸다. <그림 10.2>에는 세 편차간의 관계를 설명해 주고 있다.

식 (2)의 양변을 각각 제곱한 후, 모든 관측값에 대하여 더하면 다음 관계식이 성립한다.

$$\sum_{i=1}^{n}(y_i - \bar{y})^2 = \sum_{i=1}^{n}(y_i - \hat{y}_i)^2 + \sum_{i=1}^{n}(\hat{y}_i - \bar{y})^2 \tag{3}$$

$$SST \quad = \quad SSE \quad + \quad SSR$$

여기서 식 (3)의 좌변을 총변동(total variation) 또는 총제곱합(total sum of squares : SST)이라 하며, 우변식의 앞부분은 총변동 중에서 회귀선에 의하여 설명이 되지 않는 변동 즉, 오차에 의하여 발생되는 변동을 가리키며 이것을 오차제곱합(error sum of squares : SSE)이라 한다. 반면에 우변식의 뒷부분은 총변동 중에서 회귀식에 의하여 설명이 되는 변동을 나타내며 회귀제곱합(regression sum of squares : SSR)이라 부른다. 그리고 총제곱합은 $n-1$, 오차제곱합은 $n-2$, 그리고 회귀제곱합은 1의 자유도를 각각 가진다.

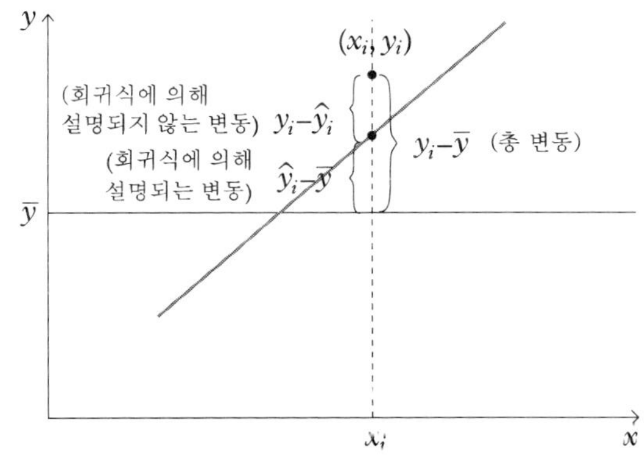

〈그림 10.2〉 세 편차간의 관계도

(1) 회귀모형의 검정

총변동을 발생 요인에 따라 분류하여 그 상대적인 크기를 이용하여 각 요인에 대한 유의성(significance) 여부를 판단하는 통계적 분석기법을 분산분석(analysis of variance : ANOVA)이라 하며, 이때 사용되는 표를 분산분석표(ANOVA table)라 한다. 회귀분석에서 주어진 자료를 적합시키는데 있어서 추정된 회귀식이 유의(significant)한지의 여부는 분산분석표를 이용하여 판단할 수 있다.

〈표 10.2〉 단순선형 회귀분석에서의 분산분석표

요인	제곱합	자유도	평균제곱합	F_0
회귀	SSR	1	MSR	MSR/MSE
오차	SSE	$n-2$	MSE	
계	SST	$n-1$		

분산분석표에서 평균제곱합(mean square)은 제곱합을 자유도로 나눈 것이며, 여기서 MSR은 회귀제곱합을 자신의 자유도로 나눈 값으로 평균회귀제곱(regression mena square)이라 하며, MSE는 오차제곱합을 자신의 자유도로 나눈 값으로 평균제곱오차(error mean square)라 하며 σ^2의 불편추정량(unbiased estimator)이 된다. 마지막 열의 F_0는 추정된 회귀식의 유의성 여부를 판단하는데 사용되는 검정통계량으로서 자유도가 $(1, n-1)$인 F분포를 따른다.[2] 유의성 여부를 판단하기 위해서는 F분포표나 $P-$값을 사용하며, 이때 주어진 유의수준 α에 대하여 계산된 검정통계량의 값 f_0가 $f_0 \geq F_\alpha(1, n-2)$이거나 또는 $P-$값$=P(F \geq f_0) < \alpha$이면 '추정된 회귀식은 유의하다'고 결론을 내리면 된다.

Tip

회귀모형의 검정

- 가설 : $H_0 : \beta_1 = 0$ 즉, 가정된 회귀모형은 적합하지 않다
  $H_1 : \beta_1 \neq 0$ 즉, 가정된 회귀모형은 적합하다
- 검정통계량 : $F_0 = \dfrac{MSR}{MSE}$
- 계산된 검정통계량의 값을 f_0라고 할 때 주어진 유의수준 α 에서 $f_0 \geq F_\alpha(1, n-2)$ 또는 $P-$값$= P(F \geq f_0) < \alpha$이면, H_0 를 기각 그렇지 않으면 H_0 를 채택

(2) 회귀모형의 적합도

지금까지는 관측된 값을 이용하여 회귀직선을 추정하고, 추정된 회귀직선이 주어

2) 검정통계량 F_0는 MSR과 MSE의 비율로서 이 값이 크면 클수록 추정된 회귀직선이 변수 X와 Y간의 관계를 설명하는데 있어서 유의하다는 것을 의미하게 된다. 여기서 유의하다는 것은 가정된 직선회귀모형이 주어진 자료에 잘 적합되었음을 의미한다.

진 자료에 적합한 지의 여부를 검정하는 방법에 대하여 공부하였다. 그러나 이때 추정된 회귀직선이 관측값에 어느 정도 잘 적합하고 있는지는 알 수 없다.

추정된 회귀직선이 주어진 자료에 얼마나 잘 적합하고 있는지를 측정하기 위한 도구로서 결정계수(coefficient of determination)가 사용된다. 결정계수는 회귀직선에 의하여 설명되는 변동이 총변동 중에서 차지하고 있는 상대적인 비율로서 정의되며, R^2으로 표기한다.

Tip

결정계수

종속변수 Y의 변동 중에서 추정된 회귀직선 $\hat{Y}=b_0+b_1X$에 의하여 설명되는 변동의 비율

$$R^2=\frac{SSR(\text{회귀식에 의하여 설명되는 변동})}{SST(\text{총변동})}=\frac{\hat{Y}\text{의 분산}}{Y\text{의 분산}}$$

결정계수 R^2은 Y의 총변동 중에서 추정된 회귀직선에 의해 설명되는 부분이 어느 정도인가를 나타내며, 그 값은 항상 0과 1 사이에 존재한다. 이때 $R^2=1$이면 두 변수가 정확히 $\hat{Y}=b_0+b_1X$라는 직선관계에 의해서 완전하게 설명된다는 즉, 모든 관측값은 회귀직선 위에 정확히 놓이게 된다는 것을 의미한다. 따라서 R^2의 값이 1에 가까울수록 관측값들은 회귀직선 가까이에 밀집되어 있으며, 이는 추정된 회귀직선이 관측값에 잘 적합하고 있다는 것을 의미한다. 이와는 반대로 $R^2=0$이면 추정된 회귀직선에 의하여 두 변수 X와 Y의 관계가 전혀 설명되지 못한다는 것을 나타낸다.

예제 10-1

S은행에서 지난 3개월 동안 적금을 신규 가입하는 고객에게 월 적금액에 따라 선물을 증정하는 고객 유치 캠페인을 벌인 결과, <표 10.3>과 같은 자료를 얻었다. 주어진 자료에 적합한 회귀직선을 구하고, 추정된 회귀직선이 유의한지의 여부를 유의수준 $\alpha=0.05$로 검정해 보도록 하자.

〈표 10.3〉 고객 유치 캠페인 결과

월 적금액(X)		75	100	125	150	175	200
적금 가입자 수(Y)	A 지점	28	112	160	152	156	125
	B 지점	42	136	150	·	124	104

풀이 <표 10.3>의 자료로부터 회귀계수 β_0와 β_1을 추정하면

$$b_1 = \frac{\sum(x_i - \overline{x})(y_i - \overline{y})}{\sum(x_i - \overline{x})^2} = 0.4896$$

$$b_0 = \overline{y} - b_1\overline{x} = 50.4136$$

이다. 따라서 추정된 회귀식은 $\hat{y} = 50.4136 + 0.4896x$가 된다. 그리고 회귀분석 결과로부터 작성된 분산분석표는 <표 10.4>와 같다.

〈표 10.4〉 고객 유치 캠페인 자료의 분산분석표

요인	제곱합	자유도	제곱평균	F_0	$P-$값
회귀	5203.5	1	5203.5	3.1871	0.1078
오차	14694.1	9	1632.7		
계	19897.6	10			

❀

<표 10.4>의 분산분석표로부터 검정통계량 F_0의 값은 3.1871이고, 이때의 $P-$값은 0.1078로 주어진 유의수준 $\alpha = 0.05$보다 크므로 추정된 회귀식은 유의하지 않다고 할 수 있다. 즉, "월 적금액과 신규적금 가입자의 수 간의 관계를 설명함에 있어 직선회귀모형은 적합하지 않다"고 할 수 있다. <그림 10.3>의 산점도로부터 직선보다는 곡선의 형태가 더 적합함을 알 수 있다.

참고

참고로 결정계수 R^2을 계산해보면 $R^2 = \dfrac{SSR}{SST} = \dfrac{5203.5}{19897.6} = 0.2615$로 전체 변동량의 약 26%만 추정된 회귀식에 의하여 설명되고 있다고 할 수 있다.

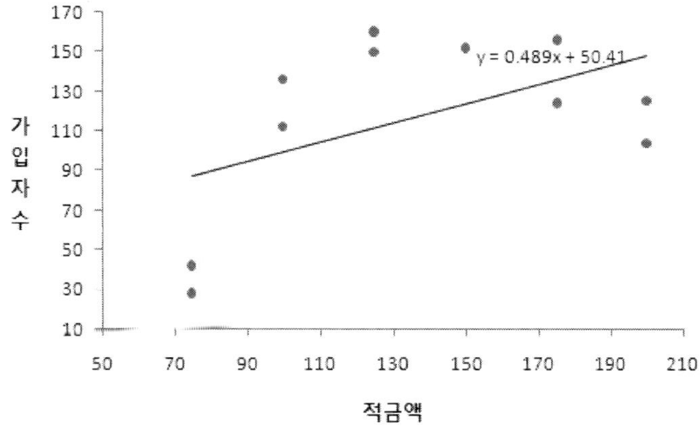

〈그림 10.3〉 산점도 및 추정된 회귀직선

10.1.5 회귀계수에 대한 추론

(1) 기울기 β_1에 대한 추론

단순선형 회귀모형에서 주요 관심이 되는 것은 기울기 β_1이다. 왜냐하면, 회귀모형에서 $\beta_1 = 0$이면 추정된 회귀식 $\hat{Y}$은 하나의 상수(β_0)가 됨으로서, 독립변수 X의 값들은 종속변수 Y를 설명하는데 아무런 의미를 갖지 못하게 된다. 따라서 귀무가설 $H_0 : \beta_1 = 0$에 대한 검정은 독립변수와 종속변수가 직선적인 관계를 가지고 있는지를 결정하는 검정으로 단순선형 회귀분석에서 중요하게 사용된다.

β_1에 관한 추론을 위해 β_1의 점추정량인 b_1의 표본분포를 알아야 한다. 이론적으로 추정량 b_1은 평균과 분산이 각각

$$E(b_1) = \beta_1, \qquad V(b_1) = \sigma^2 / \sum (x_i - \overline{x})^2$$

인 정규분포를 따르는 것으로 알려져 있다(증명 생략). 여기서 오차의 분산인 σ^2은

알려져 있지 않은 경우가 대부분이다. 하지만 잔차 e_i가 σ^2에 대한 정보를 제공하기 때문에 σ^2의 추정량으로 잔차들의 제곱합인 SSE를 자유도 $n-2$로 나눈 평균제곱오차 MSE를 사용한다. 따라서 통계량

$$T = \frac{b_1 - \beta_1}{\sqrt{\widehat{V(b_1)}}}, \quad \text{여기서 } \widehat{V(b_1)} = MSE / \sum (x_i - \bar{x})^2$$

는 자유도 $n-2$인 t 분포를 따르며, 이러한 사실을 이용하여 기울기 β_1에 관한 추론을 하게 된다.

Tip

기울기 β_1에 대한 추론

(1) β_1에 대한 $100(1-\alpha)\%$ 신뢰구간 : $b_1 \pm t_{\alpha/2}(n-2)\sqrt{\frac{MSE}{\sum(x_i-\bar{x})^2}}$

(2) $t-$검정 :

- 검정통계량 $T = \frac{b_1}{\sqrt{\widehat{V(b_1)}}}$
- 관측된 검정통계량의 값을 t라고 할 때 $P-$값의 계산
  ① 우측검정 : $H_0 : \beta_1 = 0$, $H_1 : \beta_1 > 0$일 때 $P-$값$= P(T \geq t)$
  ② 좌측검정 : $H_0 : \beta_1 = 0$, $H_1 : \beta_1 < 0$일 때 $P-$값$= P(T \leq t)$
  ③ 양측검정 : $H_0 : \beta_1 = 0$, $H_1 : \beta_1 \neq 0$일 때 $P-$값$= P(|T| \geq t)$

(2) 절편 β_0에 대한 추론

모수 β_0에 관한 검정은 독립변수의 범위가 0을 포함하거나 또는 회귀직선이 원점을 통과하는지에 관심이 있는 경우를 제외하고는 그다지 중요하지 않다. β_0에 대한 추론을 위해서는 β_0의 점추정량인 b_0의 표본분포를 알아야 한다. 이론적으로 추정량 b_0는 평균과 분산이 각각

$$E(b_0) = \beta_0, \quad V(b_0) = \sigma^2\left(\frac{1}{n} + \frac{(\bar{x})^2}{\sum(x_i - \bar{x})^2}\right)$$

인 정규분포를 따르는 것으로 알려져 있다(증명 생략). 따라서 오차분산 σ^2 대신 이의 추정량인 MSE를 사용한 통계량

$$T = \frac{b_0 - \beta_0}{\sqrt{\widehat{V(b_0)}}}, \qquad \text{여기서 } \widehat{V(b_0)} = MSE\left(\frac{1}{n} + \frac{(\bar{x})^2}{\sum(x_i - \bar{x})^2}\right)$$

는 자유도 $n-2$인 t 분포를 따르게 되며, 이러한 사실을 이용하여 β_0에 대한 추론을 하면 된다. 만약 절편 β_0가 0인 경우를 포함하여 어떤 특정한 수 β_0^*와 같은지에 대한 검정을 하고자 할 경우에도 검정통계량으로 T를 사용하면 된다.

Tip

절편 β_0에 대한 추론

(1) β_0에 대한 $100(1-\alpha)\%$

신뢰구간 : $b_0 \pm t_{\alpha/2}(n-2)\sqrt{MSE\left(\frac{1}{n} + \frac{(\bar{x})^2}{\sum(x_i - \bar{x})^2}\right)}$

(2) $t-$검정 : • 검정통계량 $T = \frac{b_0 - \beta_0^*}{\sqrt{\widehat{V(b_0)}}}$

• 관측된 검정통계량의 값을 t라고 할 때 $P-$값의 계산

① 우측검정 : $H_0 : \beta_0 = \beta_0^*$, $H_1 : \beta_0 > \beta_0^*$일 때 $P-$값$= P(T \geq t)$

② 좌측검정 : $H_0 : \beta_0 = \beta_0^*$, $H_1 : \beta_0 < \beta_0^*$일 때 $P-$값$= P(T \leq t)$

③ 양측검정 : $H_0 : \beta_0 = \beta_0^*$, $H_1 : \beta_0 \neq \beta_0^*$일 때 $P-$값$= P(|T| \geq t)$

예제 10-2

어느 회사에서 광고비용이 판매액에 미치는 영향을 알아보기 위하여 10개의 대리점에 대한 연간 광고비(X)와 판매액(Y)을 조사한 결과, <표 2.5>와 같은 자료를 얻었다(단위 : 백만원).

〈표 10.5〉 대리점 별 광고비와 판매액

대리점	1	2	3	4	5	6	7	8	9	10
광고비	1.0	1.1	1.2	1.6	2.1	2.7	3.2	4.0	5.2	6.0
판매액	6.5	8.2	8.3	10	12.3	13.1	14.2	14.6	15.3	15.8

(1) 주어진 자료에 적합한 회귀직선을 추정하여라.

(2) 회귀계수 β_1에 대한 95% 신뢰구간을 구하여라.

(3) 가설 $H_0 : \beta_1 = 0$, $H_1 : \beta_1 \neq 0$에 대한 검정을 유의수준 $\alpha = 0.05$에서 하여라.

풀이 (1) <표 10.5>의 자료로부터 회귀계수 β_0와 β_1을 추정하면 $b_0 = 7.006$, $b_1 = 1.7166$ 이고, 따라서 추정된 회귀식은 $\hat{y} = 7.006 + 1.7166x$가 된다. 그리고 회귀분석 결과로부터 분산분석표를 작성하면 <표 10.6>과 같게 된다.

〈표 10.6〉 광고비와 판매액 자료의 분산분석표

요인	제곱합	자유도	제곱평균	F_0	$P-$값
회귀	83.1797	1	83.1797	36.8208	0.00025
오차	17.1412	8	2.1426		
계	100.321	9			

(2) $b_1 = 1.7166$, $t_{0.025}(8) = 2.306$, $MSE = 2.1426$, $\sum(x_i - \bar{x})^2 = 28.229$이므로 회귀계수 β_1의 95% 신뢰구간은 다음과 같이 계산된다.

$$b_1 \pm t_{\alpha/2}(n-2)\sqrt{\frac{MSE}{\sum(x_i - \bar{x})^2}} = 1.7166 \pm (2.306)(0.2755)$$
$$= (1.0812,\ 2.3518)$$

(3) $V(\widehat{b_1}) = MSE/\sum(x_i - \bar{x})^2 = \dfrac{2.1426}{28.229} = 0.0759$이므로 검정통계량의 값은

$$T = \frac{b_1 - \beta_1}{\sqrt{V(\widehat{b_1})}} = \frac{1.7166}{\sqrt{0.0759}} = 6.231$$

이고, 이때의 $P-$값은 $P(|T| \geq 6.231) = 0.00025$가 된다. 따라서 $P-$값은 유의수준 $\alpha = 0.05$보다 작으므로 귀무가설 $H_0 : \beta_1 = 0$은 기각되어 "광고비와 판매액 간의 관계를 설명하는데 있어 추정된 회귀식 $\hat{y} = 7.0064 + 1.7166x$는 유의하다"고 할 수 있다. ❀

참고

참고적으로 결정계수 $R^2 = \dfrac{83.1797}{100.321} = 0.8291$로 전체 변동량의 약 83%가 추정된 회귀식으로 설명되고 있다고 할 수 있다.

10.1.6 잔차분석

단순선형 회귀분석에서는 다음과 같은 가정이 성립한다는 조건 아래에서 회귀모형에 대한 분석이 이루어진다. 그리고 이러한 가정들에 대한 타당성이 인정될 때 회귀분석은 좋은 분석 방법이 된다고 할 수 있다.

- 독립변수와 종속변수는 직선관계에 있다(직선모형)
- 오차 ϵ_i는 평균 0, 분산 σ^2을 갖는다. 즉, ϵ_i의 분산은 독립변수 X의 값에 관계없이 일정하다(등분산성).
- 오차 ϵ_i는 정규분포를 따른다(정규성)
- 오차 ϵ_i, ϵ_j는 서로 독립이다(독립성)

(1) 가정의 타당성에 대한 검토

가정의 타당성에 대한 검토는 오차 ϵ_i를 이용하여야 하나 오차 ϵ_i는 관측될 수 없기 때문에 이의 추정량인 잔차 e_i를 이용하여 이루어지며, 이를 잔차분석(analysis of residuals)이라 한다. 잔차는 관측값에서 예측값을 뺀

$$e_i = y_i - \hat{y_i} = y_i - (b_0 + b_1 x_i) \qquad i = 1,\ 2,\ \cdots,\ n$$

로 정의되며, 이때 e_i는 평균과 분산이 각각 0과 $\sigma^2(1-h_{ii})$인 정규분포를 따르게 된다. 여기서

$$h_{ii} = \frac{1}{n} + \frac{(x_i - \bar{x})^2}{\sum_{i=1}^{n}(x_i - \bar{x})^2} \qquad i = 1,\ 2,\ \cdots,\ n \tag{4}$$

이다. 우리가 여기서 알 수 있는 한 가지 중요한 사실은 오차 ϵ_i는 $N(0,\ \sigma^2)$을 따르는 반면에, 잔차 e_i는 $N(0,\ \sigma^2(1-h_{ii}))$를 따른다는 것이다. 즉, 오차 ϵ_i는 i에 관계없이 모두 동일한 분산을 가지게 되지만 잔차 e_i는 i에 따라 서로 다른 분산을 가지게 된다. 따라서 ϵ_i 대신 e_i를 사용할 경우에는 좀 더 정확성을 기하기 위하여 잔차 e_i 대신에 e_i를 $e_i / \sqrt{\hat{\sigma}^2(1-h_{ii})}$로 수정시킨 표준화잔차(standardized residual)[3]나 표

---

3) 내표준화잔차(internally standardized residual)라고 불리기도 한다.

준화잔차에서 $\widehat{\sigma^2}$ 대신 i번째 관측값 $(x_i,\ y_i)$를 제외한 $(n-1)$개의 관측값으로 회귀모형을 적합시켰을 때의 추정값 $\widehat{\sigma^2_{(-i)}}$를 사용하여 얻어지는 외표준화잔차(externally standardized residual) $e_i/\sqrt{\widehat{\sigma^2_{(-i)}}(1-h_{ii})}$ 를 사용하기도 한다.

가. 직선모형의 적절성

분석하고자 하는 자료에 대하여 직선모형이 적합한지 또는 비직선모형이 적합한지에 대한 판단은 관측값 또는 잔차에 대한 산점도를 이용한다.

<그림 10.4>에서 보는 바와 같이 독립변수를 x 축으로, 종속변수를 y 축으로 한 산점도에서 (a)에서처럼 관측값들이 회귀직선을 중심으로 직선형태를 보인다면 회귀모형은 타당하다고 할 수 있다. 그러나 (b)와 같이 관측값들이 회귀선을 중심으로 곡선형태를 보일 경우 직선회귀모형은 적합하지 않으며, 이러한 경우에는 비직선회귀모형이 더 적합하다고 할 수 있다.

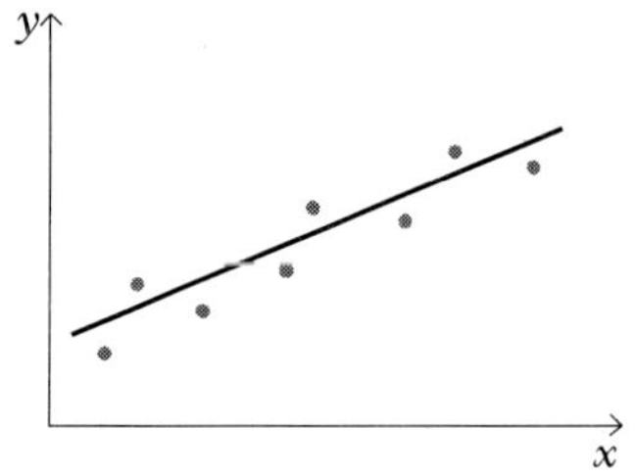

(a) 직선회귀모형이 적합한 경우

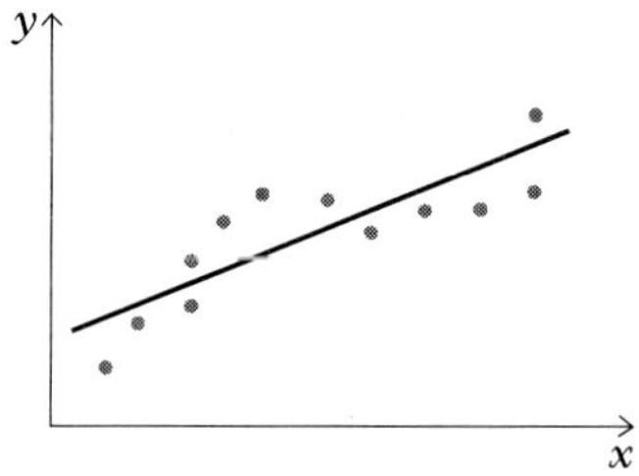

(b) 비직선회귀모형이 적합한 경우

〈그림 10.4〉 관측값에 대한 산점도

<그림 10.5>는 독립변수를 x 축으로, 잔차를 y 축으로 한 산점도이다. 이때 (a)와 같이 잔차값들이 0을 중심으로 랜덤하게 흩어져 나타나면 직선모형의 가정은 타당한 것으로 판단한다. 그러나 잔차값들이 (b)와 같이 나타나면 직선보다는 이차곡선모형이, (c)와 같이 나타나면 3차곡선모형이 적합하다고 판정한다. 그리고 잔차값들이 (d)와 같이 나타날 경우에는 모형속에 직선항을 추가하는 것이 바람직하다.

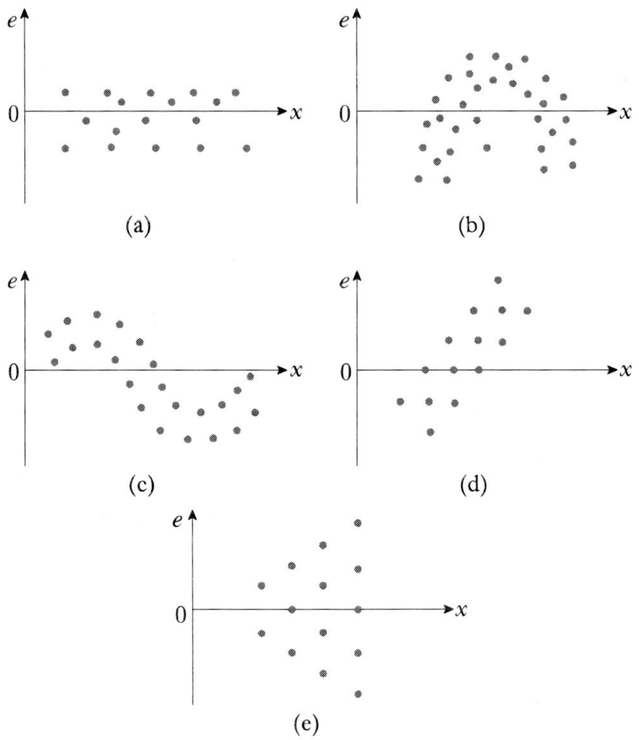

〈그림 10.5〉 잔차에 대한 산점도

나. 오차항의 등분산성

<그림 10.5>는 독립변수를 x 축으로, 잔차를 y 축으로 한 산점도이다. 이때 (a)와 같이 잔차값이 0을 중심으로 랜덤하게 나타나면 등분산의 가정은 모순이 없는 것으로 판단한다. 그러나 잔차값들이 (e)와 같이 나타날 경우 오차분산은 독립변수의 값이 증가함에 따라 커지고 있다는 것을 나타낸다.

다. 오차항의 성규성

오차 ϵ_i의 확률분포가 정규분포에 가까울 경우에는 회귀분석을 하는데 있어서 별 문제가 되지 않는다. 하지만 회귀분석의 추정과 검정에서 이용되는 t 분포, F 분포는 모두 정규뷰포로부터 정의되어지기 때문에 오차 ϵ_i의 확률분포가 정규분포로부터 많이 벗어날 경우에는 분석 결과에 중대한 영향을 미친다. 오차항이 정규분포를 따르는지는 잔차에 대한 산점도, 히스토그램, 상자그림, 정규확률도 등을 이용하여 검토할 수 있다. 즉, 산점도 또는 히스토그램에서 잔차값들이 정규분포와 비슷한 형태를 이루고 있을 경우나 상자그림에서 특이값들이 나타나지 않고 대칭성에서 크게 벗어나지 않는다면 정규성은 만족된다고 판단하면 된다.[4] 그리고 잔차들에 대한 정규확률도를 그렸을 때 잔차값들이 직선으로부터 크게 벗어나지 않는다면 정규성은 만족된다고 판단하면 된다.

라. 오차항의 독립성

서로 다른 두 오차 ϵ_i, ϵ_j가 서로 독립인지에 대한 검토도 독립변수를 x축으로, 잔차를 y축으로 한 산점도를 이용한다. 오차가 서로 독립일 경우 잔차값들은 0을 중심으로 랜덤하게 나타나게 되고, 독립이 아닐 경우는 주로 독립변수가 시간을 나타내거나 관측값이 관측 순서에 영향을 받는 경우에서 발생하게 된다. 오차항이 서로 독립이 아니면서 상관관계를 가질 때 '오차들간에는 자기상관(autocorrelation)이 존재한다'고 한다. 자기상관이 존재하는지의 여부는 더빈-왓슨(Durbin-Waston)의 검정통계량

$$D = \frac{\sum_{i=2}^{n}(e_i - e_{i-1})^2}{\sum_{i=1}^{n} e_i^2}, \quad \text{여기서 } e_i = y_i - \hat{y}_i$$

을 이용하면 된다. 이때 D의 값이 0에 가까우면 높은 양의 자기상관이, 4에 가까우면 높은 음의 자기상관이 존재한다고 판정한다. 그리고 D의 값이 2에 가까우면 자기상관이 존재하지 않는다고 판정한다.

(2) 가정이 성립하지 않을 경우의 해결책

회귀모형에 대한 가정들이 성립하지 않을 경우 이에 대한 해결책으로 변수변환 또는 가중최소제곱법 등을 사용한다. 여기서 변수변환이란 성립하지 않는 가정에 따라 독립변수 또는 종속변수를 변환시키는 방법으로 이때 회귀분석은 변환된 자료를 이용하여 이루어지게 된다.

가. 직선모형이 적절치 않을 경우

오차항의 정규성과 등분산성은 만족하면서 직선모형에 대한 가정만 성립하지 않

4) 특이값(outlier)이란 독립변수의 값 x에서의 실제 관측된 값 y가 기대값 $\beta_0 + \beta_1 x$로부터 많이 벗어나 있는 값을 말한다. 잔차분석에서 표준화잔차의 절대값이 2보다 클 경우에는 특이값으로 간주할 수 있다.

을 경우에는 독립변수 X를 변환시키면 된다. <그림 10.6>에는 관측값에 대한 산점도를 그렸을 때 나타나는 몇 가지 유형의 비직선 형태와 이들에 대한 적절한 변환방법이 주어져 있다.

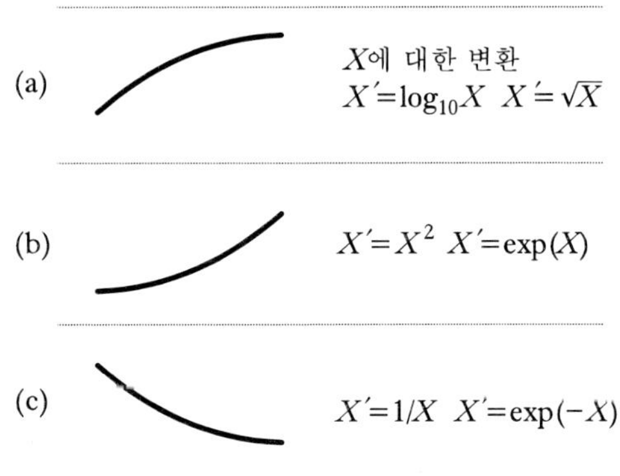

〈그림 10.6〉 비직선 형태일 경우의 변수변환

나. 정규성과 등분산성의 가정이 동시에 만족되지 않을 경우

오차항에 대한 등분산성의 가정이 만족되지 않을 때 정규성의 가정도 동시에 만족되지 않을 경우가 많다. 이러한 경우에는 종속변수 Y에 대한 변환을 하면 된다. <그림 10.7>에는 등분산성과 정규성의 가정이 성립하지 않을 때 산점도에서 나타나는 유형과 이에 대한 변환방법이 주어져 있다.

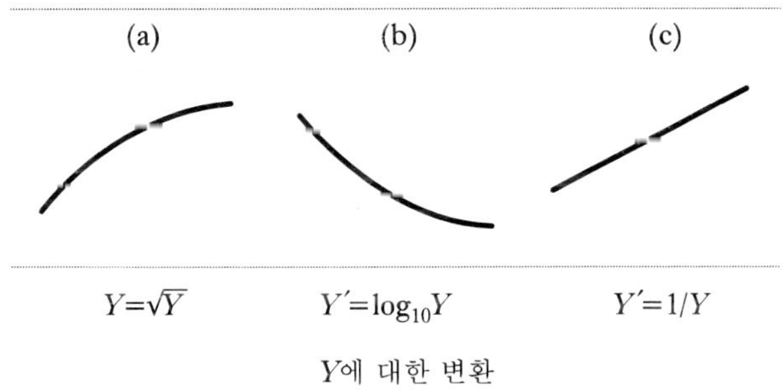

〈그림 10.7〉 정규성과 등분산성의 가정이 성립하지 않을 경우의 변수변환

예제 10-3

랜덤으로 추출된 25명의 아기들의 혈장수준(Y)과 나이(X)를 조사한 결과 <표 10.7>과 같은 자료를 얻었다. 나이와 혈장수준간의 관계를 나타내는 적합한 회귀식을 추정하여라.

〈표 10.7〉 아기들의 나이에 따른 혈장수준

X	Y	$Y'=\log_{10}Y$	X	Y	$Y'=\log_{10}Y$
0 (신생아)	13.44	1.1284	2	7.85	0.8949
0 (신생아)	12.84	1.1086	2	8.88	0.9484
0 (신생아)	11.91	1.0759	3	7.94	0.8998
0 (신생아)	20.09	1.3030	3	6.01	0.7789
0 (신생아)	15.60	1.1931	3	5.14	0.7110
1	10.11	1.0048	3	6.90	0.8388
1	11.38	1.0561	3	6.77	0.8306
1	10.28	1.0120	4	4.86	0.6866
1	8.96	0.9523	4	5.10	0.7076
1	8.59	0.9340	4	5.67	0.7536
2	9.83	0.9926	4	5.75	0.7597
2	9.00	0.9542	4	6.23	0.7945
2	8.65	0.9370			

풀이 <그림 10.8>의 산점도 (a)에서 원자료에 적합한 회귀모형은 직선보다는 곡선형태가 더 적절해 보임을 알 수 있으며, 각 x 값에서 관측값들은 나이가 많을 때보다도 나이가 석을 때가 더 변화가 심한 경향을 나타내고 있어 직선모형에 대한 가정과 오차의 등분산성에 대한 가정이 의문시되고 있다.

<그림 10.7>을 참고하여 원자료를 $Y'=\log_{10}Y$로 변환하였으며, 변환 후의 산점도 즉, <그림 10.8>의 (b)로부터 직선모형과 등분산성에 대한 가정이 어느 정도 개선되었음을 알 수 있다. 변환된 자료를 직선회귀모형에 적합시켰을 때 추정된 회귀식은 $\hat{y}' = \mathbf{1.135} - \mathbf{0}.1023x$ 가 되며, <그림 10.8>의 잔차도 (c)와 정규확률도 (d)로부터 등분산성과 정규성의 가정이 대체로 만족됨을 알 수 있다. 자료를 변환시켰을 때와 변환시키지 않았을 때의 회귀모형에 대한 적합 정도를 비교하여 본 결과, 결정계수는 0.7532에서 0.8535로 향상되어 자료의 변환이 바람직했음을 알 수 있다. ❀

참고

참고적으로 추정된 회귀식을 다시 Y로 나타내고자 할 경우에는 다음과 같이 $\hat{Y}'$를 역변환하면 된다. $\hat{Y} = antilog_{10}(1.135 - 0.1023X) = 10^{(1.135-0.1023X)}$

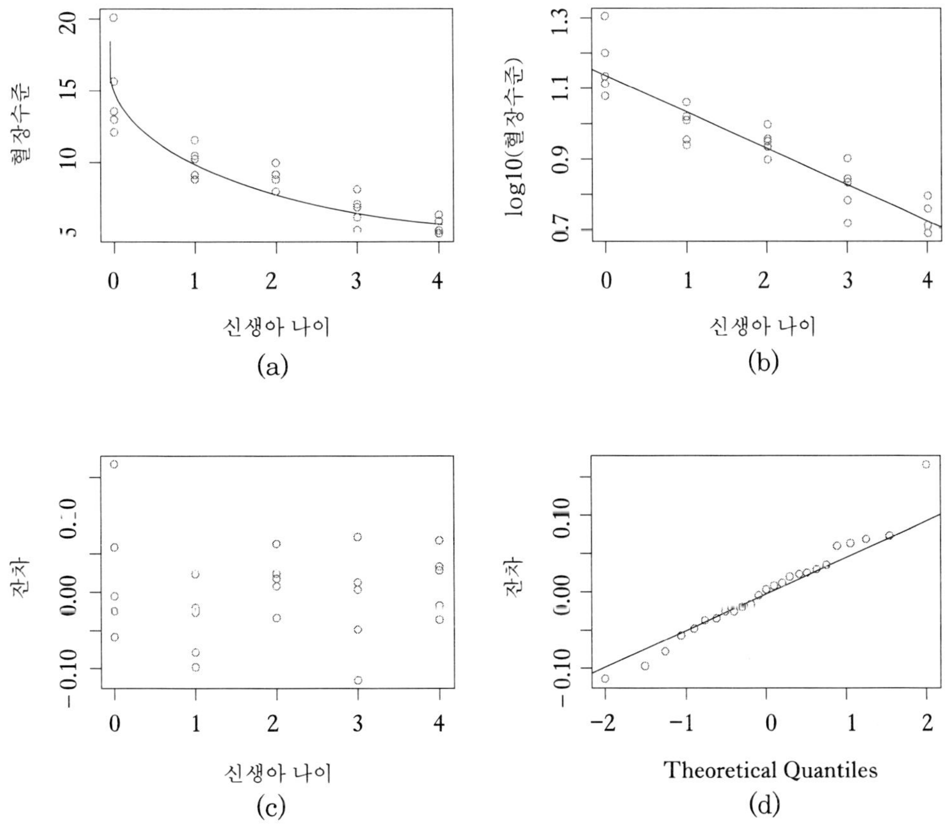

〈그림 10.8〉 나이와 혈장수준에 대한 산점도와 잔차도

다. 등분산성의 가정만이 만족되지 않을 경우

오차항의 정규성, 독립성, 등분산성 중에서 등분산성의 가정만 만족되지 않을 경우 가중최소제곱법(method of weighted least squares)을 사용한다. 가중최소제곱법은 최소제곱법을 변형시킨 형태로서 가중치를 사용하여 회귀계수를 추정하는 방법이다.

Tip

가중최소제곱법

$\sqrt{\omega_i}$를 모형의 양변에 곱하여 오차의 제곱합

$$Q_0 = \sum \omega_i (y_i - \beta_0 - \beta_1 x_i)^2$$

이 최소가 되도록 하는 β_0와 β_1의 추정값을 구하는 방법

가중최소제곱법에 의한 회귀계수 β_0와 β_1의 추정값은 각각

$$b_1 = \frac{\sum \omega_i (x_i - \overline{x})(y_i - \overline{y})}{\sum \omega_i (x_i - \overline{x})^2}$$

$$b_0 = \overline{y} - b_1 \overline{x}$$

이며, 여기서 $\overline{x} = \sum \omega_i x_i / \sum \omega_i$, $\overline{y} = \sum \omega_i y_i / \sum \omega_i$이다.

예제 10-4

S 건설회사에서는 공사입찰가격(X)과 입찰을 준비하는데 소요되는 경비(Y)간의 관계를 분석하기 위하여 <표 10.8>과 같은 자료를 얻었다. 주어진 자료에 적합한 회귀식을 추정하여라.

〈표 10.8〉 공사입찰가격과 소요경비

공사입찰가격	2.13	1.21	11.0	6.00	5.60	6.91	2.97	3.35	10.39	1.10	4.36	8.00
소요경비	15.5	11.1	62.6	35.4	24.9	28.1	15.0	23.2	42.0	10.0	20.0	47.5

풀이 <표 10.8>에 주어진 자료에 적합한 추정된 회귀식은 $\hat{y} = 4.2279 + 4.515x$이며, <표 10.9>의 분산분석표에서 보는 바와 같이 추정된 회귀식은 $P-$값이 0.0001로 유의한 것으로 나타났다.

〈표 10.9〉 공사입찰가격과 소요경비

요인	제곱합	자유도	제곱평균	F_0	$P-$값
회귀	2515.113	1	2515.113	72.999	0.0001
오차	344.536	10	34.4536		
계	2859.649	11			

잔차분석 결과, <그림 10.9>의 산점도에서 보는 바와 같이 독립변수 x의 값이 증가함에 따라 잔차값이 점점 커지고 있기 때문에 오차의 등분산성에 대한 가정은 만족되지 않는다고 할 수 있으며, 반면에 정규확률도에서 잔차값들이 직선에서 크게 벗어나고 있지 않기 때문에 정규성에 대한 가정은 대체로 만족한다고 볼 수 있다. 그리고 잔차도에서 잔차값은 거의 x^2에 비례하여 증가하고 있기 때문에 $V(\epsilon_i) = x_i^2 \sigma^2$의 관계가 존재하고 있다고 할 수 있다. 따라서 가중치를 $\omega_i = 1/x_i^2$로 두어 변환된 자료

(표 10.10 참조)를 이용하여 회귀분석을 다시 실시하는 것이 바람직하다고 할 수 있다.

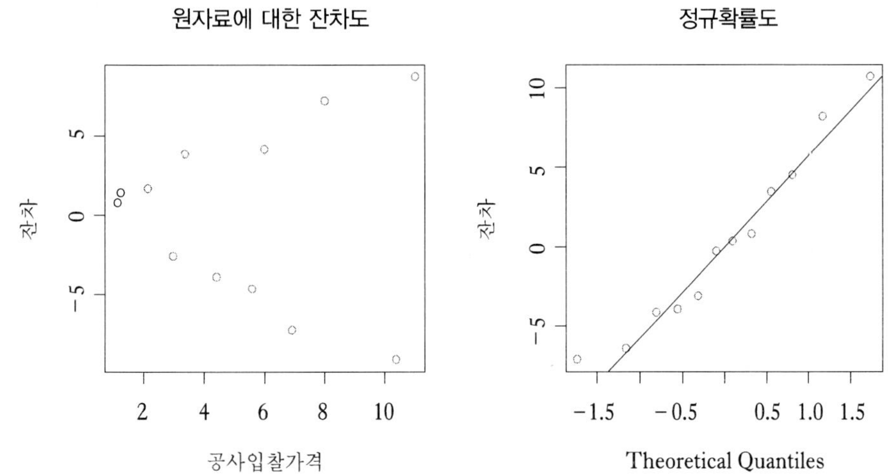

〈그림 10.9〉 잔차도와 정규확률도(변환전)

〈표 10.10〉 $1/x_i^2$으로 변환된 공사입찰가격과 소요경비

공사입찰가격	.2204	.6830	.0082	.0277	.0318	.0209	.1133	.0891	.0092	.8264	.0526	.0156
소요경비	15.5	11.1	62.6	35.4	24.9	28.1	15.0	23.2	42.0	10.0	20.0	47.5

가중최소제곱법에 의한 추정된 회귀식은 $\hat{y} = 5.657 + 4.191X$이며, 추정된 회귀식에 대한 잔차분석 결과 <그림 10.10>에서 보는 바와 같이 오차항의 등분산성은 크지는 않지만 다소 개선되었고, 정규확률도에서 정규성에 대한 가정도 만족되고 있음을 알 수 있다. 그리고 결정계수는 0.8795에서 0.9250로 증가하였다.

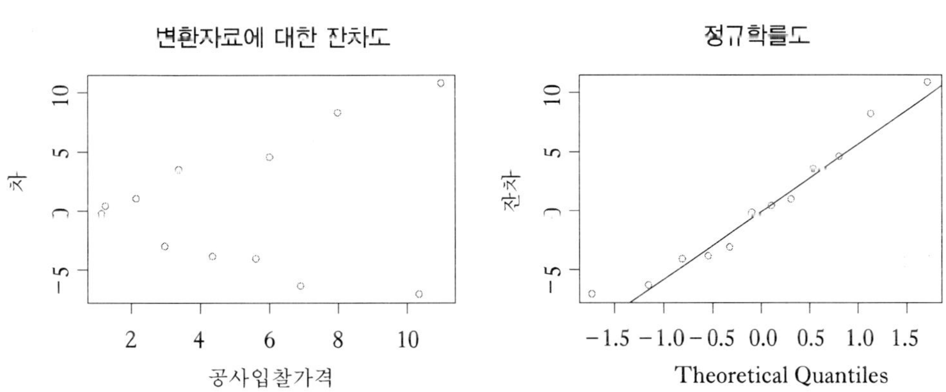

〈그림 10.10〉 잔차도와 정규확률도(변환후)

10-2 Excel 실습

실습 1 **예제 10.1)의 회귀분석 절차:**

(단계 1) A1~B12까지 자료를 입력한 후, [데이터] 메뉴에서 [데이터 분석]-[회귀분석]을 차례로 선택한 후 “확인” 버튼을 누른다.

(단계 2) [회귀분석] 대화상자에서 “Y축 입력범위”란에 종속변수의 자료범위(여기서는 $B$1:$B$12)를, “X축 입력범위”란에 독립변수의 자료범위(여기서는 $A$1:$A$12)를 각각 입력한다. 이때 “입력범위”에 자료의 이름이 포함되어 있으므로 “이름표”을 선택해 주어야 하며, “출력 범위”란에 결과가 출력될 위치(여기서는 $C$5)를 입력하고 “확인” 버튼을 누른다(그림 10.11 참조).

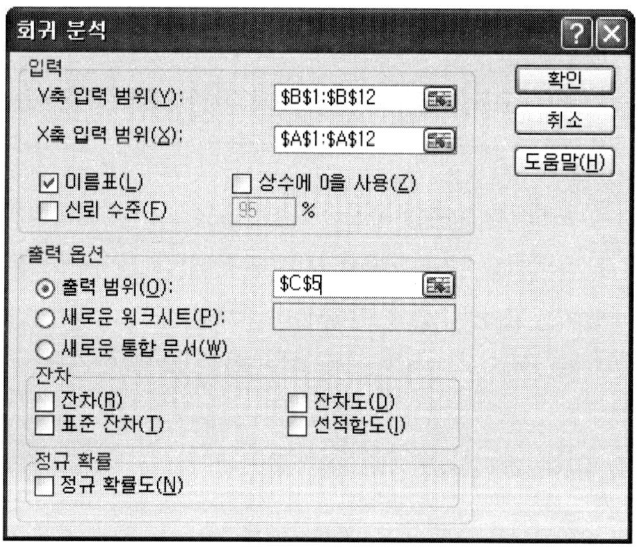

〈그림 10.11〉 [회귀분석] 대화상자

(단계 3) 회귀분석 결과(그림 10.12 참조)로부터 회귀계수값(출력 결과의 가장 아래표에서 “계수” 부분에 해당되는 값)을 읽어 들여 추정된 회귀식을 작성하고, 분산분석표로부터 추정된 회귀식의 유의성 여부를 $P-$값(분산분석표에서 “유의한 F”의 값)을 이용하여 판단한다.

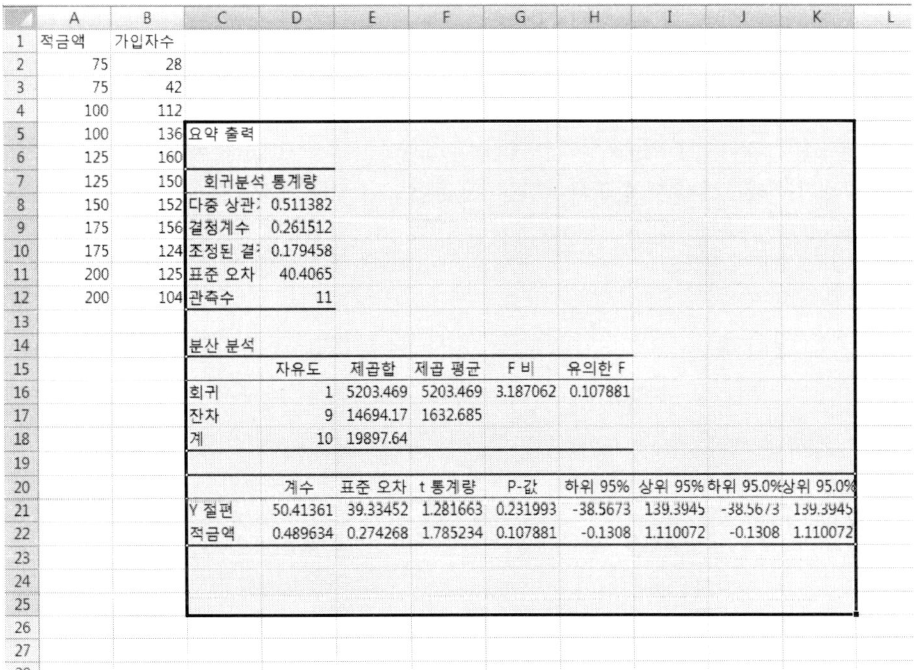

	A	B	C	D	E	F	G	H	I	J	K	L
1	적금액	가입자수										
2	75	28										
3	75	42										
4	100	112										
5	100	136	요약 출력									
6	125	160										
7	125	150	회귀분석 통계량									
8	150	152	다중 상관:	0.511382								
9	175	156	결정계수	0.261512								
10	175	124	조정된 결:	0.179458								
11	200	125	표준 오차	40.4065								
12	200	104	관측수	11								
13												
14			분산 분석									
15				자유도	제곱합	제곱 평균	F 비	유의한 F				
16			회귀	1	5203.469	5203.469	3.187062	0.107881				
17			잔차	9	14694.17	1632.685						
18			계	10	19897.64							
19												
20				계수	표준 오차	t 통계량	P-값	하위 95%	상위 95%	하위 95.0%	상위 95.0%	
21			Y 절편	50.41361	39.33452	1.281663	0.231993	-38.5673	139.3945	-38.5673	139.3945	
22			적금액	0.489634	0.274268	1.785234	0.107881	-0.1308	1.110072	-0.1308	1.110072	
23												
24												
25												
26												
27												

〈그림 10.12〉 [회귀분석] 출력 결과

※ 산점도의 작성과 추정된 회귀식을 산점도상에 그리는 방법

(단계 1) 자료를 입력한 후, [삽입] 메뉴의 [차트]에서 "분산형"과 "표식만 있는 분산형"을 차례로 선택한다.

(단계 2) [차트도구]의 "레이아웃"에서 차트 제목, 축 제목을 적절하게 변경하고, 추세선에서 선형 추세선을 선택하면 <그림 10.13>과 같은 결과를 얻을 수 있다.

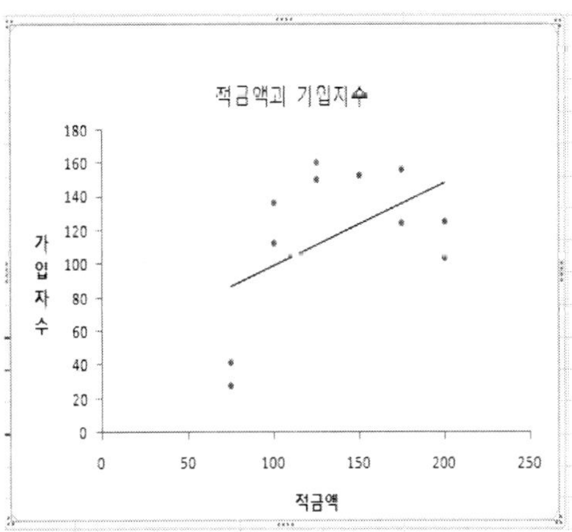

〈그림 10.13〉 산점도 및 추세선 입력 결과

실습 2 예제 10.2)의 회귀분석 절차:

(단계 1) A1~B11까지 자료를 입력한 후, [데이터] 메뉴에서 [데이터 분석]-[회귀분석]을 차례로 선택한 후 "확인" 버튼을 누른다.

(단계 2) [회귀분석] 대화상자에서 "Y축 입력범위"와 "X축 입력범위"란에 자료범위(여기서는 각각 $B$1:$B$11과 $A$1:$A$11)를 입력한다. 이때 "입력범위"에 자료의 이름이 포함되어 있으므로 "이름표"을 선택해 주고, "출력 범위"란에 결과가 출력될 위치(여기서는 $D$2)를 입력하고 "확인" 버튼을 누른다.

(단계 3) 회귀분석 결과(그림 10.14 참조)로부터 추정된 회귀식을 작성하고, 분산분석표로부터 추정된 회귀식의 유의성 여부를 판단한다.

	A	B	C	D	E	F	G	H	I	J	K	L	M
1	광고비	판매액											
2	1	6.5		요약 출력									
3	1.1	8.2											
4	1.2	8.3		회귀분석 통계량									
5	1.6	10		다중 상관:	0.910569								
6	2.1	12.3		결정계수	0.829136								
7	2.7	13.1		조정된 결:	0.807778								
8	3.2	14.2		표준 오차	1.463782								
9	4	14.6		관측수	10								
10	5.2	15.3											
11	6	15.8		분산 분석									
12					자유도	제곱합	제곱 평균	F 비	유의한 F				
13				회귀	1	83.17974	83.17974	38.82083	0.000251				
14				잔차	8	17.14126	2.142658						
15				계	9	100.321							
16													
17					계수	표준 오차	t 통계량	P-값	하위 95%	상위 95%	하위 95.0%	상위 95.0%	
18				Y 절편	7.006444	0.901998	7.76769	5.4E-05	4.926432	9.086456	4.926432	9.086456	
19				광고비	1.716568	0.275504	6.230636	0.000251	1.081254	2.351883	1.081254	2.351883	
20													
21													
22													
23													
24													

〈그림 10.14〉 [회귀분석] 출력 결과

참고

광고비(X)에 대한 회귀계수의 추정값은 1.7166, 이 회귀계수에 대한 검정통계량 T의 값은 6.231이고, 이때의 $P-$값은 0.000251이 됨을 알 수 있다. 따라서 $P-$값 $<\alpha=0.05$이므로 귀무가설 $H_0:\beta_1=0$은 기각되어 '광고비와 판매액 간의 관계를 설명하는데 있어 추정된 회귀식 $\hat{y}=7.0064+1.7166x$는 유의하다' 고 할 수 있다. 그리고 이때의 결정계수 R^2값은 0.8291로 전체 변동량의 약 83%가 추정된 회귀식으로 설명되고 있다고 할 수 있다.

실습 3 **예 10.3)의 회귀분석 절차:**

(1) 자료의 변환

(단계 1) 먼저 셀 B2의 값 13.44를 변환시키기 위해서 변환된 값이 출력될 셀(여기서는 C2)을 지정한 다음 수식 입력줄에서 "=log10(B2)"를 입력한 후 "확인" 버튼을 누른다.

(단계 2) 셀 C2에 블록을 설정하여 오른쪽 하단에 +가 나타나면 마우스로 셀 C26까지 끌어 내린다. 이때 자동적으로 모든 Y값에 대하여 변환된 값이 출력된다(그림 10.15 참조).

C2 =LOG10(B2)

	A	B	C	D	E
1	X	Y	Y'		
2	0	13.44	1.128399		
3	0	12.84	1.108565		
4	0	11.91	1.075912		
5	0	20.09	1.30298		
6	0	15.6	1.193125		
7	1	10.11	1.004751		
8	1	11.38	1.056142		
9	1	10.28	1.011993		
10	1	8.96	0.952308		
11	1	8.59	0.933993		
12	2	9.83	0.992554		
13	2	9	0.954243		
14	2	8.65	0.937016		
15	2	7.85	0.89487		
16	2	8.88	0.948413		
17	3	7.94	0.899821		
18	3	6.01	0.778874		
19	3	5.14	0.710963		
20	3	6.9	0.838849		
21	3	6.77	0.830589		
22	4	4.86	0.686636		
23	4	5.1	0.70757		
24	4	5.67	0.753583		
25	4	5.75	0.759668		
26	4	6.23	0.794488		
27					

〈그림 10.15〉 변환된 자료값의 출력 결과

(2) 회귀분석

(단계 1) [데이터] 메뉴에서 [데이터 부석]-[회귀분석]을 차례로 선택한 후 "확인" 버튼을 누른다.

(단계 2) [회귀분석] 대화상자에서 "Y축 입력범위"와 "X축 입력범위"란에 자료범위(여기서는 각각 $C$1:$C$26과 $A$1:$A$26)를 입력한다. 이때 "입력범위"에 자료의 이름이 포함되어 있으므로 "이름표"을 선택해 주고, "출력 범위"

란에 결과가 출력될 위치(여기서는 새로운 워크시트), 잔차, 잔차도, 정규 확률도를 선택한 후 "확인" 버튼을 누른다(그림 10.16 참조).

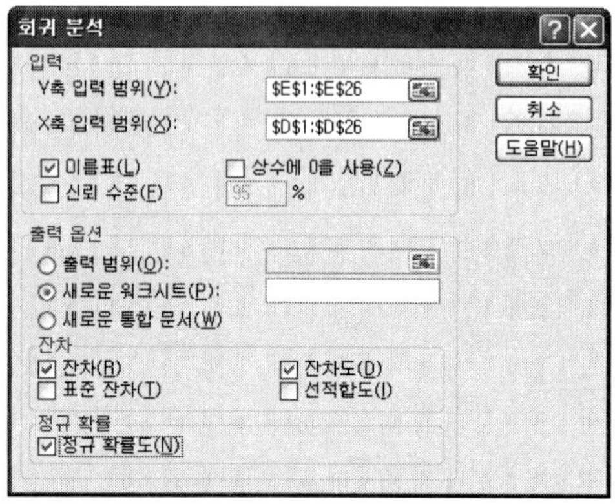

〈그림 10.16〉 [회귀분석] 대화상자

(단계 3) 회귀분석 결과(그림 10.17 참조)로부터 추정된 회귀식을 구하고, 분산분석표로부터 추정된 회귀식의 유의성 여부, 출력된 잔차도와 정규확률도를 이용하여 가정의 적절성 여부를 판단한다.

〈그림 10.17〉 회귀분석 출력 결과

10-3 중선형 회귀분석

지금까지는 독립변수가 하나인 단순선형 회귀분석에 대해서 공부하였다. 그러나 자연 또는 사회현상을 설명하는데 있어서 종속변수의 변화는 한 개보다는 두 개 이상의 독립변수에 의하여 설명되는 경우가 대부분이다. 예를 들어, 어떤 공정에서 나오는 제품의 강도는 그 공정의 온도와 압력에 의해서 설명될 수 있을 것이며, 농작물의 수확량은 비료의 사용량, 강우량, 기온 등에 의해서 설명될 수 있을 것이다. 이처럼 종속변수의 변화를 설명하기 위하여 두 개 이상의 독립변수가 사용되는 회귀모형을 중선형 회귀모형(multiple linear regression model)이라 하고, 중선형 회귀모형을 이용하여 변수들간의 관련성을 분석하는 통계 기법을 중선형 회귀분석(multiple linear regression analysis)이라 한다. 중선형 회귀분석의 기본개념은 단순선형 회귀분석과 같으며, 단지 독립변수의 수가 많기 때문에 보다 복잡한 형태로 나타나게 된다.

10.3.1 중선형 회귀모형

독립변수가 k 개인 중선형 회귀모형은 다음과 같은 형태로 표현된다.

$$y_i = \beta_0 + \beta_1 x_{1i} + \cdots + \beta_k x_{ki} + \epsilon_i, \qquad i = 1,\ 2,\ \cdots,\ n$$

여기서 $\beta_0,\ \beta_1,\ \cdots,\ \beta_k$는 모집단의 회귀계수, ϵ_i는 종속변수 Y를 측정할 때 발생되는 오차를 나타낸다. 그리고 오차 ϵ_i는 단순선형 회귀모형에서와 마찬가지로 정규분포 $N(0,\ \sigma^2)$을 따르며, 오차들은 서로 독립적으로 발생된다고 가정한다.

10.3.2 중선형 회귀식의 추정

독립변수가 한 개인 회귀모형은 회귀계수 $\beta_0,\ \beta_1$을 포함하고 있으며, 이들 회귀계수는 두 개의 연립방정식으로 이루어진 정규방정식으로부터 추정되어진다. 독립변수가 두 개일 경우의 회귀모형은 세 개의 회귀계수 $\beta_0,\ \beta_1,\ \beta_2$를 포함하고 있으며, 이들을 추정하기 위한 정규방정식은 세 개의 연립방정식으로 이루어진다. 그리고 독립변수가 k개일 경우 회귀모형은 $k+1$개의 회귀계수를 포함하게 되며, 회귀계수 추정을 위한 정규방정식은 $k+1$개의 연립방정식으로 이루어진다. 이와 같이 독립변수의 개수가 많으면 많을수록 연립방정식의 수는 늘어나게 되고, 결과적으로 회귀계수들의 추정은 그만큼 복잡하게 된다. 이러한 어려움을 피하고자 중선형 회귀분석에서는 행렬을 사용하여 정규방정식을 간단하게 표현하며, 행렬로 표현된 정규방정식으로부터의 회귀계수 추정은 컴퓨터를 이용하게 된다.

독립변수가 k개인 중선형 회귀모형을 행렬을 이용하여 표현하면 다음과 같다.

$$\underset{\boldsymbol{y}}{\begin{pmatrix} y_1 \\ y_2 \\ \vdots \\ y_n \end{pmatrix}} = \underset{\boldsymbol{X}}{\begin{pmatrix} 1 & x_{11} & \dots & x_{k1} \\ 1 & x_{12} & \dots & x_{k2} \\ & & \vdots & \\ 1 & x_{1n} & \dots & x_{kn} \end{pmatrix}} \underset{\boldsymbol{\beta}}{\begin{pmatrix} \beta_0 \\ \beta_1 \\ \vdots \\ \beta_k \end{pmatrix}} + \underset{\boldsymbol{\epsilon}}{\begin{pmatrix} \epsilon_1 \\ \epsilon_2 \\ \vdots \\ \epsilon_k \end{pmatrix}} \quad \Leftrightarrow \quad \boldsymbol{y} = \boldsymbol{X\beta} + \boldsymbol{\epsilon}$$

중선형 회귀모형에서 최소제곱법에 의한 회귀계수 $\beta_0, \beta_1, \cdots, \beta_k$를 추정하기 위해서 단순선형 회귀분석의 경우와 마찬가지로 오차들의 제곱합을 최소로 하는 $b_0, b_1, \cdots, b_k$의 값을 구한다. 즉, 행렬로 표현된 중선형 회귀모형 $\boldsymbol{y} = \boldsymbol{X\beta} + \boldsymbol{\epsilon}$에서 오차제곱합은

$$S = \sum_{i=1}^{n} \epsilon_i^2 = \boldsymbol{\epsilon}'\epsilon = (\boldsymbol{y} - \boldsymbol{X\beta})'(\boldsymbol{y} - \boldsymbol{X\beta})$$
$$= \boldsymbol{y}'\boldsymbol{y} - 2\boldsymbol{\beta}'\boldsymbol{X}'\boldsymbol{y} + \boldsymbol{\beta}'\boldsymbol{X}'\boldsymbol{X\beta}$$

가 되고, 이를 회귀계수 $\boldsymbol{\beta}$에 대하여 미분하여 0으로 놓으면

$$\frac{\partial S}{\partial \boldsymbol{\beta}} = -2\boldsymbol{y}'\boldsymbol{X} + 2\boldsymbol{\beta}'\boldsymbol{X}'\boldsymbol{X}$$

가 되어 정규방정식은

$$\boldsymbol{X}'\boldsymbol{X\beta} = \boldsymbol{X}'\boldsymbol{y}$$

가 된다. 이때 행렬 $\boldsymbol{X}'\boldsymbol{X}$의 역행렬이 존재할 경우 회귀계수 $\boldsymbol{\beta}$의 추정량 $\boldsymbol{b}$는 다음과 같게 된다.

$$\boldsymbol{b} = \begin{pmatrix} b_0 \\ b_1 \\ \vdots \\ b_k \end{pmatrix} = (\boldsymbol{X}'\boldsymbol{X})^{-1}\boldsymbol{X}'\boldsymbol{y}$$

10.3.3 중선형 회귀모형의 적합성 판단

(1) 회귀모형의 검정

추정된 중선형 회귀모형이 주어진 자료에 적합한지를 검정하기 위한 분산분석표는 <표 10.11>과 같다.

〈표 10.11〉 중선형 회귀분석에서의 분산분석표

요인	제곱합	자유도	평균제곱합	F_0
회귀	SSR	k	MSR	MSR/MSE
오차	SSE	$n-k-1$	MSE	
계	SST	$n-1$		

중선형 회귀분석에서의 분산분석도 단순선형 회귀분석에서와 마찬가지로 총변동을 회귀식에 의하여 설명되는 변동과 잔차에 의하여 설명되는 변동으로 나누어 가정된 회귀모형이 주어진 자료에 적합한지 여부를 판단하게 된다. 행렬을 이용할 경우 총변동을 나타내는 총제곱합 SST와 잔차에 의하여 설명되는 변동을 나타내는 오차제곱합 SSE는 다음과 같이 표현되어진다.

$$SST = \sum(y_i - \overline{y})^2 = \sum y_i^2 - n(\overline{y})^2 = \boldsymbol{y}'\boldsymbol{y} - n(\overline{y})^2$$

$$\begin{aligned} SSE = \sum(y_i - \hat{y_i})^2 &= (\boldsymbol{y} - \hat{\boldsymbol{y}})'(\boldsymbol{y} - \hat{\boldsymbol{y}}) = (\boldsymbol{y} - \boldsymbol{X}\boldsymbol{b})'(\boldsymbol{y} - \boldsymbol{X}\boldsymbol{b}) \\ &= \boldsymbol{y}'\boldsymbol{y} - 2\boldsymbol{b}'\boldsymbol{X}'\boldsymbol{y} + \boldsymbol{b}'\boldsymbol{X}'\boldsymbol{X}\boldsymbol{b} \\ &= \boldsymbol{y}'\boldsymbol{y} - \boldsymbol{b}'\boldsymbol{X}'\boldsymbol{y} \end{aligned}$$

그리고 회귀식에 의하여 설명되는 변동 SSR은 관계식 $SSR = SST - SSE$로부터 구할 수 있다. 이때 SSE의 자유도는 $\boldsymbol{y}'\boldsymbol{y}$의 자유도 n에서 $\boldsymbol{b}'\boldsymbol{X}'\boldsymbol{y}$의 자유도 $k+1$을 뺀 $n-k-1$이 되고, 회귀제곱합 SSR의 자유도는 $(n-1)-(n-k-1)=k$가 된다.

<표 10.11>의 분산분석표에서 회귀평균제곱합 MSR은 SSR을 자유도 k로, 오차평균제곱합 MSE는 SSE를 자유도 $n-k-1$로 나누어 얻어지는 값이다. 통계량 $F_0 = \dfrac{MSR}{MSE}$은 $F-$검정을 위한 검정통계량으로 추정된 회귀식이 주어진 자료에 적합한지를 검정하는데 사용된다.[5] 검정 결과 계산된 검정통계량의 값 f_0가 주어진 유의수준 α에서 $f_0 \geq F_\alpha(k,\ n-k-1)$이거나 또는 $P-$값$=P(F \geq f_0) < \alpha$이면 '추정된 회귀식이 유의하다'고 결론을 내린다.

Tip

회귀모형의 검정

- 가설 : $H_0 : \beta_1 = \beta_2 = \cdots = \beta_k = 0$
  H_1 : 적어도 하나의 j 에 대하여 $\beta_j \neq 0$
- 검정통계량 : $F_0 = \dfrac{MSR}{MSE}$
- 계산된 검정통계량의 값을 f_0라고 할 때 주어진 유의수준 α 에서
  $f_0 \geq F_\alpha(k, n-k-1)$ 또는 $P-$값$= P(F \geq f_0) < \alpha$이면, H_0 를 기각
  그렇지 않으면 H_0 를 채택

(2) 회귀모형의 적합도

가. 결정계수

중선형 회귀분석에서 추정된 회귀식이 주어진 자료에 얼마나 잘 적합하고 있는 지의 측정은 단순선형 회귀분석의 경우와 마찬가지로 결정계수 R^2 을 이용한다.

Tip

결정계수

$$R^2 = \frac{SSR}{SST} = 1 - \frac{SSE}{SST}$$

---

5) 회귀모형의 적합성에 대한 검정은 가설 '$H_0 : \beta_1 = \beta_2 = \cdots = \beta_k = 0$, H_1 : 적어도 하나의 j 에 대하여 $\beta_j \neq 0$이다'에 대한 검정과 동일하다.

관측값 y_i가 추정된 회귀식의 값 $\hat{y_i}$과 일치한다면 $SSE=0$이 되어 $R^2=1$이 된다. 그러나 실제로 $R^2=1$이 되는 경우는 거의 없다. 따라서 R^2이 1에 가까우면 추정된 회귀식이 주어진 자료에 잘 적합하고 있다고 보면 된다. 하지만 중선형 회귀분석에서는 R^2의 값이 크다고 해서 단순선형 회귀분석의 경우와 같이 가정된 회귀모형이 잘 적합하고 있다고 해석하면 안된다. 왜냐하면, 중선형 회귀분석에서는 독립변수를 추가할 때마다 그 추가된 변수가 실제로 종속변수 Y에 커다란 영향을 주지 않더라도 결정계수 R^2의 값을 조금이라도 커지도록 만들기 때문이다. 따라서 중선형 회귀분석에서 많은 변수들을 모형에 추가시켜 무조건 R^2을 크게 만들었다고 해서 그 모형이 바람직한 모형이라고 할 수는 없는 것이다. 이러한 경우에는 모형에 새로이 추가된 독립변수가 종속변수를 예측하는데 있이 기여를 하는 경우에만 결정계수의 값이 증가하도록 하는 수정된 결정계수를 이용한다든지 또는 각 회귀계수에 대한 부분 $t-$검정을 통해 특정한 독립변수를 포함할 것인지의 여부를 판단하여야 한다.

나. 수정된 결정계수

중선형 회귀분석에서 새로운 변수를 모형속에 추가시킴에 따라 결정계수 R^2의 값은 항상 증가한다. 이때 추가되는 독립변수가 실제로 종속변수를 설명하고 예측하는데 영향을 미치고 있는지를 제대로 판단할 수 있어야 한다. 새로이 추가된 독립변수가 종속변수를 설명하고 예측하는데 기여를 하는 경우에만 그 값이 증가하도록 한 측도를 수정된 결정계수(adjusted R^2)라 하며, R_a^2으로 표기한다.

Tip

수정된 결정계수

$$R_a^2 = 1 - \frac{n-1}{n-k-1} \cdot \frac{SSE}{SST}$$

수정된 결정계수 R_a^2은 모형 속에 포함되는 독립변수의 수가 증가한다고 해서 반드시 그 값이 증가하는 것은 아니다. 수정된 결정계수 R_a^2의 값이 증가되기 위해서는 SSE가 감소되어야 한다. 새로운 독립변수를 모형에 추가해도 SSE가 감소되지 않는다면 수정된 결정계수 R_a^2의 값은 증가하지 않게 된다. 따라서 변수를 모형속에 하나씩 추가함에도 불구하고 수정된 결정계수 R_a^2의 값이 오히려 감소하면 그 변수는 모형속에 포함시키지 않는 것이 바람직하다.[6)]

예제 10-5

화장품의 기호도(Y)와 수분의 함유량 (X_1), 향료의 함유량 (X_2)의 관계를 분석하기 위하여 6명의 소비자를 랜덤으로 추출하여 <표 10.12>와 같은 자료를 얻었다. 주어진 자료에 적합한 중선형 회귀식을 추정한 후, 그 적합성 여부를 유의수준 $\alpha = 0.05$ 로 검정하여라.

〈표 10.12〉 화장품의 기호도와 수분 및 향료의 함유량

	1	2	3	4	5	6
X_1	4	4	4	4	8	8
X_2	2	6	2	6	2	6
Y	64	81	72	91	83	96

풀이 (1) 중선형 회귀식의 추정

<표 10.12>에 주어진 자료를 독립변수가 2개인 중회귀모형 $Y = \beta_0 + \beta_1 X_1 + \beta_2 X_2 + \epsilon_i$ 에 적합시켰을 때 행렬

$$\boldsymbol{X} = \begin{pmatrix} 1 & 4 & 2 \\ 1 & 4 & 6 \\ 1 & 6 & 2 \\ 1 & 6 & 6 \\ 1 & 8 & 2 \\ 1 & 8 & 6 \end{pmatrix}, \qquad \boldsymbol{Y} = \begin{pmatrix} 64 \\ 81 \\ 72 \\ 91 \\ 83 \\ 96 \end{pmatrix}$$

이고, 이들 행렬을 이용하여 회귀계수를 추정하면

$$\boldsymbol{b} = (\boldsymbol{X'X})^{-1}\boldsymbol{X'y} = \begin{pmatrix} 39.333 \\ 4.250 \\ 4.083 \end{pmatrix}$$

가 된다. 여기서 $b_0 = 39.333,\ b_1 = 4.250,\ b_2 = 4.083$ 이므로 추정된 회귀식은 다음과 같게 된다.

$$\hat{Y} = 39.333 + 4.250X_1 + 4.083X_2$$

추정된 회귀식이 주어진 자료에 적합한지를 검정하기 위한 분산분석표는 <표 10.13>과 같다.

---

6) 개별 회귀계수에 대한 $t-$검정에서 검정통계량 T_0의 값이 $1 < |T_0| < 2$일 때 유의하지 않더라도 R_a^2의 값이 증가하는 경우가 있기 때문에 R_a^2을 이용하여 독립변수를 추가로 포함할 것인지의 여부를 결정할 때 주의를 기울여야 한다.

(2) 추정된 회귀식의 적합성 검정

적합성 검정을 위한 귀무 및 대립가설은 다음과 같으며,

$H_0 : \beta_1 = \beta_2 = 0$, H_1 : 적어도 β_1, β_2 둘 중 어느 하나는 0이 아니다.

회귀분석 결과로부터 작성된 분산분석표는 <표 10.13>과 같다.

〈표 10.13〉 분산분석표

요인	제곱합	자유도	평균제곱합	F_0	$P-$값
회귀	689.1667	2	344.5833	106.9397	0.0016
오차	9.6666	3	3.2222		
계	698.833	5			

분산분석표로부터 검정통계량 F_0의 값은 106.9397이고, 이때의 $P-$값은 0.0016으로 유의수준 $\alpha = 0.05$ 보다 작기 때문에 귀무가설 H_0는 기각된다. 즉, "추정된 회귀식은 유의하다"고 할 수 있다.

참고

참고적으로 결정계수 R^2을 계산한 결과, $R^2 = \dfrac{SSR}{SST} = \dfrac{689.1667}{698.833} = 0.9861$로 매우 높은 것으로 나타났다. 즉, 추정된 회귀식은 전체 변동량의 대부분인 약 98.6%를 설명하고 있다고 할 수 있다.

10.3.4 중선형 회귀계수의 검정

중선형 회귀모형에서 어떤 특정한 독립변수 X_i를 포함시키거나 또는 제외시키는 것은 회귀분석결과에 중대한 영향을 미치므로 신중히 결정해야만 한다. 중선형 회귀분석에서 개별 회귀계수 β_i에 대한 유의성 검정은 회귀계수 β_i의 추정량 b_i의 표본분포를 이용한다.

중선형 회귀모형 $\boldsymbol{y} = \boldsymbol{X\beta} + \boldsymbol{\epsilon}$에서 최소제곱법에 의한 회귀계수 $\boldsymbol{\beta}$의 추정량 $\boldsymbol{b}$는 평균과 분산이 각각

$$E(\boldsymbol{b}) = E[(\boldsymbol{X}'\boldsymbol{X})^{-1}\boldsymbol{X}'\boldsymbol{y}] = \boldsymbol{\beta}$$

$$V(\boldsymbol{b}) = V[(\boldsymbol{X}'\boldsymbol{X})^{-1}\boldsymbol{X}'\boldsymbol{y}] = (\boldsymbol{X}'\boldsymbol{X})^{-1}\sigma^2$$

$$\text{여기서 } (\boldsymbol{X'X})^{-1} = \begin{pmatrix} c_{00} & c_{10} & \cdots & c_{k0} \\ c_{01} & c_{11} & \cdots & c_{k1} \\ & & \vdots & \\ c_{0k} & c_{1k} & \cdots & c_{kk} \end{pmatrix} \sigma^2$$

인 정규분포를 따르며, 각각의 독립변수 X_i에 대한 회귀계수 β_i의 분산은 $V(b_i) = (c_{ii})\sigma^2$이다. σ^2이 알려져 있지 않을 경우 이의 추정량인 MSE를 사용한 통계량

$$T_0 = \frac{b_i - \beta_i}{\sqrt{c_{ii} MSE}}$$

가 회귀계수 β_i에 대한 검정을 하기 위한 검정통계량으로 사용되며, 이때 검정통계량 T_0는 자유도 $n-k-1$ 인 t 분포를 따른다.

Tip

회귀계수 β_i의 검정

- 가설 : $H_0 : \beta_i = 0$, $H_1 : \beta_i \neq 0$
- 검정통계량 : $T_0 = \dfrac{b_i - \beta_i}{\sqrt{c_{ii} MSE}}$
- 계산된 검정통계량의 값을 t_0라고 할 때 주어진 유의수준 α 에서
  $|t_0| \geq t_{\alpha/2}(n-k-1)$ 또는 $P-$값$= P(|T_0| \geq t_0) < \alpha$이면, H_0 를 기각
  그렇지 않으면 H_0 를 채택

예제 10-6

<표 10.14>는 철강의 강도(Y)와 온도(X_1), 그리고 압력(X_2)간의 관련성을 분석하기 위한 실험으로부터 얻은 자료이다. 적합한 중회귀식을 추정한 후, 독립변수 X_1를 회귀모형에 포함하는 것이 적절한지에 대한 여부를 유의수준 $\alpha = 0.05$ 로 검정하여라.

〈표 10.14〉 온도와 압력의 변화에 따른 철강의 강도

강도(㎏/㎠)	온도(℃)	압력(psi)
81.4	195	57
122.2	179	61
101.7	205	60
175.6	204	62
150.3	201	61
64.8	184	54
92.1	210	58
113.8	209	61

풀이 (1) 중선형 회귀식의 추정

<표 10.14>에 주어진 사료를 중회귀모형 $Y=\beta_0+\beta_1X_1+\beta_2X_2+\epsilon_i$에 적합시킬 때 행렬

$$\boldsymbol{X}=\begin{pmatrix} 1 & 195 & 57 \\ 1 & 179 & 61 \\ 1 & 205 & 60 \\ 1 & 204 & 62 \\ 1 & 201 & 61 \\ 1 & 184 & 54 \\ 1 & 210 & 58 \\ 1 & 209 & 61 \end{pmatrix}, \qquad \boldsymbol{Y}=\begin{pmatrix} 81.4 \\ 122.2 \\ 101.7 \\ 175.6 \\ 150.3 \\ 64.8 \\ 92.1 \\ 113.8 \end{pmatrix}$$

이고, 이들 행렬을 이용하여 회귀계수를 추정하면

$$\boldsymbol{b}=(\boldsymbol{X}'\boldsymbol{X})^{-1}\boldsymbol{X}'\boldsymbol{y}=\begin{pmatrix} -554.311 \\ -0.179 \\ 11.859 \end{pmatrix}$$

가 되어 추정된 회귀식은 다음과 같게 된다.

$$\hat{Y}=-554.311-0.179X_1+11.859X_3$$

(2) 추정된 회귀식의 적합성 검정

적합성 검정을 위한 귀무 및 대립가설은 다음과 같으며,

$H_0:\beta_1=\beta_2=0$, H_1 : 적어도 β_1, β_2 둘 중 어느 하나는 0이 아니다.

회귀분석 결과로부터 작성된 분산분석표는 <표 10.15>와 같다.

〈표 10.15〉 분산분석표

요인	제곱합	자유도	평균제곱합	F_0	$P-$값
회귀	6940.195	2	3470.097	7.4119	0.0319
오차	2340.884	5	468.176		
계	9281.079	7			

분산분석표로부터 검정통계량 F_0의 값은 7.4119이고, 이때의 $P-$값은 0.0319로 유의수준 $\alpha=0.05$보다 작기 때문에 귀무가설 H_0는 기각된다. 즉, "추정된 회귀식은 유의하다"고 할 수 있다.

(3) 회귀계수 β_1에 대한 검정

독립변수 X_1를 회귀모형에 포함하는 것이 적절한지를 검정하기 위한 귀무 및 대립가설은 다음과 같이 설정되며,

$$H_0 : \beta_1 = 0, \qquad H_1 : \beta_1 \neq 0$$

이때 검정통계량으로는 $T_0 = \dfrac{b_1 - \beta_1}{\sqrt{c_{11}MSE}}$가 사용된다. 여기서 c_{11}은 행렬

$$(\boldsymbol{X}'\boldsymbol{X})^{-1} = \begin{pmatrix} 82.874 & -0.1345 & -0.9459 \\ -0.1345 & 0.0012 & -0.0018 \\ -0.9459 & -0.0018 & 0.0222 \end{pmatrix}$$

로부터 구할 수 있으며 즉, $c_{11}=0.0012$이고, 분산분석표로부터 $MSE=468.176$이므로 검정통계량 T_0의 값은 다음과 같이 계산된다.

$$t_0 = \frac{b_1 - \beta_1}{\sqrt{c_{11}MSE}} = \frac{-0.179}{\sqrt{0.0012 \times 468.176}} = -0.2356$$

$P-$값을 계산하면, $P(|T| \geq 0.2356) = 0.8230$으로 유의수준 $\alpha = 0.05$보다 크므로 귀무가설 H_0는 기각되지 않는다. 즉, "독립변수 X_1을 모형 속에 포함시키지 않는 것이 바람직하다"고 할 수 있다. ❀

10.3.5 질적변수를 포함할 경우의 중선형 회귀모형

지금까지 회귀분석에서 사용된 독립변수는 양적변수로서 양적으로 측정이 가능한 경우이었다. 그러나 분석하고자 하는 변수가 성별, 인종, 학력수준, 직업 등과 같은 질적변수일 경우가 있다. 이러한 질적변수가 독립변수 중에 포함되어 있을 경우에는 지시변수(indicator variable)를 사용하여야 한다.

(1) 질적변수의 수준이 둘일 경우

가. 교호작용항을 포함하지 않을 경우

예를 들어 사람들의 키(X_1)와 몸무게(Y)간의 관계를 성별(X_2)에 따라 분석하고자 할 경우 질적변수인 성별을 나타내기 위한 지시변수로서

$$X_2 = \begin{cases} 0, & \text{여자} \\ 1, & \text{남자} \end{cases}$$

를 사용하며, 질적변수인 성별 X_2를 포함할 경우의 회귀모형은 다음과 같게 된다.

$$Y = \beta_0 + \beta_1 X_1 + \beta_2 X_2 + \epsilon \tag{5}$$

여기서 성별에 따른 회귀모형은 식 (5)에서 $X_2 = 0$와 $X_2 = 1$를 대입하여 구할 수 있다.

▸ 여자에 대한 회귀모형: $Y = \beta_0 + \beta_1 X_1 + \beta_2(0) + \epsilon = \beta_0 + \beta_1 X_1 + \epsilon$

▸ 남자에 대한 회귀모형: $Y = \beta_0 + \beta_1 X_1 + \beta_2(1) + \epsilon = (\beta_0 + \beta_2) + \beta_1 X_1 + \epsilon$

회귀모형의 기대값을 반응함수(response function)라 부르며, 여자와 남자의 반응함수는 각각 다음과 같게 된다.

▸ 여자에 대한 반응함수: $E(Y) = \beta_0 + \beta_1 X_1$

▸ 남자에 대한 반응함수: $E(Y) = (\beta_0 + \beta_2) + \beta_1 X_1$

남, 여 반응함수는 <그림 10.18>에서 보는 바와 같이 기울기(β_1)는 동일하나 절편에서 β_2만큼 차이가 나는데 이때의 β_2는 남자와 여자간의 평균키의 차이를 의미하게 된다.

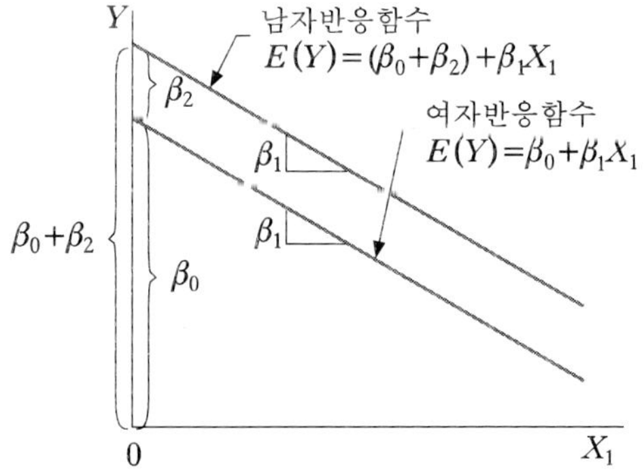

〈그림 10.18〉 남녀 반응함수의 비교

예제 10-7

A자동차 대리점에서 근무하는 영업사원이 작년 한 해 동안 판매한 자동차 대수를 조사한 결과가 <표 10.16>과 같다고 한다. 이때 자동차 판매 대수를 종속변수(Y), 교육기간(X_1)과 성별(X_2)을 독립변수로 한 중선형 회귀분석을 유의수준 $\alpha = 0.05$에서 실시하여라. <표 10.16>에서 $X_2 = 0$은 여자, $X_2 = 1$은 남자를 나타낸다.

〈표 10.16〉 성별과 교육기간에 따른 자동차 판매 대수(A자동차)

Y	X_1	X_2	Y	X_1	X_2
17	151	0	28	164	1
26	92	0	15	272	1
21	175	0	11	295	1
30	31	0	38	68	1
22	104	0	31	85	1
0	277	0	21	224	1
12	210	0	20	166	1
19	120	0	13	305	1
4	290	0	30	124	1
16	238	0	14	246	1

풀이 (1) 중선형 회귀식의 추정

<표 10.16>에 주어진 자료를 중회귀모형 $Y = \beta_0 + \beta_1 X_1 + \beta_2 X_2 + \epsilon_i$에 적합시킬 때 회귀계수의 추정값은

$$\boldsymbol{b} = (\boldsymbol{X}'\boldsymbol{X})^{-1}\boldsymbol{X}'\boldsymbol{y} = \begin{pmatrix} 33.8741 \\ -0.1017 \\ 8.0554 \end{pmatrix}$$

가 되고, 따라서 추정된 회귀식은 다음과 같게 된다.

$$\hat{y} = 33.8741 - 0.1017x_1 + 8.0554x_2$$

(2) 추정된 회귀식의 적합성 검정

적합성 검정을 위한 귀무 및 대립가설은 다음과 같으며,

$H_0 : \beta_1 = \beta_2 = 0$, H_1 : 적어도 β_1, β_2 둘 중 어느 하나는 0이 아니다.

회귀분석 결과로부터 작성된 분산분석표는 <표 10.17>과 같다.

〈표 10.17〉 분산분석표

요인	제곱합	자유도	평균제곱합	F_0	$P-$값
회귀	1504.413	2	752.207	72.497	0.0001
오차	176.387	17	10.376		
계	1680.8	19			

분산분석표에서 검정통계량 F_0의 값은 72.497이고, 이때의 $P-$값은 0.0001로 유의수준 $\alpha=0.05$보다 훨씬 작아 귀무가설 H_0는 기각된다. 즉, "추정된 회귀식은 매우 유의하다"고 할 수 있다.

※ 회귀계수의 추정값에서 $b_1=-0.1017$이라는 것은 교육을 받은 기간이 긴 사원일수록 실적건수가 오히려 적어진다는 것을, $b_2=8.0554$라는 것은 남자가 여자보다 평균적으로 약 8건 실적이 많다는 것을 의미한다.

※ 여자와 남자 각각에 대한 반응함수는 다음과 같다(그림 10.19 참조).

- 여자 : $\hat{y}=33.8741-0.1017x_1$
- 남자 : $\hat{y}=(33.8741+8.0554)-0.1017x_1=41.9295-0.1017x_1$

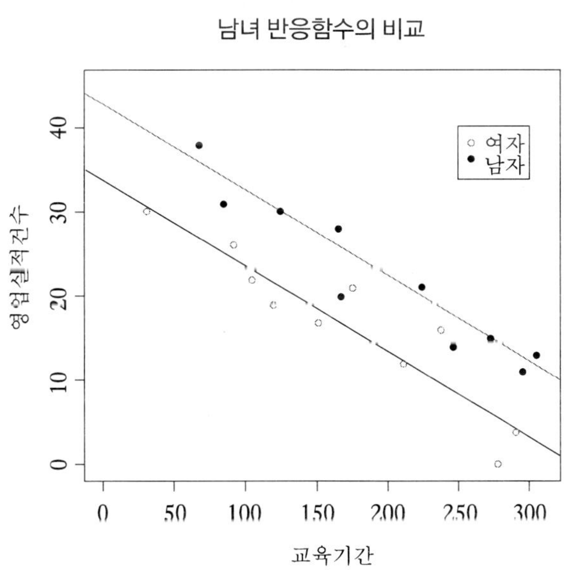

〈그림 10.19〉 남녀 반응함수의 비교

나. 교호작용항을 포함할 경우

앞에서 설정된 회귀모형은 X_1과 X_2의 교호작용(interaction)효과에 대한 항을 포함하지 않았다. 만약 교육기간(X_1)이 성별(X_2)에 따라 차이가 있다면, 두 변수 X_1과 X_2 사이에는 교호작용이 존재하게 되고, 이러한 경우에는 다음과 같은 중선형 회귀모형을 사용해야 한다.

$$Y = \beta_0 + \beta_1 X_1 + \beta_2 X_2 + \beta_3 X_1 X_2 + \epsilon$$

이때 반응함수는

$$E(Y) = \beta_0 + \beta_1 X_1 + \beta_2 X_2 + \beta_3 X_1 X_2$$

가 되며, 남녀 각각에 대한 반응함수는 다음과 같게 된다.

- 여자에 대한 반응함수 : $E(Y) = \beta_0 + \beta_1 X_1$
- 남자에 대한 반응함수: $E(Y) = (\beta_0 + \beta_2) + (\beta_1 + \beta_3) X_1$

두 반응함수를 비교해 보면 절편과 기울기에서 각각 β_2, β_3만큼 차이가 난다. 그리고 교호작용이 존재할 경우는 교호작용이 존재하지 않을 경우에 비하여 기울기에서 β_3만큼 차이가 존재하게 되는 것이다. 교호작용이 존재할 경우의 두 반응함수를 그림으로 나타내면 <그림 10.20>과 같다.

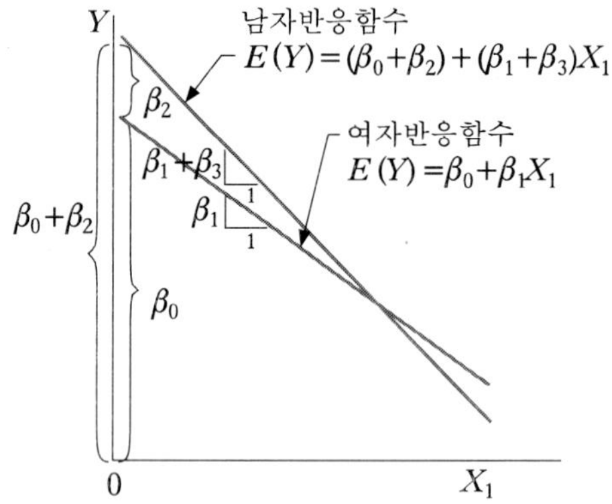

〈그림 10.20〉 교호작용이 있는 경우의 두 반응함수의 비교

(2) 질적변수의 수준이 셋일 경우

가. 교호작용항을 포함하지 않을 경우

질적변수의 수준수가 A, B, C 3개일 경우에는 두 개의 지시변수를 사용하여 이들 모두를 표현할 수 있다.7) 즉,

$$\begin{cases} X_2 = 0, X_3 = 0 : & \text{수준 } A\text{일 경우} \\ X_2 = 1, X_3 = 0 : & \text{수준 } B\text{일 경우} \\ X_2 = 0, X_3 = 1 : & \text{수준 } C\text{일 경우} \end{cases}$$

따라서 회귀모형은 다음과 같이 표현되고

$$Y = \beta_0 + \beta_1 X_1 + \beta_2 X_2 + \beta_3 X_3 + \epsilon$$

이때의 반응함수는 다음과 같게 된다.

$$E(Y) = \beta_0 + \beta_1 X_1 + \beta_2 X_2 + \beta_3 X_3$$

여기서 각 회귀계수의 의미는 3 수준 각각에 대한 반응함수를 비교해 봄으로써 알 수 있다.

- 수준 A 일 경우 : $E(Y) = \beta_0 + \beta_1 X_1$
- 수준 B 일 경우 : $E(Y) = (\beta_0 + \beta_2) + \beta_1 X_1$
- 수준 C 일 경우 : $E(Y) = (\beta_0 + \beta_3) + \beta_1 X_1$

각 수준에서의 반응함수를 서로 비교해 보면 세 수준 모두 기울기는 β_1으로 동일하나 절편에서는 β_2와 β_3에 의하여 차이가 존재하고 있다. 즉, 수준 A와 B는 β_2만큼, 수준 A와 C는 β_3만큼, 그리고 수준 B와 C는 $\beta_3 - \beta_2$만큼 차이가 있다. 이로부터 회귀계수 β_2와 β_3는 각 수준간의 차이를 나타내어 주는 값이 된다는 것을 알 수 있다.

나. 교호작용항을 포함할 경우

질적변수 사이에 교호작용이 존재하다고 가정할 경우, 중선형 회귀모형은 다음과 같이 표현된다.

$$Y = \beta_0 + \beta_1 X_1 + \beta_2 X_2 + \beta_3 X_3 + \beta_4 X_1 X_2 + \beta_5 X_1 X_3 + \epsilon$$

---

7) 일반적으로 질적변수의 수준이 p개이면 회귀모형 속에는 $p-1$개의 지시변수가 사용된다.

이때 각 수준에 따른 반응함수는 다음과 같으며, 이들을 서로 비교하면 각 수준간의 차이를 알 수 있다.

- 수준 A 일 경우 : $E(Y) = \beta_0 + \beta_1 X_1$
- 수준 B 일 경우 : $E(Y) = (\beta_0 + \beta_2) + (\beta_1 + \beta_4) X_1$
- 수준 C 일 경우 : $E(Y) = (\beta_0 + \beta_3) + (\beta_1 + \beta_5) X_1$

10.3.6 중선형 회귀모형의 진단

(1) 다중공선성

독립변수가 두 개 이상인 중선형 회귀분석에서 독립변수들 간에 어느 정도 관련성이 있을 것이라는 것은 누구나 쉽게 예상할 수 있다. 하지만 그 관련성의 정도가 클 경우 회귀분석 결과를 해석함에 있어서 심각한 문제를 야기한다. 통계학에서는 독립변수들 사이에 직선적인 관계가 존재할 경우 '다중공선성(multicollinearity)이 존재한다'고 말한다.

일반적으로 다중공선성이 존재할 때 변수를 추가한다던지 또는 제외시킬 경우 추정되는 회귀계수의 값이 크게 변하거나 부호가 상반되게 나타나는 현상이 발생하며, 심지어 모형의 적합성에 대한 $F-$검정에서 검정 결과가 유의함에도 불구하고 추정된 회귀계수 각각에 대한 검정에서는 유의하지 않게 나타나는 경우가 발생하기도 한다.[8] 따라서 다중공선성이 존재하게 되면 회귀분석 결과에 대한 정확한 해석이 불가능하게 될 뿐만 아니라 추정된 회귀식을 예측에 사용할 수 없게 된다.

다중공선성을 진단하는 가장 간단한 방법은 독립변수들간의 상관관계를 조사하는 것이다. 일반적으로 독립변수들간의 상관계수가 대략 0.8이상으로 높을 경우 다중공선성이 존재한다고 판단한다. 그러나 상관계수에 의해서 판단되지 않으면서도 심각한 다중공선성이 존재하는 경우도 있다. 이러한 경우에는 공차한계 또는 분산팽창인자를 계산하여 다중공선성을 진단한다.

가. 공차한계

공차한계(tolerance : T 로 표기)는 다중공선성을 점검하기 위해 가장 많이 사용되

---

8) 결정계수 R^2의 값이 큰 반면에 추정된 대부분의 회귀계수가 유의하지 않는 경우가 다중공선성 발생의 대표적인 경우가 된다.

는 지표로서 i 번째 변수의 공차한계는 $1-R_i^2$ 으로 정의된다. 여기서 R_i^2 은 i 번째 독립변수를 종속변수로 하고 나머지 독립변수들을 독립변수로 한 회귀분석을 실시하였을 경우의 결정계수를 의미한다. 따라서 공차한계는 한 독립변수가 다른 독립변수에 의해서 설명되지 않는 부분을 나타내게 되고, 결과적으로 R_i^2 의 값이 클수록 공차한계의 값은 작아진다. 공차한계의 값이 작다는 것은 i 번째 변수가 다른 독립변수에 의하여 설명되는 정도가 크다는 것을 의미하기 때문에 다중공선성이 높다고 이야기하게 되는 것이다. 공차한계의 최대값은 1이며, 일반적으로 0.10이하이면 다중공선성이 존재한다고 판단한다.

나. 분산팽창인자

분산팽창인자(variance inflation factor : VIF 로 표기)는 공차한계의 역수로 정의되며 VIF 의 값이 클수록 독립변수들간의 다중공선성이 높음을 의미한다. 분산팽창인자가 10이상이면 다중공선성이 존재한다고 판정한다.[9)]

Tip

공차한계와 분산팽창인자

공차한계 : $T_i = 1 - R_i^2$　　　분산팽창인자 : $VIF_i = \dfrac{1}{1-R_i^2}$

여기서 R_i^2 은 i 번째 독립변수를 종속변수로, 나머지 독립변수들을 독립변수로 한 회귀분석에서 얻어지는 결정계수를 의미함.

독립변수들간에 심각한 다중공선성이 존재하면 회귀분석 결과에 대한 올바른 해석이 불가능할 뿐만 아니라, 추정된 회귀식을 이용한 예측은 왜곡된 결과를 가져오게 한다. 다중공선성이 존재할 경우에는 상관관계가 높은 독립변수들 중에서 한 변수를 제거하고 다시 모형을 추정하거나 능형회귀(ridge regression) 또는 주성분회귀(principal components regression) 등의 방법을 사용하여 해결할 수 있다. 실질적으로 많이 사용되는 방법은 변수의 제거법이지만 이때 종속변수에 영향을 미치는 회귀변수가 제거되므로 모형의 예측에 좋지 않은 영향을 미칠 수도 있음에 유의하여야 한다.

9) 분산팽창인자는 독립변수들이 상관관계를 가지고 있지 않을 때에 비하여 추정된 회귀계수의 분산들이 얼마만큼 팽창되는가의 정도를 나타내는 측도이다.

예제 10-8

사람 몸의 지방량(Y)와 삼두근의 두께(X_1), 허벅다리의 둘레(X_2), 그리고 팔목의 둘레(X_3) 간의 관계를 분석하기 위해 25세에서 34세 사이의 건강한 여자 20명을 랜덤으로 추출하여 조사한 결과, <표 10.18>과 같은 자료를 얻었다. 독립변수들간에 다중공선성이 존재하는지를 알아보아라.

〈표 10.18〉 25세~34세 여자의 지방량, 삼두근 두께, 허벅다리 둘레, 팔목의 둘레

Y	X_1	X_2	X_3	Y	X_1	X_2	X_3
11.9	19.5	43.1	29.1	25.4	31.1	56.6	30.0
22.8	24.7	49.8	28.2	27.2	30.4	56.7	28.3
18.7	30.7	51.9	37.0	11.7	18.7	46.5	23.0
20.1	29.8	54.3	31.1	17.8	19.7	44.2	28.6
12.9	19.1	42.2	30.9	12.8	14.6	42.7	21.3
21.7	25.6	53.9	23.7	23.9	29.5	54.4	30.1
27.1	31.4	58.5	27.6	22.6	27.7	55.3	25.7
25.4	27.9	52.1	30.6	25.4	30.2	58.6	24.6
21.3	22.1	49.9	23.2	14.8	22.7	48.2	27.1
19.3	25.5	53.5	24.8	21.1	25.2	51.0	27.5

풀이 세 독립변수 X_1, X_2, X_3간의 상관계수를 계산한 결과는 <표 10.19>에 요약되어 있다.

〈표 10.19〉 세 독립변수들간의 상관계수값

	X_1	X_2	X_3
X_1	1.0000	0.9238	0.4577
X_2		1.0000	0.0846
X_3			1.0000

X_1과 X_2간의 상관계수는 0.9238로 매우 높은 상관관계를, X_1과 X_3간의 상관계수는 0.4577로 높지는 않지만 어느 정도 상관관계가 존재하고 있음을, 그리고 X_2와 X_3간의 상관계수는 0.0846으로 상관관계가 거의 존재하지 않는 것으로 나타났다. 따라서 독립변수 X_1과 X_2간에는 다중공선성이 존재하고 있음을 알 수 있다. 각 독립변수에 대한 공차한계와 분산팽창인자를 계산한 결과는 <표 10.20>에 요약되어 있다.

〈표 10.20〉 세 독립변수에 대한 공차한계와 분산팽창인자

	X_1	X_2	X_3
공차한계	0.0014	0.0017	0.0095
분산팽창인자	708.84	564.34	104.60

각 변수에 대한 공차한계값은 모두 0.10이하이고, 분산팽창인자값들도 10을 훨씬 크게 넘어 독립변수들 간에는 다중공선성이 존재하고 있다고 할 수 있다. ❀

10.3.7 다항회귀모형

하나의 독립변수 X에 대한 종속변수 Y의 변화가 <그림 10.21>의 (a)와 같은 곡선 관계를 나타낼 때 단순선형 회귀모형을 사용하는 것은 적절치 않다. 이러한 경우에는 X의 2차식을 이용한 회귀모형 $Y = \beta_0 + \beta_1 X + \beta_2 X^2 + \epsilon$를 적용하는 것이 바람직하며, 이때의 모형을 독립변수가 한 개인 2차 다항회귀모형(second order polynomial regression model with one independent variable)이라 한다. 여기서 β_1과 β_2는 각각 X의 1차항 및 2차항에 대한 회귀계수이며, β_0는 $X=0$에서 Y의 평균반응량을 나타낸다.[10]

<그림 10.21>에서 (b)와 같은 경우에는 X의 3차식을 이용한 $Y = \beta_0 + \beta_1 X + \beta_2 X^2 + \beta_3 X^3 + \epsilon$과 같은 회귀모형을 사용하는 것이 바람직하며, 이때의 모형을 독립변수가 한 개인 3차 다항회귀모형(third order polynomial regression model with one independent variable)이라 부른다.[11] 일반적으로 독립변수가 한 개인 k차 다항회귀모형 $Y = \beta_0 + \beta_1 X + \beta_2 X^2 + \cdots + \beta_k X^k + \epsilon$에서 계수 β_i의 추정은 독립변수가 k개 포함되어 있는 중선형 회귀모형으로 생각하여 추정하면 편리하다. 즉, 2차 다항회귀모형에서는 $X = X_1$, $X^2 = X_2$로 놓고, 3차 다항회귀모형에서는 $X = X_1$, $X^2 = X_2$, $X^3 = X_3$로 놓고 행렬을 이용하여 회귀계수 $\boldsymbol{b} = (\boldsymbol{X}'\boldsymbol{X})^{-1}\boldsymbol{X}'\boldsymbol{y}$를 구하면 된다.

10) X가 0을 포함하지 않을 경우 회귀계수 β_0는 아무런 의미를 가지지 않는다.

11) 다항회귀모형에서 적절한 k의 값은 산점도를 이용하여 판단하면 된다.

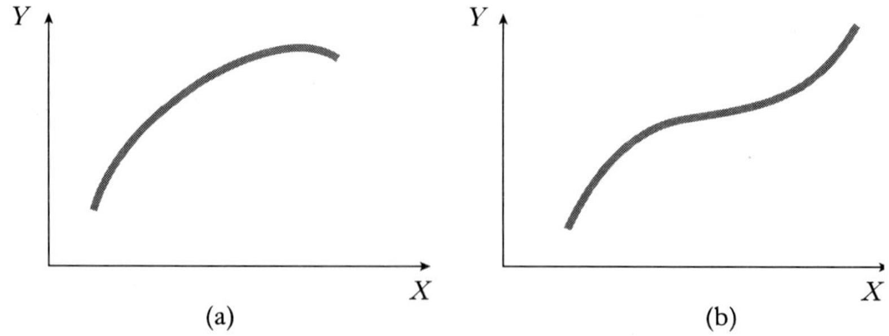

〈그림 10.21〉 곡선모형의 예

예제 10-9

어떤 제약회사에서 만든 특수 영양제의 복용량(X)과 체중의 증가량(Y)간의 관계를 분석하기 위한 실험으로부터 <표 10.21>과 같은 결과를 얻었다. 주어진 자료에 적합한 회귀모형을 구하여라.

〈표 10.21〉 영양제 복용량과 체중의 증가량

X	4	8	12	14	20	24
Y	40	45	51	53	51	48

풀이 (1) 산점도의 작성

영양제의 복용량을 x 축으로, 체중의 증가량을 y 축으로 한 산점도는 <그림 10.22>와 같으며, 이로부터 2차 다항회귀모형 $Y=\beta_0+\beta_1 X+\beta_2 X^2+\epsilon$이 적절함을 알 수 있다.

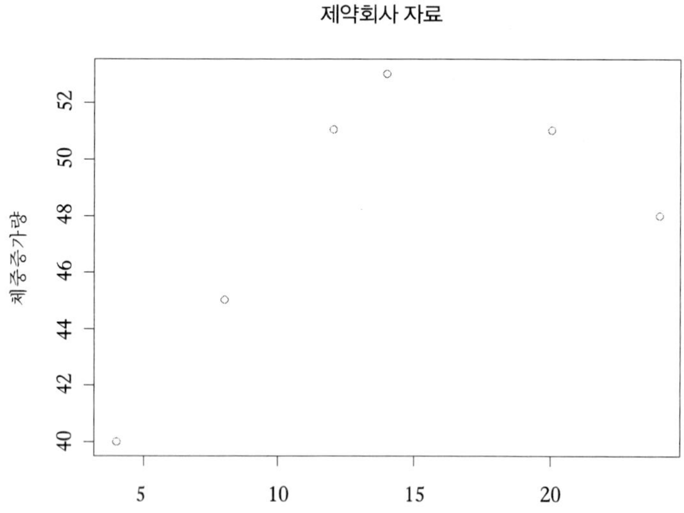

〈그림 10.22〉 영양제 복용량과 체중에 대한 산점도

(2) 다항회귀식의 추정

주어진 자료를 2차 다항회귀모형 $Y=\beta_0+\beta_1 X+\beta_2 X^2+\epsilon$에 적합시킬 때

$$\boldsymbol{X}=\begin{pmatrix} 1 & 4 & 16 \\ 1 & 8 & 64 \\ 1 & 12 & 144 \\ 1 & 14 & 196 \\ 1 & 20 & 400 \\ 1 & 24 & 576 \end{pmatrix}, \qquad \boldsymbol{Y}=\begin{pmatrix} 40 \\ 45 \\ 51 \\ 53 \\ 51 \\ 48 \end{pmatrix}$$

이고, 이들 행렬을 이용하여 회귀계수를 추정하면

$$\boldsymbol{b}=(\boldsymbol{X'X})^{-1}\boldsymbol{X'y}=\begin{pmatrix} 29.728 \\ 2.751 \\ -0.083 \end{pmatrix}$$

가 되어 추정된 다항회귀식은 다음과 같게 된다.

$$\hat{y}=29.728+2.751x-0.083x^2$$

(3) 추정된 다항회귀식의 적합성 검정

적합성 검정을 위한 귀무 및 대립가설은 다음과 같으며,

$H_0:\beta_1=\beta_2=0$, $H_1:$ 적어도 β_1, β_2 둘 중 어느 하나는 0이 아니다.

회귀분석 결과로부터 작성된 분산분석표는 <표 10.22>와 같다.

〈표 10.22〉 분산분석표

요인	제곱합	자유도	평균제곱합	F_0	$P-$값
회귀	112.218	2	56.109	44.512	0.0058
오차	3.7815	3	1.2605		
계	116.00	5			

분산분석표에서 검정통계량 F_0의 값은 44.512이고, 이때의 $P-$값은 0.0058로 매우 작아 유의한 것으로 나타났다. 따라서 '가정된 2차 다항회귀모형은 주어진 영양제 복용량과 체중 증가량간의 관계를 설명하는 모형으로 적합하다'고 할 수 있다. ❀

10-4 Excel 실습

실습 1 **예제 10-5)의 회귀분석 절차:**

(단계 1) A1~C7까지 자료를 입력한다(그림 10.23 참조).

	A	B	C	D
1	Y	X1	X2	
2	64	4	2	
3	81	4	6	
4	72	6	2	
5	91	6	6	
6	83	8	2	
7	96	8	6	
8				

〈그림 10.23〉 자료의 입력

(단계 2) [데이터] 메뉴에서 [데이터 분석]-[회귀분석]을 차례로 선택한 후 "확인" 버튼을 누른다.

(단계 3) [회귀분석] 대화상자에서 "Y축 입력범위"란에 종속변수의 자료범위(여기서는 $A$1:$A$7)를, "X축 입력범위"란에 독립변수 전체의 자료범위(여기서는 $B$1:$C$7)를 각각 입력한다. 이때 "입력범위"에 자료의 이름이 포함되어 있으므로 "이름표"을 선택해 주며, "출력 범위"란에 결과가 출력될 위치(여기서는 $D$10)를 입력하고 "확인" 버튼을 누른다(그림 10.24 참조).

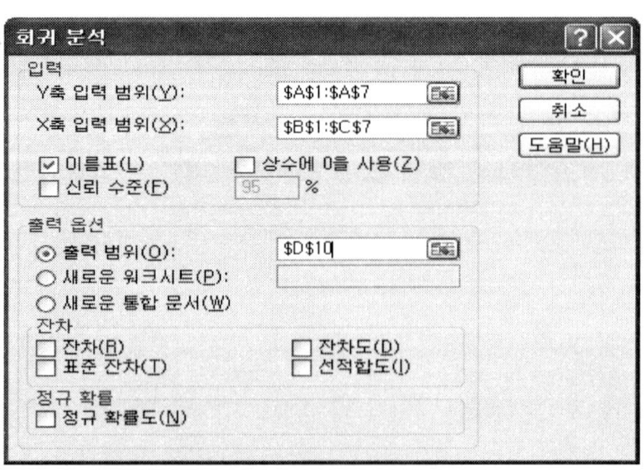

〈그림 10.24〉 [회귀분석] 대화상자

(단계 4) 회귀분석 결과(그림 10.25 참조)로부터 추정된 회귀식을 작성하고, 분산분석 표로부터 추정된 회귀식의 유의성 여부를 판단한다.

요약 출력

회귀분석 통계량	
다중 상관	0.99306
결정계수	0.986167
조정된 결	0.976946
표준 오차	1.795055
관측수	6

분산 분석

	자유도	제곱합	제곱 평균	F 비	유의한 F
회귀	2	689.1667	344.5833	106.9397	0.001627
잔차	3	9.666667	3.222222		
계	5	698.8333			

	계수	표준 오차	t 통계량	P-값	하위 95%	상위 95%	하위 95.0%	상위 95.0%
Y 절편	39.33333	3.152013	12.4788	0.001109	29.30222	49.36445	29.30222	49.36445
X 1	4.25	0.448764	9.470462	0.002496	2.821834	5.678166	2.821834	5.678166
X 2	4.083333	0.366414	11.14404	0.001548	2.91724	5.249426	2.91724	5.249426

〈그림 10.25〉 중선형 회귀분석 결과

실습 2 **예제 10-6)의 회귀분석 절차:**

(단계 1) A1~C8까지 자료를 입력한다(그림 10.26 화면 왼쪽부분 참조).

(단계 2) [데이터] 메뉴에서 [데이터 분석]-[회귀분석]을 차례로 선택한 후 "확인" 버튼을 누른다.

(단계 3) [회귀분석] 대화상자에서 "Y축 입력범위"란에 종속변수의 자료범위(여기서는 $A$1:$A$8)를, "X축 입력범위"란에 독립변수 전체의 자료범위(여기서는 $B$1:$C$8)를 각각 입력한다. "출력 범위"란에 결과가 출력될 위치(여기서는 $E$2)를 입력하고 "확인" 버튼을 누른다.

(단계 4) 회귀분석 결과(그림 10.26 참조)로부터 추정된 회귀식을 작성하고, 분산분석 표로부터 추정된 회귀식의 유의성 여부를 판단한다. 회귀계수 β_1에 대한 검정을 위해서는 분산분석표 아래에 있는 표로부터 X_1에 해당하는 "t통계량"의 값 -0.23568과 이에 대한 "$P-$값" 0.823027을 이용하여야 한다.

	A	B	C	D	E	F	G	H	I	J	K	L	M
1	81.4	195	57										
2	122.2	179	61		요약 출력								
3	101.7	205	60										
4	175.6	204	62		회귀분석 통계량								
5	150.3	201	61		다중 상관:	0.864742							
6	64.8	184	54		결정계수	0.747779							
7	92.1	210	58		조정된 결:	0.64689							
8	113.8	209	61		표준 오차	21.63739							
9					관측수	8							
10													
11					분산 분석								
12						자유도	제곱합	제곱 평균	F 비	유의한 F			
13					회귀	2	6940.195	3470.097	7.411938	0.031949			
14					잔차	5	2340.884	468.1768					
15					계	7	9281.079						
16													
17						계수	표준 오차	t 통계량	P-값	하위 95%	상위 95%	하위 95.0%	상위 95.0%
18					Y 절편	-554.311	196.9775	-2.81408	0.037368	-1060.66	-47.9644	-1060.66	-47.9644
19					X 1	-0.17974	0.762627	-0.23568	0.823027	-2.14013	1.780656	-2.14013	1.780656
20					X 2	11.85999	3.230095	3.671717	0.014418	3.55677	20.16321	3.55677	20.16321
21													

〈그림 10.26〉 중선형 회귀분석 결과

실습 3 **예제 10-7)에서 교호작용항을 포함한 회귀분석 절차:**

(단계 1) 모형속에 포함시키고자 하는 교호작용항에 해당하는 자료값(여기서는 교육기간×성별)을 생성한다(생성 요령: 셀 D2에서 "=B2*C2"를 입력한 후 enter 키를 누른다. 셀 D2를 블록화한 후 블록의 오른쪽 아래 끝부분에 +가 나타나면 마우스를 누른 채로 D21까지 끌어 나머지 자료값을 생성)(그림 10.26 참조).

	A	B	C	D
1	판매대수	교육기간	성별	교육기간×성별
2	28	164	1	164
3	15	272	1	272
4	11	295	1	295
5	38	68	1	68
6	31	85	1	85
7	21	224	1	224
8	20	166	1	166
9	13	305	1	305
10	30	124	1	124
11	14	246	1	246
12	17	151	0	0
13	26	92	0	0
14	21	175	0	0
15	30	31	0	0
16	22	104	0	0
17	0	277	0	0
18	12	210	0	0
19	19	120	0	0
20	4	290	0	0
21	16	238	0	0

〈그림 10.27〉 교호작용항을 포함할 경우의 자료 입력

(단계 2) [데이터] 메뉴에서 [데이터 분석]-[회귀분석]을 차례로 선택한 후 "확인" 버튼을 누른다.

(단계 3) [회귀분석] 대화상자에서 "Y축 입력범위"란에 종속변수의 자료범위(여기서는 $A$1:$A$21)를, "X축 입력범위"란에 독립변수 전체의 자료범위(여기서는 $B$1:$D$21)를 각각 입력한다. 이때 "입력범위"에 자료의 이름이 포함되어 있으므로 "이름표"을 선택해 주며, "출력 범위"란에 결과가 출력될 위치(여기서는 $E$2)를 입력하고 "확인" 버튼을 누른다(그림 10.28 참조).

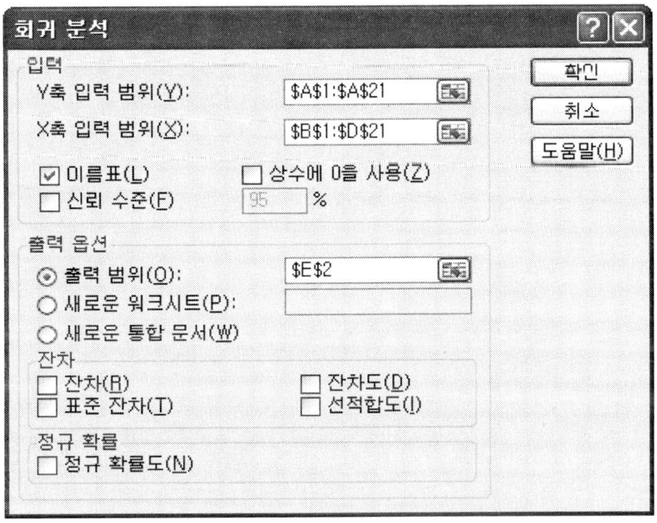

〈그림 10.28〉 [회귀분석] 대화상자

(단계 4) 회귀분석 출력 결과(그림 10.29 참조) 중 교호작용항(여기서는 교육기간×성별)에 대한 결과를 보면 검정통계량의 값(여기서는 "t통계량"의 값)은 -0.02276이고, 이때의 $P-$값은 0.982126으로 매우 커 교호작용효과가 없음을 알 수 있다.

요약 출력

회귀분석 통계량	
다중 상관계수	0.946077
결정계수	0.895061
조정된 결정계수	0.875385
표준 오차	3.320212
관측수	20

분산 분석

	자유도	제곱합	제곱 평균	F 비	유의한 F
회귀	3	1504.419	501.473	45.48999	4.67E-08
잔차	16	176.381	11.02381		
계	19	1680.8			

	계수	표준 오차	t 통계량	P-값	하위 95%	상위 95%	하위 95.0%	상위 95.0%
Y 절편	33.83837	2.44065	13.86449	2.47E-10	28.66442	39.01232	28.66442	39.01232
교육기간	-0.10153	0.013053	-7.77861	7.97E-07	-0.1292	-0.07386	-0.1292	-0.07386
성별	8.13125	3.654052	2.22527	0.040794	0.385007	15.87749	0.385007	15.87749
교육기간x성별	-0.00042	0.018331	-0.02276	0.982126	-0.03928	0.038443	-0.03928	0.038443

〈그림 10.29〉 중선형 회귀분석 출력 결과(교호작용항을 포함할 경우)

(단계 5) 교호작용항을 포함하지 않는 중선형 회귀분석을 실시한다(출력 결과는 <그림 10.30 참조).

요약 출력

회귀분석 통계량	
다중 상관계수	0.946075
결정계수	0.895058
조정된 결정계수	0.882712
표준 오차	3.221131
관측수	20

분산 분석

	자유도	제곱합	제곱 평균	F 비	유의한 F
회귀	2	1504.413	752.2067	72.49705	4.77E-09
잔차	17	176.3867	10.37569		
계	19	1680.8			

	계수	표준 오차	t 통계량	P-값	하위 95%	상위 95%	하위 95.0%	상위 95.0%
Y 절편	33.87407	1.813858	18.67515	9.15E-13	30.04716	37.70098	30.04716	37.70098
교육기간	-0.10174	0.008891	-11.443	2.07E-09	-0.1205	-0.08298	-0.1205	-0.08298
성별	8.055469	1.459106	5.520826	3.74E-05	4.977025	11.13391	4.977025	11.13391

〈그림 10.30〉 중선형 회귀분석 출력 결과(교호작용항을 포함하지 않을 경우)

※ 〈그림 10.19〉의 남녀 반응함수 그리는 절차:

(단계 1) <그림 10.31>과 같이 셀 A1부터 D12까지 자료를 입력한다.

남자		여자	
판매대수	교육기간	판매대수	교육기간
28	164	17	151
15	272	26	92
11	295	21	175
38	68	30	31
31	85	22	104
21	224	0	277
20	166	12	210
13	305	19	120
30	124	4	290
14	246	16	238

〈그림 10.31〉 자료의 입력

(단계 2) [삽입] 메뉴의 [차트]에서 "분산형" 차트, "표식만 있는 분산형" 차트를 차례로 선택한다.

(단계 3) [차트도구]의 [디자인] 메뉴에서 [데이터 선택]을 누르면 <그림 10.32>와 같이 [데이터 원본 선택] 대화상자가 나타난다. [데이터 원본 선택] 대화상자의 "범례 항목(계열)"란에서 "추가"버튼을 누른다(여기서는 차트로 작성할 항목을 추가하거나 기존의 입력된 항목 중에서 원하는 항목을 삭제할 수 있다). [계열 편집] 대화상자에서 "계열이름"에는 추가할 항목의 이름(여기서는 남자)이 주어진 셀의 위치(여기서는 =$A$1)를, "계열 값"에는 추가할 항목의 자료값의 범위(여기서는 계열 X값에는 =$B$3:$B$12, 계열 Y값에는 =$A$3:$A$12)를 입력하여 "확인" 버튼을 누른다(그림 10.33 참조). 여자의 경우도 동일한 방법으로 실시한다.

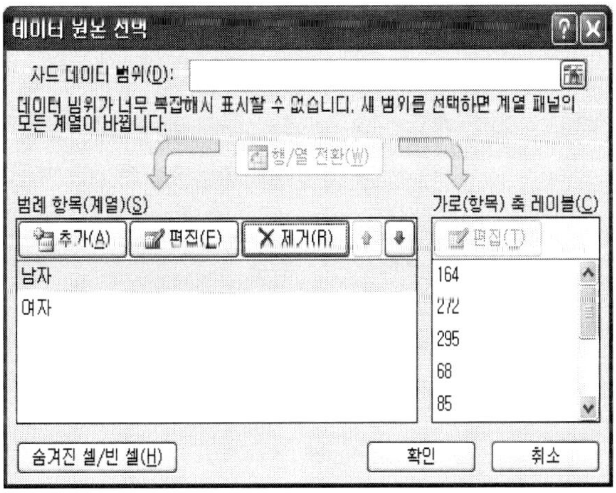

〈그림 10.32〉 [데이터 원본 선택] 대화상자

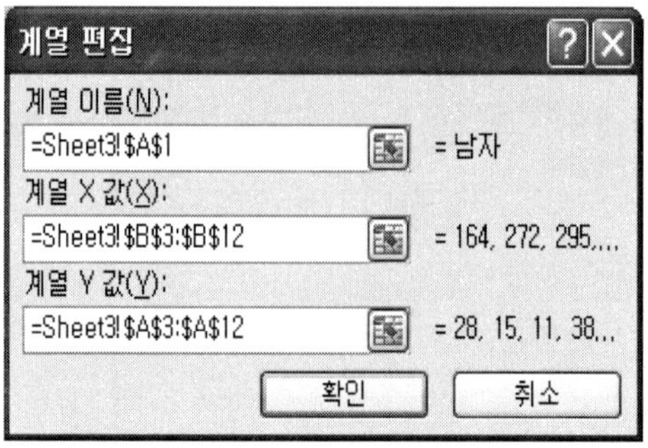

〈그림 10.33〉 [계열 편집] 대화상자

(단계 4) [데이터 원본선택] 대화상자의 "범례 항목(계열)" 속에서 남자와 여자 이외의 다른 항목을 모두 제거한 후 "확인"을 누르면 <그림 10.34>가 출력된다.

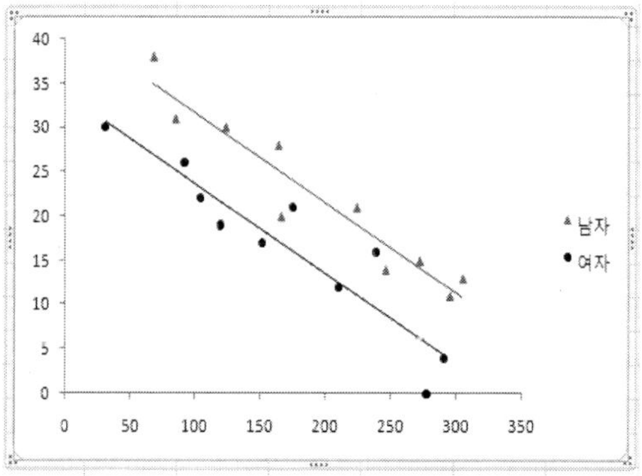

〈그림 10.34〉 남자와 여자의 반응함수

그림 내용 변경 요령

- Y축의 보조 눈금선을 없애고자 할 경우: Y축에 마우스를 옮겨 "세로(값)축 주 눈금선" 표시가 나타나면 마우스를 눌러 "세로(값)축 주 눈금선"을 활성화 시킨 후, Delete키를 눌러 삭제함((또는 "레이아웃"-"눈금선"-"기본 가로 눈금선"-"없음"을 차례로 선택).
- 그림상의 남자와 여자의 좌표점 모양과 색상을 바꾸고자 할 경우: 마우스를 좌표점 위에 놓고 클릭하여 좌표점들을 활성화시킨 후, 마우스의 오른쪽을 눌러 [데이터 계열 서식] 대화상자에서 "표식 옵션"-"기본제공"을 차례로 선택한 후 좌표점의 모양과 크기를 변경, 색상 변경은 "표식 채우기"-"단색 채우기"를 차례로 선택하여 변경.

▸ 반응함수를 그려넣고자 할 경우: 마우스를 좌표점 위에 놓고 클릭하여 좌표점들을 활성화한 후, 마우스의 오른쪽을 눌러 "추세선 추가"-"선형 선택"을 차례로 택함.

실습 4 **예제 10-8)에서 상관계수, 공차한계, 분산팽창인자의 출력 절차:**

(1) 상관계수값 출력 절차:

(단계 1) 자료를 입력(그림 10.35의 왼쪽부분 참조)한 후, [데이터] 메뉴에서 [데이터 분석]-[상관분석]을 차례로 선택한 후, "확인" 버튼을 누르면 [상관분석] 대화상자가 나타난다.

(단계 2) [상관분석] 대화상자에서 "입력범위"란에 자료의 범위를 입력한다. 이때 "입력범위"에 자료의 이름이 포함되어 있으므로 "첫째 행 이름표 사용"을 선택해 주고, "데이터 방향"은 자료가 열방향으로 입력되어 있기 때문에 "열"을 선택, 그리고 "출력 범위"란에 결과가 출력될 위치(여기서는 $E$2)를 입력하고 "확인" 버튼을 누르면 <그림 10.35>와 같은 상관계수값들이 출력된다.

	A	B	C	D	E	F	G	H
1	지방량	삼두근	허벅다리	팔목				
2	11.9	19.5	43.1	29.1		삼두근	허벅다리	팔목
3	22.8	24.7	49.8	28.2	삼두근	1		
4	18.7	30.7	51.9	37	허벅다리	0.923843	1	
5	20.1	29.8	54.3	31.1	팔목	0.457777	0.084667	1
6	12.9	19.1	42.2	30.9				
7	21.7	25.6	53.9	23.7				
8	27.1	31.4	58.5	27.6				
9	25.4	27.9	52.1	30.6				
10	21.3	22.1	49.9	23.2				
11	19.3	25.5	53.5	24.8				
12	25.4	31.1	56.6	30				
13	27.2	30.4	56.7	28.3				
14	11.7	18.7	46.5	23				
15	17.8	19.7	44.2	20.6				
16	12.8	14.6	42.7	21.3				
17	23.9	29.5	54.4	30.1				
18	22.6	27.7	55.3	25.7				
19	25.4	30.2	58.6	24.6				
20	14.8	22.7	48.2	27.1				
21	21.1	25.2	51	27.5				

〈그림 10.35〉 자료의 입력과 출력된 상관계수값

(2) 공차한계와 분산팽창인자값 출력 절차:

Excel에서는 공차한계와 분산팽창인자를 구하기 위한 별도의 도구를 제공하지 않는다. 따라서 이들 값을 계산하기 위해서는 임의의 i번째 독립변수를 종속변수로, 나머지 독립변수를 독립변수로하는 회귀분석을 일일이 실시한 결과로부터 결정계수 R_i^2의 값을 구하여 수식 입력줄을 이용할 수 밖에 없다. 즉, 여기서는 먼저 X_1을 종속변수, X_2와 X_3를 종속변수로 하는 회귀분석으로부터 결정계수 R_1^2을 구한 다음, 수식 입력줄에서 "$1-R_1^2$"을 입력하여 X_1에 대한 공차한계 T_1을 구한다. 그리고 다시 수식 입력줄에서 "$=1/(1-R_1^2)$"을 입력하여 분산팽창인자 VIF_1을 구하면 된다. X_2와 X_3에 대한 공차한계와 분산팽창인자도 동일한 요령으로 구하면 된다.

(3) 모든 독립변수를 포함한 중선형 회귀분석:

모든 독립변수들을 포함한 중선형 회귀분석 결과, 검정통계량 F_0의 값은 21.52이고, 이때의 $P-$값은 7.343×10^{-6}으로 매우 작아 적합된 회귀모형은 유의한 것으로 나타났다. 하지만 <그림 10.36>의 출력 결과에서 각각의 회귀계수에 대한 $t-$검정 결과를 보면, 모두 유의하지 않는 것으로 나타나고 있다. 이러한 현상은 바로 다중공선성 때문에 발생한 현상이다. 즉, 독립변수 X_1과 X_2의 상관관계($r_{12}=0.9238$)가 너무 커 다른 변수의 영향력을 제거하기 때문에 바로 이러한 현상이 나타나게 되는 것이다. 이러한 경우에는 상관관계가 높은 변수를 제거 또는 분리하여 회귀분석을 실시하는 것이 바람직하다.

요약 출력

회귀분석 통계량	
다중 상관	0.895186
결정계수	0.801359
조정된 결	0.764113
표준 오차	2.479981
관측수	20

분산 분석

	자유도	제곱합	제곱 평균	F 비	유의한 F
회귀	3	396.9846	132.3282	21.51571	7.34E-06
잔차	16	98.40489	6.150306		
계	19	495.3895			

	계수	표준 오차	t 통계량	P-값	하위 95%	상위 95%	하위 95.0%	상위 95.0%
Y 절편	117.0847	99.7824	1.1734	0.257808	-94.4445	328.6139	-94.4445	328.6139
삼두근	4.334092	3.015511	1.437266	0.169911	-2.05851	10.72669	-2.05851	10.72669
허벅다리	-2.85685	2.582015	-1.10644	0.284894	-8.33048	2.61678	-8.33048	2.61678
팔목	-2.18606	1.595499	-1.37014	0.189563	-5.56837	1.196247	-5.56837	1.196247

〈그림 10.36〉 모든 독립변수를 포함한 중선형 회귀분석 결과

(4) 두 독립변수만을 포함한 중선형 회귀분석:

요약 출력

회귀분석 통계량	
다중 상관계	0.886657
결정계수	0.78616
조정된 결정	0.761002
표준 오차	2.496282
관측수	20

분산 분석

	자유도	제곱합	제곱 평균	F 비	유의한 F
회귀	2	389.4553	194.7277	31.24932	2.02E-06
잔차	17	105.9342	6.231422		
계	19	495.3895			

	계수	표준 오차	t 통계량	P-값	하위 95%	상위 95%	하위 95.0%	상위 95.0%
Y 절편	6.791627	4.488287	1.513189	0.1486	-2.67783	16.26109	-2.67783	16.26109
삼두근	1.000585	0.128232	7.802921	5.12E-07	0.730039	1.271131	0.730039	1.271131
팔목	-0.43144	0.176616	-2.44283	0.025786	-0.80407	-0.05882	-0.80407	-0.05882

〈그림 10.37〉 독립변수 X_1, X_3를 포함한 중선형 회귀분석 결과

요약 출력

회귀분석 통계량	
다중 상관계	0.880745
결정계수	0.775712
조정된 결정	0.749325
표준 오차	2.556535
관측수	20

분산 분석

	자유도	제곱합	제곱 평균	F 비	유의한 F
회귀	2	384.2797	192.1399	29.39775	3.03E-06
잔차	17	111.1098	6.535869		
계	19	495.3895			

	계수	표준 오차	t 통계량	P-값	하위 95%	상위 95%	하위 95.0%	상위 95.0%
Y 절편	-25.997	6.997321	-3.71527	0.00172	-40.76	-11.2339	-40.76	-11.2339
허벅다리	0.850882	0.112448	7.566874	7.72E-07	0.613637	1.088127	0.613637	1.088127
팔목	0.096029	0.161393	0.595005	0.559678	-0.24448	0.436538	-0.24448	0.436538

〈그림 10.38〉 독립변수 X_2, X_3를 포함한 중선형 회귀분석 결과

<그림 10.37>의 출력 결과를 살펴 보면, 독립변수 X_1과 X_3를 포함한 중선형 회귀분석 결과 $P-$값은 2.022×10-6으로 매우 작아 두 변수를 포함하는 회귀모형이 주어진 자료에 잘 적합한다고 할 수 있다. 그리고 각각의 회귀계수에 대한 $t-$검정 결과, 모두 유의한 것으로 나타나고 있음을 알 수 있다. 반면에, <그림 10.38>의 출력 결과를 보면 회귀모형속에 독립변수 X_2와 X_3를 포함하였을 경우 가정된 회귀모형은 매우 적합한 것으로 나타났으나 각각의 회귀계수에 대한 검정 결과에서, X_3에 대한 회귀계수는 유의하지 않은 것으로 나타나고 있다. 이러한 경우에는 독립변수 X_1과 X_3를 포함하는 중선형 회귀모형을 적합시키는 것이 더 바람직하다고 할 수 있다.

실습 5 **예제 10-8)에서 회귀분석 절차:**

(단계 1) 모형속에 포함시키고자 하는 2차항에 해당하는 자료값(여기서는 X^2)을 생성한다(생성 요령: 셀 C2에서 "=B2*B2"를 입력한 후 enter키를 누른다. 셀 C2를 블록화한 후 블록의 오른쪽 아래 끝부분에 +가 나타나면 마우스를 누른 채로 C7까지 끌어 나머지 자료값을 생성한다)(그림 10.39 참조).

	A	B	C
1	Y	X	X^2
2	40	4	16
3	45	8	64
4	51	12	144
5	53	14	196
6	51	20	400
7	48	24	576

〈그림 10.39〉 자료의 입력

(단계 2) [데이터] 메뉴에서 [데이터 분석]-[회귀분석]을 차례로 선택한 후 "확인" 버튼을 누른다.

(단계 3) [회귀분석] 대화상자에서 "Y축 입력범위"란에 종속변수의 자료범위(여기서는 $A$1:$A$7)를, "X축 입력범위"란에 독립변수 전체의 자료범위(여기서는 $B$1:$C$7)를 각각 입력한다. 이때 "입력범위"에 자료의 이름이 포함되어 있으므로 "이름표"을 선택해 주며, "출력 범위"란에 결과가 출력될 위치(여기서는 $E$2)를 입력하고 "확인" 버튼을 누르면 <그림 10.40>와 같은 결과가 출력된다.

요약 출력								
회귀분석 통계량								
다중 상관계	0.983565							
결정계수	0.9674							
조정된 결'	0.945667							
표준 오차	1.122727							
관측수	6							
분산 분석								
	자유도	제곱합	제곱 평균	F 비	유의한 F			
회귀	2	112.2185	56.10923	44.51294	0.005886			
잔차	3	3.781545	1.260515					
계	5	116						
	계수	표준 오차	t 통계량	P-값	하위 95%	상위 95%	하위 95.0%	상위 95.0%
Y 절편	29.72844	2.023768	14.68965	0.000684	23.28791	36.16897	23.28791	36.16897
X	2.751673	0.326693	8.422803	0.003511	1.711989	3.791357	1.711989	3.791357
X^2	-0.0831	0.011292	-7.35947	0.005186	-0.11904	-0.04717	-0.11904	-0.04717

〈그림 10.40〉 중선형 분산분석 출력 결과

연습문제

1. S대학교에서는 대학입학 성적(고교내신 + 수학능력시험 + 논술고사의 점수)이 입학후의 성적과는 어떠한 관계를 가지고 있는지를 분석하기 위하여 4학년 학생 중에서 8명을 랜덤으로 추출하여 다음과 같은 자료를 얻었다(여기서 입학후의 성적은 대학 3년 동안 학생들이 수강한 과목들의 GPA 평균을 나타낸다). 자료에 적합한 회귀직선식을 추정하고, 결정계수를 구하여라.

입학시의 성적(X)	480	490	510	510	530	550	610	640
입학후의 성적(Y)	2.7	2.9	3.3	2.9	3.1	3.0	3.2	3.7

2. 어떤 회사에서는 광고비와 판매액 사이의 관계를 분석하기 위하여 5개 대리점으로부터 다음과 같은 결과를 얻었다(단위 : 만원). 광고비를 독립변수(X), 판매액을 종속변수(Y)로 하여 다음 물음에 답하여라.

광고비	600	400	800	200	500
판매액	5000	4000	7000	3000	6000

(1) 최소제곱법을 사용하여 적합된 회귀식을 추정하여라.

(2) 결정계수 R^2 을 구하고, 그 의미를 설명하여라.

(3) 광고비를 70만원으로 할 경우 예상되는 판매액은 얼마인가?

(4) 가설 $H_0 : \beta_1 = 0$, $H_1 : \beta_1 \neq 0$ 에 대한 검정을 유의수준 $\alpha = 0.05$ 에서 하여라.

3. S백화점의 영업부에서는 백화점을 방문하는 고객 수와 매출액 사이의 관계를 분석하기 위하여 10일 동안 조사한 결과 다음과 같은 자료를 얻었다. 고객 수를 독립변수(X), 매출액을 종속변수(Y)로 하여 다음 물음에 답하여라.

고객수(백명)	71	82	111	85	89	110	111	121	129	132
매출액(십만원)	250	280	301	325	328	390	410	420	450	475

(1) 적합된 직선회귀식을 추정하여라.

(2) 추정된 직선회귀식이 유의한지를 유의수준 $\alpha = 0.10$ 에서 검정하여라.

4. 어떤 공정에서 생산되는 제품의 강도가 온도와 압력에 따라 영향을 받는지를 분석하는 실험으로부터 다음과 같은 자료를 얻었다. 온도와 압력을 각각 독립변수 X_1, X_2 로 하고, 제품의 강도를 종속변수 Y 로 하여 다음 물음에 답하여라.

강도(kg/㎠)	온도(℃)	압력(psi)
81.4	195	57
122.2	179	61
101.7	205	60
175.6	204	62
150.3	201	61
64.8	184	54
92.1	210	58
113.8	209	61

(1) 회귀모형을 $Y = \beta_0 + \beta_1 X_1 + \beta_2 X_2 + \epsilon$ 로 가정하여 적합된 회귀식을 추정하여라.

(2) 분산분석표를 작성하고, 이로부터 가정된 회귀모형이 적절한지의 여부를 유의수준 $\alpha = 0.05$ 에서 검정하여라.

(3) 결정계수 R^2 을 구하여라.

(4) 온도 200℃ 이고 압력 60 psi일 때 제품의 평균강도는 얼마인지를 예측하여라.

5. 어느 의료센타에서는 마취제 투여량과 마취가 풀리는데 걸리는 시간 사이의 관계를 알아보기 위하여 남자와 여자 각 10명씩을 랜덤으로 추출하여 실험한 결과, 다음과 같은 자료를 얻었다. 마취제 투여량을 독립변수 X_1 으로, 성별을 X_2로, 그리고 마취가 풀리는 시간을 종속변수 Y 로 하여 다음 물음에 답하여라.

남 자		여 자	
투여량(mg)	시간(분)	투여량(mg)	시간(분)
1.0	8.0	1.0	6.0
1.5	8.0	1.5	6.5
2.0	8.5	2.0	5.5
2.5	8.0	2.5	7.0
3.0	8.0	3.0	6.5
3.5	10.5	3.5	8.0
4.0	10.0	4.0	8.5
4.5	12.5	4.5	8.5
5.0	15.5	5.0	10.0
5.5	16.0	5.5	10.5

(1) 중선형 회귀모형

$$Y = \beta_0 + \beta_1 X_1 + \beta_2 X_2 + \epsilon, \quad \text{여기서 } X_2 = \begin{cases} 0 : \text{여자} \\ 1 : \text{남자} \end{cases}$$

을 적합시켜 회귀식을 추정하여라.

(2) 남자 및 여자에 대한 회귀식을 각각 추정하여라.

(3) 중선형 회귀모형 $Y = \beta_0 + \beta_1 X_1 + \beta_2 X_2 + \beta_3 X_1 X_2 + \epsilon$ 을 적합시키고 교호작용 항을 포함하는 것이 바람직한지의 여부를 유의수준 $\alpha = 0.05$ 에서 판단하여라.

6. B자동차 대리점에서 근무하는 영업사원들이 작년 한 해 동안 판매한 자동차 대수는 아래와 같다고 한다. 자동차 판매 대수를 종속변수(Y), 교육기간(X_1)과 성별(X_2)을 독립변수로 놓고 교호작용항을 고려한 중선형 회귀분석을 하고, 성별에 따른 반응함수를 그려라. 단, $X_2 = 0$는 여자, $X_2 = 1$은 남자임.

Y	X_1	X_2	Y	X_1	X_2
17	151	0	28	164	1
26	92	0	15	272	1
21	175	0	11	295	1
30	31	0	38	68	1
22	104	0	31	85	1
23	277	0	21	224	1
24	210	0	20	166	1
21	120	0	13	305	1
25	290	0	30	124	1
22	238	0	14	246	1

7. 다음은 어느 자동차 회사에서 지역별로 자회사 대리점에 한달 동안 방문하는 고객 수, 경쟁 대리점의 수, 영업 직원 수 및 국민 소비성향 지수에 따라 월간 매출액을 조사한 결과이다.

매출액(Y)	고객수(X_1)	대리점수(X_2)	직원수(X_3)	소비성향(X_4)
58	29	7	10	5
179	53	5	8	2
142	65	9	11	7
179	48	4	18	2
125	36	5	17	2
157	69	9	19	2
100	28	9	10	7
271	54	2	12	8
139	40	5	6	3
318	71	2	18	6
148	58	8	9	5
65	42	9	14	4
217	48	3	8	5
86	37	7	6	4
134	53	7	6	3

(1) 고객수, 대리점수, 직원수, 소비성향지수들간의 상관계수를 구하여라.

(2) 중선형 회귀모형 $Y = \beta_0 + \beta_1 X_1 + \beta_2 X_2 + \beta_3 X_3 + \beta_4 X_4 + \epsilon$을 적합시켜 회귀식을 추정하고, 모형의 적절성 여부에 대하여 유의수준 $\alpha = 0.05$로 검정하여라.

(3) 각 회귀계수에 대한 검정을 통하여 가장 적합한 중선형 회귀식을 추정하고, 이때의 결정계수값을 계산하여 축소되기 이전의 결정계수값과 비교하여 보아라.

Chapter 11 분산분석

11-1 서론

11-2 일원분산분석

11-3 이원분산분석

11-4 Excel 실습

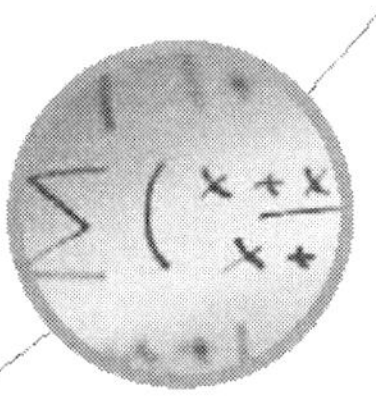

제11장 분산분석

11-1 서 론

8장에서는 비교하고자 하는 집단이 두 개일 경우의 통계적 분석기법에 대해서 배웠다. 그러나 비교하고자 하는 집단의 개수가 세 개 이상일 경우가 종종 있다. 예를 들어, 시중에서 유통되고 있는 막걸리가 제조회사에 따라 판매량의 차이가 있는지, 어느 대학교 학생들의 지능지수가 학년에 따라 차이가 있는지, 또는 강남콩의 비타민 C 함유량이 저장 온도 및 기간에 따라 차이가 있는지 등에 대한 비교가 바로 이러한 경우에 해당된다.

분산분석(analysis of variance: ANOVA)은 비교하고자 하는 집단이 세 개 이상일 경우, 그 집단들 사이의 평균을 비교, 분석하는 통계적 기법으로 영국의 통계학자 피셔(R.A. Fisher)에 의해 고안되었다. 분산분석은 최초 농사실험과 관련된 연구에서 사용되었던 방법이나 현재에는 교육, 심리, 의학, 공학 등과 같은 많은 분야의 실험에서 관심 있는 요인들의 효과에 대한 분석을 하는 통계적 기법으로서 널리 응용되고 있다.

분산분석은 측정하고자 하는 값에 영향을 미치는 인자(factor)의 수에 따라 구분된다. 즉, 측정값에 영향을 주는 인자가 하나인 실험에 대한 분석을 일원분산분석(one-way ANOVA), 인자의 수가 두 개인 실험에 대한 분석을 이원분산분석(two-way ANOVA)이라 한다. 여기서 인자란 예를 들어, SK, LG, GS 등 세 정유회사에서 판매하는 휘발유의 질이 같은지를 조사하기 위하여 1600cc의 차량을 이용하여 연비(ℓ당 주행거리)를 측정하는 실험을 한다고 할 때 정유회사가 인자가 된다. 그리고 정유회사의 종류인 SK, LG, GS를 인자 수준(factor level) 또는 처리

(treatment)라고 하며, 이때의 분산분석은 인자가 하나인 일원분산분석이 된다. 만약 정유회사라는 인자외에 차종(예를 들어 1600cc, 2400cc, 3200cc 등 세 종류의 차를 이용하여 실험한다고 할 때)이라는 인자를 추가하여 연비의 차이를 조사하게 된다면 이때에는 인자가 두 개(정유회사와 차종)인 이원분산분석이 되는 것이다.

11-2 일원분산분석

일원분산분석 모형은 2가지로 구분하여 생각할 수 있다. 즉, 연구자의 관심이 실험에서 사용된 인자 수준에만 한정하여 분석하는 모수모형(fixed effects model)과 실험에서 사용된 인자 수준을 보다 큰 인자 수준들의 모집단으로부터 추출된 확률표본으로 보고 분석 결과로부터 얻어진 결론을 모집단 전체로 확장하여 해석하는 변량모형(random effects model)으로 구분할 수 있다.

모수모형의 경우 인자 각각의 수준에서 실험을 통하여 얻어지는 측정값들을 각각의 모집단으로부터 얻어지는 표본으로 간주한 후, 여러 인자 수준들의 평균간에 차이가 있는지에 관심을 두고 분석이 이루어지게 된다. 반면에 변량모형의 경우에는 실험에서 사용되고 있는 인자 수준들이 인자 수준들 전체의 모집단으로부터 추출된 확률표본이기 때문에 여기에서의 추론은 인자 수준들의 모집단과 관련되어 이루어진다.[1)]

모수모형과 변량모형을 예를 들면, 5개의 서로 다른 형태의 광고가 효과면에서 차이가 있는지를 조사할 경우에는 모수모형에 해당되며, 반면에 전국적으로 수백개의 대리점을 소유하고 있는 회사가 7개의 대리점을 랜덤으로 뽑은 후, 이로부터 얻은 정보를 이용하여 전국의 대리점과 관련된 결론을 얻고자 하는 경우는 변량모형에 해당된다.

1) 모수모형과 변량모형의 근본적인 차이점은 모수모형은 인자 수준 그 자체에 관심을 가지고 선택되기 때문에실험에서 사용된 수준들은 수준들의 모집단으로부터 추출된 표본이 아니라는 것이고, 변량모형은 인자 수준들이 커다란 모집단으로부터 추출된 하나의 표본을 이루고 있으며, 이때의 관심은 모집단에 있게 되는 것이다.

11.2.1 일원분산분석모형-모수모형

인자가 하나이면서 r개의 수준 $A_1,\ A_2,\ \cdots,\ A_r$을 가지고 있고, 각 수준에서 반복 측정수가 n개인 일원분산분석은 다음과 같은 형태의 모형을 가진다.

$$Y_{ij} = \mu_i + \epsilon_{ij} \qquad i = 1,\ 2,\ \cdots,\ r;\ j = 1,\ 2,\ \cdots n$$

여기서 Y_{ij}는 i번째 수준에서 측정된 j번째 값을 나타내며, μ_i는 i번째 수준에서의 모평균을 나타낸다. 그리고 ϵ_{ij}는 Y_{ij}를 측정할 때 관심 있는 요인 이외의 각종 요인들에 의하여 발생하는 오차를 나타내며, 이때 오차는 서로 독립적으로 발생하며, 정규분포 $N(0,\ \sigma^2)$를 따른다고 가정한다.

Tip

일원분산분석모형–모수모형

$$Y_{ij} = \mu_i + \epsilon_{ij}, \qquad i = 1,\ 2,\ \cdots,\ r;\ j = 1,\ 2,\ \cdots n$$

여기서 Y_{ij}는 i번째 수준에서 측정된 j번째 값,
μ_i는 i번째 수준에서의 모평균,
ϵ_{ij}는 오차로서 서로 독립이며, 정규분포 $N(\mu_i,\ \sigma^2)$를 따름.

일원분산분석의 자료구조는 <표 11-1>과 같으며, 여기서 행은 수준을, 열은 반복 측정된 값을 나타낸다. 이때 각 행에서의 측정값은 각 모집단에서 얻어진 n개의 확률표본이 된다.

〈표 11.1〉 일원분산분석의 자료 구조

인 자	측 정 값	평균
수준 1	$Y_{11}\quad Y_{12}\quad \cdots\quad Y_{1n}$	$\overline{Y}_1$
수준 2	$Y_{21}\quad Y_{22}\quad \cdots\quad Y_{2n}$	$\overline{Y}_2$
$\vdots$	$\vdots$	$\vdots$
수준 r	$Y_{r1}\quad Y_{r2}\quad \cdots\quad Y_{rn}$	$\overline{Y}_r$
		$\overline{Y}$

일원분산분석에서의 측정값 Y_{ij}는 모평균이 각각 μ_1, μ_2, $\cdots$, μ_r이고 분산이 σ^2으로 동일한 r개의 정규모집단 $N(\mu_i\ \sigma^2)$에서 각각 독립적으로 n개의 표본을 랜덤으로 추출하여 얻은 값이라고 할 수 있으며, 이를 그림으로 나타내면 <그림 11.1>과 같게 된다. 이때 모평균 μ_i가 모두 동일하다면 모든 분포는 정확히 일치하게 될 것이며, 일원분산분석에서는 이러한 r개 수준들의 평균 μ_i가 같은지의 여부를 판단하게 되는 것이다.

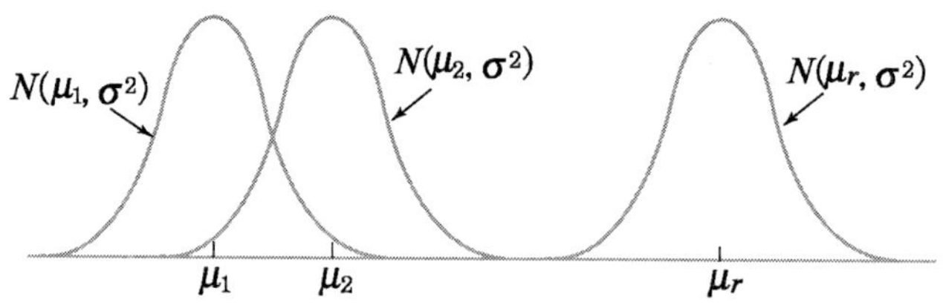

〈그림 11.1〉 일원분산분석모형

11.2.2 기본 원리와 분산분석표

분산분석의 기본원리는 측정된 자료값들의 전체 변동을 비교하고자 하는 인자 수준 간의 차이에 의해서 발생하는 변동과 그 밖의 요인에 의해서 발생하는 변동으로 나누어 자료를 분석하는 것에 바탕을 두고 있다.

측정값 Y_{ij}와 전체 측정값들의 평균 $\overline{Y}$간의 차이인 편차는 다음과 같이 분할 가능하며

$$Y_{ij} - \overline{Y} = (\overline{Y}_i - \overline{Y}) + (Y_{ij} - \overline{Y}_i) \qquad (1)$$

이때 식 (1)에서 우변의 첫째항은 수준 i에서의 측정값과 전체 평균간의 차이 즉, 수준간의 차이에 따른 편차를 나타내며, 두 번째 항은 측정값과 수준평균간의 차이 즉, 수준 i에 의해서 설명될 수 없는 편차를 나타낸다. 식 (1)의 양변을 제곱하여 전체 측정값들에 대하여 모두 더하면 식 (1)은 다음과 같이 되고,

$$\sum_{i=1}^{r}\sum_{j=1}^{n}(Y_{ij}-\overline{Y})^2 = \sum_{i=1}^{r}n(\overline{Y}_i-\overline{Y})^2+\sum_{i=1}^{r}\sum_{j=1}^{n}(Y_{ij}-\overline{Y}_i)^2$$
$$+2\sum_{i=1}^{r}\sum_{j=1}^{n}(\overline{Y}_i-\overline{Y})(Y_{ij}-\overline{Y}_i)$$

여기서

$$2\sum_{i=1}^{r}\sum_{j=1}^{n}(\overline{Y}_i-\overline{Y})(Y_{ij}-\overline{Y}_i)=2\sum_{i=1}^{r}(\overline{Y}_i-\overline{Y})\sum_{j=1}^{n}(Y_{ij}-\overline{Y}_i)$$
$$=2\sum_{i=1}^{r}(\overline{Y}_i-\overline{Y})\times 0=0$$

이 되므로 식 (1)은 다음과 같게 된다.

$$\sum_{i=1}^{r}\sum_{j=1}^{n}(Y_{ij}-\overline{Y})^2 = \sum_{i=1}^{r}n(\overline{Y}_i-\overline{Y})^2+\sum_{i=1}^{r}\sum_{j=1}^{n}(Y_{ij}-\overline{Y}_i)^2 \qquad (2)$$

$$SST \qquad = \qquad SSTR \qquad + \qquad SSE$$

식 (2)에서 좌변은 측정된 자료값 전체의 평균과 각 측정값간의 차이를 제곱하여 모두 더한 값으로 이것을 총변동(total variation) 또는 총제곱합(total sum of squares : SST)이라 부른다.

식 (2)에서 우변의 첫째항은 측정된 자료값 전체의 평균과 각 수준 평균간의 차이를 제곱하여 모두 더한 값으로 비교하고자 하는 인자 수준간의 차이에 의해서 발생하는 변동을 나타내며, 이것을 처리간 변동 또는 처리제곱합(treatment sum of squares : $SSTR$)이라 부른다. 이때 수준들간의 평균이 모두 같다면 처리제곱합 $SSTR$은 0이 되며, 수준들간의 평균 차이가 클수록 $SSTR$은 커지게 된다.

식 (2)에서 우변의 둘째항은 각 인자 수준 내에서의 측정값과 해당 수준 평균간의 차이를 제곱하여 모두 더한 값으로 총제곱합 중에서 인자 수준으로 설명이 되지 않는 변동을 나타내며, 이것을 처리내 변동 또는 오차제곱합(error sum of squares : SSE)이라 부른다. 따라서 각 수준 내에서의 모든 측정값들이 같으면 오차제곱합 SSE는 0이 되며, 각 수준 내에서 측정값들의 변동이 크면 클수록 SSE는 커지게 된다.

분산분석은 분산의 개념을 이용하여 분석하는 방법이기 때문에 분산을 계산할 때와 동일한 요령으로 각각의 제곱합을 해당 자유도로 나누어 얻게 되는 값을 이용하여 수준평균들간의 차이가 존재하는 지에 대한 판단을 하게 된다.

총제곱합 SST 는 두 부분으로 분할할 수 있으므로 자유도 또한 두 부분으로 나눌 수 있다. 총제곱합 SST 를 살펴보면 측정값들의 총개수 $n_T = n \times r$개이고, 이때 총제곱합 $\sum_i \sum_j (Y_{ij} - \overline{Y})^2$과 관련된 제약식이 $\sum\sum (Y_{ij} - \overline{Y}) = 0$ 한 개가 있으므로 SST 의 자유도는 $n_T - 1$이 된다. 처리제곱합 $SSTR$ 에는 r개의 인자 수준평균 $\overline{Y}_{i.}$ 이 있으며, 이때 제약식은 $\sum_i n(\overline{Y}_i - \overline{Y}) = 0$ 한 개가 존재하므로 $SSTR$ 의 자유도는 $r-1$이 된다. 그리고 오차제곱합 SSE 에서 i 번째 수준에 대한 제곱합 $\sum (Y_{ij} - \overline{Y}_i)^2$ 과 관련된 제약식은 $\sum (Y_{ij} - \overline{Y}_i) = 0$ 한 개가 있으므로 이때의 자유도는 $n-1$이 된다. 그리고 SSE 에는 이러한 제약식이 r개 있으므로, 결과적으로 SSE 의 자유도는 $n_T - r$이 된다.

분산분석에서 처리제곱합 $SSTR$ 을 자신의 자유도인 $r-1$로 나눈 값을 처리평균제곱(treatment mean square : $MSTR$), 오차제곱합 SSE 를 자신의 자유도인 $n_T - r$로 나눈 값을 오차평균제곱(error mean square : MSE)이라 한다.

분산분석에서 필요한 모든 정보 즉, 위에서 설명한 제곱합, 자유도, 평균제곱 등을 요인별로 분류하여 정리한 표를 분산분석표(analysis of variance table)라 한다(표 2.2 참조). 분산분석표에서 가장 오른쪽에는 처리평균제곱 $MSTR$과 오차평균제곱 MSE의 상대적인 크기를 나타내는 통계량 F_0의 값이 주어지며, 분산분석에서는 이 값을 이용하여 전체 수준들의 평균이 같은지의 여부를 판단하게 된다. 즉 F_0값의 크기는 처리평균제곱 $MSTR$ 의 크기에 영향을 받으므로 $MSTR$ 이 커지게 되면 MSE 는 작아지게 되고, 결과적으로 F_0의 값은 커지게 된다. 따라서 F_0의 값이 크다는 것은 수준 평균들간의 차이가 심하다는 것을, 반대로 F_0의 값이 작다는 것은 수준 평균들 간에는 차이가 없다는 것을 나타내게 된다.

〈표 11.2〉 일원분산분석표

요인	제곱합	자유도	평균제곱	F_0
처리	$SSTR$	$r-1$	$MSTR$	$MSTR/MSE$
오차	SSE	$n_T - r$	MSE	
전체	SST	$n_T - 1$		

11.2.3 인자효과에 대한 검정

일반적으로 일원분산분석은 r개 수준 평균값들이 같은지를 검정하는 것으로부터 시작되며, 귀무 및 대립가설은 다음과 같이 설정된다.

$$H_0 : \mu_1 = \mu_2 = \cdots = \mu_r$$

$$H_1 : \text{모든 } \mu_i \text{는 같지 않다.} \quad i = 1,\ 2,\ \cdots,\ r$$

분산분석의 목표는 각 수준 평균들을 서로 비교하는 것이다. 만약 각 수준 평균들을 비교하는 기준값으로 전체 평균인 $\mu = \frac{1}{r}\sum_{i=1}^{r}\mu_i$로 정의한 후, 수준 i의 평균 μ_i와 전체 평균 μ간의 차이를 $\alpha_i = \mu_i - \mu$로 표기하면 $\mu_i = \mu + \alpha_i$가 된다. 이러한 관계식으로부터 일원분산분석 모형은 다음과 같은 형태로도 표현되어진다.

$$Y_{ij} = \mu + \alpha_i + \epsilon_{ij}$$

여기서 α_i는 수준 i의 평균 μ_i가 전체 평균 μ로부터 어느 정도 차이가 나는지를 나타내는 값이 되며, 이를 인자의 주효과(main effect)라고 한다.

따라서 인자의 주효과를 이용하여 귀무 및 대립가설을 표현하면 다음과 같다.

$$H_0 : \alpha_1 = \alpha_2 = \cdots = \alpha_r = 0$$

$$H_1 : \text{모든 } \alpha_i \text{는 같지 않다.} \quad i = 1,\ 2,\ \cdots,\ r$$

가설을 검정하기 위한 통계량으로 처리평균제곱 $MSTR$과 오차평균제곱 MSE의 비

$$F_0 = \frac{MSTR}{MSE}$$

가 사용되며, 귀무가설 H_0가 사실일 경우 검정통계량 F_0는 자유도가 $r-1$과 $n_T - r$인 F분포를 따르게 된다. 유의성 여부를 판단하기 위해서는 F분포표나 $P-$값을 사용하며, 주어진 유의수준 α에서 표본으로부터 계산된 검정통계량의 값 f_0가 $f_0 \geq F_\alpha(r-1,\ n_T - r)$ 또는 $P(F \geq f_0) < \alpha$이면 귀무가설 H_0를 기각하게 되고, 그렇지 않으면 H_0를 채택하게 된다. 그리고 이와 같은 검정법을 $F-$검정($F-$test)이라 한다.

Tip

인자효과에 대한 검정-모수모형의 경우

- 가설 : $H_0: \mu_1 = \mu_2 = \cdots = \mu_r$

  H_1 : 모든 μ_i는 같지 않다. $i = 1, 2, \cdots, r$
- 판정방법 : 표본으로부터 계산된 검정통계량의 값 f_0가 유의수준 α에서

  $f_0 \geq F_\alpha(r-1,\ n_T - r)$ 또는 $P-$값$= P(F \geq f_0) < \alpha$이면, H_0를 기각

  $f_0 < F_\alpha(r-1,\ n_T - r)$ 또는 $P-$값$= P(F \geq f_0) \geq \alpha$이면 H_0를 채택

예제 11-1

어느 사료회사에서는 현재 돼지에게 사용하고 있는 사료A 이외에 최근 두 종류의 사료B와 C를 새로이 개발하였다. 사료의 종류간에 차이가 있는지를 조사하기 위하여 랜덤하게 추출된 21마리의 돼지를 7마리씩 3개조로 나누어 세 종류의 사료를 사용하여 30일 동안 사육한 후 체중의 증가량(단위 : kg)을 측정한 결과, <표 11.3>과 같은 자료를 얻었다. 돼지의 체중 증가는 사료의 종류에 따라 차이가 있는지를 유의수준 $\alpha = 0.05$로 검정하여라.

〈표 11.3〉 사료의 종류에 따른 체중 증가량

인자 \ 측정값	1	2	3	4	5	6	7	평 균
사 료 A	30	35	28	29	25	29	34	30
사 료 B	25	31	28	27	23	24	31	27
사 료 C	20	16	17	18	18	17	20	18
전 체								25

풀이 <표 11.3>의 자료로부터 제곱합을 계산하면

$$SSTR = 7\times(30-25)^2 + 7\times(27-25)^2 + 7\times(18-25)^2 = 546$$

$$SST = (30-25)^2 + (35-25)^2 + \cdots + (20-25)^2 = 694$$

$$SSE = SST - SSTR = 694 - 546 = 148$$

계산된 제곱합을 이용하여 작성된 분산분석표는 <표 11.4>와 같다.

〈표 11.4〉 분산분석표

요인	제곱합	자유도	평균제곱	F_0	$P-$값
사료	546	2	273	33.20	9.123×10^{-7}
오차	148	18	8.22		
전체	694	20			

인자(사료)의 효과 검정을 위한 귀무 및 대립가설은 다음과 같다.

$H_0 : \mu_A = \mu_B = \mu_c$, H_1 : 모든 μ_i는 같지 않다, $i = A, B, C$

분산분석표에서 보는 바와 같이 가설을 검정하기 위한 검정통계량F_0의 값은 $f_0 = 33.2$이고, 이때의 P 값은 $P(F_0 \geq 33.2) = 9.123 \times 10^{-7}$로 유의수준 $\alpha = 0.05$보다 작으므로 귀무가설 H_0는 기각된다. 즉, "사료의 종류간에 차이가 있다"고 할 수 있다. ❀

11.2.4 다중비교

(1) 다중비교

인자 수준들의 평균이 같은지 또는 같지 않은지를 판단하는 $F-$검정은 일원분산분석에서 가장 기본적인 검정이다. $F-$검정 결과, "인자 수준들의 평균 μ_i는 모두 같다"는 귀무가설 H_0를 채택할 경우 더 이상의 분석은 필요가 없다. 그러나 검정 결과, 귀무가설 H_0가 기각되어 "인자 수준들의 평균 μ_i는 모두 같지 않다"고 할 경우 그러한 차이가 어디에서 발생되는지에 대한 추가 분석이 필요하다. 예를 들어 A, B, C 세 정유회사에서 생산되는 휘발유의 질이 같은지를 조사하는 실험에서 만약 "세 정유회사의 휘발유의 질이 다르다"고 판정하게 될 경우, 어느 회사의 질이 가장 우수한지 또는 어떤 특정한 두 회사의 휘발유 사이에 차이가 있는지 등의 추가적인 분석을 하게 된다.

수준수가 2개인 일원분산분석에서 귀무가설 H_0가 기각될 때 두 수준 평균간의 차이에 대한 검정은 $t-$검정법을 적용한다. 그러나 비교해야 될 수준수가 3개 이상인 경우에는 이 방법을 적용하는 것은 통계학적으로 부적절하다. 예를 들어, 수준수가 5개일 때 비교해야 될 두 수준평균짝들의 총개수는 $\binom{5}{2} = 10$개가 되어 모두 10번의

$t-$검정을 실시해야 한다. 만약 유의수준 α 에서 10번의 $t-$검정을 반복해서 실시할 경우 제1종 오류를 범할 확률은 사전에 정해진 α가 되는 것이 아니라 이보다 훨씬 커지게 된다. 즉, 유의수준 $\alpha = 0.05$로 10번의 $t-$검정을 각각 독립적으로 할 경우에 제1종 오류를 범할 확률은 $1-(0.95)^{10} = 0.401$로 0.05보다 훨씬 커진다.2) 바꾸어 이야기하면, 각각의 $t-$검정에 대해서 유의수준의 크기를 0.401로 하여야만 모든 두 수준짝들의 검정에 대한 유의수준의 크기가 0.05가 될 수 있다는 것이다. 따라서 비교하여야 될 수준의 수가 많을수록 잘못된 결론(H_0가 참인데도 불구하고 H_0를 기각)을 내릴 확률은 점점 커지게 되는 것이다. 이와 같은 문제점을 해결하기 위하여 유의수준을 설정된 크기로 유지하면서 모든 두 수준짝들의 평균을 동시에 비교할 수 있도록 고안된 검정방법을 다중비교(multiple comparison)라 한다. 다중비교를 위한 검정방법으로는 여러 가지가 있으나 여기서는 튜키(Tukey) 검정법과 던칸(Duncan) 검정법에 대해서만 설명하도록 하겠다.

가. 튜키(Tukey)의 HSD검정법

튜키가 제안한 HSD(honestly significant difference)검정법은 스튜던트화 범위분포(studentized range distribution)를 이용하여 모든 가능한 두 수준짝들의 평균간에 차이가 있는지를 검정하는 방법이다.

튜키의 HSD 검정 절차

(단계 1) 부록의 <표 8>로부터 표준화범위분포의 상위 100(1-α)% 백분위수값 $q_\alpha(r,\ n_T-r)$을 구한다. 여기서 r은 수준수, n_T는 전체 관측수를 나타낸다.

(단계 2) $HSD_{ij} = q_\alpha(r,\ n_T-r)\sqrt{\dfrac{MSE}{n}}$ 를 계산한다.3)

(단계 3) $|\overline{Y}_i - \overline{Y}_j| > HSD_{ij}$이면 귀무가설 $H_0 : \mu_i = \mu_j$를 기각하여 "유의수준 α 에서 두 수준간에 차이가 있다"고 결론을 내린다.

---

2) 10개의 검정에서 H_0가 참일 때 동시에 H_0를 기각하지 않을 확률은 $(0.95)^{10}$이다. 바꾸어 이야기하면, H_0가 참일 때 10개의 H_0중 어느 하나를 잘못 기각할 확률은 $1-(0.95)^{10}=0.401$이 된다. 따라서 동시에 10개의 $t-$검정을 실시하게 되면 최초 계획과는 달리 결과적으로 유의수준이 매우 커져 실제 H_0가 참 즉, 수준평균들간의 차이가 없음에도 불구하고 수준평균들간에 차이가 존재한다고 잘못된 결론을 내릴 확률이 아주 높아지게 되는 것이다.

3) 표본의 크기가 다를 경우에는 $HSD_{ij} = q_\alpha(r,\ n_T-r)\sqrt{\frac{1}{2}\left(\frac{1}{n_i}+\frac{1}{n_j}\right)MSE}$를 사용한다.

예제 11-2

어떤 제품을 생산하고 있는 공장에서 실내 조명이 생산량에 영향을 미치고 있는지를 조사하기 위하여 4가지 조명상태(A, B, C, D)에 작업인원을 각각 5명씩 랜덤하게 배치한 후, 생산량을 측정하였다. <표 11.5>에 주어진 자료에 따르면 조명상태에 따라 생산량의 차이가 있다고 할 수 있는지를 유의수준 $\alpha = 0.05$로 검정하여라. 만약 차이가 존재한다고 할 경우, 어떤 조명간에 차이가 존재하는지를 튜키 검정법을 이용하여 분석하여라.

〈표 11.5〉 조명상태에 따른 생산량

조명상태	생산량				
A	120	100	155	132	138
B	86	74	99	105	95
C	111	150	108	92	120
D	125	140	132	121	123

풀이 〈표 11.6〉 분산분석표

요인	제곱합	자유도	평균제곱	F_0	$P-$값
조명	4515.8	3	1505.27	5.531	0.008
오차	4354.4	16	272.15		
전체	8870.2	19			

분산분석표로부터 검정통계량 F_0의 값은 5.531이고, 이때의 $P-$값은 0.008로 유의수준 $\alpha = 0.05$보다 작으므로 귀무가설 H_0는 기각된다. 즉, "조명상태에 따라 생산량은 차이가 있다"고 할 수 있다.

귀무가설이 기각됨에 따라 튜키 검정법을 이용한 다중비교를 하기위하여 부록의 <표 8>로부터 표준화범위분포의 상위 100(1-α)% 백분위수값을 구하면 $q_\alpha(4,\ 16) = 4.05$이다. 따라서 HSD_{ij}는 다음과 같이 계산된다.

$$HSD_{ij} = q_{0.05}(4,16) \times \sqrt{\frac{272.15}{5}} = (4.05) \times (7.377) = 29.879$$

각 수준에서의 표본평균들을 크기 순서대로 나열한 후 두 수준평균간의 차이와 HSD_{ij}와 비교한 결과를 요약하면 <표 11.7>과 같다.

〈표 11.7〉 튜키 검정법에 의한 결과

	$\overline{y}_B$	$\overline{y}_C$	$\overline{y}_D$	$\overline{y}_A$
$\overline{y}_B$	–	24.4	36.4※	37.2※
$\overline{y}_C$		–	12.0	12.8
$\overline{y}_D$			–	0.8
$\overline{y}_A$				–

여기서 * 표시는 유의수준 $\alpha = 0.05$에서 $\overline{y}_i - \overline{y}_j > HSD_{ij}$ 즉, 두 수준평균간에 유의한 차이를 보이고 있다는 것을 나타낸다. 따라서 "조명 A와 B, B와 D간에 차이가 있다"고 할 수 있다. ❀

나. 던칸(Duncan) 검정법

던칸은 짝지어진 두 수준평균이 서로 같지 않다고 판정하기 위해서는 두 평균값의 차이가 다음과 같이 정의된 값 즉 최소유의범위(least significant range: LSR)보다 커야한다고 하였다.

$$LSR_k = r_\alpha(n_T - r,\ k)\sqrt{\frac{MSE}{n}}, \qquad k = 2,\ 3,\ \cdots,\ p$$

여기서 $r_\alpha(n_T - r,\ k)$를 유의범위(significant range)라고 하며, 그 값은 부록의 <표 9>에 주어져 있다.

던칸 검정 절차

(단계 1) r개의 수준평균들을 계산하여 크기순으로 배열한다.

$$\overline{y}_1 < \overline{y}_2 < \ \cdots \ < \overline{y}_r$$

(단계 2) 부록의 <표 9>에서 $r_\alpha(n_T - r,\ k)$를 구한다.

(단계 3) 최소유의범위(Least Significant Range)를 계산한다.[4)]

$$LSR_k = r_\alpha(n_T - r,\ k)\sqrt{\frac{MSE}{n}}$$

4) 표본수가 다를 경우 $n_h = p / \sum_{i=1}^{p}(1/n_i)$를 n 대신 사용하여 $\sqrt{\frac{MSE}{n_h}}$을 계산한다.

(단계 4) 짝지어진 두 수준평균간에 차이가 있다고 할 수 있는지를 판정한다. 이때 인접한 수준들간의 차이는 LSR_2와 비교하고, 2단계 떨어진 수준들간의 차이는 LSR_3와 비교하고, $r-1$단계 떨어진 수준들간의 차이는 LSR_r과 비교하여 그 차이가 최소유의 범위값보다 크면 "유의수준 α에서 두 수준평균간에는 차이가 있다"고 결론을 내린다.

예제 11-3

예제 11-2)에서 던칸 검정법을 사용하여 분석하여라.

풀이 부록의 <표 8>에서 $n_T - r = 16$, $\alpha = 0.05$일 때 $k = 2, 3, 4$에 대한 유의범위를 구하면 각각 다음과 같다.

$$r_{0.05}(16,\ 2) = 3.00, \quad r_{0.05}(16,\ 3) = 3.15, \quad r_{0.05}(16,\ 4) = 3.23$$

따라서 최소유의범위는

$$LSR_2 = r_{0.05}(16,\ 2)\sqrt{\frac{272.15}{3}} = 22.131$$

$$LSR_3 = r_{0.05}(16,\ 3)\sqrt{\frac{272.15}{3}} = 23.237$$

$$LSR_4 = r_{0.05}(16,\ 4)\sqrt{\frac{272.15}{3}} = 23.827$$

각 수준평균들을 크기순으로 배열한 후 인접한 수준평균들간의 차이와 최소유의 범위를 비교하면 <표 11.8>과 같은 결과를 얻을 수 있다. 여기서 * 표시는 유의수준 $\alpha = 0.05$에서 유의함을 나타낸다.

〈표 11.8〉 던칸 검정법에 의한 검정 결과

	$\overline{y}_B$	$\overline{y}_C$	$\overline{y}_D$	$\overline{y}_A$
$\overline{y}_B$	-	24.2※	36.4※	37.2※
$\overline{y}_C$		-	12.0	12.8
$\overline{y}_D$			-	0.8
$\overline{y}_A$				-

※ 튜키의 검정 결과와 비교하면, 던컨 검정법에서는 A와 B, B와 D이외에도 B와 C간에도 유의한 차이가 있는 것으로 나타나고 있다. 이것은 던컨 검정법이 튜키 검정법보다 두 평균간의 차이를 비교하는데 있어 보다 민감하다는 것을

나타내고 있는 것이다. 바꾸어 이야기하면, 튜키 검정법은 평균간의 차이가 적을 경우 쉽게 그 차이를 인정하지 않는 검정법이라고 할 수 있다. ❀

(2) 대비

다중비교는 설정된 유의수준의 크기가 그대로 유지된 가운데 모든 가능한 두 수준 평균간의 차이에 대한 검정을 동시에 실시하는 검정법이다. 그러나 $F-$검정 결과, "인자 수준들의 평균 μ_i는 모두 같지 않다"고 판정할 경우 짝지어진 두 수준평균간의 차이에 대한 비교뿐만 아니라 경우에 따라서는 셋 이상의 수준평균들을 포함하여 비교를 해야 될 경우도 있다. 예를 들어 A, B, C 세 정유회사에서 생산되는 휘발유의 질이 같은지를 비교하는 실험에서 A정유회사는 원유를 인도네시아로부터, B와 C 두 정유회사는 원유를 사우디아라비아로부터 수입하고 있다고 하자. 이때 휘발유의 질이 원산지에 따라 차이가 있는지를 비교하는 경우가 바로 이에 해당되는 것이다.

분산분석에서는 둘 또는 그 이상의 수준평균들을 포함하는 비교를 하기 위하여 각 수준들의 평균 μ_i를 하나의 직선식으로 표현한 것을 대비(Contrast)라고 하며 L로 표기한다.[5)]

$$L = c_1\mu_1 + c_2\mu_2 + \cdots + c_r\mu_r, \qquad \sum_{i=1}^{r} c_i = 0$$

샤페는 대비 $L = \sum c_i\mu_i$의 추정량으로 $\hat{L} = \sum c_i \overline{Y}_i$를, 추정량의 분산으로 $S^2(\hat{L}) = MSE\sum c_i^2/n_i$를, 샤페계수 $T = \sqrt{(r-1)F_\alpha(r-1,\ n_T - r)}$를 사용하여 대비 L을 검정하는 방법을 제시하였다.

Tip

샤페 검정법

- 가설 $H_0 : L = 0, \qquad H_1 : L \neq 0$
- 판정방법: 표본으로부터 계산된 통계량 $\hat{L}$의 값 $\hat{l}$이 유의수준 α에서
  $|\hat{l}| \geq T \cdot s(\hat{L})$이면, 귀무가설 H_0를 기각
  $|\hat{l}| < T \cdot s(\hat{L})$이면, 귀무가설 H_0를 채택

5) 대비에는 앞에서 설명한 둘씩 짝지어진 두 수준평균간의 비교도 포함된다.

샤페 검정법에 의한 대비 L의 검정은 100(1-α)% 신뢰구간을 이용하여 할 수도 있다. 즉, L에 대한 100(1-α)% 신뢰구간을 계산하여 그 구간 안에 0이 포함되면 귀무가설 H_0를 채택하고, 그렇지 않으면 H_0를 기각하면 된다.

Tip

대비 L의 100(1-α)% 신뢰구간

$$\hat{L} \pm T \cdot S(\hat{L}), \quad \text{여기서} \quad T = \sqrt{(r-1)F_{\alpha}(r-1,\ n_T-r)}$$

샤페 검정법은 표본의 크기가 같거나 또는 같지 않을 때 모두 적용 가능하다. 그리고 두 인자 수준 평균차 $\mu_i - \mu_j$가 대비 L의 한 특수한 형태이기 때문에 이에 대한 검정에도 사용가능하다.

예제 11-4

K 식품회사에서는 어떤 제품의 판매량이 포장지의 형태에 따라 차이가 있는지를 알아보기 위하여, 4 종류의 포장지를 사용하여 생산한 제품을 3개의 대리점에 공급하여 판매량을 조사하였다. <표 11.9>의 자료를 이용하여 아래 물음에 답하여라.

〈표 11.9〉 포장지 종류에 따른 판매량

포장지의 형태	대 리 점			전 체	평 균
	1	2	3		
#1(3색+만화)	12	18		30	15
#2(3색)	14	12	13	39	13
#3(5색+만화)	19	17	21	57	19
#4(5색)	24	30		54	27
				180	18

(1) 포장지의 색상에 따라 판매량 차이가 있는지를 유의수준 $\alpha = 0.10$에서 검정하여라.

(2) 만화의 삽입 여부에 따라 판매량 차이가 있는지를 유의수준 $\alpha = 0.10$에서 검정하여라.

$$L_2 = \frac{\mu_1 + \mu_3}{2} - \frac{\mu_2 + \mu_4}{2}$$

(3) 포장지가 3색일 때 만화의 삽입 여부에 따라 판매량 차이가 있는지를 유의수준 $\alpha = 0.10$에서 검정하여라.

$$L_3 = \mu_1 - \mu_2$$

(4) 포장지가 5색일 때 만화의 삽입여부에 따라 판매량 차이가 있는지를 유의수준 $\alpha = 0.10$에서 검정하여라.

$$L_4 = \mu_3 - \mu_4$$

풀이 (1) 대비 $L_1 = \frac{\mu_1 + \mu_2}{2} - \frac{\mu_3 + \mu_4}{2}$일 때 L_1의 추정값은 $\hat{l_1} = -9$, 표준오차는 $s(\widehat{L_1}) = 1.79$이고, 샤페계수는 $T = \sqrt{3 \times F_{0.1}(3,\ 6)} = 3.141$이므로

$$|-9| > (3.141) \cdot (1.79) = 5.622$$

이다. 따라서 귀무가설 $H_0 : L_1 = 0$는 기각되어 "포장지의 색상에 따라 판매량은 차이가 있다"고 할 수 있다.

(2) 대비 $L_2 = \frac{\mu_1 + \mu_3}{2} - \frac{\mu_2 + \mu_4}{2}$일 때 L_2의 추정값은 $\hat{l_2} = -3$, 표준오차는 $s(\widehat{L_2}) = 1.79$이므로

$$|-3| < (3.141) \cdot (1.79) = 5.622$$

이다. 따라서 귀무가설 $H_0 : L_2 = 0$는 채택되어 "만화 삽입여부에 따라 판매량은 차이가 없다"고 할 수 있다.

(3) 대비 $L_3 = \mu_1 - \mu_2$일 때 L_3의 추정값은 $\hat{l_3} = 2$, 표준오차는 $s(\widehat{L_3}) = 2.63$이므로

$$|2| < (3.141) \cdot (2.63) = 8.261$$

이다. 따라서 귀무가설 $H_0 : L = 0$는 채택되어 "포장지가 3색일 때 만화 삽입여부에 따라 판매량은 차이가 없다"고 할 수 있다.

(4) 대비 $L_4 = \mu_3 - \mu_4$일 때 L_4의 추정값은 $\hat{l_4} = -8$, 표준오차는 $s(\widehat{L_4}) = 2.53$이므로

$$|-8| > (3.141) \cdot (2.53) = 7.947$$

이다. 따라서 귀무가설 $H_0 : L = 0$는 기각되어 "포장지가 5색일 때 만화 삽입여부에 따라 판매량은 차이가 있다"고 할 수 있다.

※ 참고적으로, 신뢰구간을 이용하여 검정을 하여 보도록 하자. 4가지 형태의 대비 각각에 대한 90% 신뢰구간을 구하면

$$-14.6 \le L_1 \le -3.4$$

$$-8.6 \le L_2 \le 2.6$$

$$-5.9 \le L_3 \le 9.9$$

$$-15.9 \le L_4 \le -0.1$$

이다. 여기서 대비 L_1 과 L_4 의 신뢰구간이 0을 포함하고 있지 않으므로 두 경우에서만 귀무가설 H_0 는 기각되어 위에서와 결과와 일치하게 됨을 알 수 있다. ❀

참고

모든 가능한 두 수준평균들 사이의 차이에 관한 검정의 경우, 표본의 크기가 같을 때에는 튜키의 검정법을, 표본의 크기가 다를 때에는 샤페의 검정법이 검정력이 우수한 것으로 알려져 있다. 하지만 다중비교 또는 대비에 대한 검정에서 어느 방법이 가장 우수하다고 단정적으로 말하기 어렵다. 따라서 이들 중 몇 개의 검정법을 동시에 실행하여 종합적으로 판단하는 것이 바람직하다고 할 수 있다.

11.2.5 기본 가정의 타당성 검토

회귀분석에서 주어진 모형에 대한 기본 가정들이 타당한지에 대한 검토는 매우 중요하다. 반면에 분산분석모형은 일부 가정들에 대하여 로버스트(robust)[6]하기 때문에 분산분석에서 기본 가정들의 만족성 여부에 대한 검토는 회귀분석의 경우보다는 덜 중요하다. 따라서 측정된 값들이 기본 가정들로부터 크게 벗어나지 않는다면 커다란 문제가 되지 않는다. 분산분석에서 기본 가정에 대한 검토는 회귀분석의 경우와 마찬가지로 잔차 $e_{ij} = Y_{ij} - \overline{Y}_i$를 이용하여 이루어진다.

(1) 정규성

정규성에 대한 만족 여부는 각 수준에서 잔차들의 히스토그램, 상자그림, 또는 정규확률도 등을 이용하여 검토할 수 있다. 즉, 잔차에 대한 히스토그램이 정규분포와 비슷한 형태를 이루고 있거나 상자그림에서 특이값들이 나타나지 않고 대칭성에서 크게 벗어나지 않는다면 정규성은 만족된다고 보면 된다. 그리고 잔차들에 대한 정규확률도를 그렸을 때 잔차값들이 직선으로부터 크게 벗어나지 않는다면 정규성은 만족된다고 보면 된다.

6) 통계적 검정에서 사용된 검정법이 기본 가정(정규성, 독립성, 등분산성 등)을 벗어나는 것에 대하여 덜 영향을 받을 때 그 검정법은 '로버스트하다'고 말한다.

(2) 오차의 등분산성

분산분석모형에서는 오차항 ϵ_{ij}가 모든 수준에서 동일한 분산을 갖는다고 가정하였다. 이러한 등분산성의 만족 여부는 각 수준에서 x축을 $\widehat{Y_{ij}}$, y축을 잔차 e_{ij}로 한 산점도를 이용하거나 또는 Bartlett이 제시한 검정법을 이용하여 판단하면 된다.

가. 산점도를 이용할 경우

잔차에 대한 산점도에서 $\widehat{Y_{ij}}$가 커짐에 따라 잔차의 흩어진 상태가 넓어진다면 이것은 측정값이 커짐에 따라 오차가 커진다고 볼 수 있다. 예를 들어 <그림 11.2>에서 (a)와 (b)의 경우 잔차값들은 0을 중심으로 흩어지는 경향이 비슷하므로 수준 1, 2의 분산은 동일하다고 할 수 있으며, 반면에 (c)의 경우는 (a)와 (b)와는 달리 잔차값들이 흩어져 있는 폭이 크므로 수준 3의 분산은 수준 1과 수준 2의 분산보다 크다고 할 수 있다.

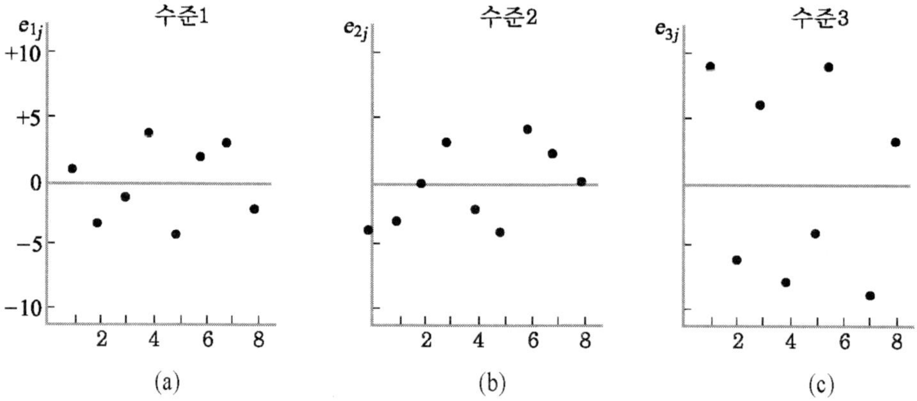

〈그림 11.2〉 산점도를 이용한 등분산성 판단

나. Bartlett 검정법

Bartlett 검정법은 표본의 크기가 같거나 같지 않을 경우 모두에 적용할 수 있는 방법으로서 가설

$$H_0 : \sigma_1^2 = \sigma_2^2 = \cdots = \sigma_r^2, \qquad H_1 : \text{모든 } \sigma_i^2\text{는 같지 않다}$$

을 검정하기 위한 검정통계량으로

$$M = \frac{1}{c}(n_T - r)\ln MSE - \sum_{i=1}^{r}(n_i - 1)\ln s_i^2$$

를 사용한다. 여기서

$$c = 1 + \frac{1}{3(r-1)}\left(\sum \frac{1}{n_i - 1} - \frac{1}{n_T - r}\right),\quad MSE = \frac{1}{n_T - r}\sum (n_i - 1)s_i^2,\quad s_i^2$$

은 i번째 수준의 표본분산을 각각 나타낸다.

통계량 M은 자유도 $r-1$인 χ^2분포로 근사해 가며, 만약 s_i^2간의 차이가 크면 통계량 M의 값은 커지게 되고, s_i^2간에 차이가 적으면 M의 값은 0에 가까워진다. 따라서 표본으로부터 계산된 검정통계량의 값 m이 $m > \chi^2_\alpha(r-1)$ 또는 $P-$값 $= P(M \ge m) < \alpha$이면 유의수준 α에서 귀무가설 H_0를 기각하게 되고, 그렇지 않으면 H_0를 재택하게 된다.

Tip

Bartlett 검정

- 가설: $H_0 : \sigma_1^2 = \sigma_2^2 = \cdots = \sigma_k^2$, H_1 : 모든 σ_i^2은 같지 않다
- 판정방법: 표본자료로부터 계산된 검정통계량의 값 m가 유의수준 α에서
  $m > \chi^2_\alpha(r-1)$ 또는 $P-$값$= P(M \ge m) < \alpha$이면 귀무가설 H_0를 기각
  $m \le \chi^2_\alpha(r-1)$ 또는 $P-$값$= P(M \ge m) \ge \alpha$이면 귀무가설 H_0를 채택

예제 11-5

어떤 회사에서는 완제품이 생산되기까지의 시간을 공장별로 구분하여 1번 공장에서는 20번, 2번 공장에서는 17번, 3번 공장에서는 21번을 반복 측정하였다. 측정값으로부터 계산된 값들이 <표 11.10>과 같을 때 세 공장에서 완제품 생산에 소요되는 시간의 분산은 동일하다고 할 수 있는지를 유의수준 $\alpha = 0.05$에서 검정하여라. 단, 세 공장에서 완제품 생산에 소요되는 시간은 각각 정규분포를 따른다고 가정한다.

〈표 11.10〉 포장지 종류에 따른 판매량

공장	s_i^2	$n_i - 1$	$(n_i - 1)s_i^2$	$\ln s_i^2$	$(n_i - 1)\ln s_i^2$
1	415	19	7,885	6.028	114.537
2	698	16	11,168	6.548	104.771
3	384	20	7,680	5.950	119.013
계		55	26,733		

풀이 $MSE = 26{,}733/55 = 486.05$, $\ln MSE = \ln 486.05 = 6.186$, $c = 1.025$이므로 검정통계량의 값은

$$m = \frac{1}{1.025}(55 \times 6.186 - 338.321) = 1.879$$

가 된다. 따라서 $m = 1.879 < \chi^2_{0.05}(2) = 5.99$이므로(또는 $P-$값을 계산하면 $P(M \geq 1.879) = 0.391$이고 이값은 유의수준 $\alpha = 0.05$보다 크므로) 귀무가설 H_0는 기각되지 않는다. 즉 "세 공장에서 완제품을 만드는데 소요되는 시간의 분산은 모두 동일하다"고 할 수 있다.

※ 가정이 성립하지 않을 경우의 해결책

① 가정이 성립하지 않을 경우 각 수준에서의 표본수가 같을 경우에는 그다지 영향을 받지 않으나 각 처리의 표본수가 다를 경우에는 많은 영향을 받게 된다. 따라서 이러한 경우에는 종속변수에 대한 변수변환을 하면 된다. 예를 들어 분산 σ_i^2이 수준평균 μ_i에 비례하는 경우에는 $\sqrt{Y}$ 또는 $\sqrt{Y} + \sqrt{Y+1}$ 변환을, 표준편차 σ_i가 수준평균 μ_i에 비례하는 경우에는 $\log Y$변환을 하면 된다.7)

② 정규성의 가정은 만족하면서 등분산성이 만족되지 않을 경우 분산을 안정시키기 위한 변환은 정규성을 위배하게 할 수 있다. 그러나 다행스럽게도 정규성과 등분산성의 위배는 동시에 일어나는 경우가 대부분이며, 이때 등분산성을 해결하기 위한 자료의 변환은 대개 정규성을 동시에 개선시키는 효과를 가져오게 된다.

③ 정규성의 가정이 심각하게 위배될 경우에는 비모수 검정법인 크루스칼 왈리스 검정법(Kruskal-Wallis test)을 사용하는 것이 바람직하다.

2.2.6 일원분산분석모형-변량모형

일원분산분석에서 모수모형의 경우와는 달리 실험에서 사용된 수준 그 자체에 근본적인 관심이 있는 것이 아니라 수준들의 전체 집단에 관심이 있는 경우가 있다. 예를 들어 20대의 기계로 어떤 제품을 생산하고 있는 공장에서 4대의 기계를 랜덤으로 추출한 후 1주일 동안 4대의 기계에서 생산되는 일일 생산량을 조사한다고 할 경우, 이때의 관심은 4대의 기계가 아니라 공장 전체 기계와 관련된 추론에 있게 된다. 변량모형은 이러한 경우를 위하여 설계된 모형이다. 따라서 변량모형에서는 실험에서

7) 자료를 변환한 후에는 변환된 자료가 등분산성의 가정을 만족하는지를 반드시 검토하여야 한다.

사용된 r개의 수준이 전체 수준의 모집단으로부터 추출된 확률표본이기 때문에 수준평균 μ_i를 확률변수로 간주하여 여기서 얻어진 결론을 모집단 전체로 확장하게 되는 것이다.

변량모형인 경우의 일원분산분석모형은 다음과 같다.

$$Y_{ij} = \mu_i + \epsilon_{ij} \quad i = 1,\ 2,\ \cdots,\ r;\ j = 1,\ 2,\ \cdots,\ n \tag{3}$$

여기서 μ_i와 ϵ_{ij}는 모두 확률변수로서 μ_i는 $N(\mu,\ \sigma_\mu^2)$, ϵ_{ij}는 $N(0,\ \sigma^2)$을 따르고, μ_i와 ϵ_{ij}는 서로 독립이라고 가정한다.[8)]

변량모형에서는 일반적으로 모수 μ_i에 관한 추론보다는 μ_i의 모집단과 관련된 추론에 관심을 가지게 된다. 변량모형에서 Y_{ij}의 기대값은 기대값의 성질로부터

$$E(Y_{ij}) = E(\mu_i + \epsilon_{ij}) = E(\mu_i) + E(\epsilon_{ij}) = \mu + 0 = \mu$$

가 되고 Y_{ij}의 분산은 μ_i와 ϵ_{ij}가 서로 독립이므로 분산의 성질로부터

$$V(Y_{ij}) = V(\mu_i + \epsilon_{ij}) = V(\mu_i) + V(\epsilon_{ij}) = \sigma_\mu^2 + \sigma^2$$

가 된다.[9)] 그리고 μ_i의 분산인 σ_μ^2은 $V(Y_{ij})$에 대한 상대적인 크기 즉,

$$\frac{\sigma_\mu^2}{\sigma_\mu^2 + \sigma^2} \tag{4}$$

에 의하여 보다 의미있게 설명되어진다. 분모 $\sigma_\mu^2 + \sigma^2$은 측정값 Y_{ij}의 전체 변동을, 분자 σ_μ^2은 인자 수준들간의 차이에 기인한 변동을 나타내므로 식 (4)는 Y_{ij}의 전체 변동중에서 인자 수준들간의 차이에 의해서 설명되어지는 변동량의 정도를 의미하게 된다. 기계 생산량의 예를 이용하여 설명하면, 분모는 공장내의 모든 기계에 의한 생산량의 총변동을, 분자는 기계간의 차이에 의한 생산량의 변동을 의미한다. 따라서 값이 0에 가깝다는 것은 기계들간의 차이가 거의 없다는 것을, 반면에 값이 0.5 또는 그 이상으로 크다는 것은 전체 변동 중 기계들 간의 차이에 따른 변동이 상당히 크다는 것을 나타낸다. 이러한 경우에는 기계들간의 차이를 줄일 수 있는 방안을 강구

8) 변량모형과 모수모형은 서로 비슷하지만 그 차이점은 모수모형에서 인자 수준 μ_i가 상수인 반면 변량모형에서는 μ_i가 확률변수라는 사실이다.

9) 모형 Y_{ij}의 분산은 두 성분 σ_μ^2와 σ^2의 합이기 때문에 변량모형은 때때로 분산성분모형(components of variance model)이라 부르기도 한다.

해야 할 것이다.

변량모형에서 가설검정은 개별 처리효과에 대한 검정이 아니라 다음과 같은 가설에 대한 검정을 한다.

$$H_o : \sigma_\mu^2 = 0, \quad H_1 : \sigma_\mu^2 > 0 \tag{5}$$

여기서 귀무가설 H_0는 모든 수준 평균이 같다는 즉, $\mu_1 = \cdots = \mu_r = \mu$라는 것을, 반면에 대립가설 H_1은 수준평균들간에 차이가 있다는 것을 의미한다.[10)]

변량모형은 모수모형과 다르지만 분산분석은 동일한 형태로 이루어진다. 즉, 변량모형에서 평균제곱합 MSE와 $MSTR$의 기대값을 구하면

$$E(MSE) = \sigma^2$$
$$E(MSTR) = \sigma^2 + n'\sigma_\mu^2$$

여기서

$$n' = \frac{1}{r-1}\left[\left(\sum n_i\right) - \sum \frac{n_i^2}{\sum n_i}\right]$$

이고, 이때 $\sigma_\mu^2 = 0$이라면 MSE와 $MSTR$의 기대값은 σ^2으로 동일할 것이며, $\sigma_\mu^2 \neq 0$이면 항상 $E(MSTR) > E(MSE)$가 될 것이다. 따라서 $MSTR$과 오차평균제곱 MSE의 상대적인 크기를 나타내는 통계량

$$F_0 = \frac{MSTR}{MSE}$$

이 검정통계량으로 사용되어 F_0의 값이 크면 귀무가설은 기각되어 질 것이다. 귀무가설 H_0가 사실일 때 검정통계량 F_0는 자유도가 $r-1$과 $n_T - r$인 F분포를 따르게 된다. 따라서 표본으로부터 계산된 검정통계량의 값을 f_0라고 할 때 $f_0 > F_\alpha(r-1,\ n_T - r)$ 또는 P값$= P(F_0 \geq f_0) < \alpha$이면 유의수준 α에서 귀무가설 H_0를 기각하게 되고, 그렇지 않으면 H_0를 채택하게 된다.

---

10) 기계 생산량에서 μ_i는 i번째 기계의 평균 생산량을 의미하므로 μ_i의 분산 σ_μ^2은 μ_i간의 차이가 클수록 그 값은 커지게 되고, 반면에 μ_i가 모두 같을 경우에는 $\sigma_\mu^2 = 0$이 된다.

Tip

인자효과에 대한 검정–변량모형의 경우

- 가설 : $H_o : \sigma_\mu^2 = 0, \quad H_1 : \sigma_\mu^2 > 0$
- 판정방법 : 표본으로부터 계산된 검정통계량의 값 f_0가 유의수준 α 에서

$f_0 \geq F_\alpha(r-1,\ n_T-r)$ 또는 $P-$값$=P(F \geq f_0) < \alpha$이면, H_0를 기각

$f_0 < F_\alpha(r-1,\ n_T-r)$ 또는 $P-$값$=P(F \geq f_0) \geq \alpha$이면 H_0를 채택

예제 11-6

어떤 대기업에서 신입사원 면접시험을 위하여 기업 전체 이사들중에서 5명의 을 랜덤으로 뽑은 후 지원자들을 면접하도록 하였다. 면접 결과 이사들이 지원자들에게 부여한 점수가 <표 11.11>과 같다고 할 때 이사들이 부여한 면접점수간에 차이가 있다고 할 수 있는지를 유의수준 $\alpha = 0.05$에서 검정하여라.

〈표 11.11〉 포장지 종류에 따른 판매량

이사	면접점수			
A	76	64	85	75
B	58	75	81	66
C	49	63	62	46
D	74	71	85	90
E	66	74	81	79

풀이 (1) 귀무 및 대립가설은 다음과 같이 설정된다

$$H_o : \sigma_\mu^2 = 0, \quad H_1 : \sigma_\mu^2 > 0$$

〈표 11.12〉 분산분석표

요인	제곱합	자유도	평균제곱	F_0	$P-$값
처리	1,480	4	370	4.89	0.0100
오차	1,134	15	75.6		
전체	2,614	19			

<표 11.11>의 자료로부터 작성된 분산분석표가 <표 11.12>와 같을 때 검정통계량 F_0의 값 $f_0 = 4.89 > \quad F_{0.05}(4,\ 15) = 3.06$이므로(또는 $P-$값을 계산하면

$P(F_0 \geq 4.89) = 0.010$이고 이값은 유의수준 $\alpha = 0.05$보다 작으므로) 귀무가설 H_0는 기각된다. 즉, "기업내의 이사들이 부여한 점수간에는 차이가 있다"고 할 수 있다. ❀

11-3 이원분산분석

지금까지는 반응변수에 영향을 주는 인자가 하나인 일원분산분석에 대하여 살펴보았다. 이 절에서는 반응변수에 영향을 주는 인자가 두 개인 이원분산분석에 대하여 알아보도록 할 것이다.

일원분산분석과 이원분산분석의 차이점은 일원분산분석에서는 인자 수준 그 자체가 하나의 처리가 되지만 이원분산분석에서는 각 인자 수준들의 조합 하나 하나가 한 개의 처리로 간주된다는 것이다. 즉, 인자 A가 a 개의 수준, 인자 B가 b 개의 수준을 각각 가질 때 두 인자 수준들의 총 처리수는 ab 가지가 된다.

일반적으로 실험 결과에 대한 신뢰도를 높이기 위해서는 가능하다면 주어진 조건하에서 2회 이상 실험을 반복하는 것이 바람직하다. 하지만 때로는 반복 실험이 불가능할 경우도 있을 수 있는데 여기서는 두 가지 경우를 구분하여 설명하도록 하겠다.

11.3.1 반복실험이 아닌 경우

(1) 이원분산분석모형

두 개의 인자 A와 B가 각각 a 개와 b 개의 수준을 가지고, 각 처리에서의 측정수가 한 개인 이원분산분석은 다음과 같은 형태의 모형을 가진다.

$$Y_{ij} = \mu_{ij} + \epsilon_{ij}, \qquad i = 1,\ 2,\ \cdots,\ a;\ \ j = 1,\ 2,\ \cdots,\ b$$

여기서 인자 A의 i번째 주효과를 $\alpha_i (= \mu_{i\cdot} - \mu)$, 인자 B의 주효과를 β_j $(= \mu_{\cdot j} - \mu)$라고 할 때 위의 모형은 다음과 같이 표현되어진다.

$$Y_{ij} = \mu + \alpha_i + \beta_i + \epsilon_{ij}, \qquad i = 1,\ 2,\ \cdots,\ a;\ \ j = 1,\ 2,\ \cdots,\ b$$

Tip

반복실험이 아닌 이원분산분석모형

$$Y_{ij} = \mu + \alpha_i + \beta_j + \epsilon_{ij} \quad i = 1, 2, \cdots, a; \quad j = 1, 2, \cdots, b$$

여기서 Y_{ij}는 인자 A의 i번째와 인자 B의 j번째 처리에서의 측정값,
μ는 전체 모집단의 평균,
α_i와 β_j는 각각 인자 A의 i번째와 인자 B의 j 번째 주효과,
ϵ_{ij}는 오차로서 서로 독립이며 $N(\mu_i, \sigma^2)$를 따름.

두 개의 인자 A와 B가 각각 a 개와 b 개의 수준을 가지며 각 처리내에 측정값이 하나일 경우의 자료구조는 <표 11.13>과 같다.

〈표 11.13〉 이원분산분석의 자료구조

인자 A \ 인자 B	1	2	…	b	평균
1	Y_{11}	Y_{12}	…	Y_{1b}	$\overline{Y}_{1\cdot}$
2	Y_{21}	Y_{22}	…	Y_{2b}	$\overline{Y}_{2\cdot}$
⋮	⋮	⋮	⋮	⋮	⋮
a	Y_{a1}	Y_{a2}	…	Y_{ab}	$\overline{Y}_{a\cdot}$
평균	$\overline{Y}_{\cdot 1}$	$\overline{Y}_{\cdot 2}$	…	$\overline{Y}_{\cdot b}$	$\overline{Y}_{\cdot\cdot}$

(2) 기본 원리와 분산분석표

처리내에 측정값이 한 개인 이원분산분석모형은 편차 $Y_{ij} - \overline{Y}_{\cdot\cdot}$를 다음과 같이 3개의 성분합으로 나타낼 수 있다.

$$Y_{ij} - \overline{Y}_{\cdot\cdot} = (\overline{Y}_{i\cdot} - \overline{Y}_{\cdot\cdot}) + (\overline{Y}_{\cdot j} - \overline{Y}_{\cdot\cdot}) + (Y_{ij} - \overline{Y}_{i\cdot} - \overline{Y}_{\cdot j} - \overline{Y}_{\cdot\cdot})$$

양변을 제곱한 후에 모든 측정값에 대하여 더하면 위식은 다음과 같게 된다.

$$\sum_{i=1}^{a}\sum_{j=1}^{b}(Y_{ij} - \overline{Y}_{\cdot\cdot}) = b\sum_{i=1}^{a}(\overline{Y}_{i\cdot} - \overline{Y}_{\cdot\cdot})^2 + a\sum_{j=1}^{b}(\overline{Y}_{\cdot j} - \overline{Y}_{\cdot\cdot}) + \sum_{i=1}^{a}\sum_{j=1}^{b}(Y_{ij} - \overline{Y}_{i\cdot} - \overline{Y}_{\cdot j} - \overline{Y}_{\cdot\cdot})^2$$

$$SST \quad = \quad SSA \quad + \quad SSB \quad + \quad SSE$$

자유도: $ab-1$ $\quad a-1 \quad b-1 \quad (a-1)(b-1)$

위식으로부터 총제곱합 SST는 인자 A의 수준평균들 사이의 제곱합 SSA 와 인자 B의 수준평균들 사이의 제곱합 SSB, 그리고 기타 요인에 의해서 발생되는 오차제곱합 SSE로 분할되어지고, 이들 사이에는 $SST = SSA + SSB + SSE$의 관계가 성립하게 됨을 알 수 있다.

처리내의 측정수가 한 개뿐인 경우의 이원분산분석표는 <표 11.14>와 같다.

〈표 11.14〉 이원분산분석표

요인	제곱합	자유도	평균제곱	F_0
인자 A	SSA	$a-1$	MSA	MSA/MSE
인자 B	SSB	$b-1$	MSB	MSB/MSE
오차	SSE	$(a-1)(b-1)$	MSE	
전체	SST	$ab-1$		

(3) 인자효과에 대한 검정

가. 인자 A의 효과

인자 A의 효과를 검정하기 위한 가설은

$$H_0 : \alpha_1 = \cdots \ \alpha_a = 0$$
$$H_1 : \text{모든 } \alpha_i \text{는 0이 아니다}, \quad i = 1, \ldots, a$$

이며, 검정통계량으로

$$F_0 = \frac{MSA}{MSE}$$

가 사용된다. 검정통계량 F_0 는 귀무가설 H_0 가 사실일 때 자유도 $a-1$과 $(a-1)(b-1)$인 F 분포를 따른다. 따라서 표본으로부터 계산된 검정통계량 F_0의 값을 f_0라고 할 때 주어진 유의수준 α 에서 $f_0 \geq F_\alpha[a-1,\ (a-1)(b-1)]$ 또는 $P-$값$= P(F_0 \geq f_0) < \alpha$ 이면 귀무가설 H_0 를 기각한다.

나. 인자 B의 효과

인자 B의 효과를 검정하기 위한 가설은

$$H_0 : \beta_1 = \cdots = \beta_b = 0$$
$$H_1 : \text{모든 } \beta_j \text{는 0이 아니다}, \quad j = 1, \ldots, b$$

이며, 검정통계량으로

$$F_0 = \frac{MSB}{MSE}$$

가 사용된다. 검정통계량F_0는 귀무가설H_0가 사실일 때 자유도 $b-1$과 $(a-1)(b-1)$인 F분포를 따른다. 따라서 표본으로부터 계산된 검정통계량 F_0의 값을 f_0라고 할 때 주어진 유의수준 α에서 $f_0 \geq F_\alpha[b-1,\ (a-1)(b-1)]$ 또는 $P-$값$= P(F_0 \geq f_0) < \alpha$ 이면 귀무가설 H_0를 기각한다.

Tip

인자효과에 대한 검정

(1) 인자 A의 효과

- 가설 : $H_0 : \alpha_1 = \cdots \alpha_a = 0$, H_1 : 모든 α_i는 0이 아니다
- 검정통계량: $F_0 = \dfrac{MSA}{MSE}$
- 판정방법 : 표본으로부터 계산된 검정통계량 F_0의 값 f_0가 유의수준 α에서 $f_0 \geq F_\alpha[a-1,\ (a-1)(b-1)]$ 또는 $P-$값$< \alpha$이면, 귀무가설 H_0를 기각

(2) 인자 B의 효과

- 가설 : $H_0 : \beta_1 = \cdots = \beta_b = 0$, H_1 : 모든 β_j는 0이 아니다
- 검정통계량: $F_0 - \dfrac{MSB}{MSE}$
- 판정방법 : 표본으로부터 계산된 검정통계량 F_0의 값을 f_0가 유의수준 α에서 $f_0 \geq F_\alpha[b-1,\ (a-1)(b-1)]$ 또는 $P-$값$< \alpha$이면, 귀무가설 H_0를 기각

예제 11-7

K와 M 두 보험회사의 차종(1,000cc이하, 1,500cc, 1,800cc)에 따른 분기별 보험료(단위 : 천원)가 <표 11.15>와 같다고 할 때 유의수준 $\alpha = 0.05$로 차종(인자 A)과 회사(인자 B)의 효과에 대한 검정을 하여라.

〈표 11.15〉 보험회사와 차종에 따른 보험료

차종 \ 보험회사	K회사	M회사	평 균
1,000cc 이하	140	100	120
1,500cc	210	180	195
1,800cc	220	200	210
평 균	190	160	175

풀이 제곱합 및 분산분석표는 다음과 같다.

$$SSA = 2[(120-175)^2 + (195-175)^2 + (210-175)^2] = 9,300$$

$$SSB = 3[(190-175)^2 + (160-175)^2] = 1,350$$

$$SSE = (140-120-190+175)^2 + \cdots + (200-210-160+175)^2 = 100$$

$$SST = (140-175)^2 + \cdots + (200-175)^2 = 10,750$$

〈표 11.16〉 분산분석표

요인	제곱합	자유도	평균제곱	F_0	P-값
인자 A	9,300	2	4,650	93	0.0106
인자 B	1,350	1	1,350	27	0.0350
오차	100	2	50		
전체	10,750	5			

(1) 인자 A의 효과에 대한 검정

귀무 및 대립가설은

$$H_0 : \alpha_1 = \alpha_2 = \alpha_3 = 0, \quad H_1 : \text{모든 } \alpha_i \text{는 0이 아니다}, \quad i = 1,\ 2,\ 3$$

이며, 분산분석표에서 P값은 $P(F_0 \geq 93) = 0.0106$으로 유의수준 $\alpha = 0.05$보다 작으므로 귀무가설 H_0는 기각된다. 즉, "보험료는 차종에 따라 차이가 있다"고 할 수 있다.

(2) 인자 B의 효과에 대한 검정

귀무 및 대립가설은

$$H_0 : \beta_1 = \beta_2 = 0, \quad H_1 : \text{모든 } \beta_j \text{는 0이 아니다}, \quad j = 1,\ 2$$

이며, 분산분석표에서 P값은 $P(F_0 \geq 27) = 0.0350$으로 유의수준 $\alpha = 0.05$보다 작으므로 귀무가설 H_0는 기각된다. 즉, "보험료는 회사에 따라 차이가 있다"고 할 수 있다. ❀

11.3.2 반복실험인 경우

(1) 이원분산분석모형

두 개의 인자 A와 B가 각각 a 개와 b 개의 수준을 가지며 각 처리에는 반복 측정된 값이 n개 존재한다고 하자. 이때 인자 A의 i 번째 수준과 인자 B의 j 번째 수준에서 측정된 k 번째 값을 Y_{ijk}라고 할 때 Y_{ijk}에는 인자 A와 B의 효과뿐만 아니라 두 인자의 교호작용에 의해서 발생되는 효과도 포함하게 된다. 여기서 교호작용효과(Interaction Effect)란 인자 A와 B가 서로 복잡하게 얽혀 나타나는 반응효과를 말한다. 예를 들어 강철의 강도가 탄소 함유량과 담금 온도에 따라 어떻게 변화하는지에 대한 실험에서 탄소 함유량은 적지만 담금 온도가 높을수록 철강의 강도가 높아지고, 반대로 탄소 함유량은 많지만 담금 온도가 낮을수록 철강의 강도가 높아지는 현상이 발생할 경우 이것은 바로 두 인자 사이의 교호작용에 의해서 생겨나는 효과가 되는 것이다.

각 처리에서 n번 반복 측정된 이원분산분석에서는 전체 모평균 μ 와 각 인자 수준들의 평균 $\mu_{i\cdot}$ 또는 $\mu_{\cdot j}$간의 차이를 주효과(Main Effect)라 하며, α_i와 β_j로 표기한다. 즉,

- 인자 A의 i 번째 주효과 : $\alpha_i = \mu_{i\cdot} - \mu$
- 인자 B의 j 번째 주효과 : $\beta_j = \mu_{\cdot j} - \mu$

그리고 처리평균 μ_{ij}와 $\mu_{i\cdot} + \mu_{\cdot j} - \mu$와의 차이를 교호작용효과라 하며 $(\alpha\beta)_{ij}$로 표기한다. 즉,

$$(\alpha\beta)_{ij} = \mu_{ij} - \mu_{i\cdot} - \mu_{\cdot j} + \mu = \mu_{ij} - (\mu + \alpha_i + \beta_j)$$

따라서 처리내에서의 측정값이 n 개인 이원분산분석모형 $Y_{ijk} = \mu_{ij} + \epsilon_{ijk}$이 주효과 α_i와 β_j, 교호작용효과 $(\alpha\beta)_{ij}$항을 포함하게 될 경우 다음과 같이 표현된다.

$$Y_{ijk} = \mu + \alpha_i + \beta_j + (\alpha\beta)_{ij} + \epsilon_{ijk},$$

여기서 μ는 전체에 대한 모평균, $\sum_i \alpha_i = 0$, $\sum_j \beta_j = 0$, $\sum_i \sum_j (\alpha\beta)_{ij} = 0$

Tip

반복실험일 경우의 이원분산분석모형

$$Y_{ijk} = \mu + \alpha_i + \beta_j + (\alpha\beta)_{ij} + \epsilon_{ijk}$$

$$i = 1,\ 2,\ \cdots,\ a;\ j = 1,\ 2,\ \cdots,\ b;\ k = 1,\ 2,\ \cdots,\ n$$

여기서 Y_{ijk}는 인자 A의 i번째와 인자 B의 j번째 수준에서의 k번째 측정값,
μ는 전체 모집단의 평균,
α_i와 β_j는 각각 인자 A의 i번째와 인자 B의 j 번째 주효과,
$(\alpha\beta)_{ij}$는 인자 A의 i번째와 인자 B의 j 번째 처리에서의 교호작용효과
ϵ_{ijk}는 오차로서, 서로 독립이며 $N(\mu_i,\ \sigma^2)$을 따름.

교호작용효과가 있다는 것은 두 요인이 서로 복잡하게 얽혀 반응효과가 나타나고 있다는 것을 의미한다. 두 요인 사이의 교호작용 존재여부는 두 요인의 모든 수준에서 평균값을 계산하여 그래프를 그려 봄으로써 개략적으로 알 수 있다. 즉, 평균값에 대한 그래프에서 두 직선이 평행인 경우에는 교호작용이 없다고 보며, 평행상태에서 심하게 빗어나거나 교차하는 경우는 교호작용이 존재한다고 할 수 있다. 예를 들어, 어떤 일을 배우는데 걸리는 시간을 연령(10대, 30대, 50대)과 성별(남, 여)에 따라 조사하여 그 평균값을 계산한 후, 이를 그래프로 나타낸 결과가 <그림 11.3>과 같다고 하자. 이때 그림 (a)의 경우 남자와 여자 모두 일을 배우는데 걸리는 시간 차이가 모든 수준에서 4시간으로 일정하기 때문에 두 직선은 평행으로 나타나며, 이것은 인자 A와 B 사이에 교호작용이 존재하지 않는다는 것을 의미하는 것이다. 반면에 그림 (b)의 경우 성별에 따라 일을 배우는데 걸리는 시간에서 서로 차이가 나며 또한 각 연령대에서도 서로 차이가 있어 평균값들을 연결한 직선은 서로 교차하여 나타나고 있다. 이것은 인자 A와 B 사이에 교호작용이 존재하고 있기 때문에 이러한 현상이 나타나고 있음을 의미하는 것이 된다.

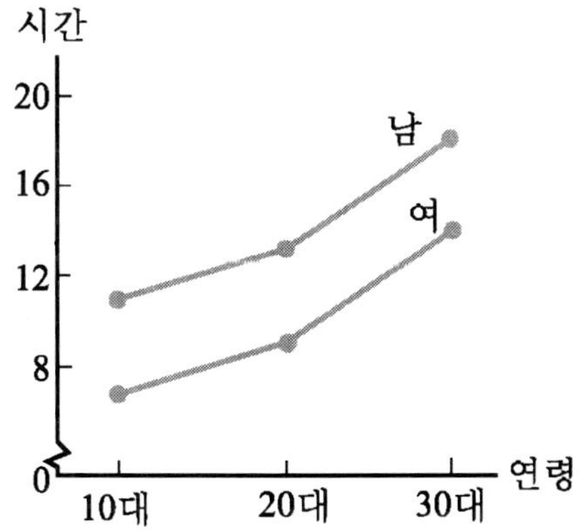

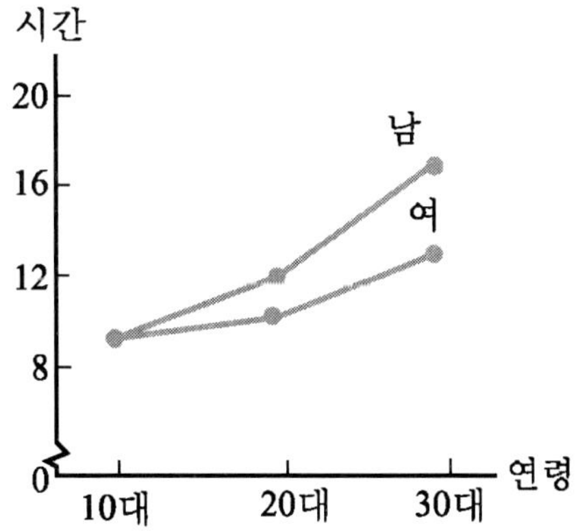

<a> 교호작용이 없는 경우 <b> 교호작용이 있는 경우

〈그림 11.3〉 각 처리에서의 평균값에 대한 그림

(2) 기본 원리와 분산분석표

반복측정이 있을 경우 편차 $Y_{ijk} - \overline{Y}_{\cdots}$는 다음과 같이 4개의 성분합으로 나타낼 수 있다.

$$Y_{ijk} - \overline{Y}_{\cdots} = (\overline{Y}_{i\cdot\cdot} - \overline{Y}_{\cdots}) + (\overline{Y}_{\cdot j\cdot} - \overline{Y}_{\cdots}) + (Y_{ij\cdot} - \overline{Y}_{i\cdot\cdot} - \overline{Y}_{\cdot j\cdot} - \overline{Y}_{\cdots}) + (Y_{ijk} - \overline{Y}_{ij\cdot})$$

여기서 $\overline{Y}_{\cdots}$는 전체 평균,

$\overline{Y}_{i\cdot\cdot}$와 $\overline{Y}_{\cdot j\cdot}$는 각각 요인 A의 i번째와 요인 B의 j번째 처리의 평균

$\overline{Y}_{ij\cdot}$는 요인 A의 i번째와 요인 B의 j번째 처리의 평균

위식에서 양변을 세곱한 후에 모든 측정값에 대하여 더하면

$$\sum_{i=1}^{a}\sum_{j=1}^{b}\sum_{k=1}^{n}(Y_{ijk} - \overline{Y}_{\cdots})^2 = bn\sum_{i=1}^{a}(\overline{Y}_{i\cdot\cdot} - \overline{Y}_{\cdots})^2 + an\sum_{j=1}^{b}(\overline{Y}_{\cdot j\cdot} - \overline{Y}_{\cdots})^2$$

$$+ n\sum_{i=1}^{a}\sum_{j=1}^{b}(Y_{ij} - \overline{Y}_{i\cdot\cdot} - \overline{Y}_{\cdot j\cdot} - \overline{Y}_{\cdots})^2 + \sum_{i=1}^{a}\sum_{j=1}^{b}\sum_{k=1}^{n}(Y_{ijk} - \overline{Y}_{ij\cdot})^2$$

가 되고, 이들 사이에는 $SST = SSA + SSB + SSAB + SSE$의 관계가 성립하게 된다. 그리고 SST의 자유도는 $nab-1$, SSA의 자유도는 $a-1$, SSB의 자유도는 $b-1$, $SSAB$의 자유도는 $(a-1)(b-1)$, SSE의 자유도는 $ab(n-1)$이다.

일원분산분석의 경우와 마찬가지로 제곱합, 자유도, 그리고 제곱합을 각각의 자유도로 나눈 평균제곱합 등을 요인별로 분류하여 정리하면 <표 11.17>과 같은 이원분산분석표를 얻게 된다.

〈표 11.17〉 이원분산분석표

요인	제곱합	자유도	평균제곱	F_0
인자 A	SSA	$a-1$	MSA	MSA/MSE
인자 B	SSB	$b-1$	MSB	MSB/MSE
교호작용	$SSAB$	$(a-1)(b-1)$	$MSAB$	$MSAB/MSE$
오차	SSE	$ab(n-1)$	MSE	
전체	SST	$nab-1$		

각 처리에서의 측정값이 n개인 이원분산분석은 다음과 같은 절차를 통하여 이루어진다.

(단계 1) 교호작용효과의 존재 여부에 대한 검정을 한다.

(단계 2) 교호작용효과가 존재하지 않을 경우 주효과에 대한 분석을 한다.

(단계 3) 교호작용효과가 존재할 경우 교호작용의 중요성 여부를 조사한다.

(단계 4) 교호작용이 중요하지 않을 경우 주효과에 대한 분석을 한다.

(단계 5) 교호작용이 중요할 경우 종속변수를 변환시켜 교호작용효과를 제거한 후, 주효과에 대한 분석을 한다.[11)]

(3) 효과에 대한 검정

가. 교호작용효과

교호작용효과의 존재 여부를 검정하기 위한 귀무 및 대립가설은

$H_0 : (\alpha\beta)_{ij} = 0, \quad i = 1, \cdots, a, \ j = 1, \cdots, b$

$H_1 :$ 모든 $(\alpha\beta)_{ij}$는 0이 아니다. $i = 1, \cdots, a, \ j = 1, \cdots, b$

11) 교호작용이 존재할 경우에는 인자들의 주효과 이외에 교호작용효과가 포함되어 있기 때문에 일반적으로 모형의 해석이 명백하지 않게 된다. 이러한 경우에는 측정값 Y_{ijk}를 $\sqrt{Y_{ijk}}$, Y_{ijk}^2, 또는 $\log Y_{ijk}$ 등으로 적절이 변환시켜 교호작용을 제거한 후 분석하는 것이 바람직하다.

이며, 검정통계량으로

$$F_0 = \frac{MSAB}{MSE}$$

가 사용된다. 이때 검정 통계량 F_0는 귀무가설 H_0가 사실일 때 자유도 $(a-1)(b-1)$와 $ab(n-1)$인 F분포를 따른다. 따라서 표본으로부터 계산된 검정통계량 F_0의 값 f_0가 유의수준 α에서 $f_0 \geq F_\alpha[(a-1)(b-1),\ ab(n-1)]$ 또는 $P-$값 $= P(F_0 \geq f_0) < \alpha$이면 귀무가설 H_0를 기각하게 되고, 그렇지 않으면 H_0를 채택하게 된다.

나. 인자 A의 효과

인자 A가 존재하는지를 검정하기 위한 귀무가설 및 대립가설은

$H_0 : \alpha_1 = \cdots = \alpha_a = 0$

$H_1 :$ 모든 α_i는 0이 아니다 $i = 1, \cdots, a$

이며, 검정통계량으로

$$F_0 = \frac{MSA}{MSE}$$

가 사용된다. 이때 검정 통계량 F_0는 귀무가설 H_0가 사실일 때 자유도 $a-1$와 $ab(n-1)$인 F분포를 따른다. 따라서 표본으로부터 계산된 검정통계량 F_0의 값 f_0가 유의수준 α에서 $f_0 \geq F_\alpha[a-1,\ ab(n-1)]$ 또는 $P-$값$= P(F_0 \geq f_0) < \alpha$이면 귀무가설 H_0를 기각하게 되고, 그렇지 않으면 H_0를 채택하게 된다.

다. 인자 B의 효과

인자 B가 존재하는지를 검정하기 위한 귀무가설 및 대립가설은

$H_0 : \beta_1 = \cdots = \beta_b = 0$

$H_1 :$ 모든 β_j는 0이 아니다. $j = 1, \cdots, b$

이며, 검정통계량으로

$$F_0 = \frac{MSB}{MSE}$$

가 사용된다. 이때 검정통계량 F_0는 귀무가설 H_0가 성립할 때 자유도 $b-1$과

$ab(n-1)$인 F분포를 따른다. 따라서 표본으로부터 계산된 검정통계량 F_0의 값 f_0가 유의수준 α에서 $f_0 \geq F_\alpha[b-1,\ ab(n-1)]$ 또는 $P-$값$=P(F_0 \geq f_0) < \alpha$이면 귀무가설 H_0를 기각하게 되고, 그렇지 않으면 H_0를 채택하게 된다.

Tip

인자효과에 대한 검정-처리내의 측정수가 n개일 경우

(1) 교호작용효과

- 가설 : $H_0 : (\alpha\beta)_{ij} = 0$, H_1 : 모든 $(\alpha\beta)_{ij}$는 0이 아니다.
- 검정통계량: $F_0 = \dfrac{MSAB}{MSE}$
- 판정방법 : 표본으로부터 계산된 검정통계량 F_0의 값 f_0가 유의수준 α에서 $f_0 \geq F_\alpha[(a-1)(b-1),\ ab(n-1)]$
  또는 $P-$값$=P(F_0 \geq f_0) < \alpha$이면, 귀무가설 H_0를 기각

(2) 인자 A의 효과

- 가설 : $H_0 : \alpha_1 = \cdots = \alpha_a = 0$, H_1 : 모든 α_i는 0이 아니다
- 검정통계량: $F_0 = \dfrac{MSA}{MSE}$
- 판정방법 : 표본으로부터 계산된 검정통계량 F_0의 값 f_0가 유의수준 α에서 $f_0 \geq F_\alpha[a-1,\ ab(n-1)]$
  또는 $P-$값$=P(F_0 \geq f_0) < \alpha$이면, 귀무가설 H_0를 기각

(3) 인자 B의 효과

- 가설 : $H_0 : \beta_1 = \cdots = \beta_b = 0$, H_1 : 모든 β_j는 0이 아니다
- 검정통계량: $F_0 = \dfrac{MSB}{MSE}$
- 판정방법 : 표본으로부터 계산된 검정통계량 F_0의 값 f_0가 유의수준 α에서 $f_0 \geq F_\alpha[b-1,\ ab(n-1)]$
  또는 $P-$값$=P(F_0 \geq f_0) < \alpha$이면, 귀무가설 H_0를 기각

예제 11-8

어떤 제빵회사에서는 새로운 조리법에 의하여 만든 빵을 각 대리점에 공급하고 있다. 이 빵이 진열대에 놓이는 위치(아래, 중간, 위)와 차지하는 공간 넓이(보통, 넓음)에 따라 판매량에 차이가 있는지를 조사하기 위하여 환경(대리점의 크기, 인구의 밀집도 등)이 비슷한 12개의 대리점을 랜덤으로 추출하여 각 처리에 2개씩 할당한 후 판매량을 조사한 결과, <표 11.18>과 같은 자료를 얻었다. 진열대에 놓이는

위치(인자 A)와 공간 넓이(인자 B)에 따라 빵의 판매량에 차이가 있는지를 유의수준 $\alpha = 0.05$로 검정하여라.

〈표 11.18〉 진열대 위치와 공간 넓이에 따른 판매량

인자 A \ 인자 B		진열대 공간 넓이	
		보통	넓음
진열대 위치	아래칸	47, 43	45, 51
	중간칸	62, 68	67, 71
	위칸	41, 39	42, 46

풀이 주어진 자료로부터 작성된 분산분석표는 다음과 같다.

〈표 11.19〉 분신분석표

요인	제곱합	자유도	평균제곱	F_0	$P-$값
인자 A	1420.66	2	710.33	68.74	7.31×10^{-5}
인자 B	40.33	1	40.33	3.903	0.0955
교호작용	0.67	2	0.33	0.032	0.9684
오차	62	6	10.33		
전체	1523.66	11			

(1) 교호작용효과에 대한 검정

귀무 및 대립가설은

$$H_0 : \text{모든 } (\alpha\beta)_{ij} = 0\text{이다}, \ i = 1, 2, 3; \ j = 1, 2$$

$$H_1 : H_0\text{가 아니다}$$

이며, 분산분석표에서 P값은 $P(F_0 \geq 0.032) = 0.9684$로 유의수준 $\alpha = 0.05$보다 크므로 귀무가설 H_0는 채택된다. 즉, "진열대에 놓이는 위치와 공간넓이의 교호작용에 대한 효과는 존재하지 않는다"고 할 수 있다.

(2) 인자 A(위치)의 효과에 대한 검정

귀무 및 대립가설은

$$H_0 : \alpha_1 = \alpha_2 = \alpha_3 = 0$$

$$H_1 : \text{모든 } \alpha_i\text{는 0이 아니다.} \quad i = 1, 2, 3$$

이며, 분산분석표에서 P값은 $P(F_0 \geq 68.74) = 7.31 \times 10^{-5}$으로 유의수준 $\alpha = 0.05$보다 작으므로 귀무가설 H_0는 기각된다. 즉, "빵의 판매량은 진열대에 놓

이는 위치에 따라 차이가 있다"고 할 수 있다.

(3) 인자 B(공간 넓이)의 효과에 대한 검정

귀무 및 대립가설은

$$H_0 : \beta_1 = \beta_2 = 0$$

$$H_1 : \text{모든 } \beta_j \text{는 0이 아니다.} \quad j = 1,\ 2$$

이며, 분산분석표에서 P값은 $P(F_0 \geq 3.903) = 0.0955$로 유의수준 $\alpha = 0.05$보다 크므로 귀무가설 H_0는 채택된다. 즉, "빵의 판매량은 진열대 공간 넓이에 따라 차이가 없다"고 할 수 있다. ❀

(4) 다중비교

이원분산분석에서 인자 효과가 존재할 경우 인자 A의 두 수준평균 차이 $\mu_{l\cdot} - \mu_{m\cdot}$ 또는 인자 B의 두 수준평균 차이 $\mu_{\cdot k} - \mu_{\cdot l}$이 존재하는지를 검정하기 위하여 다중비교를 하게 된다. 다중비교를 하는 절차는 인자가 2개라는 것만 제외하고 일원분산분석의 경우와 동일하다.

Tip

다중비교(튜키 검정법)

- 인자 A의 수준 차이 $D = \mu_{l\cdot} - \mu_{m\cdot}$에 대한 검정

  $|\hat{D}| \geq HSD_{lm}$이면, 귀무가설 $H_0 : \mu_{l\cdot} = \mu_{m\cdot}$ 기각

  여기서 $\hat{D} = \overline{Y}_{l\cdot} - \overline{Y}_{m\cdot}$, $S(\hat{D}) / \sqrt{MSE/bn}$, $HSD_{lm} = q_\alpha[a,\ ab(n-1)] \cdot S(\hat{D})$
- 인자 B의 수준 차 $D = \mu_{\cdot k} - \mu_{\cdot l}$에 대한 검정

  $|\hat{D}| \geq HSD_{kl}$이면, 귀무가설 $H_0 : \mu_{\cdot k} = \mu_{\cdot l}$ 기각

  여기서 $\hat{D} = \overline{Y}_{\cdot k} - \overline{Y}_{\cdot l}$, $S(\hat{D}) / \sqrt{MSE/an}$, $HSD_{kl} = q_\alpha[b,\ ab(n-1)] \cdot S(\hat{D})$

예제 11-9

예제 11-8)에서 인자 A의 효과에 대한 검정을 실시한 결과 유의수준 $\alpha = 0.05$에서 유의하였다. 어느 수준들의 차이에 의해서 이러한 결과가 나왔는지 튜키 검정법을 이용하여 분석하여라.

풀이 인자 A의 수준에 대한 다중비교를 하기 위하여 필요한 통계량을 계산한 결과는 다음과 같다.

$$\widehat{D_1} = \overline{Y}_{1\cdot} - \overline{Y}_{2\cdot} = 46.5 - 67 = -20.5$$

$$\widehat{D_2} = \overline{Y}_{1\cdot} - \overline{Y}_{3\cdot} = 46.5 - 42 = 4.5$$

$$\widehat{D_3} = \overline{Y}_{2\cdot} - \overline{Y}_{3\cdot} = 67 - 42 = 25$$

$$MSE = 10.33, \quad a = 3, \quad b = 2, \quad n = 2, \quad ab(n-1) = 6$$

$$S^2(\hat{D}) = \frac{MSE}{bn} = \frac{10.33}{2 \times 2} = 2.5825$$

그리고 튜키의 HSD_{ij} 는

$$HSD_{ij} = q_{\alpha}[a,\ ab(n-1)] \times S(\hat{D}) = q_{0.05}(3,\ 6) \times (\sqrt{2.5825})$$
$$= (3.07) \times (1.607) = 4.93349$$

이며, 이때 모든 수준에서의 반복수가 같으므로 각 수준평균간의 차이를 검정하는 데 사용되는 HSD_{ij} 값은 동일하다. 그러므로

$|\widehat{D_1}| - 20.5 > HSD_{12} = 4.93349$ 이므로 $H_0: \mu_{1\cdot} = \mu_{2\cdot}$ 를 기각

$|\widehat{D_2}| = 4.5 < HSD_{13} = 4.93349$ 이므로 $H_0: \mu_{1\cdot} = \mu_{3\cdot}$ 를 채택

$|\widehat{D_3}| = 25 > HSD_{23} = 4.93349$ 이므로 $H_0: \mu_{2\cdot} = \mu_{3\cdot}$ 를 기각

한다. 따라서 "진열대의 위와 중간, 중간과 아래 사이에는 판매량에 있어서 차이가 존재한다"고 할 수 있다. 즉, "진열대의 중간에 놓는 것이 다른 위치에 놓는 것보다 판매량이 많다"고 할 수 있다.

11-4 Excel 실습

실습 1 **예제 11-1)의 일원분산분석 절차**

(단계 1) A1~C8까지 자료를 입력한다(그림 11.4 참조).

	A	B	C	D
1	사료 A	사료 B	사료 C	
2	30	25	20	
3	35	31	16	
4	28	28	17	
5	29	27	18	
6	25	23	18	
7	29	24	17	
8	34	31	20	
9				

〈그림 11.4〉 자료 입력 결과

(단계 2) [데이터] 메뉴에서 [데이터 분석]-[분석도구]-[분산분석: 일원배치법]을 차례로 선택한 후 "확인" 버튼을 누른다.

(단계 3) [분산분석: 일원배치법] 대화상자에서 "입력범위"란에 자료범위(여기서는 $A$1:$C$8)를, "첫째 행 이름표 사용"을 선택하고, "출력 범위"란에 결과가 출력될 위치(여기서는 $E$2)를 입력하고 "확인" 버튼을 누른다(그림 11.5 참조).

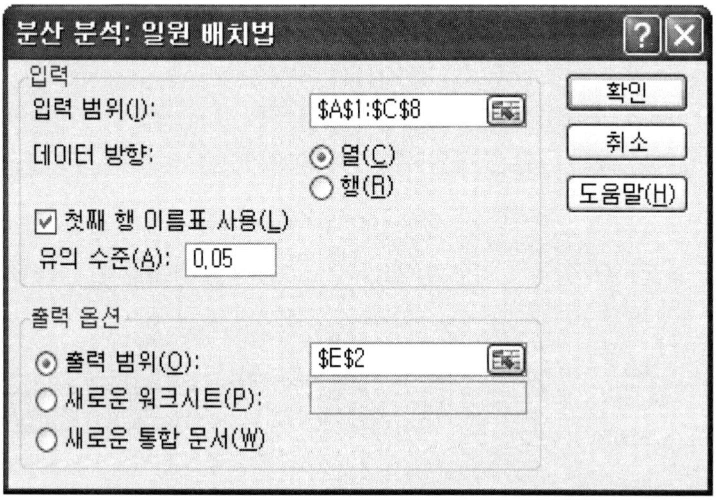

〈그림 11.5〉 [분산분석: 일원배치법] 대화상자

(단계 4) <그림 11.6>의 분산분석 결과에는 각 수준과 관련된 통계량의 값(관측수, 합, 평균, 분산 등)과 분산분석표가 포함되어있다. 분산분석표로부터 검정통계량의 값(여기서는 "F비") 또는 $P-$값을 읽어 유의성 여부를 판단하면 된다. 표에서 "F 기각치"는 기각역과 채택역의 경계값 즉, 임계값을 의미한다.
※ 여기서는 F비 $= 33.2027 > F_{0.05}(2,\ 18) = 3.5545$이므로 귀무가설 H_0는 기각된다고 결론을 내리던지 또는 $P-$값$= 9.12 \times 10^{-7} < \alpha = 0.05$이므로 귀무가설 H_0는 기각된다고 결론을 내리면 된다.

분산 분석: 일원 배치법						
요약표						
인자의 수준	관측수	합	평균	분산		
사료 A	7	210	30	12		
사료 B	7	189	27	10.33333		
사료 C	7	126	18	2.333333		
분산 분석						
변동의 요인	제곱합	자유도	제곱 평균	F 비	P-값	F 기각치
처리	546	2	273	33.2027	9.12E-07	3.554557
잔차	148	18	8.222222			
계	694	20				

〈그림 11.6〉 [분산분석: 일원배치법] 출력 결과

실습 2 **예제 11-7)의 "이원분산분석-반복실험이 아닌 경우" 절차:**

(단계 1) A1~C4까지 자료를 입력한다(그림 11.7 참조).

	A	B	C	D
1		K사	M사	
2	1000cc	140	100	
3	1500cc	210	180	
4	1800cc	220	200	
5				
6				

〈그림 11.7〉 자료 입력 결과

(단계 2) [데이터] 메뉴에서 [데이터 분석]-[분석도구]-[분산분석: 반복없는 이원배치법]을 차례로 선택한 후 "확인" 버튼을 누른다.

(단계 3) [분산분석: 반복없는 이원배치법] 대화상자에서 "입력범위"란에 자료범위(여기서는 $A$1:$C$4)를, "이름표"를 선택하고, "출력 범위"란에 결과가 출력될 위치(여기서는 $E$2)를 입력하고 "확인" 버튼을 누른다(그림 11.8 참조).

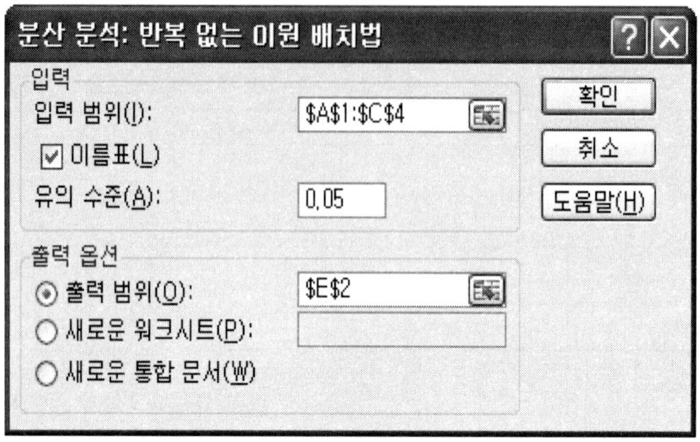

〈그림 11.8〉 [분산분석: 반복없는 이원배치법] 대화상자

(단계 4) <그림 11.9>에는 각 수준과 관련된 통계량의 값과 분산분석표가 출력되어 있다. 분산분석표로부터 검정통계량의 값 또는 $P-$값을 이용하여 유의성 여부를 판단하면 된다. 여기서는 인자 A(차종)의 효과에 대한 $P-$값 0.0106은 유의수준 $\alpha=0.05$보다 작으므로 귀무가설 H_0를 기각하면 되고, 인자 B(보험회사)의 효과에 대한 $P-$값 0.0350 역시 유의수준 $\alpha=0.05$보다 작으므로 귀무가설 H_0를 기각하면 된다.

분산 분석: 반복 없는 이원 배치법						
요약표	관측수	합	평균	분산		
1000cc	2	240	120	800		
1500cc	2	390	195	450		
1800cc	2	420	210	200		
K사	3	570	190	1900		
M사	3	480	160	2800		
분산 분석						
변동의 요인	제곱합	자유도	제곱 평균	F 비	P-값	F 기각치
인자 A(행)	9300	2	4650	93	0.010638	19
인자 B(열)	1350	1	1350	27	0.035099	18.51282
잔차	100	2	50			
계	10750	5				

〈그림 11.9〉 [분산분석: 반복없는 이원배치법] 출력 결과

실습 3 **예제 11-8)의 "이원분산분석-반복실험인 경우" 절차:**

(단계 1) A1~C7까지 자료를 입력한다(그림 11.10 참조).

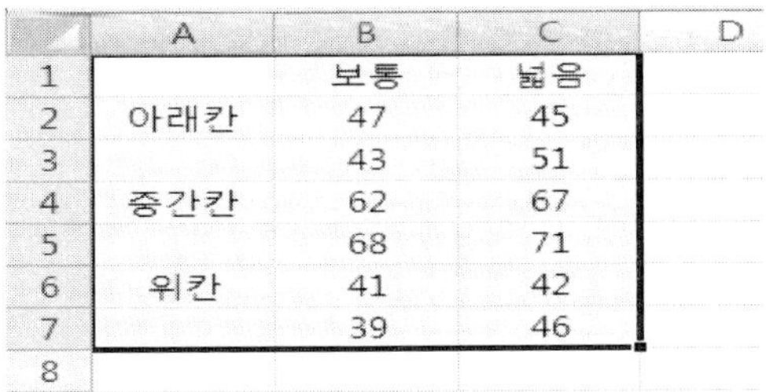

〈그림 11.10〉 자료 입력 결과

(단계 2) [데이터] 메뉴에서 [데이터 분석]-[분석도구]-[분산분석: 반복있는 이원배치법]을 차례로 선택한 후 "확인" 버튼을 누른다.

(단계 3) [분산분석: 반복있는 이원배치법] 대화상자에서 "입력범위"란에 자료범위(여기서는 $A$1:$C$7)를, "이름표"를 선택하고, "출력 범위"란에 결과가 출력될 위치(여기서는 $E$2)를 입력하고 "확인" 버튼을 누른다(그림 11.11 참조).

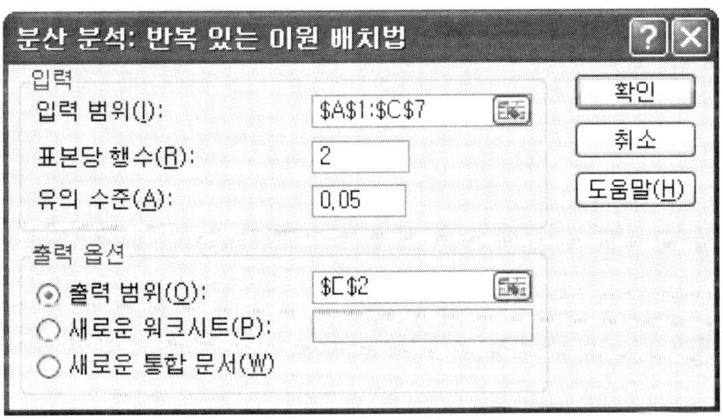

〈그림 11.11〉 [분산분석: 반복있는 이원배치법] 대화상자

(단계 4) <그림 11.12>에는 각 수준과 관련된 통계량의 값과 분산분석표가 출력되어 있다. 분산분석표로부터 검정통계량의 값 또는 $P-$값을 이용하여 유의성 여부를 판단하면 된다. 여기서는 두 인자의 교호작용효과에 대한 $P-$값 0.9684는 유의수준 $\alpha = 0.05$보다 크므로 교호작용효과가 없다는 귀무가설

H_0는 채택된다. 그리고 인자 A(위치)의 효과에 대한 $P-$값 7.3121×10^{-5}은 유의수준 $\alpha = 0.05$보다 작으므로 귀무가설 H_0는 기각되고, 인자 B(공간 넓이)의 효과에 대한 $P-$값 0.0935는 유의수준 $\alpha = 0.05$보다 크므로 귀무가설 H_0를 채택된다. 즉, 인자 A(위치)의 효과는 존재하는 반면에 인자 B(공간 넓이)의 효과는 존재하지 않는다고 할 수 있다.

분산 분석: 반복 있는 이원 배치법						
요약표	보통	넓음	계			
아래칸						
관측수	2	2	4			
합	90	96	186			
평균	45	48	46.5			
분산	8	18	11.66667			
중간칸						
관측수	2	2	4			
합	130	138	268			
평균	65	69	67			
분산	18	8	14			
위칸						
관측수	2	2	4			
합	80	88	168			
평균	40	44	42			
분산	2	8	8.666667			
계						
관측수	6	6				
합	300	322				
평균	50	53.66667				
분산	145.6	151.0667				
분산 분석						
변동의 요인	제곱합	자유도	제곱 평균	F 비	P-값	F 기각치
인자 A(행)	1420.667	2	710.3333	68.74194	7.31E-05	5.143253
인자 B(열)	40.33333	1	40.33333	3.903226	0.095597	5.987378
교호작용	0.666667	2	0.333333	0.032258	0.968423	5.143253
잔차	62	6	10.33333			
계	1523.667	11				

〈그림 11.12〉 [분산분석: 반복있는 이원배치법] 출력 결과

실습 3 **예제 11-8)에서 인자 수준평균을 그림으로 출력하기 위한 절차:**

(단계 1) 각 인자 수준평균값을 셀 A1부터 D5까지 입력한다(그림 11.13 참조).

	A	B	C
1		보통	넓음
2	아래	45	48
3	중간	65	69
4	위	40	44
5			

〈그림 11.13〉 자료 입력 결과

(단계 2) [삽입] 메뉴의 [차트]에서 "꺾은선형" 차트, "표식이 있는 꺾은선형" 차트를 차례로 선택하면 <그림 11.14>와 같은 그림이 출력된다.

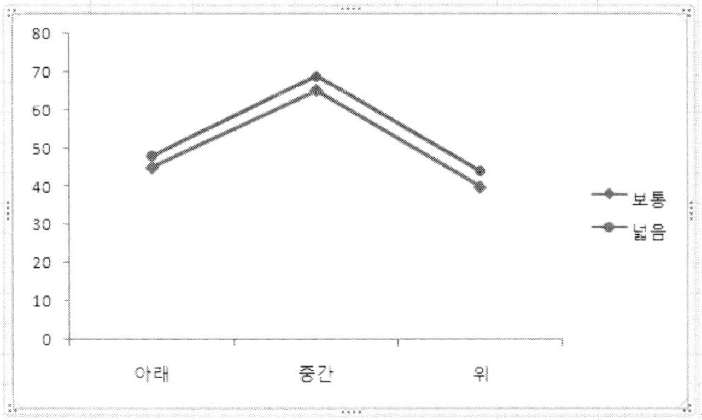

〈그림 11.14〉 그림 출력 결과

그림 내용 변경 요령

- Y축의 보조 눈금선을 없애고자 할 경우: Y축에 마우스를 옮겨 "세로(값)축 주 눈금선" 표시가 나타나면 마우스를 눌러 "세로(값)축 주 눈금선"을 활성화 시킨 후, Delete키를 눌러 삭제함(또는 "레이아웃"-"눈금선"-"기본 가로 눈금선"-"없음"을 차례로 선택).
- 그림상의 수준평균의 점 모양과 색상을 바꾸고자 할 경우: 마우스를 좌표점 위에 놓고 클릭하여 좌표점들을 활성화시킨 후, 마우스의 오른쪽을 눌러 [데이터 계열 서식] 대화상자에서 "표식 옵션"-"기본제공"을 차례로 선택한 후 점의 모양과 크기를 변경, 색상 변경은 "표식 채우기"-"단색 채우기"를 차례로 선택하여 변경하면 됨.

연습문제

1. 서로 다른 4종류의 공정(L1, L2, L3, L4)에서 생산된 철판의 인장강도를 측정하여 다음과 같은 자료를 얻었다.

공정 종류	측 정 값				
L1	49	55	49	58	54
L2	46	37	50	45	40
L3	49	55	42	50	48
L4	57	56	58	50	52

공정(process)에 따라 인장강도(hardness)의 차이가 존재하는지, 만약 존재한다면 어느 수준간의 차이에 의한 것인지를 유의수준 $\alpha = 0.05$에서 분석하여라.

2. 농촌진흥청 산하 농업연구소에서는 이번에 새로 개발한 5가지 과일 품종에 대한 수확량을 조사한 결과 다음과 같은 결과를 얻었다고 한다. 품종에 따라 수확량이 차이가 있는지를 유의수준 $\alpha = 0.05$에서 검정하여라.

품종	생산량			
A	461	443	447	470
B	503	429	454	520
C	286	260	264	298
D	406	290	381	437
E	500	492	500	513

3. 어느 대학교 전산소에서는 지난 학기 중간시험과 기말시험 기간 중에 컴퓨터 단말기를 교내 4장소(K, L, M, N)에 설치하여 학생들의 컴퓨터 사용시간(time)을 측정한 결과 다음과 같은 자료를 얻었다. 설치장소(area)와 시험(test)에 따라 컴퓨터 사용시간에 있어서 차이가 있는지를 유의수준 $\alpha = 0.05$에서 검정하여라.

인자 B / 인자 A	중간	기말
K	16.5	21.4
L	11.8	17.3
M	12.3	16.9
N	16.6	21.0

4. 다음 자료는 대전 지역의 어느 연구소에서 근무하는 연구원들의 학위와 전공분야에 따른 월급여액을 조사한 결과이다(단위 : 백만원).

전공분야 \ 학위	학사		석사		박사	
인문학	1.7	1.9	1.8	2.1	2.5	2.7
	1.5	1.5	1.8	1.8	2.5	2.7
사회학	2.5	2.3	2.7	2.4	3.5	3.3
	2.6	2.4	2.4	2.5	3.6	3.4
공 학	2.7	2.8	2.9	3.0	3.7	3.6
	2.5	2.5	2.8	2.7	3.8	3.9
이 학	2.5	2.6	2.3	2.8	3.3	3.4
	2.5	2.6	2.5	2.8	3.5	3.6

(1) 분산분석표를 작성하여라.

(2) 교호작용효과가 존재하는지를 유의수준 $\alpha = 0.05$에서 검정하여라.

(3) 인자 A(전공)과 B(학위)의 효과를 유의수준 $\alpha = 0.05$에서 검정하여라.

5. 어떤 도시에 있는 세 자동차학원(#1, #2, #3)에서 수강생이 면허를 취득하는데 소요되는 일수를 남녀별 6명씩 랜덤으로 추출하여 조사한 결과 다음과 같은 자료를 얻었다.

학원 \ 성별	남	여
#1	21, 23, 19, 22, 22, 23	21, 22, 20, 21, 19, 25
#2	30, 29, 26, 28, 27, 27	26, 29, 27, 28, 27, 29
#3	25, 22, 23, 21, 22, 21	23, 19, 20, 21, 20, 20

(1) 분산분석표를 작성하여라.

(2) 자동차 학원과 성별의 교호작용효과가 존재하는 지의 여부를 유의수준 $\alpha = 0.05$에서 검정하여라.

(3) 학원 및 성별의 효과에 대한 검정을 유의수준 $\alpha = 0.05$에서 각각 실시하여라

(4) 3)의 결과에 따라 유의수준 $\alpha = 0.05$에서 Tukey방법을 사용하여 다중비교를 실시하여라.

6. 어떤 공장에서는 5대의 기계 A, B, C, D, E를 가지고 제품을 생산하고 있다. 제품의 생산량이 기계에 따라 차이가 나는지를 조사하기 위하여 능력이 비슷한 5명의 직공에게 각 기계로 하루씩 6일 동안 조업시켜 제품을 생산한 결과 다음과 같은 자료를 얻었다(첫 째 날에 5명의 직공을 랜덤으로 5대의 기계에 배치하고, 둘 째 날에는 첫 째 날과 독립으로 5명의 직공을 또다시 랜덤으로 5대의 기계에 배치하여 조업시켰으며, 6일 동안 이와 같이 실험을 계속하여 얻은 자료이다).

기 계	실 험 날 짜					
	1	2	3	4	5	6
A	164	177	168	156	172	195
B	172	197	167	161	180	190
C	177	184	187	169	179	197
D	178	196	177	181	184	191
E	163	177	144	165	166	178

이때 제품의 생산량이 기계에 따라 차이가 있는지를 유의수준 $\alpha = 0.05$에서 검정하여라.

Chapter 12 범주형 자료 분석

12–1 서론

12–2 적합도 검정

12–3 독립성 검정

12–4 동질성 검정

12–5 Excel 실습

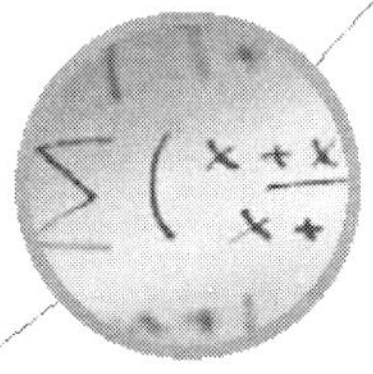

제12장 범주형 자료 분석

12-1 서 론

어떤 현상에 대한 조사나 또는 실험을 통하여 얻은 관측값들이 그 범주에 따라 분류되는 자료를 범주형 자료(categorical data)라고 한다. 범주형 자료의 대표적인 예로는 관측값들을 성별 또는 학력에 따라 분류한 것이라든지, 학교 내 행사에서 학생들의 참여도를 학년별 또는 과별로 분류하여 얻은 것들을 들 수 있다.

범주형 자료의 분석은 일반적으로 관측된 결과가 가정된 확률모형을 따르고 있는지를 확인하는 적합도 검정(goodness of fit test)과 서로 다른 두 속성이 서로 연관성이 있는지를 분석하는 독립성 검정(test of independence), 그리고 관측값들이 정해진 범주내에서 서로 비슷하게 나타나고 있는지를 판단하는 동질성 검정(test of homogeneity) 등으로 구분되어진다.

12-2 적합도 검정

적합도 검정은 k개의 범수를 가진 하나의 변수로부터 관측된 결과가 이론적으로 기대할 수 있는 결과와 일치하는지의 여부를 판단하는 검정법이다. 즉 적합도 검정이란 각 범주가 일어날 확률을 p_1, p_2, $\cdots$, p_k라고 가정할 때 기대되는 관측도수 E_1, E_2, $\cdots$, E_k를 계산한 후, 실제 관측도수 O_1, O_2, $\cdots$, O_k와 그 차이를 비교하여 가정된 확률모형이 적합한지의 여부를 판단하는 검정방법을 말한다.

적합도 검정을 위한 귀무 및 대립가설은 다음과 같으며,

H_0 : $p_1 = p_{10}, p_2 = p_{20}, \ldots, p_k = p_{k0}$

H_1 : 적어도 하나의 p_i는 가정된 값 p_{i0}와 다르다

검정통계량으로

$$X^2 = \sum_{i=1}^{k} \frac{(O_i - E_i)^2}{E_i}, \quad \text{여기서 } E_i = n \cdot p_i, \quad n = \text{전체 관측도수}$$

가 사용된다. 검정통계량 X^2은 귀무가설 H_0이 참이라는 가정하에 근사적으로 자유도가 $k-1$인 카이제곱분포를 따르는 것으로 알려져 있다. 관측된 자료로부터 계산된 검정통계량 X^2의 값을 χ_0^2이라고 할 때 관측도수와 기대도수가 완전히 일치하게 된다면 χ_0^2의 값은 0이 될 것이며, 관측도수와 기대도수의 차이가 클수록 χ_0^2의 값은 크게 될 것이다. 따라서 χ_0^2의 값이 유의한지의 여부는 χ_0^2의 값이 기각역에 포함되는지 즉, $\chi_0^2 \geq X_\alpha^2(k-1)$인지 또는 $P-$값이 $P(X^2 \geq \chi_0^2) < \alpha$인지를 확인하여 귀무가설 H_0의 기각 또는 채택 여부를 결정하면 된다.

Tip

적합도 검정

- 가설 : H_0 : $p_1 = p_{10}, p_2 = p_{20}, \ldots, p_k = p_{k0}$
  H_1 : 적어도 하나의 p_i는 가정된 값 p_{i0}와 다르다
- 검정통계량: $X^2 = \sum_{i=1}^{k} \frac{(O_i - E_i)^2}{E_i}$
- 판정방법: 관측된 자료로부터 계산된 검정통계량의 값을 χ_0^2라고 할 때
  $\chi_0^2 \geq X_\alpha^2(k-1)$ 또는 $P-$값$= P(X^2 \geq \chi_0^2) < \alpha$이면 H_0를 기각

예제 12-1

L유전학자는 어떤 식물의 교배에 대한 유전의 이론적 모형으로서 잡종비율을 $A:B:C = 1:2:3$이라고 주장하였다. 이를 확인하기 위하여 두 식물의 교배로 나타난 90그루의 식물을 조사하였더니 A형 18그루, B형 44그루, C형 28이었다. 이러한 결과는 L유전학자의 주장이 옳다고 할 수 있는 근거가 될 수 있는지를 유의수준 $\alpha = 0.05$에서 검정하여라.[1)]

풀이 귀무 및 대립가설은 다음과 같이 설정된다.

$$H_0 : p_1 = \frac{1}{6},\ p_2 = \frac{2}{6},\ p_3 = \frac{3}{6}, \quad H_1 : H_0 \text{가 아니다.}$$

먼저 기대도수를 계산하면

$$E_1 = 90 \times \frac{1}{6} = 15,\ E_2 = 90 \times \frac{2}{6} = 30,\ E_3 = 90 \times \frac{3}{6} = 45$$

따라서 검정통계량의 값은 다음과 같이 계산된다.

$$\chi_0^2 = \sum_{i=1}^{3} \frac{(O_i - E_i)^2}{E_i} = \frac{(18-15)^2}{15} + \frac{(44-30)^2}{30} + \frac{(28-45)^2}{45}$$
$$= 13.555$$

검정통계량의 값 $\chi_0^2 = 13.555 > X_{0.05}^2(2) = 5.99$(이때의 $P-$값은 $P(X^2 \geq 13.555) = 0.0011$)으로 기각역에 포함되므로 귀무가설 H_0는 기각된다. 따라서 "L유전학자의 주장은 옳다"고 할 수 없다. ❀

예제 12-2

한 개의 주사위를 100번 반복하여 던지는 실험에서 <표 12.1>과 같은 결과를 얻었다. 던지는데 사용된 주사위가 정상적인 주사위라고 할 수 있는지를 유의수준 $\alpha = 0.05$에서 검정하여라.[2)]

〈표 12.1〉 주사위를 100번 던진 결과

수	1	2	3	4	5	6
나타난 횟수	18	16	16	15	15	20

풀이 귀무 및 대립가설은 다음과 같이 설정된다.

$$H_0 : p_1 = p_2 = \cdots = p_6 = \frac{1}{6}, \qquad H_1 : H_0 \text{가 아니다.}$$

각 범주에서의 기대도수는 $E_1 = E_2 = \cdots = E_6 = 100 \times \frac{1}{6} = 16.67$이므로

1) 귀무가설 H_0가 사실이라면 기대도수는 관측도수와 거의 일치하게 될 것이며, 따라서 계산된 검정통계량 χ_0^2의 값은 작을 것이다. 반면에, 기대도수와 관측도수의 차이가 크면 클수록 검정통계량 χ_0^2의 값은 점점 커지게 되며 이러한 사실은 귀무가설 H_0가 옳지 않다는 것을 의미한다.

2) 귀무가설 H_0가 사실이라면 기대도수는 관측도수와 거의 일치하게 될 것이며, 따라서 계산된 검정통계량 χ_0^2의 값은 작을 것이다. 반면에, 기대도수와 관측도수의 차이가 크면 클수록 검정통계량 χ_0^2의 값은 점점 커지게 되며 이러한 사실은 귀무가설 H_0가 옳지 않다는 것을 의미한다.

검정통계량의 값은

$$\chi_0^2 = \frac{(18-16.67)^2}{16.67} + \frac{(16-16.67)^2}{16.67} + \cdots + \frac{(20-16.67)^2}{16.67}$$
$$= 1.1606$$

이 된다. 이때의 $P-$값은 $P(X^2 \geq 1.106) = 0.9486$으로 유의수준 $\alpha = 0.05$보다 크므로 귀무가설 H_0는 채택된다. 따라서 "사용된 주사위는 공정한 주사위이다"라고 할 수 있다. ❀

12-3 독립성 검정

적합도 검정에서는 하나의 변수로부터 관측된 자료를 k개의 범주로 분류한 후 관측값들이 어떤 가정된 확률모형을 따른다고 할 수 있는지를 판단한다. 그러나 또 다른 하나의 변수를 고려하여 자료를 분류한 후, 두 변수가 서로 연관성이 있는지의 여부에 관심을 가질 경우가 있다. 예를 들어, 어떤 대학생들의 일일 공부시간을 세 범주(2시간 미만, 2시간 이상~4시간 미만, 4시간 이상)로 구분하여 조사한 후 이를 다시 학년을 고려하여 자료를 분류할 수 있을 것이다. 그리고 이렇게 분류된 자료를 이용하여 두 변수 즉, 공부시간과 학년 사이에 서로 관련성이 있는지를 조사할 수 있는 것이다.

자료를 분류하는 두 변수를 X와 Y라 하고, 변수 X는 r개, 변수 Y는 c개의 범주를 가진다고 할 때 관측도수 O_{ij}는 <표 12.2>와 같이 정리할 수 있으며, 이렇게 정리된 표를 $r \times c$ 분할표(Contingency Table)라고 한다.

〈표 12.2〉 $r \times c$ 분할표

변수 X \ 변수 Y	b_1	b_2	$\cdots$	b_c	계
a_1	O_{11}	O_{12}	$\cdots$	O_{1c}	$O_{1\cdot}$
a_2	O_{21}	O_{22}	$\cdots$	O_{2c}	$O_{2\cdot}$
$\vdots$	$\vdots$	$\vdots$	$\vdots$	$\vdots$	$\vdots$
a_r	O_{r1}	O_{r2}	$\cdots$	O_{rc}	$O_{r\cdot}$
계	$O_{\cdot 1}$	$O_{\cdot 2}$	$\cdots$	$O_{\cdot c}$	n

두 변수 X와 Y가 서로 독립인지를 검정하기 위한 귀무 및 대립가설은 각각

H_0 : 두 변수 X와 Y는 서로 독립이다

H_1 : 두 변수 X와 Y는 서로 관련성이 있다

이며, 검정통계량으로

$$X^2 = \sum_{i=1}^{r}\sum_{j=1}^{c}\frac{(O_{ij}-E_{ij})^2}{E_{ij}}, \quad \text{여기서 } E_{ij} = (O_{i\cdot} \times O_{\cdot j})/n$$

이 사용된다. 이때 검정통계량 X^2은 귀무가설 H_0 가 사실일 때 자유도 $(r-1)(c-1)$ 인 카이제곱분포를 근사적으로 따른다.

적합도 검정에서와 마찬가지로 관측도수와 기대도수가 일치한다면 검정통계량의 값 χ_0^2은 0이 되고, 반면에 두 값의 차이가 클수록 χ_0^2 값은 커지게 된다. 따라서 관측된 자료로부터 계산된 검정통계량의 값 χ_0^2 이 $\chi_0^2 \geq X_\alpha^2[(r-1)(c-1)]$ 또는 $P-$값 $= P(X^2 > \chi_0^2) < \alpha$이면 귀무가설 H_0 를 기각하면 된다.

검정통계량 X^2은 n이 충분히 클 때 카이제곱분포에 근사하기 때문에 가능한 각 범주의 기대도수가 5이상인 경우에 사용하는 것이 바람직하다. 따라서 기대도수가 5 미만인 범주가 있을 경우에는 5이상이 되도록 인접한 범주와 합한 후에 검정을 실시해야 한다.

Tip

독립성 검정

- 가설 : H_0 : 두 변수 X와 Y는 서로 독립이다.
  H_1 : 두 변수 X와 Y는 서로 관련성이 있다.
- 검정통계량 $X^2 = \sum_{i=1}^{r}\sum_{j=1}^{c}\frac{(O_{ij}-E_{ij})^2}{E_{ij}}$
- 판정방법: 관측된 자료로부터 계산된 검정통계량의 값을 χ_0^2라고 할 때
  $\chi_0^2 \geq X_\alpha^2[(r-1)(c-1)]$ 또는 $P-$값$= P(X^2 \geq \chi_0^2) < \alpha$이면 H_0를 기각

일반적으로 두 변수 사이의 관련성 분석은 그 변수가 양적변수인지 또는 질적변수인지에 따라 달라진다. 두 변수 모두 양적변수일 경우에는 상관분석 또는 회귀분석에 의하여 관련성에 대한 분석을 하게 되고, 두 변수 모두 질적변수 즉 범주형변수일 경우에는 분할표에 의한 독립성 검정을 통하여 변수들간의 관련성을 분석하게 된다.

하지만 분할표를 이용한 독립성 검정은 통계적 유의성 여부에 대한 판단만 해줄 뿐 두 변수가 서로 얼마나 관련되어 있는지에 대한 정보를 제공해주지 않는다.

범주형 자료분석에서 두 변수의 관련성에 대한 측도로서는 검정통계량 X^2에 근거를 둔 파이계수(phi coefficient), 속성계수(contingency coefficient), 크레머 V (Cramer's V) 등이 사용된다.

파이계수[3] $\phi=\sqrt{\dfrac{X^2}{n}}$

우발성계수[4] $C=\sqrt{\dfrac{X^2}{n+X^2}}$

크레머 V 계수[5] $V=\sqrt{\dfrac{X^2}{n(k-1)}}$, 여기서 $k=\min(r-1,\ c-1)$

이들 계수는 모두 검정통계량 X^2을 적당한 수로 나누어 계산되는데 이 중에서 파이계수와 V계수는 -1과 1사이의 값을, 우발성계수는 0과 1사이의 값을 갖도록 만들어져 있다. 그리고 계산된 값의 절대값이 1에 가까우면 관련성이 높고, 0에 가까우면 관련이 없다고 이야기하게 된다. 하지만 이들 계수의 단점은 절대값이 1 또는 0 근처이면 별 문제는 없으나 0과 1사이의 값일 경우 두 변수간의 관계를 설명함에 있어 그 관련성이 강한지 또는 약한지에 대한 결정을 내리기가 쉽지 않다는 것이다. 예를 들어 계수값이 0.4일 경우 양의 관계를 가지고 있다고는 말할 수 있어도 그 관계가 강하다 또는 약하다고 이야기할 수 없다는 것이다. 이들 계수들의 단점을 보완한 측도로 감마계수 또는 람다계수 등이 있다.

범주형 자료는 관측값이 "초졸, "중졸", 고졸", "대졸" 등과 같이 우열 또는 대소에 따라 구분되는 순서형 자료와 "남자", "여자" 등과 같이 이름으로만 구분되는 명목형 자료로 구분할 수 있다. 순서형 자료일 경우에는 감마계수가, 명목형 자료일 경우에는 람다계수가 사용된다.

감마계수 $\gamma=\dfrac{P-Q}{P+Q}$, P는 분할표에서 순방향으로의 일치쌍의 수, Q는 역방향으로의 일치쌍의 수 즉, 불일치쌍의 수

---

3) ϕ는 간혹 1보다 큰 수가 나오는 경우가 있어 많이 사용되지 않는다.
4) C는 항상 1보다 작다. 최대값은 행과 열의 수에 따라 다르며, 4×4 분할표에서 최대값은 0.87이 된다.
5) V의 최대값은 1이고, 2×2분할표에서는 ϕ와 동일한 값을 가진다.

범주형 자료에서 행과 열이 이름으로만 구분되는 명목형일 경우에는 감마계수를 사용할 수 없다. 왜냐 하면 명목형 자료일 경우 범주들 사이에는 대소관계가 없으므로 일치 또는 불일치로 구분할 수 방향성이 존재하지 않기 때문이다. 이러한 경우에는 다음과 같은 람다계수를 사용하는 것이 적절하다.

$$\lambda(\text{열}|\text{행}) = 1 - \frac{\sum_i [n_{i\cdot} - \max(n_{ij})]}{n - \max(n_{\cdot j})}$$

또는

$$\lambda(\text{행}|\text{열}) = 1 - \frac{\sum_j [n_{\cdot j} - \max(n_{ij})]}{n - \max(n_{i\cdot})}$$

람다계수는 열변수나 행변수 중 어느 하나가 변하는 상황의 정보를 알 때 또다른 변수의 변화패턴을 얼마나 잘 예측할 수 있는지를 재는 측도이다. 따라서 $\lambda(\text{열}|\text{행})$은 행에 대한 정보를 알 때 열에 대한 예측 오류수의 감소율을 표현한 측도가 되며, 이를 오류감소비율(proportional reduction in error: PRE)이라고 한다.[6] 그리고 $\lambda(\text{행}|\text{열})$은 반대의 경우 즉, 열에 대한 정보를 알 때 행에 대한 예측 오류수의 감소율을 나타낸다. 이들 두 값은 비대칭 측도로서 서로 다르기 때문에 이 두 값의 평균을 취하여 사용하기도 하는데 이를 대칭 람다계수라고 한다.

람다계수는 $0 \le \lambda \le 1$이며, 이때 λ가 1에 가까울수록 두 변수간의 관련성이 높다는 것을, 반면에 0에 가까울수록 두 변수간의 관련성은 약하다는 것을 나타낸다.

예제 12-3

랜덤으로 추출된 20대 남자와 여자를 대상으로 직장동료를 배우자로 선호하는지의 여부를 조사한 결과, <표 12.3>과 같은 자료를 얻었다.

6) 행변수에 대한 정보가 없는 상태에서 열변수에 대한 예측은 열변수의 범주 중에서 최대도수를 예측값으로 가정하는 것이 전체 오류수를 최소화하게 되고, 그 값은 $n - \max(n_{\cdot j})$가 된다. 그리고 행변수의 각 범주에 대한 정보가 주어진 상태에서 열변수에 대한 예측을 할 경우 오류수는 $\sum_i [n_{i\cdot} - \max(n_{ij})]$가 된다.

〈표 12.3〉 성별과 선호도에 대한 분할표

성별 \ 선호도	선호함	선호하지 않음	계
남	55	30	85
여	85	30	115
계	140	60	200

이때 성별과 선호도간에는 관련성이 있는지를 유의수준 $\alpha = 0.05$ 로 검정하여라.

풀이 귀무 및 대립가설은 각각 다음과 같이 설정된다.

H_0 : 성별과 선호도는 서로 독립이다

H_1 : 성별과 선호도는 서로 관련이 있다

각 범주에서의 기대도수를 계산하면

$$E_{11} = \frac{85 \times 140}{200} = 59.5,\ E_{12} = \frac{85 \times 60}{200} = 25.5$$

$$E_{21} = \frac{115 \times 140}{200} = 80.5,\ E_{22} = \frac{115 \times 60}{200} = 34.5$$

따라서 검정통계량의 값은 다음과 같이 계산된다.

$$\chi_0^2 = \frac{(59 - 59.5)^2}{59.5} + \cdots + \frac{(30 - 34.5)^2}{34.6} = 1.9728$$

이때의 $P-$값은 $P(X^2 \geq 1.9728) = 0.1601 > \alpha = 0.05$이므로 귀무가설 H_0는 채택된다. 즉, "성별과 선호도는 서로 관련이 없다"고 할 수 있다. ❀

예제 12-4

혈압은 심장질환의 원인이 되는 것으로 알려져 있다. 이에 S의대의 K교수는 아버지의 혈압과 자녀의 혈압간에 유전적인 관련성이 있는지를 조사하여 심장질환 예방과 관련된 방안을 연구하고자 한다. 이를 위gkdu K교수는 100명의 남자와 여자 초등학생을 랜덤으로 추출하여 이들의 아버지의 혈압과 함께 측정하여 <표 12.4>와 같은 분할표를 얻었다.

(1) 혈압은 유전적인 관계를 따른다고 할 수 있는지를 유의수준 $\alpha = 0.05$에서 검정하여라.

(2) 감마계수를 구하여라.

(3) 람다계수를 구하여라.

〈표 12.4〉 아버지와 자녀의 혈압에 대한 분할표

자녀 \ 아버지	저혈압	정상	고혈압	계
저혈압	14	11	8	33
정상	11	12	11	34
고혈압	10	11	12	33
계	35	34	31	100

풀이 (1) 귀무 및 대립가설은 각각 다음과 같이 설정된다.

H_0 : 아버지 혈압과 자녀의 혈압은 서로 독립이다

H_1 : 아버지 혈압과 자녀의 혈압간에는 서로 관련이 있다

각 범주에서의 기대도수를 계산하면

$$E_{11} = \frac{33 \times 35}{100} = 11.55,\ E_{12} = \frac{33 \times 34}{100} = 11.22,\ \cdots,$$

$$E_{33} = \frac{33 \times 31}{100} = 10.23$$

따라서 검정통계량의 값은 다음과 같으며

$$\chi_0^2 = \frac{(14-11.55)^2}{11.55} + \frac{(11-11.22)^2}{11.22} + \cdots + \frac{(12-10.23)^2}{10.23} = 1.6336$$

이때의 $P-$값은 $P(X^2 \geq 1.6336) = 0.8027 > \alpha = 0.05$이므로 귀무가설 H_0는 채택된다. 즉, "아버지 혈압과 자녀의 혈압간에는 서로 관련이 없다"고 할 수 있다.

(2) 감마계수의 계산:

$$\text{감마계수} \quad \gamma = \frac{P-Q}{P+Q}$$

이며, 여기서 P는 분한표에서 범주의 크기 방향이 같은 일치쌍의 수로서 다음과 같이 계산된다.[7)]

$$\begin{aligned} P = & 14 \times (12+11+11+12) + 11 \times (11+12) + 8 \times 0 \\ & + 11 \times (11+12) + 12 \times 12 + 11 \times 0 \\ & + 10 \times 0 + 11 \times 0 + 12 \times 0 = 1294 \end{aligned}$$

비슷한 방법으로 Q는 범주의 크기방향이 반대인 경우로서 다음과 같이 계산된다.[8)]

7) 예를 들어 범주 (저혈압, 저혈압)의 경우, 분할표에서 1행 1열 우측아래 방향에 있는 일치쌍의 수를, 범주 (저혈압, 정상)은 1행 2열 우측아래에 있는 일치쌍의 수를 말한다.

8) 예를 들어 범주 (저혈압, 저혈압)의 경우 분할표에서 1행 1열 좌측아래 방향에 있는 불일치쌍의 수를, 범주 (저혈압, 정상)의 경우 1행 2열 아래에 있는 불일치쌍의 수를 말한다.

$$Q = 14\times 0 + 11\times(11+10) + 8\times(11+12+10+11)$$
$$+ 11\times 0 + 12\times 10 + 11\times(10+11)$$
$$+ 10\times 0 + 11\times 0 + 12\times 0 = 934$$

가 된다. 따라서 감마계수는 다음과 같이 계산된다.

$$r = \frac{1294-934}{1294+934} = \frac{360}{2228} = 0.1616$$

감마계수값 0.1616은 0에 가까우므로 두 변수 즉, 아버지와 아들의 혈압간에는 관련성이 거의 없다고 할 수 있다.

(3) 람다계수의 계산:

행변수의 각 범주에 대한 정보가 주어진 상태에서 열변수에 대한 예측을 할 경우 오류수는

$$\sum_i (n_{i.} - \max(n_{ij})) = (33-14) + (34-12) + (33-12) = 62$$

가 되고, 열변수 중에서 최대도수를 가지는 범주는 "저혈압"이므로 이때의 오류수는

$$n - \max(n_{.j}) = 100 - 35 = 65$$

가 된다. 따라서

$$\lambda(\text{열}|\text{행}) = 1 - \frac{\sum_i [n_{i.} - \max(n_{ij})]}{n - \max(n_{.j})} = 1 - \frac{62}{65} = 0.0462$$

비슷한 방법으로 열변수를 기조로 행변수를 예측할 경우

$$\lambda(\text{행}|\text{열}) = 1 - \frac{\sum_j [n_{.j} - \max(n_{ij})]}{n - \max(n_{i.})} = 1 - \frac{62}{66} = 0.0606$$

이 된다. 그리고 이들 두 값을 평균한 대칭 람다는 0.0534가 된다. 람다계수는 어느 경우나 거의 0에 가까우므로 두 변수 즉, 아버지와 아들의 혈압간에는 관련성이 거의 없다고 할 수 있다. ❀

12-4 동질성 검정

독립성의 검정과 동질성의 검정은 검정하고자 하는 내용과 가설의 설정에 있어서 다소 차이가 있다. 즉, 독립성 검정은 두 변수 X와 Y가 서로 독립인지 아닌지에 관심이 있지만 동질성 검정은 r개의 행과 c개의 열을 가진 두 변수 X와 Y로부터 작

성된 분할표의 각 열분포에서 행들이 균일한 값을 가지는지 즉, 각 열에서 행들의 동질성(homogeneity)을 검정하는 것이다. 그러나 두 검정법의 이러한 차이점은 개념상 차이일 뿐이며 검정을 하는 방법에 있어서는 동일하다.

독립성의 검정과 동질성의 검정은 표본추출방법에 있어서도 차이가 있다. 독립성 검정의 경우 하나의 모집단으로부터 표본을 랜덤하게 추출한 후 추출된 표본을 두 가지 속성(변수)에 따라 분류한다. 반면에 동질성 검정에서는 부모집단(subpopulation)을 먼저 설정한 후, 각 부모집단으로부터 일정한 크기의 표본을 랜덤하게 추출하고, 그런 후에 다른 하나의 속성(변수)에 대하여 분류하는 것이다. 예를 들어 연령층에 따라 어떤 국가정책에 대한 지지도가 동일한지를 검정할 경우 먼저 연령층을 부모집단으로 설정하고, 각 연령층에서 일정한 크기의 표본을 추출하면 되는 것이다.

동질성 검정은 열분포에서 행들의 동질성을 검정하는 것이다. 따라서 동질성 검정을 위한 귀무 및 대립가설은 다음과 같이 설정되며,

$$H_0: \ p_{1j} = p_{2j} = \dots = p_{rj}, \qquad j = 1, \cdots, c$$

$$H_1: \ H_0 \text{ 가 아니다}$$

검정통계량으로

$$X^2 = \sum_{i=1}^{r}\sum_{j=1}^{c}\frac{(O_{ij}-E_{ij})^2}{E_{ij}}$$

가 사용된다. 검정통계량 X^2은 귀무가설 H_0가 사실일 때 근사적으로 자유도 $(r-1)(c-1)$인 카이제곱분포를 따르게 되므로 독립성 검정의 경우와 마찬가지로 관측 자료로부터 계산된 검정통계량의 값 χ_0^2가 $\chi_0^2 \ge X_\alpha^2((r-1)(c-1))$ 또는 $P-$값 $= P(X^2 \ge \chi_0^2) < \alpha$이면 귀무가설 H_0를 기각하면 된다.

Tip

동질성 검정

- 가설 : $H_0: \ p_{1j} = p_{2j} = \cdots = p_{rj}, \ \ j = 1, 2, \cdots, c$

  $H_1: \ H_0$가 아니다.
- 검정통계량: $X^2 = \sum_{i=1}^{r}\sum_{j=1}^{c}\frac{(O_{ij}-E_{ij})^2}{E_{ij}}$
- 판정방법: 관측된 자료로부터 계산된 검정통계량의 값을 χ_0^2라고 할 때

  $\chi_0^2 \ge X_\alpha^2((r-1)(c-1))$ 또는 $P-$값$= P(X^2 \ge \chi_0^2) < \alpha$이면 H_0를 기각

예제 12-5

<표 12.5>는 연령대별로 3 종류의 TV 프로그램 즉, A(오락), B(드라마), C(뉴스)에 대한 선호도를 조사한 결과이다. 연령대별 TV 프로그램의 선호도가 동일한지를 유의수준 $\alpha = 0.05$에서 검정하여라.

〈표 12.5〉 연령대별 TV 프로그램 선호도에 대한 분할표

연 령	TV 프로그램			계
	A	B	C	
20대	120	30	50	200
30대	10	75	15	100
40대	10	30	60	100
계	140	135	125	400

풀이 귀무 및 대립가설은 다음과 같이 설정된다.

H_0 : 연령대별른 TV 선호도는 동일하다.

또는 $p_{1j} = p_{2j} = p_{3j}$, $j =$ A, B, C

H_1 : H_0가 아니다

검정통계량을 계산하면

$$\chi_0^2 = \sum_{i=1}^{3}\sum_{j=A}^{C} \frac{(O_{ij} - E_{ij})^2}{E_{ij}}$$

$$= \frac{\left(120 - \frac{200 \times 140}{400}\right)^2}{\frac{200 \times 140}{400}} + \cdots + \frac{\left(60 - \frac{100 \times 125}{400}\right)^2}{\frac{100 \times 125}{400}}$$

$$= 180.495$$

이때의 $P-$값은 $P(X^2 \geq 180.495) = 5.8375 \times 10^{-38}$로 유의수준 $\alpha = 0.05$보다 훨씬 작으므로 귀무가설 H_0는 기각된다. 즉 연령대에 따라 TV 프로그램의 선호도는 동일하다고 할 수 없다.

12-5 Excel 실습

실습 1 **예제 12-2)의 적합성 검정 절차:**

● 방법 1(함수 마법사 이용)

(단계 1) A1~C7까지 자료(범주, 관측도수, 기대도수)를 입력한다(그림 12.1 참조).

	A	B	C	D
1	범주	관측도수	기대도수	
2	1	18	16.67	
3	2	16	16.67	
4	3	16	16.67	
5	4	15	16.67	
6	5	15	16.67	
7	6	20	16.67	
8				

〈그림 12.1〉 워크시트에 자료의 입력

(단계 2) [수식] 메뉴에서 [함수 삽입]-[함수마법사] 대화상자를 차례로 선택한 후, [함수마법사] 대화상자의 "범주 선택"에서 "통계"를, "함수 선택"에서 "CHITEST"를 선택한다.

(단계 3) [함수 인수: CHITEST] 대화상자에서 "Actual-range"에는 관측도수의 범위(여기서는 B2:B7)를, "Expected-range"에는 기대도수의 범위(여기서는 C2:C7)를 각각 입력한 후 "확인"을 누르면 검정통계량에 대한 p값이 출력된다(그림 12.2 참조).

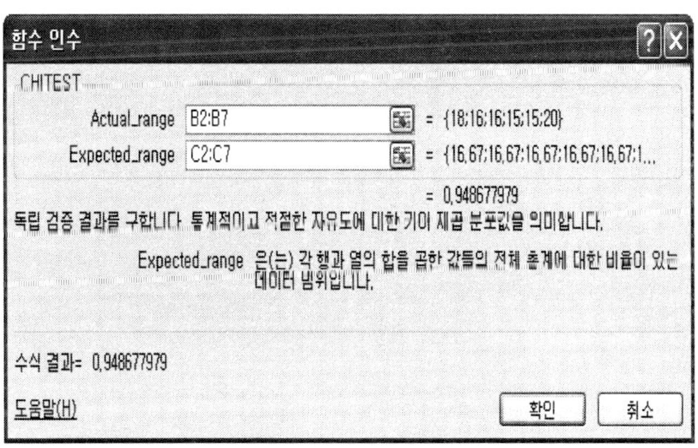

〈그림 12.2〉 [함수 인수: CHITEST] 대화상자

검정통계량을 계산하고자 할 경우

(단계 1) [수식] 메뉴에서 [함수 삽입]-[함수마법사] 대화상자를 차례로 선택한 후, [함수마법사] 대화상자의 "범주 선택"에서 "통계"를, "함수 선택"에서 "CHIINV"를 선택한다.

(단계 2) [함수 인수: CHIIINV] 대화상자에서 "Proability"에는 앞에서 출력된 $P-$값(여기서는 0.9486)을, "Deg_freedom"에 자유도(여기서는 5)를 각각 입력한 후 "확인"을 누르면 검정통계량의 값이 출력된다(그림 12.3 참조).

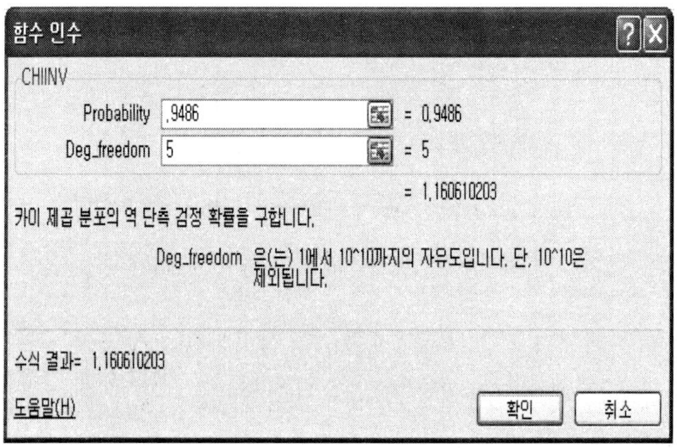

〈그림 12.3〉 [함수 인수: CHIIINV] 대화상사

● 방법 2(수식 입력줄 이용)

(단계 1) A1~C7까지 자료(범주, 관측도수, 기대도수)를 입력한다(그림 12.1 참조).

(단계 2) 셀 "F2"에서 "=CHITEST(B2:B7, C2:C7)"을 입력하여 p값을 계산한다.

(단계 3) 셀 "F3"에 자유도의 값을 입력한 후 셀 "F4"에서 "=CHIINV(F2, F3)"를 입력하여 검정통계량을 계산한다(그림 12.4 참조).

	A	B	C	D	E	F
1	범주	관측도수	기대도수			
2	1	18	16.67		p값	0.948678
3	2	16	16.67		자유도	5
4	3	16	16.67		검정통계량	1.159772
5	4	15	16.67			
6	5	15	16.67			
7	6	20	16.67			
8						

〈그림 12.4〉 검정통계량의 값 출력 결과

실습 2 **예제 12-4)의 독립성 검정 절차:**

(단계 1) 관측도수를 입력하고 기대도수를 계산한다(그림 12.5 참조).

* 기대도수의 출력은 아래와 같이 지정된 셀에 수식을 입력하면 된다.

- 셀 "B10"에서 "=E3*B6/E6", 셀 "C10"에서 "=E3*C6/E6", 셀 "D10"에서 "=E4*D6/E6"
- 셀 "B11"에서 "=E4*B6/E6", 셀 "C11"에서 "=E4*C6/E6", 셀 "D11"에서 "=E4*D6/E6"
- 셀 "B12"에서 "=E5*B6/E6", 셀 "C12"에서 "=E5*C6/E6", 셀 "D12"에서 "=E5*D6/E6"

	A	B	C	D	E
1	관측도수				
2		저혈압	정상	고혈압	계
3	저혈압	14	11	8	33
4	정상	11	12	11	34
5	고혈압	10	11	12	33
6	계	35	34	31	100
7					
8	기대도수				
9		저혈압	정상	고혈압	
10	저혈압	11.55	11.22	10.23	
11	정상	11.9	11.56	10.54	
12	고혈압	11.55	11.22	10.23	
13					

〈그림 12.5〉 자료의 입력

(단계 2) [수식] 메뉴에서 [함수 삽입]-[함수마법사] 대화상자를 차례로 선택한 후, [함수마법사] 대화상자의 "범주 선택"에서 "통계"를, "함수 선택"에서 "CHITEST"를 선택한다.

(단계 3) [함수 인수: CHITEST] 대화상자에서 "Actual-range"에는 관측도수의 범위(여기서는 B3:D5)를, "Expected-range"에는 기대도수의 범위(여기서는 B10:D12)를 각각 입력한 후 "확인"을 누르면 검정통계량에 대한 p값이 출력된다(그림 12.6 참조).

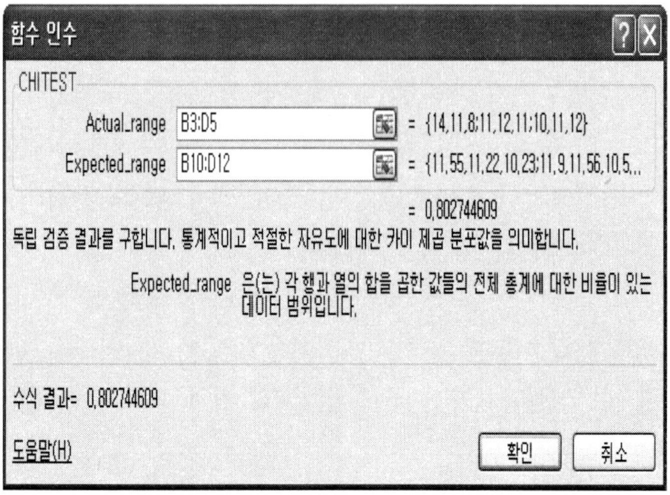

〈그림 12.6〉 [함수 인수: CHITEST] 대화상자

검정통계량을 계산하고자 할 경우

(단계 1) [수식] 메뉴에서 [함수 삽입]-[함수마법사] 대화상자를 차례로 선택한 후, [함수마법사] 대화상자의 "범주 선택"에서 "통계"를, "함수 선택"에서 "CHIINV"를 선택한다.

(단계 2) [함수 인수: CHIIINV] 대화상자에서 "Proability"에는 앞에서 출력된 $P-$값(여기서는 0.8027)을, "Deg_freedom"에 자유도(여기서는 4)를 각각 입력한 후 "확인"을 누르면 검정통계량의 값이 출력된다(그림 12.7 참조).

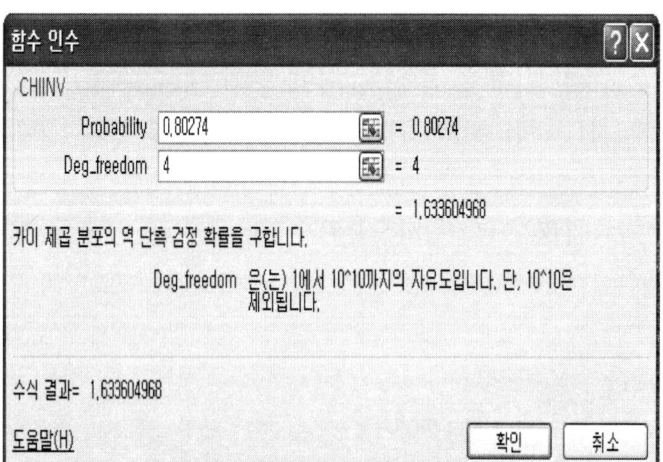

〈그림 12.7〉 [CHIIINV] 대화상자

연습문제

1. 어떤 화초재배 실험에서 초록색 암술머리를 가진 분홍꽃 120개, 빨강색 암술머리를 가진 분홍꽃 48개, 초록색 암술머리를 가진 빨강꽃 36개, 빨강색 암술머리를 가진 빨강꽃 13개를 얻었다고 한다. 멘델의 유전법칙에 의하면 이 비율은 9:3:3:1이다. 이 실험 결과는 멘델의 이론에 맞는다고 할 수 있는 지 유의수준 $\alpha = 0.05$에서 검정하여라.

2. 가정용 세탁기를 생산하는 회사에서 세탁기를 5가지 색상으로 판매하고 있다. 세탁기의 판매량이 색깔에 따라 차이가 있는지를 조사하기 위하여 최근에 팔린 세탁기 중에서 임의로 300대를 조사하여 다음과 같은 자료를 얻었다.

빨강	노랑	검정	파랑	하양	계
88	65	52	40	55	300

이때 판매량이 색깔에 따라 차이가 있는 지를 유의수준 $\alpha = 0.05$에서로 검정하여라.

3. 직업과 혈압간의 관계를 연구하기 위하여 30대 남성 100명을 랜덤으로 추출하여 다음과 같은 자료를 얻었다.

직업 \ 혈압	낮다	정상	높다	계
농 업	3	5	2	10
근로자	5	45	10	60
기 타	2	20	8	30
계	10	70	20	100

직업과 혈압간에는 서로 관련성이 있는 지를 유의수준 $\alpha = 0.05$에서 검정하여라.

4. 교육수준과 결혼생활 만족도간의 관련성을 조사하기 위해 40대 200명을 랜덤으로 추출하여 설문한 결과 다음과 같은 자료를 얻었다.

교육수준 \ 만족도	만 족	불만족
대졸	12	28
고졸	45	25
중졸	28	15
초졸 이하	35	12

이때 교육수준과 결혼생활 만족도간의 관련성이 있는 지를 유의수준 $\alpha = 0.05$에서 검정하여라.

5. 어떤 의료센타에서는 혈액형과 질병과의 관계를 연구하고자 질병을 병명에 따라 세 집단으로 나눈 후 각 집단에서 랜덤으로 표본을 추출하여 혈액형을 조사한 결과 다음과 같은 자료를 얻었다.

혈액형 \ 질병	위궤양	위암	간암	계
O	687	500	305	1,492
A	679	416	625	1,720
B	134	584	570	1,288
계	1,500	1,500	1,500	4,500

이때 세 질병집단에서 혈액형의 분포는 동일한 지를 유의수준 $\alpha = 0.05$에서 검정하여라.

참고문헌

Frank, H. & Steven, C. A.(1994). Statistics: concepts and applications workbook. Cambridge University, Press.

Frederick, M., Kruskal, W. H., Link, R. F., Pieters, R. S., & Rising, G. R. (1973). Statistics by example-finding models. Addison-Wesley Publishing Co.

Freeman, W. H. (2000). The basic practice of statistics. 2nd edition.

Gravetter, F. J. (2000). Statistics for the behavioral science. 5th edition. Wadsworth Publishing Co.

Moorw, D. S. & Mccabe, G. P. (2002). Introduction to the practical statistics. 4th. edition.

Mosteller, F., Kruskal, W. H., Link, R. F., Pieters, R. S., & Rising, G. R. (1973). Statistics by example-detecting patterns. Addison-Wesley Publishing Co.

Peck, R., Olsen, C., & Devore, J. (2005). Statistics and data analysis. Brooks/Cole.

Sprinthall, R. C. (1982). Basic statistical anayysis. 5th edition, Allen & Bacon.

김기영 외 8인. (2002). 통계적 탐구, 교우사.

배현웅. (2001). 엑셀을 이용한 통계학의 기초와 활용기법, 교우사.

배현웅. (2006). 생활속에서의 통계학의 이해와 적용, 교우사.

부록

[표 1] 난수표

Line	01~05	06~10	11~15	16~20	21~25	26~30	31~35
101	13284	16834	74151	92027	24670	36665	00770
102	21224	00370	30420	03883	94648	89428	41583
103	99052	47887	81085	64933	66279	80432	65793
104	00199	50993	98603	38452	87890	94624	69721
105	60578	06483	28733	37867	07936	98710	98539
106	91240	18312	17441	01929	18163	69201	31211
107	97458	14229	12063	59611	32249	90466	33216
108	35249	38646	34475	72417	60514	69257	12489
109	38980	46600	11759	11900	46743	27860	77940
110	10750	52745	38749	87365	58959	53731	89295
111	36247	27850	73958	20673	37800	63835	71051
112	70994	66986	99744	72438	01174	42159	11392
113	99638	94702	11463	18148	81386	80431	90628
114	72055	15774	43857	99805	10419	76939	25993
115	24038	65541	85788	55835	38835	59399	13790
116	74976	14631	35908	28221	39470	91548	12854
117	35553	71628	70189	26436	63407	91178	90348
118	35676	12797	51434	82976	42010	26344	92920
119	74815	67523	72985	23183	02446	63594	98924
120	45246	88048	65173	50989	91060	89894	36036
121	76509	47069	86378	41797	11910	49672	88575
122	19689	90332	04315	21358	97248	11188	39062
123	42751	35318	97513	61537	54955	08159	00337
124	11946	22681	45045	13964	57517	59419	58045

(계속)

Line	01~05	06~10	11~15	16~20	21~25	26~30	31~35
125	96518	48688	20996	11090	48396	57177	83867
126	35726	58643	76869	84622	39098	36083	72505
127	39737	42750	48968	70536	84864	64952	38404
128	97025	66492	56177	04049	80312	48028	26408
129	62814	08075	09788	56350	76787	51591	54509
130	25578	22950	15227	83291	41737	59599	96191
131	68763	69576	88991	49662	46704	63362	56625
132	17900	00813	64361	60725	88974	61005	99709
133	71944	60227	63551	71109	05624	43836	58254
134	54684	93691	85132	64399	29182	44324	14491
135	25946	27623	11258	65204	52832	50880	22273
136	01353	39318	44961	44972	91766	90262	56073
137	99083	88191	27662	99113	57174	35571	99884
138	52021	45406	37945	75234	24327	86978	22644
139	78755	47744	43776	83098	03225	14281	83637
140	25282	69106	59180	16257	22810	43609	12224
141	11959	94202	02743	86847	79725	51811	12998
142	11644	13792	98190	01424	30078	28197	55583
143	06307	97912	68110	59812	95448	43244	31262
144	76285	75714	89585	99296	52640	46518	55486
145	55322	07598	39600	60866	63007	20007	66819
146	78017	90928	90220	92503	83375	26986	74399
147	44768	43342	20696	26331	43140	69744	82928
148	25100	19336	14605	86603	51680	97678	24261
149	83612	46623	62876	85197	07824	91392	58317
150	41347	81666	82961	60413	71020	83658	02415

[표 2] 이항분포표 : 한 점 x에서의 확률값 $P(X=x)=\binom{n}{x}p^x(1-p)^{n-x}$ (계속)

n	x	$p=0.1$	$p=0.2$	$p=0.3$	$p=0.4$	$p=0.5$
2	0	0.8100	0.6400	0.4900	0.3600	0.2500
	1	0.1800	0.3200	0.4200	0.4800	0.5000
	2	0.0100	0.0400	0.0900	0.1600	0.2500
3	0	0.7290	0.5120	0.3430	0.2160	0.1250
	1	0.2430	0.3840	0.4410	0.4320	0.3750
	2	0.0270	0.0960	0.1890	0.2880	0.3750
	3	0.0010	0.0080	0.0270	0.0640	0.1250
4	0	0.6561	0.4096	0.2401	0.1296	0.0625
	1	0.2916	0.4096	0.4116	0.3456	0.2500
	2	0.0486	0.1536	0.2646	0.3456	0.3750
	3	0.0036	0.0256	0.0756	0.1536	0.2500
	4	0.0001	0.0016	0.0081	0.0256	0.0625
5	0	0.5905	0.3277	0.1681	0.0778	0.0313
	1	0.3281	0.4096	0.3602	0.2592	0.1563
	2	0.0729	0.2048	0.3087	0.3456	0.3125
	3	0.0081	0.0512	0.1323	0.2304	0.3125
	4	0.0005	0.0064	0.0284	0.0768	0.1563
	5	0.0000	0.0003	0.0024	0.0102	0.0313
6	0	0.5314	0.2621	0.1176	0.0467	0.0156
	1	0.3543	0.3932	0.3025	0.1866	0.0938
	2	0.0984	0.2458	0.3241	0.3110	0.2344
	3	0.0146	0.0819	0.1852	0.2765	0.3125
	4	0.0012	0.0154	0.0595	0.1382	0.2344
	5	0.0001	0.0015	0.0102	0.0369	0.0938
	6	0.0000	0.0001	0.0007	0.0041	0.0156

(계속)

n	x	$p=0.1$	$p=0.2$	$p=0.3$	$p=0.4$	$p=0.5$
7	0	0.4783	0.2097	0.0824	0.0280	0.0078
	1	0.3720	0.3670	0.2471	0.1306	0.0547
	2	0.1240	0.2753	0.3177	0.2613	0.1641
	3	0.0230	0.1147	0.2269	0.2903	0.2734
	4	0.0026	0.0287	0.0972	0.1935	0.2734
	5	0.0002	0.0043	0.0250	0.0774	0.1641
	6	0.0000	0.0004	0.0036	0.0172	0.0547
	7	0.0000	0.0000	0.0002	0.0016	0.0078
8	0	0.4305	0.1678	0.0576	0.0168	0.0039
	1	0.3826	0.3355	0.1977	0.0896	0.0313
	2	0.1488	0.2936	0.2965	0.2090	0.1094
	3	0.0331	0.1468	0.2541	0.2787	0.2188
	4	0.0046	0.0459	0.1361	0.2322	0.2734
	5	0.0004	0.0092	0.0467	0.1239	0.2188
	6	0.0000	0.0011	0.0100	0.0413	0.1094
	7	0.0000	0.0001	0.0012	0.0079	0.0313
	8	0.0000	0.0000	0.0001	0.0007	0.0039
9	0	0.3874	0.1342	0.0404	0.0101	0.0020
	1	0.3874	0.3020	0.1556	0.0605	0.0176
	2	0.1722	0.3020	0.2668	0.1612	0.0703
	3	0.0446	0.1762	0.2668	0.2508	0.1641
	4	0.0074	0.0661	0.1715	0.2508	0.2461
	5	0.0008	0.0165	0.0735	0.1672	0.2461
	6	0.0001	0.0028	0.0210	0.0743	0.1641
	7	0.0000	0.0003	0.0039	0.0212	0.0703
	8	0.0000	0.0000	0.0004	0.0035	0.0176
	9	0.0000	0.0000	0.0000	0.0003	0.0020

(계속)

n	x	$p=0.1$	$p=0.2$	$p=0.3$	$p=0.4$	$p=0.5$
10	0	0.3487	0.1074	0.0282	0.0060	0.0010
	1	0.3874	0.2684	0.1211	0.0403	0.0098
	2	0.1937	0.3020	0.2335	0.1209	0.0439
	3	0.0574	0.2013	0.2668	0.2150	0.1172
	4	0.0112	0.0881	0.2001	0.2508	0.2051
	5	0.0015	0.0264	0.1029	0.2007	0.2461
	6	0.0001	0.0055	0.0368	0.1115	0.2051
	7	0.0000	0.0008	0.0090	0.0425	0.1172
	8	0.0000	0.0001	0.0014	0.0106	0.0439
	9	0.0000	0.0000	0.0001	0.0016	0.0098
	10	0.0000	0.0000	0.0000	0.0001	0.0010
15	0	0.2059	0.0352	0.0047	0.0005	0.0000
	1	0.3432	0.1319	0.0305	0.0047	0.0005
	2	0.2669	0.2309	0.0916	0.0219	0.0032
	3	0.1285	0.2501	0.1700	0.0634	0.0139
	4	0.0428	0.1876	0.2186	0.1268	0.0417
	5	0.0105	0.1032	0.2061	0.1859	0.0916
	6	0.0019	0.0430	0.1472	0.2066	0.1527
	7	0.0003	0.0138	0.0811	0.1771	0.1964
	8	0.0000	0.0035	0.0348	0.1181	0.1964
	9	0.0000	0.0007	0.0116	0.0612	0.1527
	10	0.0000	0.0001	0.0030	0.0245	0.0916
	11	0.0000	0.0000	0.0006	0.0074	0.0417
	12	0.0000	0.0000	0.0001	0.0016	0.0139
	13	0.0000	0.0000	0.0000	0.0003	0.0032
	14	0.0000	0.0000	0.0000	0.0000	0.0005
	15	0.0000	0.0000	0.0000	0.0000	0.0000

(계속)

n	x	$p=0.1$	$p=0.2$	$p=0.3$	$p=0.4$	$p=0.5$
20	0	0.1216	0.0115	0.0008	0.0000	0.0000
	1	0.2702	0.0576	0.0068	0.0005	0.0000
	2	0.2852	0.1369	0.0278	0.0031	0.0002
	3	0.1901	0.2054	0.0716	0.0123	0.0011
	4	0.0898	0.2182	0.1304	0.0350	0.0046
	5	0.0319	0.1746	0.1789	0.0746	0.0148
	6	0.0089	0.1091	0.1916	0.1244	0.0370
	7	0.0020	0.0545	0.1643	0.1659	0.0739
	8	0.0004	0.0222	0.1144	0.1797	0.1201
	9	0.0001	0.0074	0.0654	0.1597	0.1602
	10	0.0000	0.0020	0.0308	0.1171	0.1762
	11	0.0000	0.0005	0.0120	0.0710	0.1602
	12	0.0000	0.0001	0.0039	0.0355	0.1201
	13	0.0000	0.0000	0.0010	0.0146	0.0739
	14	0.0000	0.0000	0.0002	0.0049	0.0370
	15	0.0000	0.0000	0.0000	0.0013	0.0148
	16	0.0000	0.0000	0.0000	0.0003	0.0046
	17	0.0000	0.0000	0.0000	0.0000	0.0011
	18	0.0000	0.0000	0.0000	0.0000	0.0002
	19	0.0000	0.0000	0.0000	0.0000	0.0000
	20	0.0000	0.0000	0.0000	0.0000	0.0000

[표 3] **푸아송분포표** : 한 점 x에서의 확률값 $P(X=x)=\dfrac{e^{-\lambda}\lambda^{x}}{x!}$ **(계속)**

x	λ=.1	.2	.3	.4	.5	.6	.7	.8	.9	1.0
0	.9048	.8187	.7408	.6703	.6065	.5488	.4966	.4493	.4066	.3679
1	.0905	.1637	.0000	.2681	.3033	.3293	.3476	.3595	.3659	.3679
2	.0045	.0164	.0333	.0536	.0758	.0988	.1217	.1438	.1647	.1839
3	.0002	.0011	.0033	.0072	.0126	.0198	.0284	.0383	.0494	.0613
4	.0000	.0001	.0003	.0007	.0016	.0030	.0050	.0077	.0111	.0153
5	.0000	.0000	.0000	.0001	.0002	.0004	.0007	.0012	.0020	.0031
6	.0000	.0000	.0000	.0000	.0000	.0000	.0001	.0002	.0003	.0005
7	.0000	.0000	.0000	.0000	.0000	.0000	.0000	.0000	.0000	.0001
8	.0000	.0000	.0000	.0000	.0000	.0000	.0000	.0000	.0000	.0000

x	λ=1.5	2	3	4	5	6	7	8	9	10
0	.2231	.1353	.0498	.0183	.0067	.0025	.0009	.0003	.0001	.0000
1	.3347	.2707	.1494	.0733	.0337	.0149	.0064	.0027	.0011	.0005
2	.2510	.2707	.2240	.1465	.0842	.0446	.0223	.0107	.0050	.0023
3	.1255	.1804	.2240	.1954	.1404	.0892	.0521	.0286	.0150	.0076
4	.0471	.0902	.1680	.1954	.1755	.1339	.0912	.0573	.0337	.0189
5	.0141	.0361	.1008	.1563	.1755	.1606	.1277	.0916	.0607	.0378
6	.0035	.0120	.0504	.1042	.1462	.1606	.1490	.1221	.0911	.0631
7	.0008	.0034	.0216	.0595	.1044	.1377	.1490	.1396	.1171	.0901
8	.0001	.0009	.0081	.0298	.0653	.1033	.1304	.1396	.1318	.1126
9	.0000	.0002	.0027	.0132	.0363	.0688	.1014	.1241	.1318	.1251
10	.0000	.0000	.0008	.0053	.0181	.0413	.0710	.0993	.1186	.1251
11	.0000	.0000	.0002	.0019	.0082	.0225	.0452	.0722	.0970	.1137
12	.0000	.0000	.0001	.0006	.0034	.0113	.0264	.0481	.0728	.0948
13	.0000	.0000	.0000	.0002	.0013	.0052	.0142	.0296	.0504	.0729
14	.0000	.0000	.0000	.0001	.0005	.0022	.0071	.0169	.0324	.0521

(계속)

x	$\lambda=1.5$	2	3	4	5	6	7	8	9	10
15	.0000	.0000	.0000	.0000	.0002	.0009	.0033	.0090	.0194	.0347
16	.0000	.0000	.0000	.0000	.0000	.0003	.0014	.0045	.0109	.0217
17	.0000	.0000	.0000	.0000	.0000	.0001	.0006	.0021	.0058	.0128
18	.0000	.0000	.0000	.0000	.0000	.0000	.0002	.0009	.0029	.0071
19	.0000	.0000	.0000	.0000	.0000	.0000	.0001	.0004	.0014	.0037
20	.0000	.0000	.0000	.0000	.0000	.0000	.0000	.0002	.0006	.0019
21	.0000	.0000	.0000	.0000	.0000	.0000	.0000	.0001	.0003	.0009
22	.0000	.0000	.0000	.0000	.0000	.0000	.0000	.0000	.0001	.0004
23	.0000	.0000	.0000	.0000	.0000	.0000	.0000	.0000	.0000	.0002
24	.0000	.0000	.0000	.0000	.0000	.0000	.0000	.0000	.0000	.0001
25	.0000	.0000	.0000	.0000	.0000	.0000	.0000	.0000	.0000	.0000

[표 4] **표준정규분포표** : 누적확률값 $P(Z \leq z) = \int_{-\infty}^{z} \frac{1}{\sqrt{2\pi}} exp(-\frac{1}{2}t^2)dt$

z	0.00	0.01	0.02	0.03	0.04	0.05	0.06	0.07	0.08	0.09
0.0	0.5000	0.5040	0.5080	0.5120	0.5160	0.5199	0.5239	0.5279	0.5319	0.5359
0.1	0.5398	0.5438	0.5478	0.5517	0.5557	0.5596	0.5636	0.5675	0.5714	0.5754
0.2	0.5793	0.5832	0.5871	0.5910	0.5948	0.5987	0.6026	0.6064	0.6103	0.6141
0.3	0.6179	0.6217	0.6255	0.6293	0.6331	0.6368	0.6406	0.6443	0.6480	0.6517
0.4	0.6554	0.6591	0.6628	0.6664	0.6700	0.6736	0.6772	0.6808	0.6844	0.6879
0.5	0.6915	0.6950	0.6985	0.7019	0.7054	0.7088	0.7123	0.7157	0.7190	0.7224
0.6	0.7258	0.7291	0.7324	0.7357	0.7389	0.7422	0.7454	0.7486	0.7518	0.7549
0.7	0.7580	0.7612	0.7642	0.7673	0.7704	0.7734	0.7764	0.7794	0.7823	0.7852
0.8	0.7881	0.7910	0.7939	0.7967	0.7996	0.8023	0.8051	0.8079	0.8106	0.8133
0.9	0.8159	0.8186	0.8212	0.8238	0.8264	0.8289	0.8315	0.8340	0.8365	0.8389
1.0	0.8413	0.8438	0.8461	0.8485	0.8508	0.8531	0.8554	0.8577	0.8599	0.8621
1.1	0.8643	0.8665	0.8686	0.8708	0.8729	0.8749	0.8770	0.8790	0.8810	0.8830
1.2	0.8849	0.8869	0.8888	0.8907	0.8925	0.8944	0.8962	0.8980	0.8997	0.9015
1.3	0.9032	0.9049	0.9066	0.9082	0.9099	0.9115	0.9131	0.9147	0.9162	0.9177
1.4	0.9192	0.9207	0.9222	0.9236	0.9251	0.9265	0.9279	0.9292	0.9306	0.9319
1.5	0.9332	0.9345	0.9357	0.9370	0.9382	0.9394	0.9406	0.9418	0.9430	0.9441
1.6	0.9452	0.9463	0.9474	0.9485	0.9495	0.9505	0.9515	0.9525	0.9535	0.9545
1.7	0.9554	0.9564	0.9573	0.9582	0.9591	0.9599	0.9608	0.9616	0.9625	0.9633
1.8	0.9641	0.9649	0.9656	0.9664	0.9671	0.9678	0.9686	0.9693	0.9700	0.9706
1.9	0.9713	0.9719	0.9726	0.9732	0.9738	0.9744	0.9750	0.9756	0.9762	0.9767
2.0	0.9773	0.9778	0.9783	0.9788	0.9793	0.9798	0.9803	0.9808	0.9812	0.9817
2.2	0.9821	0.9826	0.9830	0.9834	0.9838	0.9842	0.9846	0.9850	0.9854	0.9857
2.3	0.9861	0.9865	0.9868	0.9871	0.9875	0.9878	0.9881	0.9884	0.9887	0.9890
2.3	0.9893	0.9896	0.9898	0.9901	0.9904	0.9906	0.9909	0.9911	0.9913	0.9916
2.4	0.9918	0.9920	0.9922	0.9925	0.9927	0.9929	0.9931	0.9932	0.9934	0.9936
2.5	0.9938	0.9940	0.9941	0.9943	0.9945	0.9946	0.9948	0.9949	0.9951	0.9952
2.6	0.9953	0.9955	0.9956	0.9957	0.9959	0.9960	0.9961	0.9962	0.9963	0.9964
2.7	0.9965	0.9966	0.9967	0.9968	0.9969	0.9970	0.9971	0.9972	0.9973	0.9974
2.8	0.9974	0.9975	0.9976	0.9977	0.9977	0.9978	0.9979	0.9980	0.9980	0.9981
2.9	0.9981	0.9982	0.9983	0.9983	0.9984	0.9984	0.9985	0.9985	0.9986	0.9986
3.0	0.9987	0.9987	0.9987	0.9988	0.9988	0.9989	0.9989	0.9989	0.9990	0.9990
3.1	0.9990	0.9991	0.9991	0.9991	0.9992	0.9992	0.9992	0.9992	0.9993	0.9993
3.2	0.9993	0.9993	0.9994	0.9994	0.9994	0.9994	0.9994	0.9995	0.9995	0.9995
3.3	0.9995	0.9995	0.9996	0.9996	0.9996	0.9996	0.9996	0.9996	0.9996	0.9997
3.4	0.9997	0.9997	0.9997	0.9997	0.9997	0.9997	0.9997	0.9997	0.9998	0.9998

[표 5] ***t*-분포표** : t 분포의 상위 $100\,\alpha\%$ 백분위수 $t_\alpha(df)$

df	α							
	0.25	0.1	0.05	0.025	0.01	0.00833	0.00625	0.005
1	1.000	3.078	6.314	12.706	31.821	38.204	50.923	63.657
2	0.816	1.886	2.920	4.303	6.965	7.650	8.860	9.925
3	0.765	1.638	2.353	3.182	4.541	4.857	5.392	5.841
4	0.741	1.533	2.132	2.776	3.747	3.961	4.315	4.604
5	0.727	1.476	2.015	2.571	3.365	3.534	3.810	4.032
6	0.718	1.440	1.943	2.447	3.143	3.288	3.521	3.707
7	0.711	1.415	1.895	2.365	2.998	3.128	3.335	3.499
8	0.706	1.397	1.860	2.306	2.896	3.016	3.206	3.355
9	0.703	1.383	1.833	2.262	2.821	2.934	3.111	3.250
10	0.700	1.372	1.812	2.228	2.764	2.870	3.038	3.169
11	0.697	1.363	1.796	2.201	2.718	2.820	2.981	3.106
12	0.695	1.356	1.782	2.179	2.681	2.780	2.934	3.055
13	0.694	1.350	1.771	2.160	2.650	2.746	2.896	3.012
14	0.692	1.345	1.761	2.145	2.624	2.718	2.864	2.977
15	0.691	1.341	1.753	2.131	2.602	2.694	2.837	2.947
16	0.690	1.337	1.746	2.120	2.583	2.673	2.813	2.921
17	0.689	1.333	1.740	2.110	2.567	2.655	2.793	2.898
18	0.688	1.330	1.734	2.101	2.552	2.639	2.775	2.878
19	0.688	1.328	1.729	2.093	2.539	2.625	2.759	2.861
20	0.687	1.325	1.725	2.086	2.528	2.613	2.744	2.845
21	0.686	1.323	1.721	2.080	2.518	2.602	2.732	2.831
22	0.686	1.321	1.717	2.074	2.508	2.591	2.720	2.819
23	0.685	1.319	1.714	2.069	2.500	2.582	2.710	2.807
24	0.685	1.318	1.711	2.064	2.492	2.574	2.700	2.797
25	0.684	1.316	1.708	2.060	2.485	2.566	2.692	2.787
26	0.684	1.315	1.706	2.056	2.479	2.559	2.684	2.779
27	0.684	1.314	1.703	2.052	2.473	2.553	2.676	2.771
28	0.683	1.313	1.701	2.048	2.467	2.547	2.669	2.763
29	0.683	1.311	1.699	2.045	2.462	2.541	2.663	2.756
30	0.683	1.310	1.697	2.042	2.457	2.536	2.657	2.750
40	0.681	1.303	1.684	2.021	2.423	2.499	2.616	2.704
60	0.679	1.296	1.671	2.000	2.390	2.463	2.575	2.660
120	0.677	1.289	1.658	1.980	2.358	2.428	2.536	2.617
∞	0.675	1.282	1.645	1.960	2.327	2.395	2.498	2.576

[표 6] **카이제곱분포표** : 카이제곱분포의 상위 100 α% 백분위수 $\chi^2_\alpha(df)$

df	α								
	0.99	0.975	0.95	0.9	0.5	0.1	0.05	0.025	0.01
1	0.0002	0.001	0.004	0.02	0.45	2.71	3.84	5.02	6.63
2	0.02	0.05	0.10	0.21	1.39	4.61	5.99	7.38	9.21
3	0.11	0.22	0.35	0.58	2.37	6.25	7.81	9.35	11.34
4	0.30	0.48	0.71	1.06	3.36	7.78	9.49	11.14	13.28
5	0.55	0.83	1.15	1.61	4.35	9.24	11.07	12.83	15.09
6	0.87	1.24	1.64	2.20	5.35	10.64	12.59	14.45	16.81
7	1.24	1.69	2.17	2.83	6.35	12.02	14.07	16.01	18.48
8	1.65	2.18	2.73	3.49	7.34	13.36	15.51	17.53	20.09
9	2.09	2.70	3.33	4.17	8.34	14.68	16.92	19.02	21.67
10	2.56	3.25	3.94	4.87	9.34	15.99	18.31	20.48	23.21
11	3.05	3.82	4.57	5.58	10.34	17.28	19.68	21.92	24.72
12	3.57	4.40	5.23	6.30	11.34	18.55	21.03	23.34	26.22
13	4.11	5.01	5.89	7.04	12.34	19.81	22.36	24.74	27.69
14	4.66	5.63	6.57	7.79	13.34	21.06	23.68	26.12	29.14
15	5.23	6.26	7.26	8.55	14.34	22.31	25.00	27.49	30.58
16	5.81	6.91	7.96	9.31	15.34	23.54	26.30	28.85	32.00
17	6.41	7.56	8.67	10.09	16.34	24.77	27.59	30.19	33.41
18	7.01	8.23	9.39	10.86	17.34	25.99	28.87	31.53	34.81
19	7.63	8.91	10.12	11.65	18.34	27.20	30.14	32.85	36.19
20	8.26	9.59	10.85	12.44	19.34	28.41	31.41	34.17	37.57
21	8.90	10.28	11.59	13.24	20.34	29.62	32.67	35.48	38.93
22	9.54	10.98	12.34	14.04	21.34	30.81	33.92	36.78	40.29
23	10.20	11.69	13.09	14.85	22.34	32.01	35.17	38.08	41.64
24	10.86	12.40	13.85	15.66	23.34	33.20	36.42	39.36	42.98
25	11.52	13.12	14.61	16.47	24.34	34.38	37.65	40.65	44.31
26	12.20	13.84	15.38	17.29	25.34	35.56	38.89	41.92	45.64
27	12.88	14.57	16.15	18.11	26.34	36.74	40.11	43.19	46.96
28	13.56	15.31	16.93	18.94	27.34	37.92	41.34	44.46	48.28
29	14.26	16.05	17.71	19.77	28.34	39.09	42.56	45.72	49.59
30	14.95	16.79	18.49	20.60	29.34	40.26	43.77	46.98	50.89
40	22.16	24.43	26.51	29.05	39.34	51.81	55.76	59.34	63.69
50	29.71	32.36	34.76	37.69	49.33	63.17	67.50	71.42	76.15
60	37.48	40.48	43.19	46.46	59.33	74.40	79.08	83.30	88.38
70	45.44	48.76	51.74	55.33	69.33	85.53	90.53	95.02	100.43
80	53.54	57.15	60.39	64.28	79.33	96.58	101.88	106.63	112.33
90	61.75	65.65	69.13	73.29	89.33	107.57	113.15	118.14	124.12
100	70.06	74.22	77.93	82.36	99.33	118.50	124.34	129.56	135.81

[표 7] ***F*-분포표** : F 분포의 상위 10% 백분위수 $F_{0.1}(i,\ k)$

k \ i	1	2	3	4	5	6	7	8	9	10
1	39.86	49.50	53.59	55.83	57.24	58.20	58.91	59.44	59.86	60.19
2	8.53	9.00	9.16	9.24	9.29	9.33	9.35	9.37	9.38	9.39
3	5.54	5.46	5.39	5.34	5.31	5.28	5.27	5.25	5.24	5.23
4	4.54	4.32	4.19	4.11	4.05	4.01	3.98	3.95	3.94	3.92
5	4.06	3.78	3.62	3.52	3.45	3.40	3.37	3.34	3.32	3.30
6	3.78	3.46	3.29	3.18	3.11	3.05	3.01	2.98	2.96	2.94
7	3.59	3.26	3.07	2.96	2.88	2.83	2.78	2.75	2.72	2.70
8	3.46	3.11	2.92	2.81	2.73	2.67	2.62	2.59	2.56	2.54
9	3.36	3.01	2.81	2.69	2.61	2.55	2.51	2.47	2.44	2.42
10	3.29	2.92	2.73	2.61	2.52	2.46	2.41	2.38	2.35	2.32
11	3.23	2.86	2.66	2.54	2.45	2.39	2.34	2.30	2.27	2.25
12	3.18	2.81	2.61	2.48	2.39	2.33	2.28	2.24	2.21	2.19
13	3.14	2.76	2.56	2.43	2.35	2.28	2.23	2.20	2.16	2.14
14	3.10	2.73	2.52	2.39	2.31	2.24	2.19	2.15	2.12	2.10
15	3.07	2.70	2.49	2.36	2.27	2.21	2.16	2.12	2.09	2.06
16	3.05	2.67	2.46	2.33	2.24	2.18	2.13	2.09	2.06	2.03
17	3.03	2.64	2.44	2.31	2.22	2.15	2.10	2.06	2.03	2.00
18	3.01	2.62	2.42	2.29	2.20	2.13	2.08	2.04	2.00	1.98
19	2.99	2.61	2.40	2.27	2.18	2.11	2.06	2.02	1.98	1.96
20	2.97	2.59	2.38	2.25	2.16	2.09	2.04	2.00	1.96	1.94
21	2.96	2.57	2.36	2.23	2.14	2.08	2.02	1.98	1.95	1.92
22	2.95	2.56	2.35	2.22	2.13	2.06	2.01	1.97	1.93	1.90
23	2.94	2.55	2.34	2.21	2.11	2.05	1.99	1.95	1.92	1.89
24	2.93	2.54	2.33	2.19	2.10	2.04	1.98	1.94	1.91	1.88
25	2.92	2.53	2.32	2.18	2.09	2.02	1.97	1.93	1.89	1.87
26	2.91	2.52	2.31	2.17	2.08	2.01	1.96	1.92	1.88	1.86
27	2.90	2.51	2.30	2.17	2.07	2.00	1.95	1.91	1.87	1.85
28	2.89	2.50	2.29	2.16	2.06	2.00	1.94	1.90	1.87	1.84
29	2.89	2.50	2.28	2.15	2.06	1.99	1.93	1.89	1.86	1.83
30	2.88	2.49	2.28	2.14	2.05	1.98	1.93	1.88	1.85	1.82
40	2.84	2.44	2.23	2.09	2.00	1.93	1.87	1.83	1.79	1.76
60	2.79	2.39	2.18	2.04	1.95	1.87	1.82	1.77	1.74	1.71
120	2.75	2.35	2.13	1.99	1.90	1.82	1.77	1.72	1.68	1.65
∞	2.71	2.30	2.08	1.94	1.85	1.77	1.72	1.67	1.63	1.60

(계속)

k \ i	12	15	20	24	30	40	60	120	∞
1	60.71	61.22	61.74	62.00	62.26	62.53	62.79	63.06	63.33
2	9.41	9.42	9.44	9.45	9.46	9.47	9.47	9.48	9.49
3	5.22	5.20	5.18	5.18	5.17	5.16	5.15	5.14	5.13
4	3.90	3.87	3.84	3.83	3.82	3.80	3.79	3.78	3.76
5	3.27	3.24	3.21	3.19	3.17	3.16	3.14	3.12	3.11
6	2.90	2.87	2.84	2.82	2.80	2.78	2.76	2.74	2.72
7	2.67	2.63	2.59	2.58	2.56	2.54	2.51	2.49	2.47
8	2.50	2.46	2.42	2.40	2.38	2.36	2.34	2.32	2.29
9	2.38	2.34	2.30	2.28	2.25	2.23	2.21	2.18	2.16
10	2.28	2.24	2.20	2.18	2.16	2.13	2.11	2.08	2.06
11	2.21	2.17	2.12	2.10	2.08	2.05	2.03	2.00	1.97
12	2.15	2.10	2.06	2.04	2.01	1.99	1.96	1.93	1.90
13	2.10	2.05	2.01	1.98	1.96	1.93	1.90	1.88	1.85
14	2.05	2.01	1.96	1.94	1.91	1.89	1.86	1.83	1.80
15	2.02	1.97	1.92	1.90	1.87	1.85	1.82	1.79	1.76
16	1.99	1.94	1.89	1.87	1.84	1.81	1.78	1.75	1.72
17	1.96	1.91	1.86	1.84	1.81	1.78	1.75	1.72	1.69
18	1.93	1.89	1.84	1.81	1.78	1.75	1.72	1.69	1.66
19	1.91	1.86	1.81	1.79	1.76	1.73	1.70	1.67	1.63
20	1.89	1.84	1.79	1.77	1.74	1.71	1.68	1.64	1.61
21	1.87	1.83	1.78	1.75	1.72	1.69	1.66	1.62	1.59
22	1.86	1.81	1.76	1.73	1.70	1.67	1.64	1.60	1.57
23	1.84	1.80	1.74	1.72	1.69	1.66	1.62	1.59	1.55
24	1.83	1.78	1.73	1.70	1.67	1.64	1.61	1.57	1.53
25	1.82	1.77	1.72	1.69	1.66	1.63	1.59	1.56	1.52
26	1.81	1.76	1.71	1.68	1.65	1.61	1.58	1.54	1.50
27	1.80	1.75	1.70	1.67	1.64	1.60	1.57	1.53	1.49
28	1.79	1.74	1.69	1.66	1.63	1.59	1.56	1.52	1.48
29	1.78	1.73	1.68	1.65	1.62	1.58	1.55	1.51	1.47
30	1.77	1.72	1.67	1.64	1.61	1.57	1.54	1.50	1.46
40	1.71	1.66	1.61	1.57	1.54	1.51	1.47	1.42	1.38
60	1.66	1.60	1.54	1.51	1.48	1.44	1.40	1.35	1.29
120	1.60	1.55	1.48	1.45	1.41	1.37	1.32	1.26	1.19
∞	1.55	1.49	1.42	1.38	1.34	1.30	1.24	1.17	1.00

F 분포의 상위 5% 백분위수 $F_{0.05}(i,\ k)$

k \ i	1	2	3	4	5	6	7	8	9	10
1	161.4	199.5	215.7	224.6	230.2	234.0	236.8	238.9	240.5	241.9
2	18.51	19.00	19.16	19.25	19.30	19.33	19.35	19.37	19.38	19.40
3	10.13	9.55	9.28	9.12	9.01	8.94	8.89	8.85	8.81	8.79
4	7.71	6.94	6.59	6.39	6.26	6.16	6.09	6.04	6.00	5.96
5	6.61	5.79	5.41	5.19	5.05	4.95	4.88	4.82	4.77	4.74
6	5.99	5.14	4.76	4.53	4.39	4.28	4.21	4.15	4.10	4.06
7	5.59	4.74	4.35	4.12	3.97	3.87	3.79	3.73	3.68	3.64
8	5.32	4.46	4.07	3.84	3.69	3.58	3.50	3.44	3.39	3.35
9	5.12	4.26	3.86	3.63	3.48	3.37	3.29	3.23	3.18	3.14
10	4.96	4.10	3.71	3.48	3.33	3.22	3.14	3.07	3.02	2.98
11	4.84	3.98	3.59	3.36	3.20	3.09	3.01	2.95	2.90	2.85
12	4.75	3.89	3.49	3.26	3.11	3.00	2.91	2.85	2.80	2.75
13	4.67	3.81	3.41	3.18	3.03	2.92	2.83	2.77	2.71	2.67
14	4.60	3.74	3.34	3.11	2.96	2.85	2.76	2.70	2.65	2.60
15	4.54	3.68	3.29	3.06	2.90	2.79	2.71	2.64	2.59	2.54
16	4.49	3.63	3.24	3.01	2.85	2.74	2.66	2.59	2.54	2.49
17	4.45	3.59	3.20	2.96	2.81	2.70	2.61	2.55	2.49	2.45
18	4.41	3.55	3.16	2.93	2.77	2.66	2.58	2.51	2.46	2.41
19	4.38	3.52	3.13	2.90	2.74	2.63	2.54	2.48	2.42	2.38
20	4.35	3.49	3.10	2.87	2.71	2.60	2.51	2.45	2.39	2.35
21	4.32	3.47	3.07	2.84	2.68	2.57	2.49	2.42	2.37	2.32
22	4.30	3.44	3.05	2.82	2.66	2.55	2.46	2.40	2.34	2.30
23	4.28	3.42	3.03	2.80	2.64	2.53	2.44	2.37	2.32	2.27
24	4.26	3.40	3.01	2.78	2.62	2.51	2.42	2.36	2.30	2.25
25	4.24	3.39	2.99	2.76	2.60	2.49	2.40	2.34	2.28	2.24
26	4.23	3.37	2.98	2.74	2.59	2.47	2.39	2.32	2.27	2.22
27	4.21	3.35	2.96	2.73	2.57	2.46	2.37	2.31	2.25	2.20
28	4.20	3.34	2.95	2.71	2.56	2.45	2.36	2.29	2.24	2.19
29	4.18	3.33	2.93	2.70	2.55	2.43	2.35	2.28	2.22	2.18
30	4.17	3.32	2.92	2.69	2.53	2.42	2.33	2.27	2.21	2.16
40	4.08	3.23	2.84	2.61	2.45	2.34	2.25	2.18	2.12	2.08
60	4.00	3.15	2.76	2.53	2.37	2.25	2.17	2.10	2.04	1.99
120	3.92	3.07	2.68	2.45	2.29	2.18	2.09	2.02	1.96	1.91
∞	3.84	3.00	2.60	2.37	2.21	2.10	2.01	1.94	1.88	1.83

(계속)

k \ i	12	15	20	24	30	40	60	120	∞
1	243.9	245.9	248.0	249.1	250.1	251.1	252.2	253.3	254.3
2	19.41	19.43	19.45	19.45	19.46	19.47	19.48	19.49	19.50
3	8.74	8.70	8.66	8.64	8.62	8.59	8.57	8.55	8.53
4	5.91	5.86	5.80	5.77	5.75	5.72	5.69	5.66	5.63
5	4.68	4.62	4.56	4.53	4.50	4.46	4.43	4.40	4.37
6	4.00	3.94	3.87	3.84	3.81	3.77	3.74	3.70	3.67
7	3.57	3.51	3.44	3.41	3.38	3.34	3.30	3.27	3.23
8	3.28	3.22	3.15	3.12	3.08	3.04	3.01	2.97	2.93
9	3.07	3.01	2.94	2.90	2.86	2.83	2.79	2.75	2.71
10	2.91	2.85	2.77	2.74	2.70	2.66	2.62	2.58	2.54
11	2.79	2.72	2.65	2.61	2.57	2.53	2.49	2.45	2.41
12	2.69	2.62	2.54	2.51	2.47	2.43	2.38	2.34	2.30
13	2.60	2.53	2.46	2.42	2.38	2.34	2.30	2.25	2.21
14	2.53	2.46	2.39	2.35	2.31	2.27	2.22	2.18	2.13
15	2.48	2.40	2.33	2.29	2.25	2.20	2.16	2.11	2.07
16	2.42	2.35	2.28	2.24	2.19	2.15	2.11	2.06	2.01
17	2.38	2.31	2.23	2.19	2.15	2.10	2.06	2.01	1.96
18	2.34	2.27	2.19	2.15	2.11	2.06	2.02	1.97	1.92
19	2.31	2.23	2.16	2.11	2.07	2.03	1.98	1.93	1.88
20	2.28	2.20	2.12	2.08	2.04	1.99	1.95	1.90	1.84
21	2.25	2.18	2.10	2.05	2.01	1.96	1.92	1.87	1.81
22	2.23	2.15	2.07	2.03	1.98	1.94	1.89	1.84	1.78
23	2.20	2.13	2.05	2.01	1.96	1.91	1.86	1.81	1.76
24	2.18	2.11	2.03	1.98	1.94	1.89	1.84	1.79	1.73
25	2.16	2.09	2.01	1.96	1.92	1.87	1.82	1.77	1.71
26	2.15	2.07	1.99	1.95	1.90	1.85	1.80	1.75	1.69
27	2.13	2.06	1.97	1.93	1.88	1.84	1.79	1.73	1.67
28	2.12	2.04	1.96	1.91	1.87	1.82	1.77	1.71	1.65
29	2.10	2.03	1.94	1.90	1.85	1.81	1.75	1.70	1.64
30	2.09	2.01	1.93	1.89	1.84	1.79	1.74	1.68	1.62
40	2.00	1.92	1.84	1.79	1.74	1.69	1.64	1.58	1.51
60	1.92	1.84	1.75	1.70	1.65	1.59	1.53	1.47	1.39
120	1.83	1.75	1.66	1.61	1.55	1.50	1.43	1.35	1.26
∞	1.75	1.67	1.57	1.52	1.46	1.39	1.32	1.22	1.00

F 분포의 상위 2.5% 백분위수 $F_{0.025}(i,\ k)$

k \ i	1	2	3	4	5	6	7	8	9	10
1	647.8	799.5	864.2	899.6	921.8	937.1	948.2	956.7	963.3	968.6
2	38.51	39.00	39.17	39.25	39.30	39.33	39.36	39.37	39.39	39.40
3	17.44	16.04	15.44	15.10	14.88	14.73	14.62	14.54	14.47	14.42
4	12.22	10.65	9.98	9.60	9.36	9.20	9.07	8.98	8.90	8.84
5	10.01	8.43	7.76	7.39	7.15	6.98	6.85	6.76	6.68	6.62
6	8.81	7.26	6.60	6.23	5.99	5.82	5.70	5.60	5.52	5.46
7	8.07	6.54	5.89	5.52	5.29	5.12	4.99	4.90	4.82	4.76
8	7.57	6.06	5.42	5.05	4.82	4.65	4.53	4.43	4.36	4.30
9	7.21	5.71	5.08	4.72	4.48	4.32	4.20	4.10	4.03	3.96
10	6.94	5.46	4.83	4.47	4.24	4.07	3.95	3.85	3.78	3.72
11	6.72	5.26	4.63	4.28	4.04	3.88	3.76	3.66	3.59	3.53
12	6.55	5.10	4.47	4.12	3.89	3.73	3.61	3.51	3.44	3.37
13	6.41	4.97	4.35	4.00	3.77	3.60	3.48	3.39	3.31	3.25
14	6.30	4.86	4.24	3.89	3.66	3.50	3.38	3.29	3.21	3.15
15	6.20	4.77	4.15	3.80	3.58	3.41	3.29	3.20	3.12	3.06
16	6.12	4.69	4.08	3.73	3.50	3.34	3.22	3.12	3.05	2.99
17	6.04	4.62	4.01	3.66	3.44	3.28	3.16	3.06	2.98	2.92
18	5.98	4.56	3.95	3.61	3.38	3.22	3.10	3.01	2.93	2.87
19	5.92	4.51	3.90	3.56	3.33	3.17	3.05	2.96	2.88	2.82
20	5.87	4.46	3.86	3.51	3.29	3.13	3.01	2.91	2.84	2.77
21	5.83	4.42	3.82	3.48	3.25	3.09	2.97	2.87	2.80	2.73
22	5.79	4.38	3.78	3.44	3.22	3.05	2.93	2.84	2.76	2.70
23	5.75	4.35	3.75	3.41	3.18	3.02	2.90	2.81	2.73	2.67
24	5.72	4.32	3.72	3.38	3.15	2.99	2.87	2.78	2.70	2.64
25	5.69	4.29	3.69	3.35	3.13	2.97	2.85	2.75	2.68	2.61
26	5.66	4.27	3.67	3.33	3.10	2.94	2.82	2.73	2.65	2.59
27	5.63	4.24	3.65	3.31	3.08	2.92	2.80	2.71	2.63	2.57
28	5.61	4.22	3.63	3.29	3.06	2.90	2.78	2.69	2.61	2.55
29	5.59	4.20	3.61	3.27	3.04	2.88	2.76	2.67	2.59	2.53
30	5.57	4.18	3.59	3.25	3.03	2.87	2.75	2.65	2.57	2.51
40	5.42	4.05	3.46	3.13	2.90	2.74	2.62	2.53	2.45	2.39
60	5.29	3.93	3.34	3.01	2.79	2.63	2.51	2.41	2.33	2.27
120	5.15	3.80	3.23	2.89	2.67	2.52	2.39	2.30	2.22	2.16
∞	5.02	3.69	3.12	2.79	2.57	2.41	2.29	2.19	2.11	2.05

(계속)

k \ i	12	15	20	24	30	40	60	120	∞
1	976.7	984.9	993.1	997.2	1001	1006	1010	1014	1018
2	39.41	39.43	39.45	39.46	39.46	39.47	39.48	39.49	39.50
3	14.34	14.25	14.17	14.12	14.08	14.04	13.99	13.95	13.90
4	8.75	8.66	8.56	8.51	8.46	8.41	8.36	8.31	8.26
5	6.52	6.43	6.33	6.28	6.23	6.18	6.12	6.07	6.02
6	5.37	5.27	5.17	5.12	5.07	5.01	4.96	4.90	4.85
7	4.67	4.57	4.47	4.41	4.36	4.31	4.25	4.20	4.14
8	4.20	4.10	4.00	3.95	3.89	3.84	3.78	3.73	3.67
9	3.87	3.77	3.67	3.61	3.56	3.51	3.45	3.39	3.33
10	3.62	3.52	3.42	3.37	3.31	3.26	3.20	3.14	3.08
11	3.43	3.33	3.23	3.17	3.12	3.06	3.00	2.94	2.88
12	3.28	3.18	3.07	3.02	2.96	2.91	2.85	2.79	2.73
13	3.15	3.05	2.95	2.89	2.84	2.78	2.72	2.66	2.60
14	3.05	2.95	2.84	2.79	2.73	2.67	2.61	2.55	2.49
15	2.96	2.86	2.76	2.70	2.64	2.59	2.52	2.46	2.40
16	2.89	2.79	2.68	2.63	2.57	2.51	2.45	2.38	2.32
17	2.82	2.72	2.62	2.56	2.50	2.44	2.38	2.32	2.25
18	2.77	2.67	2.56	2.50	2.44	2.38	2.32	2.26	2.19
19	2.72	2.62	2.51	2.45	2.39	2.33	2.27	2.20	2.13
20	2.68	2.57	2.46	2.41	2.35	2.29	2.22	2.16	2.09
21	2.64	2.53	2.42	2.37	2.31	2.25	2.18	2.11	2.04
22	2.60	2.50	2.39	2.33	2.27	2.21	2.14	2.08	2.00
23	2.57	2.47	2.36	2.30	2.24	2.18	2.11	2.04	1.97
24	2.54	2.44	2.33	2.27	2.21	2.15	2.08	2.01	1.94
25	2.51	2.41	2.30	2.24	2.18	2.12	2.05	1.98	1.91
26	2.49	2.39	2.28	2.22	2.16	2.09	2.03	1.95	1.88
27	2.47	2.36	2.25	2.19	2.13	2.07	2.00	1.93	1.85
28	2.45	2.34	2.23	2.17	2.11	2.05	1.98	1.91	1.83
29	2.43	2.32	2.21	2.15	2.09	2.03	1.96	1.89	1.81
30	2.41	2.31	2.20	2.14	2.07	2.01	1.94	1.87	1.79
40	2.29	2.18	2.07	2.01	1.94	1.88	1.80	1.72	1.64
60	2.17	2.06	1.94	1.88	1.82	1.74	1.67	1.58	1.48
120	2.05	1.94	1.82	1.76	1.69	1.61	1.53	1.43	1.31
∞	1.94	1.83	1.71	1.64	1.57	1.48	1.39	1.27	1.00

[표 8] 표준화범위분포: $q_{0.1}(r,\ t\eta_T - r)$

$\eta_T - r$	r																		
	2	3	4	5	6	7	8	9	10	11	12	13	14	15	16	17	18	19	20
1	8.93	13.4	16.4	18.5	20.2	21.5	22.6	23.6	24.5	25.2	25.9	26.5	27.1	27.6	28.1	28.5	29.0	29.3	29.7
2	4.13	5.73	6.77	7.54	8.14	8.63	9.05	9.41	9.72	10.0	10.3	10.5	10.7	10.9	11.1	11.2	11.4	11.5	11.7
3	3.33	4.47	5.20	5.74	6.16	6.51	6.81	7.06	7.29	7.49	7.67	7.83	7.98	8.12	8.25	8.37	8.48	8.58	8.68
4	3.01	3.98	4.59	5.03	5.39	5.68	5.93	6.14	6.33	6.49	6.65	6.78	6.91	7.12	7.13	7.23	7.33	7.41	7.50
5	2.85	3.72	4.26	4.66	4.98	5.24	5.46	5.65	5.82	5.97	6.10	6.22	6.34	6.44	6.54	6.63	6.71	6.79	6.86
6	2.75	3.56	4.07	4.44	4.73	4.97	5.17	5.34	5.50	5.64	5.76	5.87	5.98	6.07	6.16	6.25	6.32	6.40	6.47
7	2.68	3.45	3.93	4.28	4.55	4.78	4.97	5.14	5.28	5.41	5.53	5.64	5.74	5.83	5.91	5.99	6.06	6.13	6.19
8	2.63	3.37	3.83	4.17	4.43	4.65	4.83	4.99	5.13	5.25	5.36	5.46	5.56	5.64	5.72	5.80	5.87	5.93	6.00
9	2.59	3.32	3.76	4.08	4.34	4.54	4.72	4.87	5.01	5.13	5.23	5.33	5.42	5.51	5.58	5.66	5.72	5.79	5.85
10	2.56	3.27	3.70	4.02	4.26	4.47	4.64	4.78	4.91	5.03	5.13	5.23	5.32	5.40	5.47	5.54	5.61	5.67	5.73
11	2.54	3.23	3.66	3.96	4.20	4.40	4.57	4.71	4.84	4.95	5.05	5.15	5.23	5.31	5.38	5.45	5.51	5.57	5.63
12	2.52	3.20	3.62	3.92	4.16	4.35	4.51	4.65	4.78	4.89	4.99	5.08	5.16	5.24	5.31	5.37	5.44	5.49	5.55
13	2.50	3.18	3.59	3.88	4.12	4.30	4.46	4.60	4.72	4.83	4.93	5.02	5.10	5.18	5.25	5.31	5.37	5.43	5.48
14	2.49	3.16	3.56	3.85	4.08	4.27	4.42	4.56	4.68	4.79	4.88	4.97	5.05	5.12	5.19	5.26	5.32	5.37	5.43
15	2.48	3.14	3.54	3.83	4.05	4.23	4.39	4.52	4.54	4.75	4.84	4.93	5.01	5.08	5.15	5.21	5.27	5.32	5.38
16	2.47	3.12	3.52	3.80	4.03	4.21	4.36	4.49	4.61	4.71	4.81	4.89	4.97	5.04	5.11	5.17	5.23	5.28	5.33
17	2.46	3.11	3.50	3.78	4.00	4.18	4.33	4.46	4.58	4.68	4.77	4.86	4.93	5.01	5.07	5.13	5.19	5.24	5.30
18	2.45	3.10	3.49	3.77	3.99	4.16	4.31	4.44	4.55	4.65	4.75	4.83	4.90	4.98	5.04	5.10	5.16	5.21	5.26
19	2.45	3.09	3.47	3.75	3.97	4.14	4.29	4.42	4.53	4.63	4.72	4.80	4.88	4.95	5.01	5.07	5.13	5.18	5.23
20	2.44	3.08	3.46	3.74	3.95	4.12	4.27	4.40	4.51	4.61	4.70	4.78	4.85	4.92	4.99	5.05	5.10	5.16	5.20
24	2.42	3.05	3.42	3.69	3.90	4.07	4.21	4.14	4.44	4.54	4.63	4.71	4.78	4.85	4.91	4.97	5.02	5.07	5.12
30	2.40	3.02	3.39	3.65	3.85	4.02	4.16	4.28	4.36	4.47	4.56	4.64	4.71	4.77	4.83	4.89	4.94	4.99	5.03
40	2.38	2.99	3.35	3.60	3.80	3.96	4.10	4.21	4.32	4.41	4.49	4.56	4.63	4.69	4.75	4.81	4.86	4.90	4.95
60	2.36	2.96	3.31	3.56	3.75	3.91	4.04	4.16	4.25	4.34	4.42	4.49	4.56	4.62	4.67	4.73	4.78	4.82	4.86
120	2.34	2.93	3.28	3.52	3.71	3.86	3.99	4.10	4.19	4.28	4.35	4.42	4.48	4.54	4.60	4.65	4.69	4.74	4.78
∞	2.33	2.90	3.24	3.48	3.66	3.81	3.93	4.04	4.13	4.21	4.28	4.35	4.41	4.47	4.52	4.57	4.61	4.65	4.69

(계속) $q_{0.05}(r, t\eta_T - r)$

$\eta_T - r$	r = 2	3	4	5	6	7	8	9	10	11	12	13	14	15	16	17	18	19	20
1	18.0	27.0	32.8	37.1	40.4	43.1	45.4	47.4	49.1	50.6	52.0	53.2	54.3	55.4	56.3	57.2	58.0	58.8	59.6
2	6.08	8.33	9.80	10.9	11.7	12.4	13.0	13.5	14.0	14.4	14.7	15.1	15.4	15.7	15.9	16.1	16.4	16.6	16.8
3	4.50	5.91	6.82	7.50	8.04	8.48	8.85	9.18	9.46	9.72	9.95	10.2	10.3	10.5	10.7	10.8	11.0	11.1	11.2
4	3.93	5.04	5.76	6.29	6.71	7.05	7.35	7.60	7.83	8.03	8.21	8.37	8.52	8.66	8.79	8.91	9.03	9.13	9.23
5	3.64	4.60	5.22	5.67	6.03	6.33	6.58	6.80	6.99	7.17	7.32	7.47	7.60	7.22	7.83	7.93	8.03	8.12	8.21
6	3.46	4.34	4.90	5.30	5.63	5.90	6.12	6.32	6.49	6.65	6.79	6.92	7.03	7.14	7.24	7.34	7.43	7.51	7.59
7	3.34	4.16	4.63	5.06	5.36	5.61	5.82	6.00	6.16	6.30	6.43	6.55	6.66	6.76	6.85	6.94	7.02	7.10	7.17
8	3.26	4.04	4.53	4.89	5.17	5.40	5.60	5.77	5.92	6.05	6.18	6.29	6.39	6.48	6.57	6.65	6.73	6.80	6.87
9	3.20	3.95	4.41	4.76	5.02	5.24	5.43	5.59	5.74	5.87	5.98	6.09	6.19	6.28	6.36	6.44	6.51	6.58	6.64
10	3.15	3.88	4.33	4.65	4.91	5.12	5.30	5.46	5.60	5.72	5.83	5.93	6.03	6.11	6.19	6.27	6.34	6.40	6.47
11	3.11	3.82	4.26	4.57	4.82	5.03	5.20	5.35	5.49	5.61	5.71	5.81	5.90	5.98	6.06	6.13	6.20	6.27	6.33
12	3.08	3.77	4.20	4.51	4.75	4.95	5.12	5.27	5.39	5.51	5.61	8.71	5.80	5.88	5.95	6.02	6.09	6.25	6.21
13	3.06	3.73	4.15	4.45	4.69	4.88	5.05	5.19	5.32	5.43	5.53	5.63	5.71	5.79	5.86	5.93	5.99	6.05	6.11
14	3.03	3.70	4.11	4.41	4.64	4.83	4.99	5.13	5.25	5.36	5.46	5.55	5.64	5.71	5.79	5.85	5.91	5.97	6.03
15	3.01	3.67	4.08	4.37	4.59	4.78	4.94	5.08	5.20	5.31	5.40	5.49	5.57	5.65	5.72	5.78	5.85	5.90	5.96
16	3.00	3.65	4.05	4.33	4.56	4.74	4.90	5.03	5.15	5.26	5.35	5.44	5.52	5.59	5.66	5.73	5.79	5.84	5.90
17	2.98	3.63	4.02	4.30	4.52	4.70	4.86	4.99	5.11	5.21	5.31	5.39	5.47	5.54	5.61	5.67	5.73	5.79	5.84
18	2.97	3.61	4.00	4.28	4.49	4.67	4.82	4.96	5.07	5.17	5.27	5.35	5.43	5.50	5.57	5.63	5.69	5.74	5.79
19	2.96	3.59	3.98	4.25	4.47	4.65	4.79	4.92	5.04	5.14	5.23	5.31	5.39	5.46	5.53	5.59	5.55	5.70	5.75
20	2.95	3.58	3.96	4.23	4.45	4.62	4.77	4.90	5.01	5.11	5.20	5.28	5.36	5.43	5.49	5.55	5.61	5.66	5.71
24	2.92	3.53	3.90	4.17	4.37	4.54	4.68	4.81	4.92	5.01	5.10	5.18	5.25	5.32	5.38	5.44	5.49	5.55	5.59
30	2.89	3.49	3.85	4.10	4.30	4.46	4.60	4.72	4.82	4.92	5.00	5.08	5.15	5.21	5.27	5.33	5.38	5.43	5.47
40	2.86	3.44	3.79	4.04	4.23	4.39	4.52	4.63	4.73	4.82	4.90	4.98	5.04	5.11	5.16	5.22	5.27	5.31	5.36
60	2.83	3.40	3.74	3.98	4.16	4.31	4.44	4.55	4.65	4.73	4.81	4.88	4.94	5.00	5.06	5.11	5.15	5.20	5.24
120	2.80	3.36	3.68	3.92	4.10	4.24	4.36	4.47	4.56	4.64	4.71	4.78	4.84	4.90	4.95	5.00	5.04	5.09	5.13
∞	2.77	3.31	3.63	3.86	4.03	4.17	4.29	4.39	4.47	4.55	4.62	4.68	4.74	4.80	4.85	4.89	4.93	4.97	5.01

(계속) $q_{0.01}(r,\ t\eta_T - r)$

$\eta_T - r$	2	3	4	5	6	7	8	9	10	11	12	13	14	15	16	17	18	19	20
1	90.0	135	164	186	202	216	227	237	246	253	260	266	272	277	282	286	290	294	298
2	14.0	19.0	22.3	24.7	26.6	28.2	29.5	30.7	31.7	32.6	33.4	34.1	34.8	33.4	36.0	36.5	37.0	37.5	37.9
3	8.26	10.6	12.2	13.3	14.2	15.0	15.6	16.2	16.7	17.1	17.5	17.9	18.2	18.5	18.8	19.1	19.3	19.5	19.8
4	6.51	8.12	9.17	9.96	10.6	11.1	11.5	11.9	12.3	12.6	12.8	13.1	13.3	13.5	13.7	13.9	14.1	14.2	14.4
5	5.70	6.97	7.80	8.42	8.91	9.32	9.67	9.97	10.2	10.5	10.7	10.9	11.1	11.2	11.4	11.6	11.7	11.8	11.9
6	5.24	6.33	7.03	7.56	7.97	8.32	8.61	8.87	9.10	9.30	9.49	9.65	9.81	9.95	10.1	10.2	10.3	10.4	10.5
7	4.95	5.92	6.54	7.01	7.37	7.68	7.94	8.17	8.37	8.55	8.71	5.56	9.00	9.12	9.24	9.35	9.46	9.55	9.65
8	4.74	5.63	6.20	6.63	6.96	7.24	7.47	7.68	7.87	8.03	8.18	8.31	8.44	8.55	8.66	8.76	8.85	8.94	9.03
9	4.60	5.43	5.96	6.35	6.66	6.91	7.13	7.32	7.49	7.65	7.78	7.91	8.03	8.13	8.23	8.32	8.41	8.49	8.57
10	4.48	5.27	5.77	6.14	6.43	6.67	6.87	7.05	7.21	7.36	7.48	7.60	7.71	7.81	7.91	7.99	8.07	8.15	8.22
11	4.39	5.14	5.62	5.97	6.25	6.48	6.67	6.84	6.99	7.13	7.25	7.36	7.46	7.56	7.65	7.73	7.81	7.88	7.95
12	4.32	5.04	5.50	5.84	6.10	6.32	6.51	6.67	6.81	6.94	7.06	7.17	7.26	7.36	7.44	7.52	7.59	7.66	7.73
13	4.26	4.96	5.40	5.73	5.98	6.19	6.37	6.53	6.67	6.79	6.90	7.01	7.10	7.19	7.27	7.34	7.42	7.48	7.55
14	4.21	4.89	5.32	5.63	5.88	6.08	6.26	6.41	6.54	6.66	6.77	6.87	6.96	7.05	7.12	7.20	7.27	7.33	7.37
15	4.17	4.83	5.25	5.56	5.80	5.99	6.16	6.31	6.44	6.55	6.66	6.76	6.84	6.93	7.00	7.07	7.14	7.20	7.26
16	4.34	4.78	5.19	5.49	5.72	5.92	6.08	6.22	6.35	6.46	6.56	6.66	6.74	6.82	6.90	6.97	7.03	7.09	7.15
17	4.10	4.74	5.14	5.43	5.66	5.85	6.01	6.15	6.27	6.38	6.48	6.57	6.66	9.73	6.80	9.87	6.94	7.00	7.05
18	4.07	4.70	5.09	5.38	5.60	5.79	5.94	6.08	6.20	6.31	6.41	6.50	6.58	6.65	6.72	9.79	6.85	6.91	6.96
19	4.05	4.67	5.05	5.33	5.55	5.73	5.89	6.02	6.14	6.25	6.34	6.43	6.51	6.58	6.65	6.72	9.78	6.84	6.89
20	4.02	4.64	5.02	5.29	5.51	5.69	5.84	5.97	6.09	6.19	6.29	6.37	6.45	6.52	6.59	6.65	6.71	6.76	6.82
24	3.96	4.54	4.91	5.17	5.37	5.54	5.69	5.81	5.92	6.02	6.11	6.19	6.26	6.33	6.39	6.45	6.51	6.56	6.61
30	3.89	4.45	4.80	5.05	5.24	5.40	5.54	5.65	5.76	5.85	5.93	6.01	6.08	6.14	6.20	6.26	6.31	6.36	6.41
40	3.82	4.37	4.70	4.93	5.11	5.27	5.39	5.50	5.60	5.69	5.77	5.84	5.90	5.96	6.02	6.07	6.12	6.17	6.21
60	3.76	4.28	4.60	4.82	4.99	5.13	5.25	5.36	5.45	5.53	5.60	5.67	5.73	5.79	5.84	5.89	5.93	5.98	6.02
120	3.70	4.20	4.50	4.71	4.87	5.01	5.12	5.21	5.30	5.38	5.44	5.51	5.56	5.61	5.66	5.71	5.75	5.79	5.83
∞	3.64	4.12	4.40	4.60	4.76	4.88	4.99	5.08	5.16	5.23	5.29	5.35	5.40	5.45	5.49	5.54	5.57	5.61	5.65

[표 9] 던칸의 유의범위: $r_{0.05}(\eta_T - r,\ k)$

$\eta_T - r$	k = 2	3	4	5	6	7	8	9	10	20
1	18.0	18.0	18.0	18.0	18.0	18.0	18.0	18.0	18.0	18.0
2	6.09	6.09	6.09	6.09	6.09	6.09	6.09	6.09	6.09	6.09
3	4.50	4.50	4.50	4.50	4.50	4.50	4.50	4.50	4.50	4.50
4	3.93	4.01	4.02	4.02	4.02	4.02	4.02	4.02	4.02	4.02
5	3.64	3.74	3.79	3.83	3.83	3.83	3.83	3.83	3.83	3.83
6	3.46	3.58	3.64	3.68	3.68	3.68	3.68	3.68	3.68	3.69
7	3.35	3.47	3.54	3.58	3.60	3.61	3.61	3.61	3.61	3.61
8	3.62	3.39	3.47	3.52	3.55	3.56	3.56	3.56	3.56	3.56
9	3.20	3.34	3.41	3.47	3.50	3.52	3.52	3.52	3.52	3.52
10	3.15	3.30	3.37	3.43	3.46	3.47	3.47	3.47	3.47	3.47
11	3.11	3.27	3.35	3.396	3.43	3.45	3.46	3.46	3.46	3.48
12	3.08	3.23	3.33	3.36	3.40	3.44	3.44	3.46	3.46	3.48
13	3.06	3.21	3.30	3.35	3.38	3.42	3.44	3.45	3.45	3.47
14	3.03	3.18	3.27	3.33	3.37	3.41	3.42	3.44	3.44	3.47
15	3.01	3.16	3.25	3.31	3.36	3.40	3.42	3.43	3.43	3.47
16	3.00	3.15	3.23	3.30	3.34	3.39	3.41	3.43	3.43	3.47
17	2.98	3.13	3.22	3.28	3.33	3.38	3.40	3.42	3.42	3.47
18	2.97	3.12	3.21	3.27	3.32	3.37	3.39	3.41	3.41	3.47
19	2.96	3.11	3.19	3.26	3.31	3.37	3.39	3.41	3.41	3.47
20	2.95	3.10	3.18	3.25	3.30	3.36	3.38	3.40	3.40	3.47
22	2.93	3.08	3.17	3.24	3.29	3.35	3.37	3.39	3.39	3.47
24	2.92	3.07	3.15	3.22	3.28	3.34	3.37	3.38	3.38	3.47
26	2.91	3.09	3.14	3.21	3.27	3.34	3.36	3.38	3.38	3.47
28	2.90	3.04	3.13	3.20	3.26	3.33	3.35	3.37	3.37	3.47
30	2.89	3.04	3.12	3.20	3.25	3.32	3.35	3.37	3.37	3.47
40	2.86	3.01	3.10	3.17	3.22	3.30	3.33	3.35	3.35	3.47
60	2.83	2.98	3.08	3.14	3.20	3.28	3.31	3.33	3.33	3.47
100	2.80	2.95	3.05	3.12	3.18	3.26	3.29	3.32	3.32	3.47
∞	2.77	2.92	3.02	3.09	3.15	3.19	3.23	3.26	3.29	3.47

$r_{0.01}(\eta_T - r,\ k)$ (계속)

$\eta_T - r$	k									
	2	3	4	5	6	7	8	9	10	20
1	90.0	90.0	90.0	90.0	90.0	90.0	90.0	90.0	90.0	90.0
2	14.0	14.0	14.0	14.0	14.0	14.0	14.0	14.0	14.0	14.0
3	8.26	8.5	8.6	8.7	8.8	8.9	8.9	9.0	9.0	9.3
4	6.51	6.8	6.9	7.0	7.1	7.1	7.2	7.2	7.3	7.5
755	5.70	5.96	6.11	6.18	6.26	6.33	6.40	6.44	6.5	6.8
6	5.24	5.51	5.65	5.73	5.81	5.88	5.95	6.00	6.0	6.3
7	4.95	5.22	5.37	5.45	5.53	5.61	5.69	5.73	5.8	6.0
8	4.74	5.00	5.14	5.23	5.32	5.40	5.47	5.51	5.5	5.8
9	4.60	4.86	4.99	5.08	5.17	5.25	5.32	5.36	5.4	5.7
10	4.48	4.73	4.88	4.96	5.06	5.13	5.20	5.24	5.28	5.55
11	4.39	4.63	4.77	4.86	4.94	5.01	5.06	5.12	5.15	5.39
12	4.32	4.55	4.68	4.76	4.81	4.92	4.96	5.02	5.07	5.26
13	4.26	4.48	4.62	4.69	4.74	4.84	4.88	4.94	4.98	5.15
14	4.21	4.42	4.55	4.63	4.70	4.78	4.83	4.87	4.91	5.07
15	4.17	4.37	4.50	4.58	4.64	4.72	4.77	4.81	4.84	5.00
16	4.03	4.34	4.45	4.54	4.60	4.67	4.72	4.76	4.79	4.94
17	4.10	4.30	4.41	4.50	4.56	4.63	4.68	4.72	4.75	4.89
18	4.07	4.27	4.38	4.46	4.53	4.59	4.64	4.68	4.71	4.85
19	4.05	4.24	4.35	4.43	4.50	4.56	4.61	4.64	4.67	4.82
20	4.02	4.22	4.33	4.40	4.47	4.53	4.58	4.61	4.65	4.79
22	3.99	4.17	4.28	4.36	4.42	4.48	4.53	4.57	4.60	4.75
24	3.96	4.14	4.24	4.33	4.39	4.44	4.49	4.53	4.57	4.72
26	3.93	4.11	4.21	4.30	4.36	4.41	4.46	4.50	4.53	4.69
28	3.91	4.08	4.18	4.28	4.34	4.39	4.43	4.47	4.51	4.67
30	3.89	4.06	4.16	4.22	4.32	4.36	4.41	4.45	4.48	4.65
40	3.82	3.99	4.10	4.17	4.24	4.30	4.34	4.37	4.41	4.59
60	3.76	3.92	4.03	4.12	4.17	4.23	4.27	4.31	4.34	4.53
100	3.71	3.86	3.98	4.06	4.11	4.17	4.21	4.25	4.29	4.48
∞	3.64	3.80	3.90	3.98	4.04	4.09	4.14	4.17	4.20	4.41

연습문제 해답

연습문제 1장 통계학이란?

1. 모집단 : 한국의 20대 남성

   표 본 : 각 시, 도에서 뽑은 500명의 20대 남성

2. 모집단 : L전자에서 생산되는 휴대폰 배터리 전체,

   표본 : 추출된 36개의 휴대폰 배터리

   표본추출 방법 : 단순랜덤추출법

3. 확률추출법 : 뽑히는 표본 하나하나가 확률법칙을 따르도록 표본을 추출하는 방법

   비확률추출법 : 표본을 추출하는 사람의 주관적인 판단에 의해서 표본을 뽑는 방법

4. (1)

5. (1) 복원추출의 경우: 모집단 $\{A, B, C\}$에서 순서를 고려하지 않고 크기가 2인 표본을 뽑는 방법의 수는 6가지 즉, $(A, A), (A, B), (A, C), (B, B), (B, C), (C, C)$이므로 각각이 뽑힐 확률은 1/6임.

   (2) 비복원추출의 경우: 뽑는 방법의 수는 ${}_3C_2$=3가지 즉, $(A, B), (A, C), (B, C)$이므로 각각이 뽑힐 확률은 1/3임.

   (3) 원소 A가 뽑히는 경우는 $(A, B), (A, C)$의 두 가지일 때뿐이므로 확률은 2/3가 된다. 원소 B가 뽑히는 경우도 $(A, B), (B, C)$의 두 가지가 있으므로 확률은 역시 2/3가 된다. 원소 C가 뽑히는 경우도 $(A, C), (B, C)$의 두 가지가 있으므로 역시 확률은 2/3이다. 따라서 비복원으로 표본을 추출할 경우에도 A, B, C 각각이 뽑힐 확률은 동일함

6. 난수표로부터 난수를 읽어 들여 짝수일 때에는 H(앞), 홀수일 때에는 T(뒤)로 기록하면 동전을 던지는 결과와 동일하게 된다. 예를 들어, 난수표로부터 10개의 난수 9 4 7 8 8 1 4 9 2 7를 읽었다고 할 때 시뮬레이션을 통한 10개의 동전을 던진 결과는 다음과 같게 된다.

T	H	T	H	T	H	T	H	T	H	T

7. 주사위의 각 면에는 1에서 6까지의 숫자가 기록되어 있으며, 각각이 일어날 확률은 1/6로 동일하다. 이러한 경우에는 난수표로부터 난수를 읽어 들인 후 0, 7, 8, 9 등 4개의 수를 무시하면 된다. 예를 들어 부록의 <표 1>에서 6번째 열을 선택하였을 경우, 위에서부터 아래로 하나씩 계속 읽어 내려가면 다음과 같다.

0	1	1	3	4	5	2	6	9	1	6	8	4	8	6	2	7	6

   여기서 난수가 0, 7, 8, 9인 숫자를 버리면 시뮬레이션 결과는 다음과 같게 된다.

1	1	3	4	5	2	6	1	6	4	6	2	6

연습문제 2장 자료의 정리와 요약

1. 질적변수 : (1), (3), (4)
   양적변수 : (2), (5), (6), (7)
2. (1) 변수 : 이름, 전공, 수능점수, 학점
   (2) 변수 종류로 구분
      질적변수 : 이름, 전공, 학점
      양적변수 : 수능점수
3. 도수분포표

고장횟수	도수	상대도수	고장횟수	도수	상대도수
0	9	30.0	4	2	6.7
1	10	33.3	5	0	0
2	5	16.7	6	1	3.3
3	3	10.0			

4. 2 | 25
   3 | 45
   4 | 1166679
   5 | 449
   6 | 0
5. 생략
6. (1) 줄기-잎 그림

(남학생)
10 | 1395
12 | 66977
14 | 08244
16 | 558
18 |
20 | 0

(여학생)
7 | 05
8 | 8
9 | 12
10 | 489
11 | 3455
12 | 6
13 | 2
14 | 06
15 | 1
16 | 9
17 |
18 | 07

(2)

구 분	중앙값	범 위	사분위수 범위
남자	138.5	199	15.5
여자	114.5	117	39.5

(3)

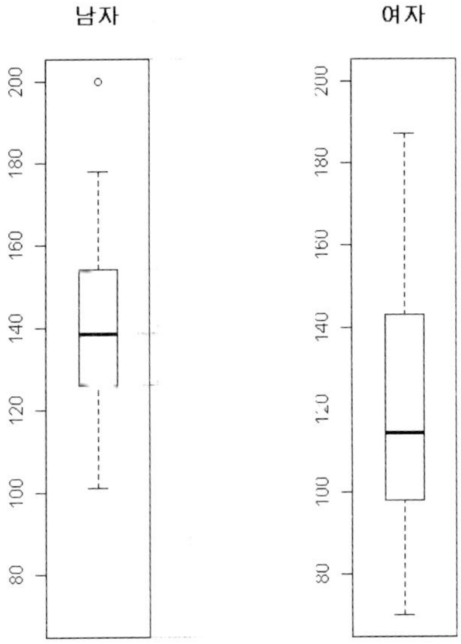

남자의 평균이 여자의 평균보다 높고, 남자의 분포가 평균을 중심으로 밀집되어 있음. 특이값(outlier)은 남자의 경우에 한 명(200)이 있음.

7. (1) 줄기-잎 그림

```
 4 | 4
 6 | 6
 8 | 5
10 | 551
12 | 069
14 | 01
16 | 1
18 |
20 | 9
22 |
24 | 43
26 | 013
28 | 04
```

(2) 상자그림

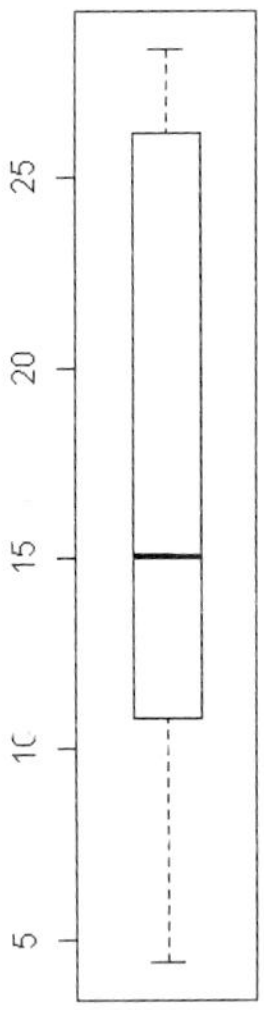

8. (1) 평균: 23.7, 중앙값: 19.5

(2) 극단값 68이 존재하므로 중심위치를 나타내는 통계량으로 중앙값이 바람직함.

9. (1) 평균: 169.02, 표준편차: 5.796

(2) 생략

연습문제 3장 확률

1. 표본공간은

$$S=\{(TTT),(TTF),(TFT),(TFF),(FTT),(FTF),(FFT),(FFF),\}$$

앞면의 수가 뒷면의 수보다 적게 나타나는 사건을 A라 할 때

$$A=\{(TFF),(FTF),(FFT),(FFF)\}$$

$$P(A)=0.5$$

2. 표본공간은

$$S=\{(1,\ 1),\ (1,\ 2),\ (1,\ 3),\ (1,\ 4),\ (1,\ 5),\ (1,\ 6)$$

$$\vdots$$

$$(6,\ 1),\ (6,\ 2),\ (6,\ 3),\ (6,\ 4),\ (6,\ 5),\ (6,\ 6)\}$$

(1) 사건 A와 B를 두 눈의 합이 각각 7과 11이 되는 사건이라 할 때

$$A=\{(1,\ 6),\ (2,\ 5),\ (3,\ 4),\ (4,\ 3),\ (5,\ 2),\ (6,\ 1)\}$$

$$B=\{(5,\ 6),\ (6,\ 5)\}$$

$A\cap B=\varnothing$ 이므로 두 눈의 합이 7 또는 11이 될 확률은

$$P(A\cup B)=P(A)+P(B)-P(A\cap B)=\frac{6}{36}+\frac{2}{36}-0$$

$$=\frac{8}{36}=\frac{2}{9}=0.222$$

(2) 두 눈의 합이 2가 되는 사건을 C 라고 할 때 $C=\{(1,\ 1)\}$. 따라서 두 눈의 합이 3 이상이 될 확률은

$$P(C^c)=1-P(C)=1-\frac{1}{36}=\frac{35}{36}$$

이 된다.

3. A를 $T<8$인 사건이고 B를 T가 홀수인 사건이라 할 때 AB는 T가 3, 5, 7인 사건이므로

$$P(AB)=\frac{2}{36}+\frac{4}{36}+\frac{6}{36}=\frac{12}{36}=\frac{1}{3}=0.333$$

그리고 $P(B)=\frac{2}{36}+\frac{4}{36}+\frac{6}{36}+\frac{4}{36}+\frac{2}{36}=\frac{18}{36}=\frac{1}{2}=0.5$

따라서 $P(A|B)=\frac{P(AB)}{P(B)}=\frac{2}{3}=0.667$

4. A를 재수 경험이 없는 학생일 사건, B를 재수 경험이 있는 학생일 사건, 교양수학 학점을 A 받을 사건을 C라고 할 때,

$$P(A)=0.4,\ P(B)=0.6,\ P(C|A)=0.2,\ P(C|B)=0.3$$

따라서

$$P(B|C) = \frac{P(B) \cdot P(C|B)}{P(C)} = \frac{P(B) \cdot P(C|B)}{P(B) \cdot P(C|B) + P(A) \cdot P(C|A)}$$

$$= \frac{0.6 \cdot 0.3}{0.4 \cdot 0.2 + 0.6 \cdot 0.3} = 0.69$$

5. $P(A) = 0.5, P(B) = 0.2, P(A \cap B) = 0.1$이므로 두 가지 중에 적어도 하나에 해당되는 가구의 비율은 $P(A \cup B)$를 의미하므로

$$P(A \cup B) = P(A) + P(B) - P(A \cap B) = 0.5 + 0.2 - 0.1 = 0.6$$

따라서 두 가지 중에 적어도 하나에 해당되는 가구의 비율은 60%이다.

6. 대중교통을 이용하는 사건을 A, 자가용을 이용하는 사건을 B, 지각을 하는 사건을 D라 할 때

$P(A) = 0.7, P(B) = 0.3, P(D|A) = 0.1, P(D|B) = 0.3$이므로

$$P(B|D) = \frac{P(B) \cdot P(D|B)}{P(D)} = \frac{P(B) \cdot P(D|B)}{P(A) \cdot P(D|A) + P(B) \cdot P(D|B)}$$

$$= \frac{0.3 \cdot 0.3}{0.7 \cdot 0.1 + 0.3 \cdot 0.3} = 0.56$$

7. (1) $\frac{1}{3} = 0.333$

(2) $\frac{5}{15} \cdot \frac{3}{14} \cdot \frac{2}{13} = \frac{1}{91} = 0.011$

(3) $2 \cdot (\frac{5}{15} \cdot \frac{3}{15}) = \frac{2}{15} = 0.133$

8. 4개 모두 고장이 날 확률은 $(0.01)^4$이므로 구하고자 하는 확률은 $1 - (0.01)^4$이다.

9. $P(A) = 0.5, P(B) = 0.5, A \cap B = 4, P(A \cap B) = 0.167$

$P(A \cap B) \neq P(A)P(B)$이므로 사건 A와 B는 독립이 아니다.

10. $\frac{1}{5} \times \frac{1}{4} \times \frac{1}{3} \times \frac{1}{2} = \frac{1}{120}$

11. $\frac{1}{3} \times \frac{1}{3} \times 1 \times \frac{1}{2} \times \frac{1}{2} = \frac{1}{36}$

12. A를 여학생이 뽑히는 사건, B를 서울 출신이 뽑히는 사건

$$P(A) = \frac{1}{3}, P(B) = \frac{1}{2}, P(A \cap B) = \frac{1}{6}$$

$P(A \cap B) = P(A)P(B)$이므로 사건 A와 B는 독립이다.

13. $P(\text{부품1}) = 0.98, P(\text{부품2}) = 0.95$

(1) 기계의 신뢰도 $= P(\text{부품1} \cap \text{부품2}) = P(\text{부품1})P(\text{부품2}) = 0.98 \cdot 0.95 = 0.931$

(2) 기계의 신뢰도 $= P(\text{부품1} \cup \text{부품2}) = P(\text{부품1}) + P(\text{부품2}) - P(\text{부품1} \cap \text{부품2}) = 0.999$

14. 첫 번째 가방에서 빨간 공이 뽑힐 사건을 R_1, 흰 공이 뽑힐 사건을 W_1이라 하고, 두 번째 가방에서 빨간 공이 뽑힐 사건을 R_2라 할 때 구하고자 하는 확률은

$$P(R_1 \cap R_2) + P(W_1 \cap R_2) = P(R_1)P(R_2 | R_1) + P(W_1)P(R_2 | W_1)$$
$$= \left(\frac{4}{7}\right)\left(\frac{6}{10}\right) + \left(\frac{3}{7}\right)\left(\frac{5}{10}\right) = \left(\frac{39}{70}\right) = 0.557$$

15. 뽑힌 사람이 질병을 가지고 있는 사건을 E, 검사 결과 양성반응을 보이는 사건을 F라고 할 때, $P(E) = 0.1, P(E^c) = 0.9, P(F|E) = 0.9, P(F|E^c) = 0.05$이므로

$$P(E|F) = \frac{P(E)P(F|E)}{P(E)P(F|E) + P(E^c)P(F|E^c)} = \frac{(0.1)(0.9)}{(0.1)(0.9) + (0.9)(0.05)} = 0.952$$

연습문제 4장 확률변수와 확률분포

1. (1) 연속형, (2) 이산형, (3) 이산형, (4) 연속형

2. 기대값 $= \frac{12}{52} \cdot 5000 + \frac{4}{52} \cdot 10000 - \frac{36}{52} \cdot 1000 \approx 1230$원

3. $E(X) = \sum_x xf(x) = 2 \cdot \frac{1}{8} + 3 \cdot \frac{5}{8} + 4 \cdot \frac{1}{8} + 9 \cdot \frac{1}{8} = 3.75$

$E(X^2) = \sum_x x^2 f(x) = 4 \cdot \frac{1}{8} + 9 \cdot \frac{5}{8} + 16 \cdot \frac{1}{8} + 81 \cdot \frac{1}{8} = 18.25$

$V(X) = E(X^2) - [E(X)]^2 = 18.25 - 3.75^2 \approx 4.19$

4. X를 불량품의 개수라고 하면, X는 $n = 10,\ p = 0.01$인 이항분포를 따른다.

$$P(X=2) = \binom{10}{2}(0.01)^2(0.99)^8 = 0.0041$$

5. 연락이 두절되는 첩보원 수를 X라고 할 때 X는 이항분포 $B(20,\ 0.2)$를 따른다. 따라서

$$P(X \geq 4) = 1 - \sum_{x=0}^{3}\binom{20}{3}(0.2)^x(0.8)^{20-x} = 1 - 0.4114 = 0.5886$$

6. 월 유출사고 발생건수를 X라 하면 X는 $\lambda = 5$인 푸아송분포를 따른다고 할 수 있다. 따라서

$$P(X=0) = \frac{e^{-5} \cdot 5^0}{0!} = e^{-5}$$

7. 불량품의 개수를 X라고 하면 $X \sim B(10,\ 0.1)$

$$P(X=0) = \binom{10}{0}(0.1)^0(0.9)^{10} = (0.9)^{10}$$

8. 핵을 장착하고 있는 전투기의 격추대수를 X라고 하면 확률변수 X는 $N = 12,\ n = 5,\ p = 1.0$인 초기하분포를 따른다고 할 수 있다. 따라서 구하고자 하는 확률은

$$P(X=2) = \frac{\binom{2}{2}\binom{10}{3}}{\binom{12}{5}} = 0.1515$$

9. $P(X=1)=\dfrac{\binom{5}{1}\binom{95}{9}}{\binom{100}{10}}=0.3393$

10. 난위시긴당 환자의 수는 푸아송 분포를 따르므로, 시간당 7명의 환자가 올 확률은

$$P(X=7)=\frac{e^{-5}5^7}{7!}=0.1044$$

11. (1) $P(1/3\le X\le 1/2)=\int_{1/3}^{1/2}xdx=0.069$

(2) $E(X)=\int_0^2 xf(x)dx=\int_0^1 x^2dx+\int_1^2 x(2-x)dx=1$

$$E(X^2)=\int_0^2 x^2f(x)dx=\int_0^1 x^3dx+\int_1^2 x^2(2-x)dx=\frac{7}{6}$$

$$V(X)=E(X^2)-[E(X)]^2=\frac{7}{6}-1=\frac{1}{6}$$

12. (1)

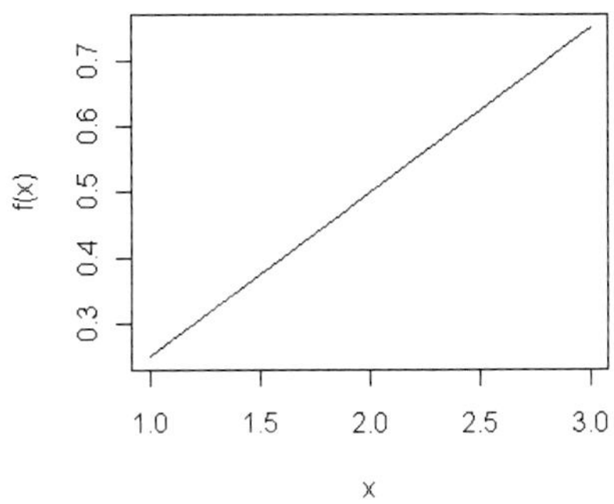

(2) $P(1<X<2)=\dfrac{3}{8}$

13. (1) $P(2.5\le X\le 3.5)=\int_{2.5}^{3.5}0.5dx=0.5$

여기서 확률이 0.5라는 것은 이 연구원이 타이핑하는 50페이지짜리 보고서들 중 절반 (50%) 정도는 2.5시간에서 3.5시간이 걸린다는 것을 의미하고 있다.

(2) $\mu_X=E(X)=\int_2^4 xf(x)dx=\int_2^4 0.5xdx=3.0$(시간)

$$\sigma_X^2=\int_2^4(x-\mu_x)^2f(x)dx=\int_2^4(x-3.0)^2(0.5)dx=0.333$$

14. (1) $\int_0^\infty ce^{-y/3}dy=1$을 만족하는 c 값 : 1/3

(2) $\int_0^1\frac{1}{3}e^{-y/3}dy=0.283$

(3) $\int_0^5\frac{1}{3}e^{-y/3}dy=0.811$

15. (1) $P(X \geq 10) = 1 - P(X < 10) = 1 - \sum_{x=0}^{9} \frac{e^{-3}3^x}{x!}$ =0.0011

(2) $P(X=0) = \frac{e^{-3}3^0}{0!} = 0.0498$

16. (1) $P(X \leq 10) = \int_0^{1/6} 4e^{-4x}dx = 0.486$

(2) $E(X) = \int_0^{\infty} 4x\, e^{-4x}dx = 0.25$

17. A형 배터리의 수명이 300시간 이상 지속할 확률은

$$P(X \geq 300) = \int_{300}^{\infty} \frac{1}{200} e^{-\frac{x}{200}} dx = e^{-1.5} = 0.2231$$

B형 배터리의 수명이 300시간 이상 지속할 확률은

$$P(Y \geq 300) = \int_{300}^{600} \left(\frac{1}{300} - \frac{y}{180,000} \right) dy = 0.25$$

이므로 B 회사 제품을 사용하는 것이 더 좋다.

18. 확률변수X를 뽑힌 여자의 키, Y를 뽑힌 남자의 키라고 하면, $X-Y$는 평균 $160-170=-10$, 분산 $3^2+4^2=5^2$ 인 정규분포를 따르게 된다. 따라서

$$P(X > Y) = P(X-Y > 0) = P\left(\frac{X-Y+10}{5} > \frac{10}{5} \right)$$
$$= P(Z > 2) = 1 - P(Z \leq 2) = 0.0227$$

19. X를 통계학 기말시험 점수라고 하면, X는 $N(65, 5^2)$을 따른다.

(1) $P(60 \leq X \leq 75) = P(-1 \leq Z \leq 2) = 0.8186$

(2) $P(\frac{X-65}{5} \geq z_{0.15}) = 0.15$, $\frac{X-65}{5} = z_{0.15} = 1.04$

그러므로 $X = 65 + (5)(1.04) = 70.2$이므로, 71점 이상을 받아야 한다.

20. X를 출근하는데 걸리는 시간이라고 하면, X는 $N(30, 6^2)$을 따른다.

(1) $P(X \leq 35) = P(Z \leq \frac{5}{6}) = 0.7967$

(2) $P(\frac{X-30}{6} \leq z_{0.05}) = 0.95$

그러므로 $X = 30 + (6)(1.645) = 39.87$이므로, 늦어도 8시 20분에 출발하여야 한다.

21. $P(X \leq 1) = 1 - e^{-1/3}$

연습문제 5장 표본분포

1. (1) 모평균 $\mu = 9{,}895{,}271/25 = 395{,}808.7$명

   (2) 세 개의 표본평균을 구하여 보면 다음과 같다.

   $\overline{x_1} = 446{,}670.8$명, $\overline{x_2} = 334{,}616.8$명, $\overline{x_3} = 434{,}684.4$명

   (3) $\overline{X} = 405{,}324$명으로 표본의 크기가 커질수록 모평균 $\mu = 395{,}808.7$명에 보다 가까운 값을 얻을 수 있음을 알 수 있다.

2. X를 전구의 수명이라고 할 때,

$$P(\overline{X} \le 1990) = P\left(\frac{\overline{X}-2000}{5} < \frac{1990-2000}{5}\right) \approx P(Z \le -2) - 0.0227$$

3. X를 뽑힌 학생의 언어영역 점수라고 할 때

   (1) $P(X \ge 70) = P\left(\frac{X-\mu}{\sigma} \ge \frac{70-65}{8}\right) = P(Z \ge 0.625) = 0.266$

   (2) $E(\overline{X}) = \mu = 65,\ V(\overline{X}) = \frac{\sigma^2}{n} = \frac{64}{50} = 1.28$

   (3) $P(\overline{X} \ge 70) = P\left(\frac{\overline{X}-\mu}{\sigma/\sqrt{n}} \ge \frac{70-65}{\sqrt{1.28}}\right) = P(Z \ge 4.419) = 5 \times 10^{-5}$

4. $P(|\overline{X}-\mu| \le 0.1) = P\left(\frac{|\overline{X}-\mu|}{2/\sqrt{n}} < \frac{0.1}{2/\sqrt{n}}\right) = P\left(|Z| \le \frac{0.1}{2/\sqrt{n}}\right) \ge 0.95$

$$\frac{0.1}{2/\sqrt{n}} = z_{0.025} = 1.96 \quad \therefore n = 1537$$

5. X를 고등학교 학생의 몸무게라고 하면, X는 $N(66, 4^2)$을 따른다.

$$P(66 \le X \le 67) = P(0 \le Z \le 1.25) = 0.3944$$

6. X를 강철의 장력이라고 하면, X는 $N(\mu, 10^2)$, $V = \frac{10S^2}{100}$은 $\chi^2(24)$를 따른다.

$$P(S^2 > 205) = P(V > 20.5) \approx 0.025$$

7. 찬성률을 $\hat{p}$이라고 할 때,

$$P(\hat{p} > 0.52) = P\left(\frac{\hat{p}-0.6}{\sqrt{p(1-p)/n}} > \frac{0.52-0.6}{\sqrt{(0.6)(0.4)/150}}\right) \approx P(Z > -2) = 0.9773$$

8. X가 $n = 64$, $p = 0.2$인 이항분포를 따르므로

$$P(X > 16) = P\left(\frac{X-np}{\sqrt{npq}} > \frac{16-12.8}{\sqrt{10.24}}\right) \approx P(Z > 1) = 0.1587$$

연습문제 6장 추정

1. $f(x)=\frac{1}{\theta},\ \ 0<x<\theta$

   $E(\overline{X})=\frac{\theta}{2}$, 따라서 $E(2\overline{X})=\theta$가 되므로 $2\overline{X}$가 θ의 불편추정량이 된다.

2. $E(T_1)=E(T_2)=E(T_3)=\mu$이므로, T_1, T_2, T_3는 θ의 불편추정량

   $V(T_1)=\frac{1}{3}\sigma^2,\ V(T_2)=\frac{9}{25}\sigma^2,\ V(T_3)=\frac{11}{25}\sigma^2$이므로,

   통계량 T_1이 가장 유효함.

3. 표본평균 : 71.375, 표본분산 : 73.983

4. $124\pm z_{0.025}\frac{6}{\sqrt{25}}=(121.675,\ 126.325)$

5. $80\pm t_{0.025}(8)\frac{3}{\sqrt{9}}=(77.694,\ 82.306)$

6. $53.1\pm t_{0.025}(9)\frac{8.279}{\sqrt{10}}=(47.178, 59.022)$

7. (1) $\bar{x}=\frac{1}{9}(1570+1840+\ldots+1260)=1550$,

   $s^2=\frac{1}{8}[(1570-1550)^2+\ldots+(1260-1550)^2]=195^2$

   (2) $1550\pm z_{0.025}\frac{180}{\sqrt{9}}=(1432.4,\ 1667.6)$

   (3) $1550\pm t_{0.025}(8)\frac{195}{\sqrt{9}}=(1400.11,\ 1699.89)$

8. $n\geq 0.5\times 0.5\left(\frac{1.96}{0.035}\right)^2=784$ $\therefore$ 필요한 표본크기 $n=784$명

9. $Z_{0.025}=1.96,\ \hat{p}=0.925$이므로 95% 신뢰구간은

   $\left(0.925-1.95\sqrt{\frac{0.925\times 0.075}{200}},\ 0.925+1.95\sqrt{\frac{0.925\times 0.075}{200}}\right)=(0.888,\ 0.9615)$

10. (1) $\hat{p}=\frac{144}{225}=0.64$

    (2) 표준오차의 추정값 $\sqrt{\frac{\hat{p}\hat{q}}{n}}=\sqrt{\frac{(0.64)(0.36)}{225}}=0.032$

    (3) $\hat{p}\pm z_{0.025}\sqrt{\frac{\hat{p}\hat{q}}{n}}=0.64\pm(1.645)(0.032)=(0.5874,\ 0.6926)$

연습문제 7장 통계적 검정

1. 가설 $H_0 : \mu = 15 \qquad H_1 : \mu < 15$

   검정통계량 $z = \dfrac{13-15}{3/\sqrt{9}} = -2 < -z_{0.05} = -1.645$이므로, H_0기각

2. 가설: $H_0 : \mu = 300 \quad H_1 : \mu < 300$

   검정통계량: $z = \dfrac{\bar{x}-\mu_0}{\sigma/\sqrt{n}} = \dfrac{299.03-300}{3/\sqrt{6}} = -0.792$

   기각역: $Z \leq -1.645$이면 H_0 기각

   계산된 검정통계량의 값은 -0.792로 기각역에 포함되지 않으므로 H_0 채택

3. (1) $P(H_0$ 기각 $| H_0$ 참$) = P(\bar{x} > 0 | H_0$ 참$) = P(\dfrac{\bar{x}-\mu}{\sigma/\sqrt{n}} > \dfrac{0-\mu}{1/\sqrt{16}})$

   $= P(Z > 0) = 0.5$

   (2) $P(H_0$ 채택$| H_1$ 참$) = P(\bar{x} \leq 0 | H_1$ 참$) = P(\dfrac{\bar{x}-\mu}{\sigma/\sqrt{n}} \leq \dfrac{0-0.2}{1/\sqrt{16}})$

   $= P(Z \leq -0.8) = 0.212$

4. (1) 검정통계량: $z = \dfrac{\bar{x}-\mu}{\sigma/\sqrt{n}} = \dfrac{299.03-298}{3/\sqrt{30}} = 0.841$

   $\beta = P(Z > 0.841) \quad \therefore$ 검정력 $= 1-\beta = P(Z < 0.841) = 0.7998$

   (2) 검정통계량: $z = \dfrac{\bar{x}-\mu}{\sigma/\sqrt{n}} = \dfrac{299.03-298}{3/\sqrt{120}} = 3.76$

   $\beta = P(Z > 3.76) \quad \therefore$ 검정력 $= 1-\beta = P(Z < 3.76) = 0.9999$

5. $H_0 : \mu = 500 \qquad H_0 : \mu > 500$

   $\bar{x} = 499.67, \ s = 44.128$

   검정통계량 $t = \dfrac{\bar{x}-\mu_0}{s/\sqrt{n}} = \dfrac{499.67-500}{44.128/\sqrt{12}} = -0.026$

   $P-$값은 $P = P(T \geq \ 0.026) = 0.9796 > \alpha = 0.05$보다 크므로 귀무가설 H_0는 기각되지 않음.

6. $H_0 : \mu = 2 \qquad H_0 : \mu > 2$

   $\bar{x} = \dfrac{1}{12}(1.5+0.7+\cdots+1.2) = 2.08,$

   $s = \sqrt{\dfrac{1}{12-1}[(1.5-2.08)^2+(0.7-2.08)^2+\cdots+(1.2-2.08)^2]} = 0.41$

   검정통계량 $t = \dfrac{\bar{x}-\mu_0}{s/\sqrt{n}} = \dfrac{2.08-2}{0.41/\sqrt{12}} = 0.7026$

$P-$값은 $P=P(T\geq 0.7026)=0.248>\alpha=0.05$보다 크므로 귀무가설 H_0는 기각되지 않음.

7. (1) 자유도 : n-1 = 19

   (2) P-값 : 0.025

   (3) 유의수준 $\alpha=0.05$에서 유의함.

8. (1) 가설 $H_0: \mu=9.5$ $\quad H_1: \mu\neq 9.5$

   (2) 검정통계량

   $$|z|=\left|\frac{\bar{x}-\mu}{\sigma/\sqrt{n}}\right|=\left|\frac{9.58-9.5}{0.4/\sqrt{180}}\right|=2.683$$

   $P-$값: $P(|Z|>2.683)=P(Z>2.683)+P(Z<-2.683)=2\times 0.0036=0.0072$

   (3) 유의수준 $\alpha=0.01$에서 $P-$값이 더 작으므로 임산부들의 칼슘량이 건강한 젊은 성인들의 칼슘량과 같다고 할 수 없다.

9. (1) 기각역 $z=\dfrac{\bar{x}-\mu}{\sigma/\sqrt{n}}=\dfrac{\bar{x}}{\sigma/\sqrt{n}}\geq z_{0.05}$ $\therefore$ 임계값 $z_{0.05}=1.645$

   (2) $|z|=\left|\dfrac{\bar{x}-\mu}{\sigma/\sqrt{n}}\right|=\left|\dfrac{\bar{x}}{\sigma/\sqrt{n}}\right|\geq z_{0.025}$ $\therefore$ 임계값 $z_{0.025}=\pm 1.96$

   (3) 동일한 유의수준 내에서 단측검정($H_1: \mu>0$)과 양측검정($H_1: \mu\neq 0$)의 차이

10. 가설 $H_0: \sigma^2=1.5^2$ $\quad H_1: \sigma^2>1.5^2$

    검정통계량 $v=\dfrac{(9)(5.155)}{1.5^2}=20.622>\chi^2_{0.05}(9)=16.92$이므로, H_0기각

11. 가설 H_0: $p=0.8$ $\quad H_1: p>0.8$

    검정통계량 $z=\dfrac{0.84375-0.8}{\sqrt{(0.8)(0.2)/64}}=0.875<z_{0.05}=1.645$이므로, H_0 채택

12. 가설 H_0: $p=0.7$ $\quad H_1: p\neq 0.7$

    검정통계량 $|z|=\left|\dfrac{0.6-0.7}{\sqrt{(0.7)(0.3)/50}}\right|=1.5432<z_{0.025}=1.96$이므로, H_0 채택

연습문제 8장 두 집단의 비교

1. (1) $(\bar{x}_1-\bar{x}_2)\pm t_{\alpha/2}(48.7)\sqrt{\dfrac{s_1^2}{n_1}+\dfrac{s_2^2}{n_2}}=(-7.6118,\ 1.6118)$

   (2) 가설 : $H_0: \mu_1=\mu_2$ $\quad H_1: \mu_1\neq\mu_2$

   $$|t|=\left|\frac{172-175}{\sqrt{\frac{25}{21}+\frac{64}{23}}}\right|=1.5051<t_{0.025}(48.7)=2.3138\text{이므로, } H_0\text{채택}$$

2. $s_p^2 = \dfrac{(8-1)(17.1428)+(8-1)(16.8571)}{16-2} = 16.9999$

가설 : $H_0 : \mu_1 = \mu_2$, $H_1 : \mu_1 \neq \mu_2$

$|t| = \left| \dfrac{69-75}{4.123\sqrt{\dfrac{1}{8}+\dfrac{1}{8}}} \right| - 2.91 < t_{0.025}(14) = 2.145$이므로, H_0기각

3. 가설 : $H_0 : \mu_A = \mu_B$, $H_1 : \mu_A > \mu_B$

검정통계량 $t = \dfrac{67.4-64.7}{3.283} = 0.822$이므로 $P-$값$= P(T \geq 0.822) = 0.211$

따라서 $P-$값$>\alpha = 0.05$이므로 H_0 채택

4. 가설 :

$H_0 : \mu_1 = \mu_2 \qquad H_1 : \mu_1 \neq \mu_2$

$|t| = \left| \dfrac{\bar{d}}{s_D\sqrt{n}} \right| = \left| \dfrac{-3.25}{4.0028\sqrt{12}} \right| = 2.8125 > t_{0.025}(11) = 2.201$이므로, H_0기각

5. 가설 : $H_0 : \dfrac{\sigma_1^2}{\sigma_2^2} = 1$, $\qquad H_1 : \dfrac{\sigma_1^2}{\sigma_2^2} \neq 1$

검정통계량 $f = \dfrac{16}{25} = 0.64$이므로 $P-$값$= 2 \times P(|F| \geq 0.64) = 0.2356$

따라서 $P-$값$>\alpha = 0.05$이므로 H_0 채택

6. (1) $\left(\dfrac{s_1^2}{s_2^2} \times \dfrac{1}{F_{0.05}(6,5)}, \dfrac{s_1^2}{s_2^2} \times F_{0.05}(5,6) \right) = (6.868,\ 149.26)$

(2) 가설 : $H_0 : \dfrac{\sigma_1^2}{\sigma_2^2} = 1 \qquad H_1 : \dfrac{\sigma_1^2}{\sigma_2^2} > 1$

$f = \dfrac{s_1^2}{s_2^2} = \dfrac{0.0102}{0.0003} = 34 > F_{0.05}(6,5) = 4.95$이므로, H_0기각

7. (1) $(\hat{p}_1 - \hat{p}_2) \pm z_{0.05}\sqrt{\dfrac{\hat{p}_1(1-\hat{p}_1)}{n_1} + \dfrac{\hat{p}_2(1-\hat{p}_2)}{n_2}} = (-0.131,\ 0.017)$

(2) 가설 : p의 합동추정량 $\hat{p} = \dfrac{54+52}{225+175} = 0.265$

가설 : $H_0 : p_1 = p_2 \qquad H_1 : p_1 \neq p_2$

$|z| = \left| \dfrac{\hat{p}_1 - \hat{p}_2}{\sqrt{\hat{p}(1-\hat{p})(\dfrac{1}{n_1}+\dfrac{1}{n_2})}} \right| = 1.281 < z_{0.05} = 1.645$이므로, H_0채택

연습문제 9장 상관분석

1. $r=0.2735$

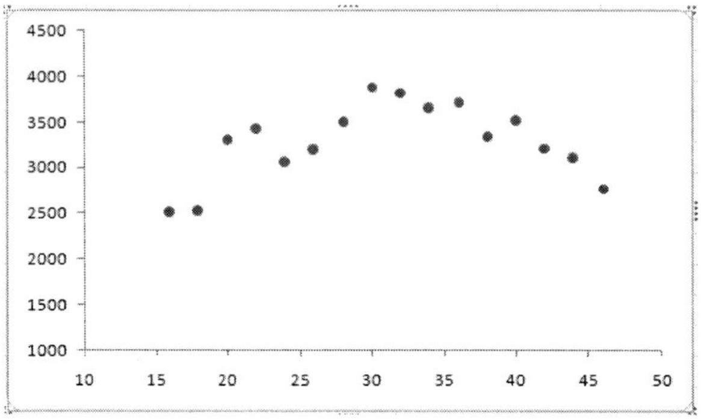

2. $r=0.6539$, $P-$값$=0.0402<\alpha=0.05$이므로 귀무가설 H_0를 기각한다. 따라서 "아버지와 아들사이에는 상관관계가 존재한다"고 할 수 있다.
3. $r=0.3643$, $P-$값$=0.3750>\alpha=0.05$이므로 귀무가설 H_0를 채택한다. 따라서 "각성제의 사용량과 반응시간간에는 차이가 상관관계가 없다"고 할 수 있다.
4. $r=0.9585$, $P-$값$=0.0018<\alpha=0.05$이므로 귀무가설 H_0를 기각한다. 따라서 "수학과 물리 성적간에는 상관관계가 존재한다"고 할 수 있다.

연습문제 10장 회귀분석

1. $\hat{y}=0.751+0.00435x$. $R^2=0.659$
2. (1) $\hat{y}=1750+6.5x$
   (2) $R^2=0.845$이며, 판매액에 대한 총변동의 84.5%가 광고비에 의하여 설명되고 있다.
   (3) 2205만원
   (4) $P-$값$=P(T\geq 4.044)=0.027$이므로 H_0를 기각한다.
3. (1) $\hat{y}=20.1752+3.2922x$
   (2) $P-$값$=P(F\geq 37.56)=0.0002$이므로 H_0를 기각한다. 즉, "추정된 회귀식은 유의하다"고 할 수 있다.
4. (1) $\hat{y}=-554.311-0.1797x_1+11.8599x_2$

(2) 분산분석표

요인	제곱합	자유도	평균제곱	F_0	$P-$값
회귀	6940.19	2	3470.09	7.411	0.031
오차	2340.88	5	468.17		
전체	9281.07	7			

$P-$값$=0.031<\alpha=0.05$이므로 H_0를 기각한다. 즉, "추정된 회귀식은 유의하다"고 할 수 있다.

(3) $R^2=0.845$

(4) 122.343

5. (1) $\hat{y}=3.0310+1.4212x_1+2.85x_2$

(2) 남자: $\hat{y}=5.881+1.4212x_1$, 여자: $\hat{y}=3.0310+1.4212x_1$

(3) 교호작용항을 포함할 경우의 추정된 회귀식

$\hat{y}=4.4393+0.9878x_1+0.0333x_2+0.8666x_1x_2$

이고, 교호작용효과에 대한 $P-$값$=0.0255<\alpha=0.05$이므로 H_0를 기각한다. 즉, "교호작용항을 포함하는 회귀식은 유의하다"고 할 수 있다.

6. 교호작용항을 포함한 중선형 회귀분석 결과 검정통계량 F_0의 값은 22.63, 이때의 $P-$값은 5.331×10^{-6}으로 매우 유의한 것으로 나타났다. 교호작용항의 회귀계수에 대한 $t-$검정 결과 검정통계량 T_0의 값은 -5.102, 이때의 $P-$값은 0.0001로 매우 유의한 것으로 나타났다. 따라서 여기서는 성별에 따른 교호작용 효과가 있기 때문에 회귀모형속에 교호작용항을 포함시키는 것이 바람직하다고 할 수 있다.

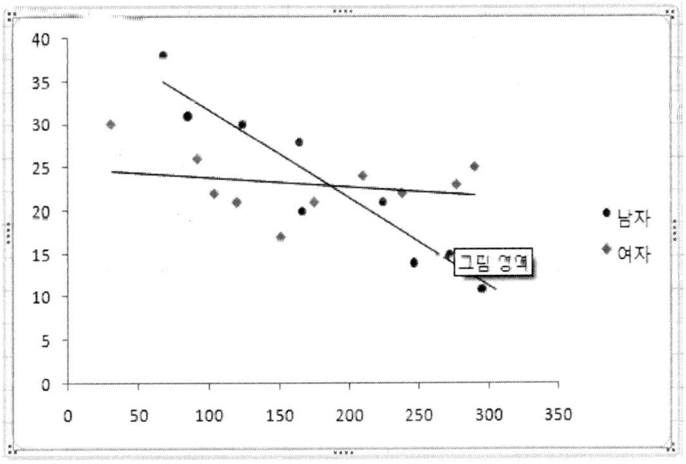

〈그림〉 성별에 따른 반응함수

	A	B	C	D	E	F	G	H	I	J	K	L	M
1	남자		여자										
2	판매대수	교육기간	성별	교육기간x성별	요약 출력								
3	28	164	1	164									
4	15	272	1	272	회귀분석 통계량								
5	11	295	1	295	다중 상관계수	0.899586							
6	38	68	1	68	결정계수	0.809256							
7	31	85	1	85	조정된 결정계수	0.773491							
8	21	224	1	224	표준 오차	3.221996							
9	20	166	1	166	관측수	20							
10	13	305	1	305									
11	30	124	1	124	분산 분석								
12	14	246	1	246		자유도	제곱합	제곱 평균	F 비	유의한 F			
13	17	151	0	0	회귀	3	704.6999	234.9	22.62732	5.33E-06			
14	26	92	0	0	잔차	16	166.1001	10.38126					
15	21	175	0	0	계	19	870.8						
16	30	31	0	0									
17	22	104	0	0		계수	표준 오차	t 통계량	P-값	하위 95%	상위 95%	하위 95.0%	상위 95.0%
18	23	277	0	0	Y 절편	24.98821	2.368452	10.55044	1.3E-08	19.96731	30.0091	19.96731	30.0091
19	24	210	0	0	교육기간	-0.01119	0.012666	-0.88313	0.390245	-0.03804	0.015666	-0.03804	0.015666
20	21	120	0	0	성별	16.98141	3.545959	4.788948	0.000201	9.464316	24.49851	9.464316	24.49851
21	25	290	0	0	교육기간x성별	-0.09076	0.017789	-5.10214	0.000107	-0.12847	-0.05305	-0.12847	-0.05305
22	22	238	0	0									
23													

〈그림〉 자료의 입력과 회귀분석 결과

7. (1) 결과를 보면. X_1과 X_3가 어느 정도 상관관계가 있는 것으로 나타나고 있다.

	X_1	X_2	X_3	X_4
X_1	–			
X_2	−0.1465	–		
X_3	0.3557	−0.1231	–	
X_4	0.0608	−0.0600	−0.1465	–

(2) 추정된 회귀식은 $\hat{y} = 93.1673 + 2.7692x_1 - 19.2275x_2 + 1.0191x_3 + 7.2401x_4$이고, 적합성 검정을 위한 $P-$값은 1.72×10^{-6}으로 매우 유의한 것으로 나타났다.

회귀분석 통계량	
다중 상관	0.974896
결정계수	0.950423
조정된 결	0.930592
표준 오차	18.91051
관측수	15

분산 분석

	자유도	제곱합	제곱 평균	F 비	유의한 F
회귀	4	68555.66	17138.92	47.92665	1.72E-06
잔차	10	3576.072	357.6072		
계	14	72131.73			

	계수	표준 오차	t 통계량	P-값	하위 95%	상위 95%	하위 95.0%	상위 95.0%
Y 절편	93.16731	27.92631	3.336184	0.007539	30.94361	155.391	30.94361	155.391
X1	2.769202	0.404817	6.84062	4.51E-05	1.867213	3.671191	1.867213	3.671191
X2	-19.2275	2.015178	-9.54137	2.44E-06	-23.7176	-14.7375	-23.7176	-14.7375
X3	1.019181	1.184918	0.860128	0.409865	-1.62098	3.659343	-1.62098	3.659343
X4	7.240176	2.549487	2.839856	0.017553	1.559565	12.92079	1.559565	12.92079

〈그림〉 모는 번수를 포함한 회귀분석 결과

(3) 각 회귀계수에 대한 검정 결과에서 X_3에 대한 $P-$값은 0.4098로 유의하지 않은 것으로 나타나고 있다. 따라서 이러한 경우에는 모형속에서 X_3를 제거한 후 회귀분석을 실시하는 것이 바람직하다.

회귀분석 통계량	
다중 상관계수	0.973013
결정계수	0.946755
조정된 결정계수	0.932234
표준 오차	18.68553
관측수	15

분산 분석

	자유도	제곱합	제곱 평균	F 비	유의한 F
회귀	3	68291.1	22763.7	65.19769	2.72E-07
잔차	11	3840.637	349.1489		
계	14	72131.73			

	계수	표준 오차	t 통계량	P-값	하위 95%	상위 95%	하위 95.0%	상위 95.0%
Y 절편	101.4764	25.8905	3.919447	0.002395	44.49183	158.461	44.49183	158.461
X1	2.893513	0.37364	7.74411	8.89E-06	2.071136	3.71589	2.071136	3.71589
X2	-19.3796	1.983529	-9.77025	9.32E-07	-23.7453	-15.0139	-23.7453	-15.0139
X4	6.834416	2.475655	2.76065	0.018534	1.385537	12.2833	1.385537	12.2833

〈그림〉 모형속에서 X_3를 제거한 회귀분석 결과

축소된 추정 회귀식은 $\hat{y} = 101.4764 + 2.8935x_1 - 19.3796x_2 + 6.8334x_4$가 된다. 이때의 결정계수값은 $R^2 = 0.9467$로 축소되기전의 $R^2 = 0.9504$보다 작다. 하지만 수정된 결정계수 값을 보면 X_3를 제외하기 전(0.9305)보다 오히려 증가(0.9332)하였다는 것을 알 수 있다.

연습문제 11장 분산분석

1. (1) <분산분석표>

요인	제곱합	자유도	평균제곱	F_0	P-값
공정	320.95	3	106.983	3.9080	0.0286
오차	438	16	27.375		
전체	758.95	19			

검정 결과: P-값$=0.0286<\alpha=0.05$이므로 H_0 기각

(2) L1과 L2, L2와 L4간에 차이가 존재한다.

2. <분산분석표>

요인	제곱합	자유도	평균제곱	F_0	P-값
품종	132724.7	4	33181.18	26.127	1.31×10^{-6}
오차	19049.5	15	1269.96		
전체	19049.5	19			

검정 결과: P-값$=1.31\times10^{-6}<\alpha=0.05<$이므로 H_0 기각

3. <분산분석표>

요인	제곱합	자유도	평균제곱	F_0	P-값
장소	37.005	3	12.335	107.260	0.0015
시험	47.045	1	47.045	409.087	0.0002
오차	0.345	3	0.115		
전체	84.395	7			

(1) 인자 A(장소)의 효과 검정

P-값$=0.0015<\alpha=0.05$이므로 H_0 기각. 따라서 장소에 따라 차이가 있다고 할 수 있다.

(2) 인자 B(시험)의 효과 검정

P-값$=0.0002<\alpha=0.05$이므로 H_0 기각. 따라서 시험에 따라 차이가 있다고 할 수 있다.

4. (1) <분산분석표>

요인	제곱합	자유도	평균제곱	F_0	P−값
전공	7.3408	3	2.4469	112.216	2.5×10^{-18}
학위	9.2779	2	4.6389	212.742	1.14×10^{-2}
교호작용	0.1154	6	0.0192	0.8821	0.5178
오차	0.785	36			
전체	17.5191	47			

(2) 교호작용효과에 대한 검정

P−값$=0.5178>\alpha=0.05$이므로 H_0 채택. 따라서 교호작용효과는 존재하지 않는다고 할 수 있다.

(3) 인자 A(전공)의 효과 검정

P−값$=2.5\times10^{-18}<\alpha=0.05$이므로 H_0 기각. 따라서 전공에 따라 차이가 있다고 할 수 있다.

(4) 인자 B(학위)의 효과 검정

P−값$=1.14\times10^{-2}<\alpha=0.05$이므로 H_0 기각. 따라서 학위에 따라 차이가 있다고 할 수 있다.

5. (1) <분산분석표>

요인	제곱합	자유도	평균제곱	F_0	P−값
학원	316.72	2	158.361	66.290	9.79×10^{-12}
성별	5.444	1	5.444	2.270	0.141
교호작용	5.055	2	2.527	1.058	0.359
오차	71.666	30	2.388		
전체	398.888	35			

(2) 교호작용효과에 대한 검정

P−값$=0.359>\alpha=0.05$이므로 H_0 채택. 따라서 교호작용효과는 존재하지 않는다고 할 수 있다.

(3) 인자 A(학원)의 효과 검정

P−값$=9.79\times10^{-12}<\alpha=0.05$이므로 H_0 기각. 따라서 학원에 따라 차이가 있다고 할 수 있다.

(4) 인자 B(성별)의 효과 검정

$P-$값$=0.141>\alpha=0.05$이므로 H_0 채택. 따라서 성별에 따라 차이가 없다고 할 수 있다.

(5) 자동차 학원 #1과 학원 #2, 그리고 학원#2와 학원#2 간에 차이가 존재하고 있다고 할 수 있다.

6. <분산분석표>

요인	제곱합	자유도	평균제곱	F_0	$P-$값
기계	1434.53	4	368.63	7.541	0.0007
실험일	2393.6	5	478.72	10.067	6.26×10^{-5}
오차	951.066	20	47.553		
전체	4779.2	29			

인자 A(기계)에 대한 효과 검정:

$P-$값$=0.0007<\alpha=0.05$이므로 H_0 기각. 따라서 기계에 따라 차이가 있다고 할 수 있다.

연습문제 12장 적합도 검정

1.

	1	2	3	4
O_i	120	48	36	13
E_i	122	41	41	13

$$\chi_0^2=\frac{(120-122)^2}{122}+\frac{(48-41)^2}{41}+\frac{(36-41)^2}{41}+\frac{(13-13)^2}{13}=1.8375$$

$P-$값$=P(X^2\geq 1.8375)=0.6068>\alpha=0.05$이므로 귀무가설 H_0를 채택한다. 즉, "식물의 교배에 대한 유전 비율은 멘델의 이론에 따른다"고 할 수 있다.

2.

	빨강	노랑	검정	파랑	하양
O_i	88	65	52	40	55
E_i	60	60	60	60	60

$$\chi_0^2=\frac{(88-60)^2}{60}+\ldots+\frac{(55-60)^2}{60}=21.633$$

$P-$값$=P(X^2\geq 21.633)=0.0002<\alpha=0.05$이므로 귀무가설 H_0를 기각한다. 즉, "판매량은 색깔에 따라 차이가 있다"고 할 수 있다.

3. 검정통계량의 값은 $\chi_0^2 = 6.3333$이고 이때 $P-$값$= P(X^2 \geq 6.333) = 0.1756 > \alpha = 0.05$이므로 귀무가설 H_0를 채택한다. 즉, "직업과 혈압간에는 서로 관련성이 없다"고 할 수 있다.
4. 검정통계량의 값은 $\chi_0^2 = 20.104$이고 이때 $P-$값$= P(X^2 \geq 20.104) = 0.0001 < \alpha = 0.05$이므로 귀무가설 H_0를 기각한다. 즉, "교육수준과 결혼생활 만족도간에는 서로 관련성이 있다"고 할 수 있다.
5. 검정통계량의 값은 $\chi_0^2 = 518.996$이고 이때 $P-$값$= P(X^2 \geq 20.104) = 5.215 \times 10^{-111} < \alpha = 0.05$이므로 귀무가설 H_0를 기각한다. 즉, "세 질병그룹에서 혈액형의 분포는 동일하다"고 할 수 없다.

찾아보기

ㅣ가ㅣ

가중최소제곱법 ······ 293
검정력(power) ······ 198
검정통계량(test statistic) ······ 193
결정계수 ······ 281
공사건(empty event) ······ 69
공차한계 ······ 316
교호작용항 ······ 311
구간추정(interval estimation) ······ 165, 173
귀무가설(null hypothesis) ······ 192
균등분포(uniform distribution) ······ 107
극단값(outlier) ······ 31
극단값 ······ 28
기각역 ······ 202
기술통계학 ······ 5

ㅣ나ㅣ

난수(random numbers) ······ 9
난수표(random number table) ······ 9
내표준화잔차 ······ 287
능형회귀 ······ 317

ㅣ다ㅣ

다섯숫자 요약 ······ 38
다중공선성 ······ 316
단순랜덤추출
(simple random sampling) ······ 8
단순선형회귀분석 ······ 275
대립가설(alternative hypothesis) ······ 192
대응비교(paired comparison) ······ 236
더빈-왓슨 ······ 290
도수분포표(frequency distribution table) ······ 18
독립성 ······ 287
등분산성 ······ 287

ㅣ라ㅣ

랜덤(random) ······ 65
로버스트성(robustness) ······ 241

ㅣ마ㅣ

막대그림(bar chart) ······ 22
모상관계수 ······ 261
모수(parameter) ······ 133
모집단(population) ······ 7
모집단 ······ 5
밀도곡선(density curve) ······ 42

ㅣ바ㅣ

반응함수 ······ 311
배반인 사건 ······ 69
백분위수(percentile) ······ 33
범위(range) ······ 33
범주형 변수(categorical variable) ······ 15
베르누이 시행(Bernoulli trial) ······ 95
베이즈 정리 ······ 81
변수(qualitative variable) ······ 15
변수(variable) ······ 15
변환(transformation) ······ 111
복원추출(random sampling with
replacement) ······ 9

분산(variance) ········· 35
분산 ········· 94
분산분석 ········· 279
분산분석표 ········· 279
분산팽창인자 ········· 317
분할표(contingency table) ········· 21
비복원추출(random sampling without replacement) ········· 9
비확률추출(non-probability sampling) ········· 8

▎사▎

사건(event) ········· 67
사분위수 범위(interquartile range:IQR) ········· 34
사분위수(quartile) ········· 34
사전확률(prior probability) ········· 80
사후확률(posterior probability) ········· 80
산점도 ········· 259
상관계수 ········· 261
상자그림(box plot) ········· 38
서로 독립 ········· 76
서로 종속 ········· 76
선형 ········· 275
수학적 모형(mathematical model) ········· 41

▎아▎

양적 변수(quantitative variable) ········· 15
양적 자료(quantitative data) ········· 17
여사건(complement event) ········· 69
연속형 변수(continuous variable) ········· 16
연속형 확률변수(continuous random variable) ········· 88
오차제곱합 ········· 279
외표준화잔차 ········· 288
우연성의 법칙(law of chance) ········· 134
원자료(raw data) ········· 17
원형그림(pie chart) ········· 26
유의 ········· 279
유의수준(significance level) ········· 196
이산형 변수(discrete variable) ········· 16
이산형 확률변수(discrete random variable) ········· 88
이표본 문제(two-sample problem) ········· 227
일치추정량(consistent estimator) ········· 170

▎자▎

자기상관 ········· 290
자료(data) ········· 15
잔차분석 ········· 287
적사건 ········· 69
전수조사(complete survey) ········· 7
점추정(point estimation) ········· 165
점추정값(point estimate) ········· 165
점추정량(point estimator) ········· 165
정규 방정식 ········· 278
정규밀도곡선(normal curve) ········· 108
정규분포(normal distribution) ········· 108
정규성 ········· 287
제1종 오류(type I error) ········· 197
제2종 오류(type II error) ········· 197
조건부 확률(conditional probability) ········· 74
주성분회귀 ········· 317
줄기-잎 그림(stem-and-leaf plot ········· 28
중선형회귀모형 ········· 301
중선형회귀분석 ········· 275, 301
중심극한정리(central limit theorem) ········· 138
중앙값(median) ········· 31
지수분포(exponential distribution) ········· 117
지시변수 ········· 310
질적 자료(qualitative data) ········· 17

▎차▎

총변동 ········· 279

총제곱합 ········ 279
최소제곱법 ········ 277
추정값(estimate) ········ 165
추정량(estimator) ········ 165
추측통계학 ········ 5

▌타▐

통계량(statistic) ········ 134
통계적 검정(statistical testing) ···· 191, 389
통계적 추론(statistical inference) ········ 133
통계학 ········ 4

▌파▐

편차 ········ 34, 278
평균(mean) ········ 31
평균제곱오차 ········ 280
평균제곱합 ········ 280
평균회귀제곱 ········ 280
표본(sample) ········ 7
표본 ········ 5
표본공간(sample space) ········ 67
표본분포(sampling distribution) ········ 135
표본비율 ········ 143
표본상관계수 ········ 262
표본조사(sample survey) ········ 7
표본추출(sampling) ········ 8
표준정규분포(standard normal distribution) ········ 112
표준편차(standard deviation ········ 37
표준화(standardizing) ········ 111
표준화잔차 ········ 287
푸아송분포(Poisson distribution) ········ 101

▌하▐

합동추정량(pooled estimator) ········ 234
합사건 ········ 69
확률(probability) ········ 65
확률모형(probability model) ········ 67
확률변수(random variable) ········ 87
확률분포(probability distribution) ········ 89
확률의 공리 ········ 72
확률질량함수(probability mass function) ··· 91
확률추출(probability sampling) ········ 8
확률표본(random sample) ········ 134
회귀제곱합 ········ 279
히스토그램(histogram ········ 25

▌기타▐

descriptive statistics ········ 5
F-검정 ········ 239
F-분포 ········ 239
inferential statistics ········ 5
P-값(P-value) ········ 194
Satterthwaite ········ 231
statistics ········ 4
t-검정(t-test) ········ 209
Z-검정(Z-test) ········ 206

배현웅

육군사관학교 졸업 (이학사)

미국 아이오와대학교 대학원 졸업 (통계학 박사)

현재 육군사관학교 교수

Excel을 이용한

실용통계분석

2012년 2월 25일 1판 1쇄 인쇄
2013년 9월 3일 1판 2쇄 발행

저 자 / 배현웅
발행자 / 오판근
발행처 / 교우사

주 소 / 서울특별시 동대문구 약령시로 8 교우빌딩 2층
전 화 / 925-2861(代), 편집부 / 925-2825
팩 스 / 925-2860

E-mail / kyowoo@kyowoo.co.kr
http://www.kyowoo.co.kr

등록 / 1994. 3. 24 제6-0256호

ISBN 978-89-8172-905-9 (93310)

값 **28,000** 원